CORRESPONDANCE GÉNÉRALE

DE

Mme DE MAINTENON

I

OEUVRES DE Mme DE MAINTENON

Publiées pour la première fois, dans la *Bibliothèque-Charpentier*, d'après les textes originaux ou copies authentiques, avec un commentaire et des notes, par M. Théophile Lavallée.

Ces OEuvres se vendent séparément comme suit :

LETTRES ET ENTRETIENS sur l'Éducation des filles. . . . . . . 2 vol.
LETTRES HISTORIQUES ET ÉDIFIANTES. . . . . 2 vol.
CONSEILS AUX DEMOISELLES. . . . . 2 vol.

Sous presse :

MÉMOIRES SUR MADAME DE MAINTENON, contenant : 1° Souvenirs de madame de Caylus ; 2° Mémoires inédits de mademoiselle d'Aumale ; 3° Mémoires des Dames de Saint-Cyr. . . . 2 vol.

Paris. — Imprimerie de P. A. Bourdier et Cie, rue des Poitevins, 6.

CORRESPONDANCE GÉNÉRALE

DE MADAME

DE MAINTENON

Publiée pour la première fois

SUR LES AUTOGRAPHES ET LES MANUSCRITS AUTHENTIQUES
AVEC DES NOTES ET COMMENTAIRES

PAR

THÉOPHILE LAVALLÉE

PRÉCÉDÉE D'UNE
ÉTUDE SUR LES LETTRES DE Mme DE MAINTENON
PUBLIÉES PAR LA BEAUMELLE

TOME PREMIER

PARIS
CHARPENTIER, LIBRAIRE-ÉDITEUR
28, QUAI DE L'ÉCOLE

1865

Réserve de tous droits.

DES LETTRES
DE MME DE MAINTENON
PUBLIÉES PAR LA BEAUMELLE

ÉTUDE LITTÉRAIRE
SERVANT DE PRÉFACE

§ I

Madame de Maintenon est un des personnages historiques qui ont le plus écrit. Ses lettres seules, si la plus grande partie n'en avait pas été détruite, composeraient soixante à quatre-vingts volumes ; il y en avait plus de quarante dans les archives de Saint-Cyr. Mais, et comme il arrive ordinairement aux personnes qui d'une condition humble sont parvenues à la grandeur, sa correspondance n'a été conservée que vers le milieu de sa vie : les lettres de sa jeunesse sont extrêmement rares, celles de son âge moyen peu communes, celles de sa vieillesse très-nombreuses. D'ailleurs elle-même en a brûlé une grande partie et la plus intéressante, « voulant être, disait-elle, une énigme pour la postérité ; » ainsi elle a détruit toute sa correspondance avec Louis XIV, dont il ne reste pas une ligne [1], avec la plus secrète, la plus intime

---

[1]. Même les lettres qu'elle avait reçues du roi, dont il reste à peine quelques fragments. On lit dans une note autographe d'une Dame de Saint-Cyr (madame de Glapion) : « Madame de Main-

de ses amies, madame de Montchevreuil [1], avec son directeur, l'évêque de Chartres, etc. Malgré cela, il en reste assez pour que ses lettres et instructions aux Dames de Saint-Cyr, ses lettres à son frère d'Aubigné, à l'abbé Gobelin, à mesdames de Caylus et de Dangeau, à la princesse des Ursins, au duc et au cardinal de Noailles, etc., forment l'un des monuments historiques les plus importants du dix-septième siècle.

Ces lettres, du vivant de madame de Maintenon, allèrent se renfermer (outre les maisons particulières qui en recueillirent un assez bon nombre) dans deux grands dépôts : la maison de Saint-Louis à Saint-Cyr, et l'hôtel de Noailles à Paris. Les archives de la maison de Saint-Louis renfermaient tous les documents relatifs à la fondation de cette maison, les lettres aux Dames, les instructions aux demoiselles, des papiers de la famille d'Aubigné, une grande partie de la correspondance générale, les Mémoires des Dames de Saint-Cyr, de mademoiselle d'Aumale, de madame de Caylus, etc. Les archives de l'hôtel de Noailles avaient en double une partie de ces mêmes documents, les lettres à d'Aubigné, à madame de Caylus, au duc et au cardinal de Noailles, à la princesse des Ursins, à la reine d'Angleterre, de nombreuses lettres de divers personnages à madame de Maintenon, etc. Ces deux dépôts, aujourd'hui dispersés [2], étaient soigneuse-

tenon a brûlé toutes les lettres qu'elle avoit du roi, surtout un grand nombre pendant la campagne de Mons ; ce fut une perte irréparable que tout ce qu'elle mit au feu ce jour-là en l'année 1713 ; mais elle ne vouloit pas le laisser après elle. »

1. Voir la *Note* d'une Dame de Saint-Cyr à La Beaumelle, page XXXIV.

2. Les archives de la maison de Saint-Louis, à l'époque de la destruction de cette maison, en 1793, furent emportées par les

ment fermés à tout le monde, et pendant plus de trente ans, quelques personnes seulement eurent connaissance de lettres ou de documents isolés.

Parmi ces personnes, il faut compter le fils du grand Racine, l'auteur du poëme de la *Religion*, qui avait hérité de l'amitié que les Dames de Saint-Louis témoignaient à son père. Il eut d'abord la facilité de publier quelques lettres adressées à une Dame qu'avait affectionnée madame de Maintenon[1]; puis il obtint par un ami dont il ne dit pas le nom, un recueil contenant de nombreuses lettres de madame de Maintenon, avec des anecdotes tirées probablement des *Mémoires de mademoiselle d'Aumale* ou des *Notes des Dames de Saint-Cyr*. Il fit lui-même un extrait de ces lettres et de ces anecdotes; il y ajouta une notice avec quelques notes, et le tout fut mis précieusement dans sa bibliothèque. A l'époque où il fit ce travail, il avait cinquante-huit ans, et après avoir passé une grande partie de sa vie en province, comme inspecteur général des *fermes*, il venait de s'établir à Paris.

Dames et se trouvèrent dispersées dans les familles, où celles-ci se retirèrent. Les documents relatifs à l'institution, à ses propriétés, à son administration, sont aujourd'hui aux archives de la préfecture de Seine-et-Oise; une grande partie des lettres et instructions de madame de Maintenon, mais composées de copies, se trouve au séminaire de Versailles. Les archives de l'hôtel de Noailles furent dispersées dans plusieurs dépôts publics et entre des mains particulières : une grande partie est aujourd'hui à la bibliothèque du Louvre et à la Bibliothèque impériale; une partie a été restituée, en 1815, à la branche cadette de la famille de Noailles et se trouve aujourd'hui dans les archives du château de Mouchy.

1. Voir les *OEuvres de Louis Racine*, t. V, p. 392, et les *Lettres historiques et édifiantes* adressées par madame de Maintenon aux Dames de Saint-Cyr, t. I, p. 101.

§ II

C'est dans ces circonstances que vers le mois de septembre 1750, se présenta chez lui un jeune homme de vingt-quatre ans, nommé Angliviel, qui se faisait appeler de La Beaumelle, et se disait professeur de langue française à Copenhague. Voyons quel était ce personnage, si fameux par ses démêlés avec Voltaire, et qui a eu, par ses publications, la plus fâcheuse influence sur la mémoire de madame de Maintenon.

Laurent Angliviel de La Beaumelle était né, en 1726, à Valleraugue, dans le Languedoc, d'une famille protestante. Après avoir fait ses études au collége des jésuites d'Alais [1], il se rendit à Genève en 1745 pour y achever son éducation et se préparer, dit-on, au ministère évangélique. Après dix-huit mois de séjour dans cette ville et en Suisse, il renonça à sa carrière et s'en alla à Copenhague pour faire l'éducation d'un jeune seigneur danois. Un an après, en 1748, il profita de la passion qu'on avait alors dans tout le nord de l'Europe pour la langue et les ouvrages de la France, et obtint du roi de Danemark la fondation dans l'université de Copenhague d'une chaire de langue et belles-lettres françaises. La Beaumelle occupa cette chaire [2].

Dans le même temps, il publia avec la collaboration d'un

---

[1]. « C'est autant au roi qu'à mon père que je suis redevable de mon éducation. » (*Lettres de M. de La Beaumelle à M. de Voltaire*, p. 20.)

[2]. Son titre officiel était : « Professeur royal en langue et belles-lettres françaises dans l'université de Copenhague et conseiller au consistoire souverain de Danemark. »

ou deux compatriotes, un recueil périodique, la *Spectatrice danoise*, qui forma, en moins d'un an, trois vol. in-8°. Nous verrons plus loin ce qu'il pensait lui-même de cet ouvrage. Il était plein d'ardeur, d'esprit, d'instruction; il montrait une grande facilité de travail, un talent tout spécial pour s'assimiler les idées d'autrui, des opinions libres et tranchantes; enfin, il avait une présomption sans bornes, beaucoup d'audace, peu de scrupules et la croyance intime qu'il était appelé à une grande destinée littéraire. Il publia, en moins d'un an, outre la *Spectatrice danoise*, une défense de l'*Esprit des lois* et un roman philosophique, l'*Asiatique tolérant* (1 vol. in-12); il entama trois autres ouvrages; enfin il conçut le projet d'une collection de classiques français *à l'usage du prince royal de Danemark*, publication qui devait être répandue dans tout le nord de l'Europe, et qui lui aurait donné à la fois de la gloire et de la fortune. Au milieu de tous ces travaux, de tous ces projets, il s'en alla à Paris pour se mettre en relation avec quelques écrivains, et de lui-même il vint trouver Louis Racine.

Celui-ci l'accueillit avec sa bonté et sa modestie ordinaires. Depuis qu'il était débarrassé de ses fonctions financières, il vivait dans la retraite, occupé uniquement d'œuvres pieuses et d'études littéraires. Il avait une belle bibliothèque, et s'était fait une collection remarquable d'estampes, de manuscrits, de livres étrangers. Il aimait à montrer ses curiosités; il les montra au jeune La Beaumelle, et spécialement son recueil de lettres de madame de Maintenon. Celui-ci vit d'un coup d'œil qu'il y avait là un trésor à exploiter, et il témoigna une passion extrême pour avoir ce recueil. Après plusieurs pourparlers, il obtint d'abord de le publier de concert avec Louis Racine, puis la cession complète du manuscrit, à la condition d'en-

voyer du Danemark, en payement ou en compensation,
des livres, des curiosités, même, comme nous le verrons
plus loin, *du thé et des fourrures.*

La Beaumelle quitta Paris au mois de novembre 1750 :
il devait s'arrêter à Valenciennes, à Bruxelles, à Amsterdam, à Hambourg. Il lut en route son manuscrit et reconnut tout le parti qu'un homme habile en pouvait tirer.
A cette époque, et bien que trente-cinq ans se fussent
écoulés depuis la mort de Louis XIV, les documents sur
le grand règne étaient assez rares : on n'avait pas les Mémoires de Saint-Simon, les Souvenirs de madame de
Caylus, les Mémoires du maréchal de Noailles, etc; aussi
les moindres renseignements sur la cour de Louis XIV
étaient-ils accueillis avec avidité. La mémoire de madame
de Maintenon était restée sous le coup des romans calomnieux de la Hollande, des pamphlets des protestants,
des chansons de la cour ; personne n'en osait prendre la
défense, et la famille même de l'illustre femme, partageant peut-être les préjugés du vulgaire[1], aimait mieux
garder le silence que d'engager la lutte contre l'opinion
publique.

Mais si La Beaumelle mettait à haut prix la découverte
qu'il avait faite, il la jugeait insuffisante et aurait voulu
la compléter. Aussi, quand il fut arrivé à Valenciennes,
il écrivit à Louis Racine la lettre suivante que nous copions sur l'autographe :

« Valenciennes, 18 novembre 1750.

« J'ai lu en route le manuscrit que je tiens de vous,
monsieur ; je le trouve très-intéressant, mais il y manque

---

[1]. Voir le portrait de madame de Maintenon dans les *Mémoires
du maréchal de Noailles*, publiés par l'abbé Millot, t. I, p. 368.

bien des choses; il y a bien du vuide dans ces mémoires.
La curiosité y est toujours excitée, mais presque jamais
entièrement satisfaite. Oserai-je vous prier de faire de
nouvelles recherches pour compléter ce petit ouvrage ?
Vous vivez, monsieur, dans un pays et dans un monde
où vous êtes à même d'avoir bien des éclaircissements
sur grand nombre de faits très-intéressants et d'apprendre
bien des anecdotes qui méritent de passer à la postérité;
vous m'obligeriez sensiblement si vous daigniez prendre
ce soin. Faites-moi la grâce, je vous prie, de m'envoyer
les deux lettres de M. Bossuet à Louis XIV sur madame
de Montespan [1]; vous dites, monsieur, qu'elles existent
encore, et sans doute que vous en avez une copie. A
propos de M. Bossuet, j'aurai bien de la peine à me résoudre à faire imprimer l'éloge que vous lui donnez aux
dépens de M. de Fénelon que vous traitez [2] de *bel esprit*.
Est-il possible que vous jugiez si sévèrement l'homme de
France dont les talents, le cœur et l'esprit ont eu le plus
de conformité avec les talents, le cœur et l'esprit de monsieur votre père ? Fénelon et Bossuet me paroissent dans
leur genre ce que Racine et Corneille ont été dans le
leur, et j'aime plus Racine que Corneille. Ne pourriez-
vous pas découvrir quelque chose de plus positif sur le
mariage secret et des particularités sur la vie domestique
de la dame depuis qu'elle fut élevée au rang suprême ?
Que disoient ces billets que les ennemis jetoient parmi
nous, lors du siége de Lille ? Ne pourriez-vous point
m'envoyer le détail des traits du visage de la dame

1. Elles ont été publiées dans les *OEuvres de Bossuet*; mais à
cette époque elles étaient inconnues. Voir t. XXXVII de l'édit. de
Versailles (1818), p. 82.

2. Ceci démontre que L. Racine avait fait un travail de notes
sur le manuscrit qu'il donnait à La Beaumelle.

d'après les portraits les plus estimés? Pourquoi cachoit-on si scrupuleusement la maladie du roi? Quels chagrins avoit-elle pour pleurer si souvent dans le temps de sa plus haute faveur? Où pourroit-on trouver des détails sur la maison de Saint-Cyr? Madame de Maintenon a-t-elle encore quelques parents? Les d'Aubigné subsistent-ils? A qui appartient aujourd'hui le marquisat de Maintenon? Qui est en possession du petit portrait de Louis XIV qu'elle légua dans son testament à sa famille[1]? Tâchez, monsieur, de m'éclaircir là-dessus; j'en aurai une reconnoissance infinie. S'il vous est possible de répondre bientôt à quelques-unes de ces questions, je vous prie d'adresser votre réponse à MM. Westein et Smith, libraires à Amsterdam, où je séjournerai quelques jours, pour me la remettre à mon passage; je vous prie de remettre le reste à mon frère qui aura l'honneur de vous présenter ses respects. Quant à la lettre dont vous m'avez flatté, comme je n'arriverai à Copenhague qu'après elle, je vous prie, de peur qu'elle ne s'égare, de joindre ces mots au bas de l'adresse : *Recommandée à M. Héraut, rue Aabenraa.* Il y a de l'indiscrétion sans doute à recourir à vous, monsieur, pour le plan raisonné d'un cours de langue et de belles-lettres françoises que je dois publier par forme de *prospectus* en arrivant en Danemark, mais il est bien difficile d'être discret avec un savant aussi poli, aussi indulgent que vous l'êtes, et peut-être vous est-il aussi difficile de prendre ma prière en mauvaise part. J'ai l'honneur d'être avec le respect le plus vrai, monsieur, votre très-humble et très-obéissant serviteur.

« ANGLIVIEL DE LA BEAUMELLE. »

1. Elle légua ce portrait à M. d'Aubigné, archevêque de Rouen, qui était d'une branche très-éloignée de sa famille.

Il y a une remarque importante à faire sur cette lettre : c'est que La Beaumelle, avant d'avoir vu Louis Racine, ignorait les faits les plus vulgaires sur madame de Maintenon ; c'est qu'il ne savoit rien de sa famille, de sa vie, même de la maison de Saint-Cyr ; en quittant Paris, il n'avait donc sur elle d'autre document que le manuscrit qu'on venait de lui donner. On va voir que pendant les deux années qui s'écoulèrent entre le don de ce manuscrit jusqu'à sa publication, il est difficile et presque impossible qu'il ait eu d'autres renseignements, d'autres documents.

Louis Racine répondit sur-le-champ à la lettre de La Beaumelle, mais nous n'avons point sa réponse, et une correspondance assez active s'engagea entre les deux écrivains ; malheureusement elle n'a pas été conservée, sauf une lettre de La Beaumelle, datée de Copenhague, et qui est probablement de la fin de mai 1751. Nous en citerons les principaux passages que nous copions sur l'autographe :

« Monsieur,

« Je viens de recevoir vos deux lettres du 10 et du 12 de ce mois. Elles m'ont fait beaucoup de plaisir, parce qu'elles m'apprennent des choses qu'il m'est important de savoir. J'y vais répondre en détail.

« Qu'il ne soit plus question, je vous prie, de notre marché ; je m'en tiendrai à ce que je vous ai promis ; je suis bien aise de l'éclaircissement que vous me donnez. Qu'il n'en soit donc plus parlé ; que le libraire seul ait tort ; aussi bien nous ne pouvions guère l'avoir ni l'un ni l'autre [1].

1. Ceci se rapporte, sans doute, à quelque modification de la convention première.

« Voici comment je publierai le manuscrit. Je commencerai par donner les lettres purement et simplement. Je n'y ajouterai aucune note, seulement une préface de huit à dix lignes. Je donnerai ensuite la vie de la dame d'après l'historique de notre recueil et quelques mémoires que je travaille à rassembler [1]. Si M. le maréchal de Noailles est homme à donner quelques lumières, vraisemblablement il ne les refusera pas à celui qui les lui demandera dans quelques semaines [2].

« J'ai eu besoin d'être rassuré par vos lettres sur le secret que nous nous sommes promis, parce que M. de Bernsdorff [3] m'a parlé de ce manuscrit d'un ton à me faire craindre qu'il ne sût d'où il venoit. Il a donc là-dessus plus de curiosité que de lumières, et tant mieux.

« Je me conformerai maintenant à ce que vous me prescrivez, monsieur, touchant l'envoi de l'ouvrage... »

(Suivent deux longues pages relatives au projet de publication des classiques français à l'usage du prince royal ; puis La Beaumelle finit ainsi :)

« J'expédierai incessamment à mon frère un ballot où il y aura pour vous : vingt-quatre portraits; un exemplaire des *Hommes illustres de Danemark*, in-4°, huit parties avec figures, qui coûte chez l'auteur même 30 francs; un *Saxo grammaticus*, un *Iter subterraneum*, du professeur baron de Holberg; deux exemplaires de mon Discours d'ouverture, de l'édition royale, et une livre de bon thé

---

[1]. On verra plus loin que tout cela ne fut pas exactement exécuté.
[2]. Le maréchal de Noailles n'eut aucune part à la première publication des lettres de madame de Maintenon.
[3]. L'un des ministres du roi de Danemark.

à 20 francs la livre. Il faut que je prenne haleine pour les pelisses. Quant à ma *Spectatrice*, les trois volumes qui ont paru ne valent pas la peine d'être parcourus; c'est un ouvrage horrible, sans sel, sans goût. Vous pouvez m'en croire. Je travaillois seul à un ouvrage qui auroit demandé pour être passable six bonnes têtes comme le *Spectateur anglais*. Je ferai bientôt imprimer un essai sur *l'esprit et le génie*, où il n'y aura pas beaucoup de l'un ni de l'autre, mais où je tâche depuis cinq ans de mettre un peu de bon sens et du goût [1]. Je suis charmé que votre grand ouvrage sur Racine soit sur le point de paroître : l'honneur de commenter le père appartenoit au fils par toutes sortes de titres [2]. Je vais annoncer ce livre dans la feuille d'aujourd'hui de ma *Gazette littéraire de Paris* [3]. Je suis très-essentiellement, monsieur, votre très-humble et très-obéissant serviteur.

« LA BEAUMELLE. »

A cette époque, La Beaumelle était occupé, outre son essai sur *l'esprit et le génie*, outre sa *Spectatrice danoise*, outre sa *Gazette littéraire*, de trois ouvrages : 1° de sa collection des classiques français, pour laquelle il demandait le concours des écrivains célèbres, principalement de Voltaire, qui était alors à Berlin ; ce projet de collection

---

1. Cet ouvrage n'a été publié que longtemps après la mort de La Beaumelle, en 1802.
2. La Beaumelle veut parler des *Remarques sur les tragédies de Racine*, qui parurent en 3 vol. in-12 (Paris, 1752).
3. La Beaumelle, pendant son séjour à Paris, avait formé, de concert avec son frère et ses deux collaborateurs de la *Spectatrice*, le projet de publier une *Gazette littéraire de Paris*, et qui devait paraître à Amsterdam. Cette gazette n'a eu que deux ou trois numéros.

ne réussit pas. 2° De la publication convenue avec Racine ; mais au lieu de faire ce qu'il avait promis, il faisait une *Vie* de madame de Maintenon, qui devait avoir trois volumes et être accompagnée des *Lettres* de cette dame. Il avait entamé à cet effet un travail mystérieux sur le manuscrit donné par Racine, mais sans demander aucune aide à cet écrivain, car, tout à coup et sans qu'on en sache la raison, il cessa toute correspondance avec lui. Nous verrons ce que devint ce travail. 3° D'un livre philosophique, intitulé *Mes Pensées*, et qui parut en 1751 (Copenhague, 1 vol. in-12). C'était un recueil de réflexions politiques et morales sur tous les États de l'Europe, réflexions hardies, tranchantes, quelquefois justes, le plus souvent impertinentes, mais écrites de ce style libre, vif, badin, qui plaisait tant au dix-huitième siècle. Ce livre eut un grand succès ; on l'attribua à Montesquieu. Il se vendit à Paris jusqu'à 48 livres, fut proscrit par la police et eut en deux ans six contrefaçons.

La Beaumelle avait alors vingt-cinq ans. Ébloui du succès de ses *Pensées*, il se dégoûta de l'obscur théâtre où sa mauvaise fortune l'avait égaré, et il en convoita un autre plus digne de ses talents. Il le fit si bien sentir à Copenhague qu'il obtint sans peine son congé avec une gratification. Il s'en alla à Berlin. C'était vers la fin de 1751.

§ III

Berlin était alors une sorte d'Athènes française pour les grands talents que Frédéric avait réunis dans sa cour, et parmi lesquels trônait Voltaire. L'auteur de la *Henriade* avait alors soixante ans ; il était au comble de la gloire et venait de publier le *Siècle de Louis XIV*. La

Beaumelle, grâce aux documents que lui avait donnés Racine, avait commencé à étudier cette époque; c'était un sujet qu'il croyait lui appartenir, sur lequel il fondait des espérances; il était donc jaloux de l'ouvrage de Voltaire, jaloux de la gloire du grand écrivain, jaloux des honneurs dont il jouissait auprès de Frédéric. Il était résolu à se présenter devant lui, non avec l'humilité et la déférence qui convenaient à son obscurité et à son âge, mais avec l'outrecuidance et la fatuité d'un égal. « Je viens voir, lui dit-il en arrivant, je viens voir Frédéric et vous. »

« Il me parla de son Siècle de Louis XIV, raconte-t-il lui-même; je lui parlai de *mes* Lettres de madame de Maintenon. Il me demanda à les voir. Je me rappelai qu'un certain manuscrit des Lettres de Sévigné, que Thieriot lui avait prêté, s'étoit trouvé imprimé à Troyes. Je lui refusai le mien avec autant de politesse que si je ne me fusse pas rappelé cette anecdote. Il me répondit : « Eh ! qui est-ce qui vous les demande ? »

Comme on le voit, l'idée fixe du jeune homme était de mettre en parallèle le *Siècle de Louis XIV* et ses *Lettres de madame de Maintenon*, le travail de Voltaire, la trouvaille de La Beaumelle. Quelques jours après, il lui envoya le volume de *Mes Pensées*, et à la page 70 de cet ouvrage, plein d'une présomption si déplaisante, Voltaire lut ceci :

« Qu'on parcoure l'histoire ancienne et moderne, on ne trouvera point d'exemple de prince qui ait donné sept mille écus de pension à un homme de lettres à titre d'homme de lettres. Il y a eu de plus grands poëtes que Voltaire, il n'y en eut jamais de si bien récompensés... Le roi de Prusse comble de bienfaits les hommes à talent précisément par les mêmes raisons qui engagent un prince d'Allemagne à combler de bienfaits un bouffon ou un nain. »

Voltaire bondit de colère à cette lecture. Dès lors il mit La Beaumelle au même rang que Fréron et Desfontaines, et il chercha toutes les occasions de le perdre. La Beaumelle lui en fournit aisément, car, à la suite d'une aventure galante, il fut enfermé pendant un mois à la forteresse de Spandau. Sorti de prison, il essaya néanmoins de se réconcilier avec Voltaire, mais lui-même était si orgueilleux, si irascible, que, dans une dernière entrevue, il s'emporta à des injures inouïes, aux menaces les plus insensées[1]. Il eut cruellement à s'en repentir, car Voltaire n'eut plus d'autre passion que de le persécuter et, s'il le pouvait, de l'anéantir.

Il y avait à peine six mois que La Beaumelle était à Berlin lorsque, à la demande de son ennemi, il fut invité à quitter cette ville. C'était au mois de mai 1752. Il s'en alla à Gotha, où il eut encore une aventure scandaleuse dont Voltaire sut tirer parti; puis il alla à Francfort. Un libraire y préparait une édition du *Siècle de Louis XIV*, du consentement de l'auteur et avec privilége impérial. La Beaumelle engagea un autre libraire de Francfort à faire une contrefaçon de cet ouvrage avec des *Remarques* de sa composition, et il lui donna ces *Remarques*, raconte-t-il lui-même, « moyennant cent cinquante florins,

---

1. « Misérable que tu es, je sais toutes tes horreurs; je souillerois ma bouche en les répétant; mais je saurai les punir. Je te poursuivrai jusqu'aux enfers. Je veux que tu dises : Hélas! Desfontaines et Rousseau vivent encore. Ma haine vivra plus longtemps que tes vers. » (*Lettres sur mes démêlés avec M. de Voltaire.*) — La Harpe écrivait en 1774 : « Je l'ai entendu, il y a deux ans, avouer lui-même que son procédé était inexcusable et qu'il avait eu les premiers torts avec Voltaire. »

cinquante exemplaires et quarante rames de papier destinées à l'impression des Lettres de madame de Maintenon. » Voltaire essaya d'empêcher cette contrefaçon et ces *Remarques* en s'adressant à la loyauté de La Beaumelle[1]; il n'en put rien obtenir. Les *Remarques* eurent du succès; elles étaient injurieuses et pleines de fiel, mais elles portaient souvent juste, montraient une instruction solide, beaucoup d'esprit, encore plus d'audace et l'envie de faire du bruit.

Voltaire en fut profondément irrité; il souleva contre l'auteur ses amis, les magistrats, les ministres, prétendant que le gouvernement et la société étaient en cause et devaient prendre sa défense; enfin, il fit tant que La Beaumelle, arrivant à Paris, fut, comme nous allons le voir, dénoncé, arrêté et mis à la Bastille. C'était le 23 avril 1753.

§ IV

Retournons six mois en arrière. La Beaumelle avait séjourné à Francfort, non pas seulement pour publier ses *Remarques* sur le *Siècle de Louis XIV*, mais pour commencer une publication qu'il vantait depuis longtemps, dont il menaçait son ennemi, et sur laquelle il basait sa fortune.

En novembre 1752, trois petits volumes avaient été imprimés à Francfort sous le nom de *Nancy*, et avec la fausse indication de *Deülleau, imprimeur du roi*. Le premier était le commencement d'une *Vie de madame de Maintenon;* les deux autres contenaient ses *Lettres*. La Beaumelle avait fait cette impression à ses frais; il céda

1. Voir la lettre à M. Roques du 17 novembre 1752.

une partie de l'édition à l'imprimeur de Francfort, et, au commencement de 1753, il s'en alla à Paris pour vendre le reste et continuer cette publication.

Cependant Voltaire avait quitté Berlin, brouillé avec Frédéric, et il s'était établi à Colmar. Il lut les *Lettres* avec la même anxiété qu'il avait lu les *Remarques*. Le *Siècle de Louis XIV*, ouvrage plein d'agrément, de naturel et de facilité, avait été fait avec peu de lectures, peu de recherches, presque sans documents; on pouvait dire que Voltaire avait plutôt deviné qu'il n'avait étudié « ce grand siècle, dont un souffle avait passé sur son berceau [1]. » Il connaissait lui-même la faiblesse du fond, la ténuité des détails, et tremblait que La Beaumelle, avec les documents dont il faisait étalage depuis deux ans, ne vînt à discréditer son chef-d'œuvre. Il fut soulagé quand il eut lu les *Lettres*, parce qu'elles ne changeaient rien à son *Siècle*, et, sans se donner la peine de les étudier à fond, il ne s'inquiéta que de savoir comment La Beaumelle avait pu les posséder.

« J'ai vu les *Lettres de madame de Maintenon*, écrivait-il à d'Argental, le 22 novembre 1752; heureusement ces lettres confirment tout ce que j'ai dit d'elle; si elles m'avaient démenti, mon *Siècle* était perdu [2]. Comment se peut-il faire qu'un nommé La Beaumelle, prédicateur à Copenhague, depuis académicien, bouffon, joueur, fripon, et d'ailleurs ayant malheureusement de l'esprit, ait été le possesseur de ce trésor ?... On disait, il y a quelques années, qu'on avait volé à madame de Caylus ses lettres

---

1. Sainte-Beuve, *Causeries du Lundi*, t. XIII.
2. Dans le *Supplément au Siècle de Louis XIV*, il dit : « Il s'est trouvé que madame de Maintenon avait signé par avance tout ce que j'ai dit d'elle. »

et ses mémoires sur sa tante. N'en sauriez-vous pas des nouvelles ? »

D'Argental ayant répondu que ces lettres avaient été volées, et volées par La Beaumelle à Racine, Voltaire continue (18 décembre 1752) :

« J'aurais ajouté quelques couleurs rembrunies au portrait de madame de Maintenon si j'avais vu plutôt ses lettres. Elle est tout ce que vous dites, et toutes les dévotes de cour sont comme elle. De l'ignorance, de la faiblesse, de la fausseté, de l'ambition, du manége, des messes, des sermons, des galanteries, des cabales, voilà ce qui compose une Esther ; mais l'Esther-Maintenon écrit bien, et j'aime à la voir s'ennuyer d'être reine. Je lui préfère Ninon sans doute, mais madame de Maintenon vaut son prix. »

Arrêtons-nous un instant. On voit, par le portrait que Voltaire vient de tracer, la vive impression qu'avaient faite sur son esprit les *Lettres* publiées par La Beaumelle : la femme, tant discutée, tant controversée, pleine de tant de mystères, s'était enfin révélée ! Elle était prise sur le fait, elle s'avouait elle-même avec sa fausseté, son manége, son ambition ; Ninon lui était préférable ! Cette impression est celle que les *Lettres* publiées par La Béaumelle ont faite sur tous ceux qui les ont lues, sur tous ceux qui ont tenté d'expliquer madame de Maintenon ; c'est l'impression qu'en gardera probablement la postérité. Nous allons voir tout à l'heure sur quel éclatant mensonge elle est basée ; mais il faut auparavant continuer à lire la lettre de Voltaire à d'Argental :

« ..... Je m'étais toujours douté que ce La Beaumelle avait volé ces lettres. Il est donc avéré qu'il a fait ce vol chez Racine. Ce La Beaumelle est le plus hardi coquin que j'aie encore vu. Il m'écrivit de Copenhague, de la part du roi de Danemark, pour une prétendue édition, *ad usum delphini Danemarki*, des auteurs classiques français. Il datait sa lettre du palais du roi. Je le pris pour un grave personnage, d'autant plus qu'il avait prêché; mais quinze jours après, mon prédicateur arriva avec un plumet à Postdam. Il me dit qu'il venait voir Frédéric et moi. Cette cordialité pour le roi me parut forte... Le vol des lettres de madame de Maintenon pourrait bien le faire mettre au carcan. C'est un rare homme; il parle comme un sot, mais il écrit quelquefois ferme et serré, et ce qu'il pille, il l'appelle ses *pensées*. Dieu merci, le vaurien est de Genève et calviniste; je serais bien fâché qu'il fût Français et catholique : c'est bien assez que Fréron soit l'un et l'autre! »

Et le 17 janvier 1753, à M. Formey : « Vous dites qu'il faudrait savoir par quelles mains ce dépôt a passé. M. le maréchal de Noailles avait ce dépôt; son secrétaire le prêta à un écuyer du roi, et celui-ci au petit Racine. La Beaumelle le vola sur la cheminée de Racine et s'enfuit à Copenhague; c'est un fait public à Paris. La Beaumelle, de retour à Paris, devait être mis à la Bastille... Cet homme-là ira loin. »

Comme on le voit, et d'après ce que nous avons dit du manuscrit de Louis Racine, Voltaire faisait fausse route sur l'origine de la publication de La Beaumelle. Égaré par sa haine contre l'homme, il ne regardait l'œuvre qu'à moitié et cherchait les traces d'un vol où il avait chance de trouver celles d'un faux. Au lieu de s'enquérir si les lettres n'auraient pas été falsifiées ou inventées, il les crut d'emblée exactes et vraies; il les lut avec intérêt, s'en servit pour corriger son *Siècle* et n'émit aucun doute sur leur authenticité, même dans la réponse sanglante qu'il fit aux *Remarques* de La Beaumelle sous le titre de

Supplément au Siècle de Louis XIV. Ce fut seulement dans les éditions suivantes de cet ouvrage qu'il lui vint un scrupule : « Presque toutes les dates de ces lettres imprimées sont erronées, dit-il [1]. Cette infidélité pourrait donner de violents soupçons sur l'authenticité de ces lettres, si d'ailleurs on n'y reconnaissait pas un caractère de naturel et de vérité qu'il est presque impossible de contrefaire. » Et son scrupule fut vitement dissipé : comment douter de documents qui confirmaient son *Siècle*?

La Beaumelle dut se féliciter : le plus méchant de ses ennemis, le plus malin des hommes était pris à son habileté ; la postérité devait s'y laisser prendre. Aussi, dans sa réponse au *Supplément*, il ne crut pas nécessaire de se défendre longuement contre les ignobles accusations de Voltaire. « Pourquoi, écrivait-il à celui-ci, pourquoi me reprochez-vous d'avoir publié les lettres de madame de Maintenon? Le public m'en a su gré. Vous dites que je les ai *butinées*? Je n'entends point ce mot ; mais je vous dis que j'ai quittance de M. Racine le fils, et cela est clair [2]. » La Beaumelle disait tout haut qu'il avait payé le manuscrit de Louis Racine deux cents louis : nous avons vu que cela n'était pas exact.

Il avait un peu plus d'inquiétude sur la maison de Noailles et les Dames de Saint-Cyr ; mais il leur fit humblement part de sa publication, et « instruites de la plupart des *faits* que j'avance, dit-il lui-même, se croyant seules en possession des manuscrits d'où je les ai tirés, elles furent surprises de mes découvertes et avouèrent la plupart des *faits* [3]. »

---

1. *Siècle de Louis XIV*, ch. XXVII.
2. *Lettres de La Beaumelle à M. de Voltaire*, p. 33.
3. Préface de l'édit. de 1755, p. 10.

D'ailleurs, à cette époque, les éditeurs de documents inédits ne se faisaient aucun scrupule d'abréger, d'arranger, de corriger ce qu'ils publiaient, et le public approuvait ces changements qui semblaient faits uniquement pour son plaisir. C'est ainsi que le chevalier Perrin avait expurgé et corrigé les lettres de madame de Sévigné, que Voltaire devait plus tard arranger les mémoires de madame de Caylus, etc. Personne ne s'en plaignait, et si les Dames de Saint-Cyr aperçurent d'étranges choses dans les lettres publiées par La Beaumelle, et dont elles avaient les autographes ou les copies authentiques, elles ne dirent mot, crurent que l'éditeur avait eu des renseignements particuliers et finirent même par l'approuver. Le livre eut d'ailleurs le plus grand succès; il se vendit jusqu'à douze livres l'exemplaire; il s'en fit immédiatement plusieurs contrefaçons, dont une à Paris.

§ V

Cependant il y avait un homme qui devait regarder de plus près l'œuvre de La Beaumelle : c'était Louis Racine. On pourrait croire que la première visite du professeur de Copenhague avait été pour le modeste et honnête écrivain qui lui avait procuré son trésor; mais il n'en fit rien. Il ne lui envoya pas même un exemplaire de sa publication, et le fils du grand Racine n'eut jamais l'occasion de revoir M. Angliviel de La Beaumelle.

Cependant il reçut d'un ami qui était attaché à l'ambassade française de Hollande un exemplaire des *Lettres*, et Racine lut en tête de la *Préface* :

« Je ne m'arrêterai point à prouver l'authenticité de ces lettres. On n'a qu'à les lire. Il me semble qu'elles portent un caractère de vérité qui ne permet pas le moindre doute. »

C'était se débarrasser à bon marché de la question la plus délicate qu'on pût lui adresser. Puis il ajoutait.: « Je ne dirai point de qui je tiens ces lettres, parce que j'ai promis de ne pas le dire. Je ne sais pourquoi on a exigé le secret, car je n'y vois rien qui puisse nuire ou déplaire à quelqu'un, mais enfin on l'a exigé et cela me suffit. »

Par ces mots si vagues, La Beaumelle laissait planer sur sa publication une sorte de mystère qui ne pouvait que lui être favorable. Ne semblait-il pas avoir promis le secret, non à Louis Racine, mais à quelque ministre, et faire des lettres de madame de Maintenon une affaire d'État? Puis il appréciait ces lettres en très-bons termes, annonçait un troisième volume et n'avouait rien de plus.

Louis Racine, mécontent de cette préface, fut encore plus surpris quand, ouvrant les deux volumes, il reconnut que, sur les deux cent quatre-vingt-dix-huit lettres qu'ils contenaient, il y en avait seulement cent soixante-trois vraies, encore étaient-elles toutes tronquées, arrangées, changées, quelques-unes mêmes méconnaissables; quant aux cent trente-cinq autres, soixante lui étaient entièrement inconnues ou suspectes, et parmi elles, vingt de la jeunesse de madame de Maintenon qui paraissaient faites à plaisir, soixante-quinze étaient entièrement fausses ou inventées, et parmi celles-ci se trouvaient, au nombre de soixante-cinq, toutes les lettres adressées à deux personnages de fantaisie, mesdames de S. G. et de F., personnages transformés plus tard en mesdames de *Saint-Géran* et de *Frontenac*.

Ajoutons, et c'est là le côté grave de cette supercherie littéraire dont Louis Racine n'a pu voir tous les effets : ces lettres suspectes, fausses ou inventées, sont les plus importantes, les plus curieuses du recueil; ce sont les seules qui donnent des détails sur la jeunesse de madame de Maintenon, sur ses relations avec madame de Montespan et avec Louis XIV, sur les causes et la marche de son élévation, les lettres authentiques étant presque entièrement muettes sur ce sujet; elles ont fait de madame de Maintenon un personnage presque factice qui ressemble plus au personnage des pamphlets qu'au personnage de l'histoire; tous les historiens s'en sont largement servis, les ont victorieusement citées, depuis Voltaire jusqu'à M. le duc de Noailles, et si j'ose me nommer ensuite, jusqu'à moi-même; enfin c'est un roman qui est devenu de l'histoire, et, je le crains, de l'histoire irréparable [1].

Louis Racine lut attentivement cette étrange publication; il compara les lettres soit aux copies qu'il avait pu garder, soit aux manuscrits des Dames de Saint-Cyr; il mit à chacune d'elles, sur son exemplaire, une *apostille de sa main* qui est très-modérée, mais qui n'en est pas moins une condamnation de l'œuvre de La Beaumelle; puis il colla sur cet exemplaire *qui existe encore, que j'ai entre les mains*, les deux lettres qu'il avait reçues de Valenciennes et de Copenhague et que nous avons citées; c'étaient sans doute les seules qu'il eût gardées. Enfin à tout cela il ajouta, *de sa main*, une *note* explicative fort réservée, fort calme, au-dessous de la vérité, qui résume les

---

[1]. Qui voudra jamais croire que madame de Maintenon n'a jamais écrit les fameuses phrases : *Je le renvoie toujours affligé, jamais désespéré...* — *Cela m'engage à approuver des choses fort opposées à mes sentiments...* — *M. Bossuet est plus savant, mais M. Pellisson est plus persuasif...* — *M. Colbert ne pense qu'à ses finances et presque jamais à la religion...* — *Si les pères sont hypocrites, leur réunion extérieure les approche du moins de la vérité...*, etc.

principaux faits de cette affaire et que nous allons reproduire d'après l'autographe.

« Voici la première édition qui parut en 1752. Elle s'est vendue pendant quelque temps 12 livres l'exemplaire.

« Ces lettres ne doivent pas toujours faire autorité par la raison que je vais dire :

« Un ami[1] m'avoit prêté un recueil de lettres de madame de Maintenon qui en contenoit plusieurs très-inutiles[2]. Je lui demandai la permission d'extraire de ce recueil ce que j'y trouverois de plus intéressant. Aux lettres que je choisis, j'ajoutai quelques petits faits historiques que je trouvai dans le même recueil[3]. Quelque temps après, je reçus la visite d'un étranger qui me dit être professeur de la langue française à Copenhague et qu'il se nommoit La Beaumelle. En lui faisant voir mes livres, je lui montrai le recueil que j'avois fait des lettres de madame de Maintenon et de quelques faits concernant sa vie. Il me témoigna une grande passion pour l'avoir et me demanda ce que je voulois le vendre. Je le lui cédai à condition qu'il m'enverrait du Danemark quelques curiosités et surtout des livres.

---

1. Voltaire disait, nous l'avons vu, que c'était « un secrétaire du maréchal de Noailles qui le prêta à un écuyer du roi et celui-ci au petit Racine. »

2. Il est probable que ce recueil était une des nombreuses copies qu'avaient les Dames de Saint-Cyr. Racine en avait extrait environ deux cents lettres.

3. Ces petits faits historiques sont probablement ou les *Mémoires de mademoiselle d'Aumale* ou les *Notes des Dames de Saint-Cyr*, qui ont en effet la forme d'anecdotes. L. Racine n'en prit qu'un extrait ; et, en somme, le manuscrit devait être assez peu volumineux.

« Quand il y fut retourné, il m'en envoya quelques-uns; mais peu de temps après il perdit sa place et se retira à Berlin.

« Depuis longtemps j'ignorois ce qu'il était devenu, lorsque je vis paroître ce livre, où je fus surpris de trouver plusieurs lettres qui m'étoient inconnues, et plusieurs autres composées sur les traits historiques recueillis dans mon manuscrit; dans quelques-unes des lettres conformes à celles de mon manuscrit, je trouvai quelques traits ajoutés. Voilà pourquoi dans cet exemplaire je marque ce que j'en pense par les apostilles : *inconnue, fausse, vraie.* Je ne prétends pas accuser de fausseté celles qui me sont inconnues, elles me sont seulement *suspectes,* d'autant plus que l'éditeur imite fort bien le style de madame de Maintenon. J'appelle *fausses* les lettres que je reconnois composées sur les faits historiques rassemblés dans mon manuscrit; *je crois les faits vrais, mais ils n'ont jamais été écrits par madame de Maintenon.*

« Si je voyois M. La Beaumelle, je lui demanderois d'où il a eu tant de lettres qui me sont inconnues; mais depuis trois mois qu'il est à Paris, il ne m'a pas honoré de sa visite et ne m'a pas même envoyé un exemplaire de ce livre.

« Il a vendu le reste de son édition à deux libraires de Paris avec de nouvelles lettres qui composeront, dit-on, un troisième volume. »

Cette note si curieuse est confirmée par une lettre de Louis Racine [1] adressée à l'ami qui lui avait envoyé de Hollande l'exemplaire des *Lettres de madame de Maintenon* et qui est datée du 26 janvier 1753.

---

1. L'*autographe* appartient aujourd'hui à M. Dubrunfaut qui a bien voulu me le communiquer.

« Je vous suis bien redevable, monsieur, de m'avoir envoyé les *Lettres de madame de Maintenon*. Je ne puis comprendre pourquoi celui qui les a imprimées en Hollande veut faire entendre par la première page qu'elles sont imprimées à Paris [1]. Cet exemplaire deviendra peut-être un jour très-curieux, parce que je vais marquer à la marge les lettres véritables et celles (en très-grand nombre) qui sont faites par M. de La Beaumelle. Je suis au fait, comme vous le savez; je crois vous avoir confié l'histoire de ces Lettres dont M. de La Beaumelle ne m'a pas même envoyé un exemplaire, quoiqu'elles lui aient rapporté bien au delà des deux cents louis qu'il m'a payés (à ce qu'il dit) pour avoir mon manuscrit. Comme il a une grande facilité pour faire des lettres, je ne suis par surpris qu'à la fin de cette édition, l'imprimeur de Hollande annonce les troisième et quatrième volumes sous presse. Nos libraires de Paris m'ont dit en avoir acheté seulement un troisième qu'ils imprimeront quand l'édition de Nancy sera épuisée [2]. Je suis bien curieux d'avoir cette suite qu'on imprime en Hollande..., etc. »

Le jugement de Louis Racine sur l'œuvre de La Beaumelle ne saurait être ni discuté ni contesté; néanmoins de nombreuses preuves viennent le confirmer. Voici les principales :

1° Toutes les lettres *vraies*, données par La Beaumelle, existent encore aujourd'hui soit en autographes, soit en copies authentiques; aucune des lettres réputées *fausses* par Louis Racine ne se trouve nulle part, malgré toutes les

---

1. Louis Racine ayant reçu son exemplaire de Hollande, le croyait de fabrication hollandaise ; de plus, la fausse indication : *Nancy, chez Deilleau, imprimeur du roi*, était destinée à faire croire que le livre était imprimé à Paris.

2. Tout cela n'est pas exact. Nous le verrons plus loin.

recherches qui en ont été faites par diverses personnes, soit dans les collections particulières, soit dans les dépôts publics, soit dans les archives dispersées de l'hôtel de Noailles et de la maison de Saint-Cyr; il n'y en a de trace dans aucun document; il n'y est fait allusion dans aucun écrit du temps; elles n'ont absolument pour garant que La Beaumelle. Il faut excepter une prétendue lettre de madame de Maintenon à Louis XIV[1], qui a une origine plus fâcheuse même que l'imagination de l'éditeur; elle est presque textuellement tirée du plus absurde, du plus sale pamphlet qui ait été publié en Hollande contre l'illustre femme : les *Amours de madame de Maintenon*, réimprimé vingt fois de 1686 à 1706.

2° Il est impossible d'imaginer comment La Beaumelle, s'il ne les a pas inventées, aurait pu se procurer ces lettres réputées fausses. Avant qu'il eût fait connaissance avec Louis Racine, il est certain qu'il n'avait aucun document sur madame de Maintenon : sa lettre du 18 novembre 1750 le prouve; et depuis qu'il eut quitté Paris, il mena pendant deux ans la vie la plus errante, la plus aventureuse à Copenhague, à Berlin, à Gotha, à Francfort, occupé de sa querelle avec Voltaire, travaillant à dix ouvrages, n'ayant, à ce qu'il semble, aucune relation qui pût le mettre sur la voie de pareils documents, documents très-secrets d'après ce qu'ils renferment; documents très-cachés, puisque personne que lui n'en aurait eu connaissance; documents qui ne pouvaient être qu'à Paris et dans des familles dont il n'a jamais approché.

3° Ces lettres fausses fourmillent, malgré l'art avec lequel elles ont été composées, non pas seulement d'er-

---

[1]. Voir t. I, p. 205 de l'édit. de Nancy. Cette lettre n'est pas reproduite dans les autres éditions.

reurs et de bévues, mais de fraudes, d'inventions, de contradictions, d'impossibilités de tout genre. Ainsi, d'après La Beaumelle, madame de Maintenon aurait écrit à madame de Saint-Géran en 1675 : *Toute la cour est chez madame de Montausier...* Madame de Montausier était morte depuis quatre ans ! — Elle aurait écrit encore à la même : *Votre fils est très-joli...* Madame de Saint-Géran n'a jamais eu qu'une fille en laquelle a fini la branche cadette de la famille de La Guiche. — Elle aurait écrit de même le 23 août 1680 : *Je vous attends après-demain à Maintenon...* Madame de Maintenon était alors en voyage avec la cour à Stenay !... — Enfin elle aurait écrit le 13 décembre 1686 : « *Le roi va toujours à cheval; nous suivons en chaise...* » Le roi venait de subir la grande opération ! Etc., etc. De plus, La Beaumelle, quand il ne se contente pas d'emprunter, a des procédés de fabrication[1] dont il nous a donné la clef en retranchant lui-même des autres éditions, comme *apocryphes*, des lettres qu'il avait inventées et mises dans la première; ainsi quatre lettres *intimes* de Louis XIV à madame de Maintenon (t. I, p. 188 et suiv.), une lettre hideuse de la duchesse de Bourgogne (t. II, p. 78), etc. Enfin La Beaumelle a pu habilement imiter le style, mais non pas le ton de madame de Maintenon, et il

---

1. Ces procédés peuvent se réduire à trois : tantôt il fait une lettre avec des vers et des faits empruntés à Scarron, à Saint-Évremond et autres écrivains du temps : c'est le procédé employé pour les lettres de la jeunesse de madame de Maintenon; tantôt il fait une lettre avec une anecdote empruntée aux *Mémoires* de mademoiselle d'Aumale et des Dames de Saint-Cyr : c'est le procédé employé pour les lettres de 1670 à 1680 ; enfin, vers 1680, il est plus sûr de lui-même, il compose de toutes pièces et invente entièrement : c'est le procédé employé pour les lettres à mesdames de Saint-Géran et de Frontenac.

l'a remplacé par le sien ou par celui de son temps. Madame de Maintenon, au dire de Voltaire, était « la femme la plus décente et la plus polie ; » elle mettait à tout, et surtout quand il s'agissait d'elle-même, une réserve, une délicatesse sans égale ; même dans les sujets qui la touchent le plus, elle n'appuie pas, elle effleure ; elle ne s'emporte et ne se livre jamais ; enfin dans ses écrits comme dans sa personne, elle est, selon le mot de Saint-Simon, « d'une grâce incomparable. » On ne trouve rien de cela dans les lettres inventées par La Beaumelle, et presque toutes pèchent par un ton leste et même grossier, un sans-façon, des crudités qui n'étaient ni dans les manières de madame de Maintenon ni dans celles de son temps.

Revenons à la *note* de Louis Racine. Cette note, enfermée secrètement dans un exemplaire de l'édition de Nancy, et qui, après plus de cent ans, sort aujourd'hui seulement de l'oubli où elle était restée, fut, avec quelques confidences à ses amis, toute la vengeance que Louis Racine tira de l'éditeur infidèle des *Lettres de madame de Maintenon*. S'il eût dit un mot à Voltaire des falsifications de La Beaumelle, il eût rendu sans doute un service à l'histoire et surtout à la mémoire de l'illustre femme ; mais il se serait trouvé lui-même engagé dans les scandaleux démêlés des deux écrivains, et cela répugnait à son amour du silence, à sa vie de retraite, à son esprit de charité. Cette résolution indulgente fut d'ailleurs corroborée par la persécution qu'eut à subir La Beaumelle : trois mois après son arrivée à Paris, il fut subitement arrêté et enfermé à la Bastille (avril 1753). On lui reprochait d'avoir mis dans le deuxième volume de ses *Remarques* sur le *Siècle de Louis XIV* une note injurieuse pour le Régent. Nul ne saurait douter que Voltaire ne fût l'instigateur de cette odieuse mesure. La Beaumelle resta six mois à la Bastille.

§ VI

A peine sorti de prison, il publia une réponse au *Supplément du Siècle de Louis XIV*, qui est le meilleur de ses écrits; puis il chercha à se venger de Voltaire en composant un ouvrage qui pût effacer le fameux *Siècle* : ce furent les *Mémoires pour servir à l'histoire de madame de Maintenon et à celle du siècle passé*, mémoires qui devaient être suivis des *Lettres* complètes de l'illustre dame. « Ce que j'ai fait précédemment, disait-il dans la préface de cet ouvrage, n'était qu'une faible ébauche hasardée dans l'espérance que les personnes intéressées me fourniroient assez de traits pour finir le tableau. Je me trompai. La maison de Saint-Cyr, les parents de madame de Maintenon, ses héritiers même, sans désapprouver mon projet, refusèrent de le seconder. Mais le zèle de plusieurs particuliers à qui sa mémoire était chère, quoiqu'ils ne tinssent à elle ni par les liens du sang, ni par ceux de la reconnaissance, me consola des refus de sa famille [1]... »

Dans cette préface, La Beaumelle, de l'aveu probable des intéressés, dissimule la vérité. Il est certain, et nous en allons donner la preuve, qu'il chercha des documents dans les archives de la maison de Saint-Cyr, peut-être même à l'hôtel de Noailles, et que ces documents lui furent communiqués d'abord avec circonspection, ensuite avec bienveillance. Il parvint à entamer des relations en premier lieu avec une Dame de Saint-Louis,

---

1. Préface de l'édit. de 1755, p. 4.

puis avec la supérieure et les Dames du conseil [1]; il obtint
ainsi, et peut-être avec le consentement du maréchal de
Noailles, une copie des Mémoires de mademoiselle d'Aumale et des Dames de Saint-Cyr, puis des copies des lettres
de madame de Maintenon à d'Aubigné, à l'abbé Gobelin,
aux Dames de Saint-Louis, etc. Le maréchal de Noailles
fût-il aussi facile à ouvrir ses archives? On ne le sait, la
Révolution ayant dispersé les richesses qu'elles renfermaient, il ne reste pas la moindre trace des relations que
La Beaumelle a pu avoir avec la maison de Noailles, et
toutes les recherches qu'a pu faire sur ce sujet le chef
actuel de cette illustre maison ont été sans résultat. Cependant il est certain que soit par fraude, comme le dit
Voltaire, soit par des voies légitimes, comme il est plus
simple de le penser, La Beaumelle a eu communication
des lettres au cardinal et au duc de Noailles, à la princesse des Ursins, etc. En définitive, et comme le disaient
les Dames de Saint-Louis, il fut traité en *auteur favori*.

Cette faveur a droit de nous surprendre : La Beaumelle était calviniste; ses démêlés avec Voltaire et sa vie
d'aventures lui avaient fait une fâcheuse renommée; ses
publications sur madame de Maintenon étaient, ce nous
semble, plutôt dignes de blâme que d'éloge. Comment
donc les Dames de Saint-Cyr et la maison de Noailles lui
accordèrent-elles leur confiance?

On était encore dans le feu de la réaction injuste et

---

[1]. La Beaumelle (t. III, p. 105 des *Lettres*) « pour donner une
idée des obstacles qu'il a eu à surmonter, » a publié une lettre
d'une demoiselle de Saint-Cyr qui lui aurait copié ou *butiné* des
documents. Cette lettre doit être fausse. Elle commence ainsi :
« La première chose que je fais en sortant de Saint-Cyr, est
d'écrire à un homme : ce n'est pas assurément ce qu'on m'y a
appris... » Aucune demoiselle de Saint-Cyr n'a écrit cela.

violente qui, après la mort de Louis XIV, avait attaqué
son règne et son gouvernement ; dans cette réaction, madame de Maintenon était regardée comme la principale
cause des malheurs de cette époque : on lui reprochait
la révocation de l'édit de Nantes, la guerre de la succession d'Espagne, les persécutions contre le jansénisme, la
misère générale ; l'opinion publique était complétement
hostile à sa mémoire ; les pages pleines de fiel que le
haineux Saint-Simon écrivait secrètement contre elle,
vers cette époque, n'étaient que l'écho du sentiment général ; Voltaire lui-même avait été blâmé pour avoir tracé
dans son *Siècle de Louis XIV* un portrait modéré de cette
femme odieuse. Or, les *Lettres* données par La Beaumelle
étaient les premiers documents (censés authentiques)
qu'on publiait sur elle ; ces documents, quoique falsifiés,
étaient, en n'y regardant pas de trop près, à son avantage ;
ils montraient sans doute madame de Maintenon comme
une « coquette adroite » et une « dévote précieuse ; » mais
l'opinion publique allait plus loin : elle la regardait
comme ayant été le fléau de la France et le mauvais génie de Louis XIV ; enfin La Beaumelle était le premier
écrivain indépendant qui osât dire : « Pour moi, qui ne
sais qu'estimer ce qui me paraît estimable, j'admire madame de Maintenon [1]. » On comprend donc, en n'oubliant
pas que La Beaumelle était un homme habile et d'un esprit séduisant, que les Dames de Saint-Louis et peut-être
la maison de Noailles lui aient donné les moyens d'achever et de compléter son œuvre.

Il faut ajouter que les Dames de Saint-Cyr ne consentirent à donner leurs documents qu'à la condition de rester
dans l'ombre. Elles pensaient qu'en laissant à La Beau-

[1]. Préface de l'édition de 1752.

melle, connu par ses hardiesses et son franc parler, toute sa liberté d'écrire, la mémoire de madame de Maintenon n'aurait qu'à gagner à ces révélations. Si la publication eût été avouée par ses élèves ou sa famille, elle n'eût inspiré aucune confiance et eût passé pour un panégyrique. La manière d'écrire de La Beaumelle, ses anecdotes romanesques, son style léger, ses assertions hasardées, tout cela ne déplaisait pas : on comptait que l'ouvrage n'en aurait que plus de succès, et madame de Maintenon n'avait besoin, pour être réhabilitée, que d'avoir de nombreux lecteurs.

Maintenant voici la preuve que La Beaumelle a reçu des Dames de Saint-Cyr, et probablement avec le consentement du maréchal de Noailles, les documents dont il s'est servi pour faire ses *Mémoires* et ses *Lettres de madame de Maintenon*.

La Beaumelle, nous le dirons tout à l'heure, fut une seconde fois enfermé à la Bastille en 1756, c'est-à-dire quelques mois après qu'il eut publié ses *Mémoires* et ses *Lettres*. On saisit alors ses papiers, parmi lesquels étaient les matériaux du grand travail qu'il venait de faire. Quelques-uns de ces papiers existent encore. Ce sont : 1° des copies faites par lui-même, à Saint-Cyr, des lettres de madame de Maintenon, copies très-exactes et exemptes de toutes les altérations qui se trouvent dans les imprimées ; 2° des notes historiques des Dames de Saint-Cyr sur madame de Maintenon ; 3° enfin une longue lettre, note ou mémoire adressé à lui par une de ces Dames dont je n'ai pu découvrir le nom. Ces papiers paraissent être les débris de liasses nombreuses et volumineuses, et sont signés de La Beaumelle et du lieutenant de police Berryer. Ils restèrent à la Bastille, lorsque le prisonnier fut délivré, et ils n'en sortirent que le 14 juillet 1789 !... Emportés dans le pillage de la forteresse, ils passèrent de main en main, furent vendus plusieurs fois, et enfin vinrent dans la possession de M. Monmerqué, qui me les a donnés.

La note ou mémoire de la Dame de Saint-Cyr adressée à La Beaumelle, a pour titre : *Réponse au mémoire de ce qui manque.*

D'après cette note, il paraît que La Beaumelle avait adressé à cette dame une série de questions sur les points qui l'embarrassaient dans son ouvrage. Celle-ci lui répondit numéro par numéro et en trois fragments, qui portent : le premier, dix-sept réponses; le second, trente-cinq; le troisième, vingt. Ces réponses sont presque toutes curieuses et éclaircissent plusieurs points importants sur les lettres de madame de Maintenon. Nous en allons citer quelques-unes.

2. « Il n'y a qu'une ou deux lettres à l'abbé Gobelin qui soient signées d'Aubigné; les autres sont avec cette marque ... ou approchante [1].

« Il est à remarquer que madame de Maintenon n'a pas été instruite que nous fussions en possession de ce dépôt, et que l'abbé les envoya secrètement à la supérieure de Saint-Louis [2].

---

1. La Dame de Saint-Cyr figure ici une marque ou un signe par lequel madame de Maintenon finit presque toutes ses lettres. Cette marque ou ce signe est probablement un A.
2. La Beaumelle a fait usage de ce renseignement qui est important. Madame de Maintenon avait recommandé à l'abbé Gobelin de détruire ses lettres. Il ne le fit pas, et étant à son lit de mort, il envoya ces lettres aux Dames de Saint-Louis; mais celles qui sont relatives au mariage de madame de Maintenon avec Louis XIV ne s'y trouvent pas. Il est probable que cette dame avait eu soin de reprendre et de détruire elle-même ces lettres. (Voir la *Correspondance générale*, t. I, p. 171.)

3. « Je sais que les héritiers ou héritières de M. de Barillon ont quantité de ces lettres; mais comment les avoir [1]?

5. « On ne croit pas qu'il y ait de lettres de ses parents, ou du moins fort peu, mais il y en a un grand nombre de celles qu'elle leur a écrites et qu'ils n'ont conservées que depuis sa faveur naissante [2].

7. « Il falloit que la marquise de Montchevreuil fût paresseuse pour écrire; il ne nous est resté aucune lettre d'elle, ni de madame de Maintenon à elle [3].

8. « On n'a point de date sûre de la commission ordonnée par le roi pour se charger des enfants qu'il eut de madame de Montespan, mais ce fut pour cacher la naissance du premier, qui mourut à l'âge de trois ans [4].

18. « Les publier en entier (les lettres de l'évêque de Chartres) seroit assez difficile et même ennuyeux [5].

19. « Pour la lettre au roi, c'est un volume; nous n'avons rien de plus fort; on la montrera; elle n'est point datée; mais elle est apostillée de madame de Maintenon : *lettre très-secrète* [6].

21. « On satisfera sur les lettres de M. de Fénelon.

---

1. On ne les a pas cherchées probablement, car aucune collection n'en renferme.
2. La Dame de Saint-Cyr veut parler sans doute des lettres à M. et à madame de Villette, car il n'y en a point aux autres parents.
3. Cela est vrai et fort regrettable. Mais j'ai retrouvé quelques lettres à M. de Montchevreuil, et fort importantes. La Beaumelle ne les a pas connues.
4. Voir la *Correspondance générale*, t. I, p. 142.
5. Elles ont été publiées en entier; mais la Dame de Saint-Cyr a raison.
6. C'est une lettre de l'évêque de Chartres qui prouve le mariage. On la trouvera dans la *Correspondance générale*.

22. « L'idée de buriner le bordereau est admirable, mais ce serait afficher que nous enrichissons l'auteur favori [1].

26. « Oh! qu'il est bon de voir un mondain touché! Plaise à Dieu que le tissu des vertus qu'il rend avec tant d'agrément passe de sa plume dans son cœur!

27. « On donnera le mémoire sur l'édit de Nantes; mais s'il annonce un caractère doux, il n'exprime pas moins beaucoup de fermeté : elle s'y oppose au rappel [2].

28. « Oui, et je pense que M. le maréchal ne s'y opposera pas [3].

34. « Les lettres au comte d'Aubigné parlent affaires de famille, parlent raison, piété et quelquefois complaisance pour son insatiable avidité d'argent, souvent des réprimandes; il les méritoit bien [4].

31. « Un voyage pour cela est nécessaire [5]. »

D'après les extraits qu'on vient de lire, on voit qu'il est parfaitement certain que La Beaumelle a fait sa deuxième édition des lettres de madame de Maintenon, c'est-à-dire sa collection complète, avec le concours des Dames de Saint-Cyr, avec le consentement plus ou moins ouvert

---

1. *Buriner le bordereau.* La Dame de Saint-Louis entend par là graver une note autographe de Louis XIV sur la fondation de Saint-Cyr, que l'on conservait dans les archives de cette maison. J'ai donné ailleurs (*Madame de Maintenon et la maison royale de Saint-Cyr*, p. 56) le *fac-simile* de cette note, qui se trouve aujourd'hui dans les archives de la préfecture de Seine-et-Oise.

2. Ce Mémoire a été publié par La Beaumelle, avec des altérations. Il se trouve reproduit plus exactement dans les *Mémoires* de Languet de Gergy, p. 260.

3. Cette note démontre suffisamment que le maréchal approuva les communications faites à La Beaumelle.

4. Tout cela est exact.

5. La Beaumelle allait donc chercher ses documents à Saint-Cyr.

du maréchal de Noailles, que tout lui a été communiqué, qu'il faisait, à cet effet, des voyages à Saint-Cyr, qu'il était, pour les Dames, l'*auteur favori*. Mais, dans tout cela, s'il est question des lettres à l'abbé Gobelin, à d'Aubigné, des raisons pour lesquelles on n'a pas de lettres à madame de Montchevreuil, il n'y a pas trace des lettres de la jeunesse de madame de Maintenon, des lettres à Saint-Géran, à Frontenac, c'est-à-dire des lettres déclarées *fausses* par Louis Racine.

§ VII

Les deux ouvrages parurent à la fin de 1755 à Amsterdam. La Beaumelle avait obtenu des souscriptions à l'avance; il en a donné la liste et l'on y lit les noms les plus distingués de l'Europe, des princes, des ministres, des magistrats; les Dames de Saint-Louis y figurent pour deux exemplaires, et un commis de leur intendant pour cent soixante-trois; madame de Pompadour pour douze, Voltaire pour deux, etc.

Nous n'avons pas à nous occuper spécialement des *Mémoires pour servir à l'histoire de madame de Maintenon;* mais nous devons dire qu'ils s'appuient entièrement sur les fausses lettres, qu'ils répètent les mêmes faits mensongers, tous les traits romanesques, tous les mots inventés que celles-ci renferment ; de telle sorte que les *Mémoires* ont cimenté les *Lettres* et ont achevé d'en faire un document historique. Ces *Mémoires* eurent un grand succès, et l'on ne doit point s'en étonner. Ils étaient animés, amusants, hardis, pleins d'épigrammes, scandaleux, même cyniques; ils renfermaient un grand nombre d'anecdotes et de détails hasardés, mais piquants et nouveaux; ils étaient moins mensongers, moins impudents que ne l'a dit Voltaire ; en certains points, ils étaient même plus exacts et empruntés à de meilleures sources que le *Siècle de Louis XIV*. Cependant leur succès ne se maintint pas; ils parurent, après le premier moment, une spéculation sur la crédulité publique, et aujourd'hui que les récits calomnieux de Saint-Simon sur le grand siècle sont seuls lus et estimés, l'œuvre trop méprisée de La Beaumelle n'est plus même consultée[1].

Quant aux *Lettres*, de deux petits volumes qu'elles formaient dans l'édition de 1752 (Nancy), elles forment, dans l'édition de 1755-1756 (Amsterdam), huit volumes in-18, outre un neuvième volume qui renferme les lettres de l'évêque de Chartres à madame de Maintenon. Ces huit volumes, qui contiennent plus de 2,500 lettres, sont la digne continuation de l'œuvre mensongère et falsifiée publiée avec les documents fournis par Louis Racine ; les copies authentiques des Dames de Saint-Cyr, les documents autographes du maréchal de Noailles ne sont pas mieux traités, plus respectés : « Jamais éditeur ne s'est

---

1. « Cent ans se sont écoulés depuis que Voltaire et La Beaumelle ont écrit sur le siècle de Louis XIV ; et l'on trouve dans les ouvrages des deux auteurs relatifs à madame de Maintenon des faits qui se heurtent, des jugements inconciliables qui les mettent en contradiction l'un avec l'autre. Les écrivains qui depuis ont tracé des histoires ou des notices sur la vie de Françoise d'Aubigné ont rarement manqué l'occasion de se plaindre de la légèreté de Voltaire ; mais ils témoignent un mépris complet pour l'ouvrage de La Beaumelle et s'abstiennent de le citer, ou ne le citent que fort rarement. Je suis néanmoins en mesure d'affirmer qu'on ne trouve chez aucun d'eux un seul fait, un seul détail de faits, une seule appréciation favorable ou défavorable, une seule vérité, une seule erreur, qui ne soit dans La Beaumelle. » (Walkenaer, *Mémoires sur madame de Sévigné*, t. V, p. 432.)

donné plus de licence, » dit l'abbé Millot. La Beaumelle, voulant à tout prix faire de l'effet et effacer Voltaire, ne trouve pas que madame de Maintenon ait assez d'esprit, et que ses lettres soient suffisamment intéressantes; donc il ajoute, il abrége, il change, il mutile, il mélange, il amplifie, il supprime; un très-petit nombre échappe à sa fabrication. Dans quelques-unes, il n'ajoute ou ne change que des mots, une ligne, une phrase, et il serait possible que ces modifications lui eussent été demandées par les Dames de Saint-Cyr; mais dans les autres, tantôt avec quatre ou cinq lettres qu'il abrége, il en compose une en y ajoutant des soudures, tantôt il les transforme tellement qu'elles deviennent méconnaissables et qu'on y retrouve à peine le sens général. Tout ce travail manque généralement de goût; il est souvent plein d'erreurs et de bévues; mais il n'est pas fait sans esprit et ne manque pas de vraisemblance. J'ai dit, dans la préface des *Lettres historiques et édifiantes de madame de Maintenon*, p. 17, ce qu'il a fait des lettres et instructions aux Dames de Saint-Cyr; les lettres à d'Aubigné, à l'abbé Gobelin, au duc de Noailles, ne sont pas plus heureuses; mais il serait impossible d'en donner ici les preuves : car il faudrait des volumes pour indiquer les falsifications que La Beaumelle a fait subir au texte de madame de Maintenon. Quant aux lettres qu'il a complétement inventées, il s'en trouve peu de nouvelles dans l'édition de 1756. Comme les matériaux abondaient, il n'en avait pas besoin; mais il a repris, à l'exception de cinq ou six, toutes les lettres qu'il avait fabriquées dans l'édition de 1752; il les a seulement corrigées, arrangées, et au lieu des initiales S. G. et F. qui se trouvent à la tête des principales, il a mis des noms qui sont impossibles comme les lettres elles-mêmes, *Saint-Géran* et *Frontenac*. Il serait trop long de le démontrer ici, et nous renvoyons aux notes préliminaires de ces lettres mensongères.

Les *Lettres* eurent autant de succès que les *Mémoires*, et par les mêmes raisons que nous avons déduites précédemment. C'étaient les documents les plus détaillés, les plus complets qu'on eût encore sur madame de Maintenon ; d'ailleurs, si les lettres étaient falsifiées, le fond en était vrai, et cela suffisait pour intéresser le public. Enfin, le mauvais goût de La Beaumelle était d'accord avec celui de son temps : qui peut même dire que des lettres exactes, et donnant le personnage vrai de madame de Maintenon, auraient été aussi bien accueillies? Quoi qu'il en soit, il s'en fit, dès la première année, une deuxième édition à Amsterdam, et deux contrefaçons à Glascow et à Hambourg ; puis, en 1757, trois autres (éditions ou contrefaçons) à la Haye, à Amsterdam, à Genève. D'ailleurs, ces éditions diffèrent peu les unes des autres ; il n'y a de changement que dans la disposition des lettres. La Beaumelle n'a réellement avoué que la première, celle de 1755-1756.

Quel effet cette publication produisit-elle sur les personnes qui y étaient intéressées, c'est-à-dire sur les Dames de Saint-Louis et la maison de Noailles, sur Louis Racine et sur Voltaire ?

Les Dames de Saint-Louis furent mécontentes, non pas tant des mutilations des *Lettres* que des gaillardises des *Mémoires*; elles le témoignèrent et cessèrent toute relation avec l'*auteur favori*. Le maréchal de Noailles ne fut pas sans doute plus satisfait, mais on ne trouve de preuve de son mécontentement que dans ses *Mémoires*, rédigés et publiés par l'abbé Millot, en 1770 : après la citation d'une lettre de madame de Maintenon (t. IV, p. 294), on y lit cette note que j'ai déjà indiquée : « Outre les changements que M. de La Beaumelle fait à chaque phrase de cette lettre, il ajoute trois phrases entières. Jamais éditeur, je crois, ne s'est donné plus de licence. »

Quant à Louis Racine, il n'eut point à s'occuper de cette publication nouvelle : car il était alors, pour ainsi dire, mort au monde. Il n'avait qu'un fils, plein de brillantes qualités, et sur lequel il fondait les plus belles espérances ; ce fils périt à Cadix, emporté par le mouvement de mer que causa le tremblement de terre de Lisbonne (1755). Le malheureux père, accablé de douleur, n'eut plus dès lors d'autre pensée que d'aller rejoindre au ciel le fils qu'il avait perdu. Il vendit sa bibliothèque, ses estampes, ses curiosités, employa le produit en bonnes œuvres, se retira dans une petite maison du faubourg Saint-Denis et y mourut en 1763. Ses estampes furent achetées par le peintre Chardin ; ses livres, par le frère de ce peintre, bibliophile distingué, et c'est chez les descendants de ce bibliophile qu'est resté jusqu'à ces dernières années le petit volume annoté par Louis Racine. Il appartient aujourd'hui à M. le duc de Noailles.

Il nous reste à dire quel fut le sentiment de Voltaire à la lecture des *Mémoires* et des *Lettres*. Celles-ci l'inquiétèrent peu ; il se douta bien que « La Beaumelle avait falsifié plusieurs lettres et supposé quelques autres ; » mais il regarda cela comme une peccadille et n'en fit pas de bruit. Quant aux *Mémoires*, qui avaient l'ambition ouverte d'effacer le *Siècle de Louis XIV*, ils excitèrent sa fureur :

« Vous soucieriez-vous de savoir, écrivait-il au duc de Richelieu (le 14 juin 1756), que La Beaumelle, qui s'est fait, je ne sais comment, héritier des papiers de madame de Maintenon, a fait imprimer quinze volumes, soit de

Lettres, soit de *Mémoires?* Ce ramas d'inutilités est relevé par un tas d'impudences et de mensonges qui est fait tout juste pour l'avide curiosité du public... » — Et au comte d'Argental (15 et 25 juin, 9 juillet) : « Je lis cette compilation des Mémoires de madame de Maintenon, et j'admire comment un homme a l'audace de publier tant de sottises, tant de mensonges et de contradictions, d'insulter tant de familles, de parler si insolemment de tout ce qu'il ignore, et comment on a la bonté de le souffrir... Il a eu quelques bons Mémoires et a noyé le peu de vérités inutiles qu'ils contiennent dans un fatras d'impostures...

« Il est triste d'être obligé de répondre à La Beaumelle ; cependant il le faut. Son livre a trop de cours pour que je laisse subsister tant d'erreurs et tant d'impostures. Il attaque cent familles et prodigue le scandale et l'injure sans la moindre preuve ; il parle de tout au hasard, et plus il est audacieux dans le mensonge, plus il est lu avec avidité. »

Quand il apprit que La Beaumelle venait d'être mis à la Bastille, il ne cacha pas sa joie, et il écrivait à madame de Lutzelbourg (6 octobre) : « Vous avez bien raison de détester le style d'un polisson qui veut faire le plaisant et parler en homme de cour des princes et des femmes dont il n'a jamais vu l'antichambre... Il est très-bien à la Bastille pour quelques impostures punissables; notre chère Marie-Thérèse y est pour quelque chose... »

Plus tard, ayant appris qu'on venait d'imprimer son poëme de la *Pucelle* « avec des horreurs, » il écrit à Thieriot : « On dit qu'on a découvert que La Beaumelle en était l'auteur, et qu'on l'a transféré de la Bastille pour le mettre à Vincennes dans un cachot... Un tel éditeur mérite mieux. » Enfin, dans ses *Fragments sur l'histoire,*

d.

art. 18, il dit : « Sous un ministère moins indulgent, ses crimes l'auraient conduit au supplice. »

§ VIII

Revenons à La Beaumelle. A la page 6 du tome VI des *Mémoires* se trouvait cette phrase :

« Le prince de Bavière mourut à Bruxelles, âgé de sept ans. Valincour[1] impute sans détour cette mort subite à la cour de Vienne, de tout temps infectée des maximes de Machiavel et soupçonnée de réparer par des empoisonnements les fautes de ses ministres. »

La cour de Marie-Thérèse fut avertie par Voltaire de cette inculpation calomnieuse ; elle s'en plaignit vivement à la cour de France. Le moment était bien choisi ; Louis XV et Marie-Thérèse venaient de signer (1er mai 1756) le fameux traité de Versailles, qui pour la première fois unissait les armes de la maison d'Autriche et celles de la maison de Bourbon. On alla au-devant des désirs de l'impératrice-reine : La Beaumelle fut mis à la Bastille le 6 août 1756 et y resta jusqu'au 6 septembre 1757. A sa sortie de prison, il lui fut interdit de résider à Paris, d'habiter autre part que dans le Languedoc, d'imprimer et publier aucun ouvrage, etc. On ne saurait douter que ces mesures abominables n'eussent été sollicitées par Voltaire, qui voulait faire passer son ennemi pour un criminel de lèse-majesté.

La Beaumelle se retira dans sa famille, y vécut obscu-

---

1. Valincour est un des auteurs à qui La Beaumelle prétend avoir emprunté plusieurs détails de ses Mémoires ; or il n'a laissé que des notes sur la marine.

rément, occupé de nombreux ouvrages qu'il avait commencés dans sa prison et dont nous n'avons point à parler. Il se maria avec une veuve riche, la sœur du jeune Lavaysse, qui fut impliqué dans le procès des Calas, et il prit une part très-honorable à la défense de cette malheureuse famille. Cela ne le réconcilia pas avec Voltaire, qui le poursuivit sans relâche dans son exil, et saisit toutes les occasions de l'insulter, de le calomnier, de le déshonorer. Nous n'avons pas à parler de ce scandaleux débat, les *Lettres de madame de Maintenon* ne s'y trouvant mêlées que pour donner prétexte à des injures. La Beaumelle revint à Paris en 1770. Il avait obtenu un emploi à la Bibliothèque du roi ; mais il n'en jouit que peu de temps, étant mort en 1773, âgé seulement de quarante-sept ans.

Outre quelques ouvrages de la dernière partie de sa vie, et qui ont été imprimés sans nom d'auteur, tels que le *Préservatif contre le déisme*, un *Commentaire sur la Henriade*, etc., La Beaumelle laissait de nombreux manuscrits. Deux ont été publiés par sa famille après sa mort : *l'Esprit*, Paris, 1802, in-12; *Vie de Maupertuis*, Paris, 1856, in-18.

Nous n'avons rien à dire du premier ; mais le second rentre dans notre sujet, puisqu'il a eu pour résultat de mettre le comble à la renommée déplorable de La Beaumelle comme *éditeur*, de démontrer que cet écrivain était incorrigible dans sa manie de sophistications, enfin qu'il avait le triste génie de la supercherie littéraire.

La *Vie de Maupertuis*, ouvrage froid, mais exact, est suivie des *Lettres inédites de Frédéric le Grand à Maupertuis*. Ces lettres, au nombre de quatre-vingt-sept, devaient présenter d'autant plus d'intérêt que la collection des *Œuvres complètes du grand Frédéric*, publiées à Berlin,

n'en renferme que sept. Malheureusement La Beaumelle
a cru nécessaire de leur faire subir le même remanie-
ment qu'aux lettres de madame de Maintenon; il les
transforme, il les amplifie, il leur ajoute de longues
phrases qui ont pour résultat de rendre Frédéric méconnaissable et de le faire beaucoup plus philosophe qu'il
n'était. Tout cela ne peut être contesté, puisque les autographes existent dans la collection de M. Feuillet de
Conches; et tout cela achève de démontrer que toute
lettre publiée par La Beaumelle, sans être appuyée par
le texte autographe ou la copie authentique, doit être
regardée, ainsi que dit Louis Racine, comme suspecte,
falsifiée ou inventée à plaisir. On peut voir sur cette *Vie
de Maupertuis*, publiée par M. Maurice Angliviel, neveu
de La Beaumelle, la charmante *Causerie* écrite par
M. Sainte-Beuve dans le *Moniteur* du 26 octobre 1857, et
qui se termine ainsi :

« L'histoire est chose sacrée. Quoi ! vous me transcri-
vez des lettres d'un homme historique, d'un grand roi,
d'un héros, et vous y mêlez de vos tours et de vos pensées, sans me le dire ! Je crois étudier Frédéric, je me
livre à le critiquer ou à l'approuver, je m'appuie au
besoin de son autorité et de sa parole, et je suis dupe, je
suis mystifié, je n'ai en main que du La Beaumelle, de
la fausse monnaie à effigie de roi ! Et, tout bas, vous riez
à l'avance de mon mécompte, du piége où je vais tomber.
Et ce piége, voyez combien vous étiez imprudent et coupable de le tendre : vous y avez fait tomber tout le premier un homme de votre sang et de votre nom, l'histo-
riographe estimable qui, en publiant votre ouvrage
posthume et ce que vous y aviez préparé de pièces à
l'appui, a cru vous rendre service, venger votre mémoire,

réhabiliter votre caractère; et il n'aura aidé, bien involontairement et de la meilleure foi du monde, qu'à confirmer en définitive l'opinion sévère qu'on avait conçue de vous, et à prouver à tous que vous étiez incurable dans votre procédé d'homme d'esprit foncièrement léger et sans scrupule. De même qu'on dit un Varillas, pour exprimer d'un mot l'historien décrié à qui l'on ne peut se fier, de même on continuera plus que jamais de dire un La Beaumelle pour exprimer *l'éditeur infidèle* par excellence. »

§ IX

Après la mort de La Beaumelle, une édition des *Mémoires* et des *Lettres* fut faite en 1778, à Maëstricht. Cette édition ne diffère des autres qu'en ce qu'elle renferme seize volumes; le seizième contient les *Souvenirs de madame de Caylus* qui venaient d'être publiés par Voltaire. Ce fut la dernière édition faite dans le dix-huitième siècle.

En 1806, le libraire Léopold Collin entreprit de donner en six volumes in-18 une édition nouvelle, et autre que celle de La Beaumelle, des *Lettres de madame de Maintenon*. Il confia ce travail à un bibliographe érudit et consciencieux, Auger. La révolution avait dispersé les archives de Saint-Cyr, les archives de la maison de Noailles, etc.; Auger put en recueillir quelques débris, et au moyen d'un certain nombre de lettres autographes, au moyen de deux volumes manuscrits des Dames de Saint-Louis, il put apprécier le travail de La Beaumelle, et voici ce qu'il en dit :

« ... Encore s'il avait imprimé exactement les lettres

qu'on lui a communiquées !... mais quand on peut en venir à la vérification, on découvre en lui le plus hardi et le moins scrupuleux éditeur qui ait jamais existé. Dans les lettres au comte d'Aubigné, il substitue perpétuellement au style de l'original, qui est toujours naturel et sans prétention, un style expéditif et de petites phrases coupées. De deux lettres il n'en fait souvent qu'une, et ce qui est bien plus inexcusable, il prête à madame de Maintenon son bel esprit dans de courtes et fréquentes additions. »

Ainsi donc, Auger, après l'abbé Millot, après Louis Racine, après tous ceux qui ont regardé de près l'œuvre de La Beaumelle, pensait que cette œuvre était falsifiée et en certaines parties inventée. Avec les renseignements nouveaux qu'il put obtenir, il essaya de faire une édition vraie et exacte des *Lettres de madame de Maintenon*, mais il ne parvint à faire qu'une édition insuffisante et tout à fait incomplète. Il rétablit une partie des lettres authentiques, surtout celles à d'Aubigné, mais il en retrancha un grand nombre comme étant inutiles, ou bien il n'en donna que des fragments ; il ajouta une quarantaine de lettres au maréchal de Villeroy, d'après les originaux, et c'est la partie la plus utile de son édition ; mais il accepta sans scrupule, sans observation, les lettres fausses les plus fameuses, celles de la jeunesse de madame de Maintenon, celles à madame de Saint-Géran, à madame de Frontenac, etc. En résumé, l'édition de 1806 est une édition informe, plus estimable sans doute que celles de La Beaumelle, mais qui a le plus grave défaut : elle ne renferme pas la dixième partie des lettres de madame de Maintenon.

Depuis cette époque, aucune édition nouvelle n'a été

tentée, mais des travaux ont été entrepris sur ce sujet, surtout depuis que les Mémoires de Saint-Simon, complétement connus, ont reproduit sur madame de Maintenon, avec une verve nouvelle, toutes les injures et les calomnies publiées par les écrivains protestants et les pamphlétaires de Hollande. Il n'y avait pour y répondre que la malheureuse publication de La Beaumelle, et l'on sentait son insuffisance et ses défauts. Deux érudits, qui avaient fait du dix-septième siècle leur principale étude, Walkenaer et Monmerqué, firent des recherches pour retrouver les écrits de madame de Maintenon ; mais ils ne purent que ramasser des documents et reconnaître, sans en pouvoir donner la preuve, que l'œuvre de La Beaumelle était arrangée, mutilée ou inventée. Je me servirai de leur témoignage quand j'aurai à apprécier les lettres prétendues à mesdames de Saint-Géran et de Frontenac.

Quelques années plus tard, deux autres écrivains entreprirent le même travail, chacun de son côté et à l'insu l'un de l'autre, avec l'intention de faire une édition complète, critique, définitive, des lettres et autres écrits de madame de Maintenon : ce furent M. le duc de Noailles et l'auteur de cette *Préface*. Ils avaient été conduits à ces recherches, le premier par son *Histoire de madame de Maintenon*, le second par son *Histoire de la maison royale de Saint-Cyr*, ouvrages dont la préparation leur avait révélé tous les défauts de l'œuvre mensongère de La Beaumelle. Voici comment leurs travaux isolés vinrent à se confondre et ont produit la publication actuelle.

Le 29 mai 1854, je reçus de M. Guizot la lettre suivante :

« ... On dit, monsieur, que vous avez trouvé un assez

grand nombre de lettres inédites de madame de Maintenon, et que vous préparez une nouvelle édition complète de ses lettres en général. Le duc de Noailles a formé depuis longtemps le même dessein ; il en a entretenu la Société de l'histoire de France. Il possède non-seulement beaucoup de lettres inédites, mais les originaux d'un grand nombre de lettres publiées. Il serait très-fâcheux que, poursuivant le même but, les deux publications se fissent mutuellement tort et n'arrivassent l'une et l'autre qu'à un résultat incomplet. Le duc de Noailles m'en a parlé et serait fort aise de s'en entretenir et de s'en entendre avec vous. La Société de l'histoire de France désire aussi, à coup sûr, qu'il n'y ait qu'une seule publication et qu'elle soit pleinement satisfaisante. Si vous preniez la peine de voir M. le duc de Noailles et d'en causer avec lui, certainement la chose s'arrangerait à votre satisfaction comme à la sienne. Il m'en a témoigné le désir, et je me permets de vous y engager. L'intérêt que je porte à cette entreprise, la plus importante qui reste à faire sur le siècle de Louis XIV, est mon seul motif d'intervention dans cette circonstance. »

J'accueillis cette ouverture avec empressement, et l'accord ne fut pas difficile à conclure. M. le duc de Noailles renonça gracieusement à continuer son travail ; il me laissa le soin de faire, seul et en toute liberté, l'édition nouvelle et complète des écrits de madame de Maintenon ; il me confia tous les documents, autographes, copies, qu'il avait rassemblés, tout le fruit de ses recherches ; enfin, pendant douze années, il m'a aidé de ses conseils et de sa bienveillante amitié.

Grâce à ce précieux concours, grâce à celui que m'avaient déjà donné MM. Monmerqué et Feuillet de Conches, dont les collections ont été mises à ma disposition, grâce enfin aux communications que j'ai obtenues de M. le duc de Mouchy, de M. le duc de Cambacérès, de M. de Chevry, de M. Honoré Bonhomme, et de plusieurs autres personnes dont on retrouvera les noms à l'appui de chaque lettre, je pus donner une direction certaine à mon travail, et voici comment je le partageai.

Il y a dans madame de Maintenon deux existences distinctes, encore bien qu'elles se trouvent nécessairement confondues : d'une part, l'existence publique, la vie de cour et de Versailles, la vie de la compagne de Louis XIV; d'autre part, l'existence intime et cachée, la vie de piété, de bonnes œuvres, de Saint-Cyr, la vie de l'institutrice de la maison de Saint-Louis. Il faut ajouter à la première la vie ordinaire, de jeunesse, de famille, de société, la vie avant le mariage avec Louis XIV. J'ai séparé ces deux existences dans les œuvres de madame de Maintenon, et j'ai commencé par publier les lettres qui ont un objet à part, un intérêt tout spécial, les lettres de piété, d'éducation, de direction, les lettres ou instructions aux Dames et aux Demoiselles de Saint-Cyr. Elles étaient presque entièrement inconnues : car La Beaumelle les avait dédaignées, et pour tous ceux qui les ont lues, elles ont modifié les idées émises vulgairement sur madame de Maintenon. Les six volumes publiés de cette correspondance spéciale comprennent :

1º *Lettres et entretiens sur l'éducation des filles*, 2 vol. in-18; Paris, 1854-1855; 2º édition, 1861.

2º *Lettres historiques et édifiantes*, adressées aux Dames de Saint-Cyr, 2 vol. in-18; Paris, 1856.

3º *Conseils et instructions aux demoiselles qui entrent dans le monde*, 2 vol. in-18; Paris, 1857.

DES LETTRES DE MADAME DE MAINTENON

Je publie aujourd'hui la *Correspondance générale*, c'est-à-dire la correspondance historique, celle qu'on croyait connaître par les éditions de La Beaumelle, celle que j'ai mis plus de douze ans à rassembler et qui formera, je l'espère, malgré quelques lacunes peu importantes et impossibles à combler, un des monuments littéraires du siècle de Louis XIV.

Voici la marche que j'ai suivie dans ce travail :

1º J'ai employé, autant qu'il m'a été possible, les lettres originales et *autographes* qui sont, malgré deux siècles écoulés, encore nombreuses. J'ai indiqué avec soin, pour chaque lettre, les collections d'où je les ai tirées, ou bien les noms des personnes qui me les ont communiquées.

2º Quand les autographes manquent, j'ai employé des manuscrits authentiques, et principalement les copies faites sous les yeux de madame de Maintenon par mademoiselle d'Aumale, et celles des Dames de Saint-Cyr, qui équivalent à des autographes pour la certitude historique.

3º J'ai considéré comme *fausses les lettres qui ne se trouvent que dans la collection de La Beaumelle, et qui n'ont que cet écrivain pour garant*, c'est-à-dire celles qui ne sont ni dans les autographes, ni dans les copies authentiques, par conséquent la plupart des lettres de la jeunesse de madame de Maintenon, les lettres à Ninon de Lenclos, à madame de Montespan, à mesdames de Saint-Géran et de Frontenac, etc.

4º J'ai néanmoins inséré ces lettres fausses parmi les lettres vraies, parce que, depuis un siècle, elles passent pour des documents authentiques, mais j'ai pris soin de les distinguer par un caractère d'impression à part et par les initiales (La B.); enfin, je les ai accompagnées de notes qui démontrent leur fausseté.

5° Je n'ai pas indiqué toutes les falsifications, additions, suppressions que La Beaumelle a fait subir aux lettres que je donne d'après les autographes et les copies authentiques. A quoi bon ? puisque nous avons le texte vrai. D'ailleurs cela aurait exigé des volumes, tant ces falsifications sont nombreuses ; je me suis contenté de relever les plus saillantes ou les plus scandaleuses.

Th. Lavallée.

1ᵉʳ avril 1865.

CORRESPONDANCE GÉNÉRALE

DE

Mme DE MAINTENON

PREMIÈRE PARTIE

(1635-1669)

DEPUIS LA NAISSANCE DE FRANÇOISE D'AUBIGNÉ JUSQU'A L'ÉPOQUE
OU ELLE ÉLÈVE LES ENFANTS NATURELS DE LOUIS XIV.

INTRODUCTION [1]

Françoise d'Aubigné [2], marquise de Maintenon, était d'une ancienne famille originaire de l'Anjou, mais qui n'a acquis de célébrité que dans le seizième siècle par Théodore Agrippa d'Aubigné. On sait que celui-ci fut l'un des personnages les plus fameux de son temps par sa vie aventureuse, ses talents de tout genre, ses ouvrages pleins de verve et d'esprit, les services qu'il rendit au parti calviniste, enfin par son humeur

---

1. J'emprunte, en l'abrégeant, cette *Introduction* à l'ouvrage que j'ai publié en 1863, et qui a été presque entièrement composé avec des documents originaux et inédits : *la Famille d'Aubigné et l'enfance de madame de Maintenon*; un vol. in-8.

2. *D'Aubigné* ou *d'Aubigny*. Le vrai nom paraît être *d'Aubigny*, et madame de Maintenon le signe presque partout ; mais on écrivait indifféremment l'un et l'autre. L'usage a fait prévaloir *d'Aubigné*.

turbulente et son état de rébellion incurable qui le conduisirent à mourir dans l'exil. Entré dans les guerres civiles à l'âge de seize ans [1] « pieds nus et en chemise, » dit-il lui-même, il était, à l'époque de l'édit de Nantes, gouverneur de Maillezais, vice-amiral d'Aunis et de Saintonge, ayant sept mille livres de pension de la cour, et autant des biens que lui avait apportés sa femme, Suzanne de Lezay. Il laissa trois enfants, un fils et deux filles : Constant, né en 1585, qui fut le père de madame de Maintenon ; Marie qui épousa Josué de Caumont, sieur d'Adde ou Dadou ; Louise Arthémise, mariée à Benjamin Le Valois, sieur de Villette.

Constant eut une vie très-agitée, pleine de désordres et même de crimes. Il trahit son père et la cause protestante, changea plusieurs fois de religion, dissipa tous ses biens, ne vécut que de dettes, d'expédients et même de faux monnoyage. En 1613, il fut condamné à mort à la Rochelle pour complicité de rapt de la fille d'un magistrat ; son père obtint sa grâce. Il se maria une première fois en 1611, et huit ans après, « ayant trouvé sa femme avec le fils d'un avocat, il tua celui-ci de trente coups de poignard et sa femme de sept après l'avoir fait prier Dieu [2]. » Poursuivi criminellement pour ce fait, il fut encore aidé par son père et obtint des lettres de rémission. Enfin, avec de l'esprit, de la valeur et des talents, il mena une existence vagabonde, débauchée, misérable, dont la moitié se passa « dans les prisons de la Rochelle, d'Angers, de Paris, de Bordeaux et même hors du royaume [3]. » Il se trouvait, en 1627, enfermé au château Trompette « à cause de ses commerces avec les Anglois, » lorsque, étant âgé de quarante-trois ans, il épousa,

1. Il était né en 1552.
2. Lettre d'Anne de Rohan à la duchesse de La Trémoille, en date du 23 fév. 1619 (Archives du château de Thouars).
3. *Autographe* du 21 fév. 1630, par lequel Constant reconnaît avoir reçu de son père diverses sommes pour le tirer de ses prisons.

avec des circonstances mystérieuses, une demoiselle de dix-sept ans, Jeanne de Cardilhac, fille d'un gentilhomme qui commandait le château Trompette pour le duc d'Épernon. « M. le duc, écrivait-il à un ami, envoya quérir, hier au soir, M. de Cardilhac et ses enfants, commanda que le mariage se consumât entre cy et dimanche, et défense après cela, au père et au fils, de ne voir de leur vie, ni ma maîtresse ni moi[1]. » Sorti de prison quelques mois après en y laissant de nouvelles dettes, il resta à peine libre pendant quatre ans, et fut de nouveau enfermé à Bordeaux, soit pour ses anciens méfaits, soit pour avoir pris part, en 1632, à la révolte de Gaston d'Orléans contre le cardinal de Richelieu. Il devait cette fois être privé de sa liberté pendant dix ans.

Jeanne de Cardilhac n'avait pas longtemps conservé d'illusions sur l'étrange époux qu'elle s'était donné, car, un an après son mariage, elle avait demandé et obtenu du tribunal de Niort une séparation de biens qui était à peu près inutile, son mari étant ruiné et elle-même n'ayant aucun bien. Elle venait d'accoucher d'un premier enfant[2]. Cependant, lorsque Constant fut de nouveau mis en prison, elle vint s'établir à Bordeaux, probablement au château Trompette, et au commencement de l'année 1634, elle accoucha d'un deuxième fils, nommé Charles[3]. Après ses couches, elle obtint que son mari fût transféré à Poitiers, et un acte signé d'elle constate qu'elle demeurait le 11 décembre 1634 « dans la maison d'un pâtissier sise rue Notre-Dame-la-Petite, pendant que son mari était aux prisons de la conciergerie du palais de ladite ville[4]. » Elle y devint de nouveau enceinte,

1. Voir pour les détails : *la Famille d'Aubigné et l'enfance de madame de Maintenon*.
2. Cet enfant, comme nous le verrons plus loin, mourut en 1647.
3. C'est ce frère de madame de Maintenon qui lui donna tant de soucis et à qui elle écrivit tant de lettres curieuses.
4. *Autographe* appartenant à M. Fillon (de Fontenay).

et obtint encore que d'Aubigné fût transféré « aux prisons de la conciergerie du palais de Niort[1]. » Elle était alors tombée dans le plus grand dénûment, et elle voulait être à portée des secours qu'elle recevait de sa belle-sœur, madame de Villette. Alors, laissant ses deux fils aux soins charitables de leur tante, elle alla s'enfermer avec son mari.

Constant ne s'occupait point des besoins de sa famille; il avait perdu toute activité et toute énergie, et semblait usé par sa vie d'aventures et de débauches. C'est dans cette affreuse situation que Jeanne de Cardilhac accoucha, le 27 novembre 1635, d'une fille qui devait être madame de Maintenon. Elle fut assistée par madame de Villette, qui, sur les instantes prières de la mère, et même par la volonté expresse du père, la fit baptiser dans une église catholique.

Voici l'acte de baptême extrait du registre de l'église Notre-Dame de Niort, déposé aux archives de la mairie de cette ville :

« Le vingt-huitième jour de novembre 1635 fut baptisée Françoise, fille de messire Constant d'Aubigny, seigneur d'Aubigny et de Surimeau, et de dame Jeanne de Cardilhac, conjoints. Son parrain fut François de la Rochefoucault, fils de haut et puissant messire Benjamin de la Rochefoucault, seigneur d'Estissac et de Maigno, et sa marraine demoiselle Suzanne de Beaudéan, fille de haut et puissant Charles de Baudéan, seigneur baron de Neuilhant, gouverneur pour Sa Majesté de cette ville et château.

« SUZANNE DE BAUDÉAN, FRANÇOIS DE LA ROCHEFOUCAULT, CONSTANT D'AUBIGNY, MEAULME (curé). »

---

1. Cette prison n'existe plus. Il ne faut pas la confondre avec le château de Niort, qui existe encore, où Constant ne fut jamais enfermé, quoique plusieurs historiens fassent naître madame de Maintenon dans ce château.

Le parrain et la marraine de Françoise d'Aubigné étaient deux enfants de neuf à dix ans. Le parrain était le petit-neveu de l'auteur des *Maximes*; la marraine était fille de Charles de Baudéan, le compagnon de débauches de Constant d'Aubigné, et elle avait pour mère une femme qui fut la vraie marraine de Françoise, car elle lui donna son nom et s'attribua des droits sur la malheureuse enfant : c'était Françoise Tiraqueau, petite-fille du jurisconsulte de ce nom, fille d'un ligueur passionné, elle-même catholique très-ardente qui, en 1629, avait chassé les protestants de ses terres. C'était une femme de beaucoup d'esprit, mais dure, avare, ambitieuse. Charles de Baudéan avait eu pour mère une tante de Suzanne de Lezay, mère de Constant d'Aubigné ; c'est ainsi que Françoise Tiraqueau, baronne de Baudéan ou comtesse de Neuillant, se disait parente des d'Aubigné et s'attribuait un droit de protection sur les enfants de Constant, principalement sur celle qui venait de naître. Ajoutons que l'enfant qu'on avait donné pour marraine à Françoise devint la maréchale de Navailles, dame d'honneur de la reine Marie-Thérèse, si célèbre par la disgrâce qu'elle encourut de la part de Louis XIV [1].

Madame de Villette, qui avait une amitié très-tendre pour son frère, emporta l'enfant nouvellement née, et lui donna la même nourrice qu'avait eue l'une de ses filles. Quant à Jeanne de Cardilhac, elle resta encore un an dans la prison de Niort avec son mari. Enfin, se voyant chargée de trois enfants, avec un mari qui semblait s'accommoder de pourrir en prison, elle résolut de l'abandonner pour travailler à ravoir une partie de son bien. Elle avait alors vingt-cinq ans. C'était une femme très-belle, de goûts paisibles, de beaucoup d'intelligence, d'une grande fermeté, ayant avec un air

---

[1]. Voir sur ce sujet les *Mémoires de Saint-Simon*. Voir aussi sur Suzanne de Baudéan, ce qu'en dit dans ses *Mémoires* mademoiselle de Montpensier, dont elle fut quelque temps l'amie.

sévère des manières pleines de charme. Elle allait, après huit années du plus triste mariage, commencer une vie de luttes, d'aventures et de misères.

Agrippa d'Aubigné, par son mariage avec Suzanne de Lezay, avait acquis les terres et seigneuries de Surimeau, de Mursay, de la Berlaudière, avec les métairies et moulins de l'Herce, du Taillon, etc. Tout cela avait une valeur d'environ 170,000 livres, et rapportait 6 à 7,000 livres, monnaie du temps, c'est-à-dire qu'il faudrait au moins quadrupler ces chiffres pour avoir aujourd'hui la valeur de ces terres. Suzanne de Lezay était morte en 1596, et Agrippa qui était fort ménager de son bien, très-vigilant à l'augmenter, retors et rigoureux en affaires, avait eu de continuelles contestations avec ses enfants à cause de l'héritage de leur mère. A la fin, il fut forcé de conclure un arrangement par lequel il donna à sa fille préférée, madame de Villette, celle qu'il appelait son *unique* et sa *fillette*, la belle terre de Mursay; à sa fille aînée qu'il avait mariée tard et à regret, madame de Caumont d'Adde, les petites terres de la Berlaudière et de l'Herce, enfin à Constant la baronnie de Surimeau. Mais celui-ci n'eut en réalité que le titre de ce domaine, car le père, tenant compte des dépenses qu'il avait faites pour son fils en divers cas, le réduisit à une rente de 1,500 livres qui fut mal payée, et il continua à jouir lui-même de Surimeau. Quant à Caumont d'Adde ou Dadou, gentilhomme grossier, prodigue, faisant sa compagnie de gens de peu, il ne put se mettre en possession de sa petite part que huit ans après, et il n'eut d'autre pensée que de s'en venger [1].

Cependant Agrippa, après avoir pris part à toutes les conspirations et révoltes contre le gouvernement de Louis XIII, en vint à se mêler de la guerre des seigneurs, en faveur de

---

[1]. Voir *la Famille d'Aubigné et l'enfance de madame de Maintenon*.

la reine mère et contre le duc de Luynes. Louis XIII résolut d'en finir avec ce rebellé : il marcha avec une armée dans le Poitou, s'empara de Maillezais et des autres places des révoltés. Agrippa fut condamné à mort et sa tête mise à prix ; alors il résolut « de venir prendre le chevet de sa vieillesse et de sa mort à Genève [1]. » Il s'enfuit, emportant une somme de 100,000 livres dans les sacoches de douze chevaux ; ses biens furent confisqués. En même temps, Constant fut contraint « de faire banqueroute et abandonnement de ses biens, » par jugement du tribunal de Niort rendu à la requête de ses créanciers. Caumont d'Adde profita de cette déconfiture : il s'installa dans la seigneurie de Surimeau comme gérant ou curateur, avec la résolution de n'en jamais sortir, et il y réussit si bien que ses descendants en sont encore aujourd'hui possesseurs.

Agrippa s'était établi à Genève : de l'argent qu'il avait emporté, il avait acheté une belle terre et bâti un château qui existe encore, le Crest. Il mourut en 1630 laissant un testament très-pompeux et très-obscur, par lequel il déshéritait Constant, et un codicille par lequel il donnait la terre du Crest aux deux filles de sa fille Marie, celle-ci étant morte dix ans auparavant. Ces actes n'avaient nulle valeur en France comme émanant d'un homme condamné à mort et dont les biens étaient confisqués ; aussi Jeanne de Cardilhac avait espéré que le Crest serait laissé à Constant ou à ses enfants pour le dédommager de Surimeau. Conseillée par la famille Villette et même par la veuve d'Agrippa [2], elle résolut « d'interrupter les demoiselles Caumont dans la pos-

---

1. *Mémoires d'Agrippa d'Aubigné.*
2. Agrippa s'était remarié à Genève à une veuve italienne très-distinguée, Renée Burlamachi. Voir l'ouvrage : *la Famille d'Aubigné et l'enfance de madame de Maintenon*, où j'ai donné quelques lettres de cette dame.

session du Crest » et de demander à leur père « compte des fruits de Surimeau dus à Constant. »

Elle s'engagea ainsi dans une suite de procès fort compliqués, qui durèrent de 1637 à 1642, où il est difficile, même avec les pièces que j'ai entre les mains, de démêler le droit et la vérité, mais où elle trouva constamment l'approbation de la famille de Villette et de la veuve d'Agrippa, qui la regardaient comme « persécutée et dépouillée. » Elle passa presque tout ce temps à Paris, et logeait dans la cour de la Sainte-Chapelle, pour être à portée des gens de loi à qui elle avait affaire. Elle avait auprès d'elle ses deux fils, qu'elle élevait avec beaucoup de tendresse, et elle avait laissé sa fille, pour qui elle ne ressentait que de la froideur, aux soins de madame de Villette, qui l'élevait, contrairement à son baptême et aux volontés de ses père et mère, dans la religion réformée. Elle se tenait dans la retraite, et voyait néanmoins quelques personnes de la cour, notamment madame de Neuillant, qui venait souvent à Paris. Ses ennemis ont dit, et nous le verrons plus loin, qu'elle avait eu pendant ces cinq années une vie dissipée et même « noircie de crimes. » L'estime que lui témoigna constamment la veuve d'Agrippa, l'appui qu'elle ne cessa de trouver dans la famille de Villette, la misère où elle fut réduite pendant plusieurs années, enfin la noblesse de sentiments que révèlent ses lettres, répondent suffisamment à cette calomnie.

Quant à ses relations avec son mari, elles se bornaient à quelques missives nécessitées par les affaires judiciaires. Jeanne de Cardilhac ne pouvait dissimuler l'aversion que lui inspirait l'auteur de tous ses maux, et cependant nous verrons qu'elle fit quelques efforts pour le délivrer de sa prison. Quant à lui, il n'écrivait à sa femme que pour lui demander de l'argent, car sa misère était fort grande. Il tirait des secours de madame de Villette, qui allait souvent le voir en compagnie de Françoise qu'il aimait tendrement. « Je n'ai d'autre consolation, disait-il, que de ma petite innocente[1]. »

Dans la lutte qu'elle engagea contre Caumont d'Adde et ses filles, madame d'Aubigné eut d'abord l'avantage : elle força ses adversaires à vendre le Crest et elle s'en fit adjuger le produit, en abandonnant ses droits sur Surimeau ; une partie du produit servit à payer les créanciers de Constant, le reste demeura entre ses mains et elle l'employa pour ses besoins et les *geôlages* de son mari. Mais il survint à Caumont un auxiliaire qui fit changer la fortune. L'aînée de ses filles, Arthémise, qui était très-belle, fut demandée en mariage par Sansas de Nesmond, gentilhomme catholique n'ayant que peu de bien, mais fort instruit, fort méchant, neveu d'un président au Parlement de Paris. Caumont d'Adde le refusa. Marie d'Aubigné à peine morte, il avait épousé une femme de basse condition[2] qui lui avait donné plusieurs enfants, et il malversait les biens de ses filles pour enrichir ses enfants du second lit : il craignait donc de trouver dans Sansas de Nesmond un contrôleur de sa vie et de ses méfaits. Mais Sansas et Arthémise ne se rebutèrent point et menacèrent d'en appeler au roi. Cette lutte fit grand bruit dans la province et surtout dans la famille d'Aubigné. Jeanne de Cardilhac était favorable au mariage, espérant que le

1. *Notes des Dames de Saint-Cyr*. — C'est sans doute à ces visites de Françoise d'Aubigné dans la prison de son père qu'il faut rapporter l'anecdote suivante que mademoiselle d'Aumale place inexactement au château Trompette :

« Elle se souvenoit d'avoir joué avec la fille du geôlier, qui étoit de son âge. Celle-ci avoit un ménage d'argent, et madame de Maintenon n'en avoit pas ; elle lui reprochoit qu'elle n'étoit pas si riche qu'elle. Non, mais, répondit Françoise, je suis demoiselle, et vous ne l'êtes pas. »

2. C'était la fille de son procureur, nommé *Meriodeau*. Il sera question des *Meriodot* ou *Meliodot* dans les lettres de madame de Maintenon.

gendre serait plus accommodant que le beau-père, et à cette occasion, comme pendant tous ses procès, elle entretint avec M. et madame de Villette une correspondance dont quelques lettres ont été conservées. Ces lettres nous paraissent ouvrir dignement la *Correspondance générale de madame de Maintenon* par la raison, le bon sens, la dignité qui les distingue; elles expliquent d'ailleurs le caractère de Françoise d'Aubigné qui avait hérité de l'esprit, de la fermeté, de la résignation de sa mère, comme aussi de sa froideur, de son air sévère, de sa légitime tristesse.

LETTRE PREMIÈRE [1]

MADAME D'AUBIGNÉ A M. DE VILLETTE.

12 juin 1641.

Monsieur mon frère,

J'ai reçu la chère vostre du 23 mai, où j'ai cru voir une raillerie en termes bien doux, de quelque mot qui m'est possible échappé sentant la moralle que je souhaiterois apprendre de vous, plutôt que de prétendre de vous y faire leçon en cela ; comme en toutes les bonnes choses ; il faut en chercher les principes et l'origine chez vous. J'admire la gentillesse de votre moquerie où vous dites que si je continue, je profiterai plus en la moralle qu'au droit. Je souhaite avec grande passion le mariage de votre bonne niepce (quoique je ne l'espère pas) sur la croyance que j'aurois que ce prétendu gendre seroit plus raisonnable que son père, et qu'ainsi je n'aurois plus à faire de jurisprudence.....

J'ai fait porter et très-promptement vos lettres à M. de la R., et pour M. de Vaugelas [2], je lui ai fait faire compliment de votre part ; à quoi il a répondu civilement à son ordinaire. Ce Médor [3] duquel vous

---

1. *Autographe* appartenant à M. Bonhomme et publié dans son ouvrage : *Madame de Maintenon et sa famille*, p. 43.
2. C'était un parent du grammairien et qui avait aidé madame d'Aubigné dans ses procès.
3. Sansas de Nesmond.

me parlez, en tant que tel, méritera un mausolée de votre niepce Arthémise, si tant est que la diversité de religion et autres difficultés leur permettent de conclure. Votre frère m'avoit donné espérance de le voir ici, où il vient pour parler de son mariage à son oncle. S'il me fait l'honneur de me voir, vous serez adverti fidèlement de notre dialogue, étant, monsieur mon frère, votre très-humble, très-fidelle et très obéissante servente,

JEANNE DE CARDILHAC.

LETTRE II

NOTE PRÉLIMINAIRE

Madame d'Aubigné ne se doutait pas de l'ennemi qu'elle allait avoir sur les bras. Sansas de Nesmond épousa Arthémise de Caumont. Aussitôt il se fit donner procuration par le beau-père et ses deux filles, s'en alla à Paris et mena grand train l'affaire qui traînait depuis quatre ans. Dès son arrivée, le 28 décembre 1641, il écrivait à Caumont : « J'espère réduire mes gens à demander composition, et n'épargnerai ni amis, ni proches, ni puissances pour qu'ils se rendent à discrétion. Quoi qu'il arrive, je mêlerai si bien les cartes qu'ils ne sauront plus ni commencer le jeu, ni qui est ce qui tourne[1]. »

Madame d'Aubigné était alors dans un si grand dénûment, « qu'elle sembloit ne vivre, disait-elle, avec ses enfants que par la providence seule de Dieu. » Nous en verrons tout à l'heure les témoignages. Malgré cela, elle songeait à faire venir à Paris sa fille, qu'elle voyait avec peine élevée dans la religion protestante. La famille de Villette la blâmait de

---

1. Papiers autographes de Sansas de Nesmond. Ces papiers m'ont été communiqués par M. Fillon (de Fontenay).

prolonger son séjour à Paris, l'accusait d'indifférence pour son mari et la pressait de le faire sortir de prison. Constant lui écrivait dans des termes assez violents, car il s'était subitement pris de l'envie d'être transféré à Paris auprès de sa femme et de ses enfants. Elle fit quelques démarches à ce sujet, et, grâce à M. Citois, médecin du cardinal de Richelieu, qui était de Poitiers[1] et s'intéressait à sa famille, elle put avoir une audience du ministre. La lettre suivante nous apprend quel fut le résultat de sa demande.

MADAME D'AUBIGNÉ A MADAME DE VILLETTE[2].

26 janvier 1642.

Madame ma très-honorée sœur,

Je ne doute point du peu de temps que vous avez, sachant, comme je fais, les subjets que vous avez de l'employer sans sortir de chez vous, où pour surcroît il faut encore que vous ayez votre petite nièce[3]. Je vous suis d'autant plus obligée de l'honneur qu'il vous plaît me faire de m'écrire, les présents des disetteux étant bien plus estimés, quoique petits, que les magnifiques de ceux qui sont dans l'abondance. Je vous plains de la continuation de la maladie de ma petite niepce[4], car je sais combien ces choses-là vous touchent, du naturel que vous êtes, bon et sensible pour les personnes qui vous touchent, et charitable pour le prochain en général. Vous me donnez des preuves

---

1. Tallemant des Réaux dit quelques mots de ce médecin, qui était l'ami de Bois-Robert, et s'occupait de belles-lettres. Il y a encore dans le Poitou des descendants de cette famille.
2. *Autographe* du cabinet de M. le duc de Noailles.
3. C'est-à-dire Françoise d'Aubigné.
4. L'une des filles de madame de Villette.

du premier, en ce que vous me mandez de votre frère ; mais, ma chère sœur, si vous daignez vous ressouvenir des subjets de soupçon que j'ai de tous côtés de cette part là, vous ne me blâmerez pas tant, et même combien ma facilité et confiance me coûte cher. J'ai bien du regret de n'avoir pu réussir en ce qu'il désiroit de son Éminence ; mais il me dispensera de presser cette affaire-là de sa transfération, ayant senti le vent du bureau, et quand le malheur seroit arrivé, on me pourroit dire : on vous l'avoit bien dit. Qu'il cherche donc un autre solliciteur que moi pour cela. Je crois qu'il vous aura dit ce que je lui en ai mandé. Son Éminence me dit : « Qu'il ne falloit point songer à sa liberté, et que, pour sa transfération, on verroit, qu'il en parleroit au roi[1]. » Et M. Citois, son médecin, qui lui en avait parlé à ma prière, me dit qu'on avoit fait le prisonnier bien noir, et que je ne devois pas souhaiter ce que je demandois, quoiqu'il crut que je le pouvois obtenir ; mais que ce seroit pour lui faire son procès étant ici, car il y avoit bien des choses contre lui. Sur quoi il me demanda si je n'étois pas sa seconde femme, et ce qu'il avoit fait de la première, avec tout plein d'autres choses de pareille farine, si bien que tout le monde me conseille de n'en plus parler du tout.

1. Mademoiselle d'Aumale raconte ainsi cette conversation :

« Madame d'Aubigné demandant un jour la grâce de son mari au cardinal de Richelieu, parce qu'il étoit accusé d'avoir fait de la fausse monnoie, il lui répondit : Vous seriez bien heureuse si je vous refusois. C'est madame de Maintenon qui a conté elle-même ce trait. »

Je me réjouis extrêmement de votre bonne santé. Dieu vous fortifie pour le bien et utilité de votre chère et belle famille. Vous faites trop d'honneur à vos pauvres neveux et très-humbles serviteurs de vous souvenir d'eux, et je crains bien que leur sœur vous donne bien de la peine. Si mademoiselle de Sometrou vient ici, comme on dit, ce seroit une bonne occasion de me l'envoyer. Il s'en trouvera peut-être encore d'autres pareilles, et l'hiver est à présent un peu moins rude qu'il n'a été et le sera encore plus d'ici à un mois ou six semaines. Pardonnez-moi ma longueur et même les lignes pressées de mon écriture, ce que je fais de peur de grossir trop les paquets, ayant même à écrire à B..., et croyez que je suis, avec tout le respect et la passion imaginables, madame ma très-honorée sœur,

Votre très-humble, très-fidèle et très-obéissante servante,

J. DE CARDILHAC.

LETTRE III

NOTE PRÉLIMINAIRE

Cependant Sansas de Nesmond s'était mis en campagne : lettres, mémoires, sollicitations, calomnies, il employait tout contre la pauvre femme qu'il voulait perdre : « Devant que je parte, écrivait-il à son beau-père, j'espère lui faire haïr autant par le procès Paris, qu'elle l'a aimé et l'aime encore pour le jeu et les promenades. Devant que j'aie obtenu jugement, j'aurai bien crayonné de ses portraits. Nous n'avons de juge dont je n'en remplisse l'idée, et à qui je ne fasse présent d'un tableau de sa joie et de ses mœurs. La plus grande part savent déjà qu'elle a un procès pour être à Paris, et qu'elle n'est point à Paris pour un procès[1]. »

Pendant que Sansas de Nesmond dépeignait madame d'Aubigné comme occupée de ses plaisirs et menant une vie de désordres, la malheureuse femme était réduite à une profonde misère : elle allait être chassée, faute de payement, du pauvre logis qu'elle habitait, obligée de vendre ses meubles, et de se retirer dans un couvent où une personne charitable lui donna asile en se chargeant de ses enfants. Cependant, grâce à ses manœuvres, Sansas obtint un arrêt du Parlement qui déclara « les fonds provenant de la vente du Crest mal mis aux mains de la dame d'Aubigny. » Celle-ci, voyant sa cause perdue par cet arrêt, et n'ayant plus l'argent de cette vente, sollicita un accommodement que Sansas refusa en redoublant ses injures et ses menaces. La pauvre femme alla trouver l'oncle de son persécuteur, le président de Nesmond, le supplia de prendre compassion d'elle et de ses enfants, et obtint ainsi le consentement de Sansas à un accommodement.

Sansas le lui fit payer chèrement. Il alla la voir, l'injuria de nouveau et la maltraita tellement, que la malheureuse se mit au lit avec la fièvre. C'est lui-même qui raconte cette scène dans une lettre écrite à son beau-père le jour de la Pentecôte 1642.

« Depuis le jour de notre dernière prise, notre pauvre dame a la fièvre, qui la malmène un peu ; je lui dis trop de vérités et trop sévèrement, je le confesse ; mais je m'en repens. Elle a trop grande envie de terminer nos affaires et de sortir de ma tyrannie ; elle le fait assez paroître par son procédé et par la continuation de notre traité, qu'elle sollicite et fait très-ardemment solliciter, dès notre dernière querelle, où je fis mon possible pour la faire rompre et remettre ma parole, à quoi elle ne voulut jamais consentir, bien que je lui eusse dit jusque-là que je ferois déclarer ses enfants bâtards et illégitimes, si la compassion ne m'en em-

1. Papiers autogr. de Sansas de Nesmond.

pêchoit, et justifierois par pièces et témoins que toute sa vie étoit noircie de crimes, fraudes, infidélités et infamies. Tout cela la fit taire court. La pâleur et la fièvre se sont saisies d'elle depuis ce temps-là. Je l'ai été voir ce matin au lit malade; elle m'a promis pourtant qu'elle écriroit ce jourd'hui à son mari pour avoir son autorité. C'est à quoi elle ne manquera pas très-certainement, par l'envie qu'elle a de sortir de mes mains, et des occasions de se voir par moi canonisée...

« Je suis bien aise que le sieur et dame de Villette dorment. Quand je n'aurai qu'eux à combattre, je ne leur donnerai pas moins d'agitations qu'à madame d'Aubigny, leur ancienne camarade... »

Les deux parties, par un acte du 13 juin 1642, nommèrent chacune deux avocats au Parlement comme arbitres pour régler leurs différends, et ces arbitres furent présidés par un conseiller, nommé par le président de Nesmond, et ami de Sansas.

Pendant que se délibérait la ruine de sa famille, Constant, au lieu d'aider sa femme dans la lutte inégale qu'elle soutenait, commençait à s'irriter de sa longue absence. Il lui fit écrire à ce sujet par madame de Villette, et celle-ci manda en même temps à la pauvre femme que la petite Françoise était malade d'une teigne dangereuse. Jeanne de Cardilhac, au milieu de ses chagrins, tâchait de montrer du calme; elle répondit.

MADAME D'AUBIGNÉ A MADAME DE VILLETTE [1].

14 juillet 1642.

Je crains bien que cette pauvre galeuse ne vous donne bien de la peine. Ce sont des effets de votre bonté de l'avoir voulu prendre. Dieu lui fasse la grâce de s'en pouvoir revencher, mais non pas en pareil cas. Je plains bien votre frère, et voudrois de tout

1. *Autographe* du cabinet de M. le duc de Noailles.

2.

mon cœur pouvoir être auprès de lui comme il le souhaite, croyant bien qu'il en recevroit quelque soulagement et consolation. Je n'ai au monde de passion plus forte, après celle de vous servir, que de me voir hors de tous mes embarras, parmi lesquels j'éprouve le conseil qu'un de nos auteurs catholiques donne aux veuves de n'avoir point de procès, s'il se peut. C'est feu M. de Salles, évêque de Genève ; il en dit les inconvénients. C'est ce qui me feroit sequestrer du monde et trouver un couvent dans ma chambre et parmi les miens, où je trouverois autant d'occasions de servir Dieu que dans un couvent monastique. J'admire la providence de Notre-Seigneur, qui laisse les personnes aux fonctions qui leur sont le moins agréables, vous avouant que je hais le monde de tout mon cœur. C'est une aversion que j'ai toujours eue, ne voyant que corruption de tous côtés. Mais il faut avoir patience ; j'espère que je ne me plaindrai pas toujours, et que je me verrai un jour près de vous le plus que je pourrai et en état de vous y rendre les devoirs, madame très-honorée sœur, d'une très-humble, très-fidelle et très-obéissante servente,

J. DE CARDILHAC.

LETTRE IV

NOTE PRÉLIMINAIRE

Madame de Villette aimait son frère avec *passion* et le regardait comme plus malheureux que coupable. Elle écrivit à sa belle-sœur pour lui apprendre que Constant se préparait à adresser contre elle une requête au tribunal de Niort. En même temps, elle la blâmait de son long séjour à Paris, de l'abandon qu'elle faisait de son mari auquel on ne pouvait reprocher, disait-elle, que de *légers désordres;* enfin elle ajoutait que, par sa persistance à s'éloigner du pays et sa résolution de se retirer dans un couvent, elle aurait de la peine à *se justifier elle-même.*

Madame d'Aubigné fut navrée de douleur en apprenant le dernier coup que lui préparait son mari et en voyant les injustes accusations de M. et de madame de Villette, les seules personnes qui l'eussent aidée dans ses malheurs et conseillée dans ses affaires. Il y avait déjà plus d'un mois qu'elle s'était retirée dans un couvent, mais la misère seule l'y avait contrainte. Elle répondit par cette lettre pleine d'angoisse et de dignité, où l'on pressent le style et la pensée de madame de Maintenon :

MADAME D'AUBIGNÉ A MADAME DE VILLETTE [1].

23 juillet 1642.

Madame ma sœur,

Vous trouverez toujours en moi les dispositions d'une personne qui vous honore parfaitement ; je confesse que je ne vous ai point dissimulé le déplaisir que je recevois des mauvais déportements de votre frère, ne vous ayant jamais rien caché ; mais je les ai toujours supportés et les souffrirai autant de temps qu'il plaira à Dieu, ayant bien mérité le traitement que j'en ai reçu. Mais sur ce que vous me mandez de révoquer la résolution que j'ai prise de me mettre en pension dans un couvent, c'est à présent trop tard, y étant il y a tantôt un mois ; et je ne comprends

---

[1]. *Autographe* appartenant à M. H. Bonhomme et publié dans son ouvrage : *Madame de Maintenon et sa famille,* p. 51.

point pourquoi vous croyez votre frère plus privé de moi, étant où je suis, que lorsque j'étois logée dans la cour du Palais, n'étant ici obligée à rien, qu'à vivre comme je faisois dans le monde. Je m'assure, madame ma sœur, que vous m'objecterez que si j'avois dessein de retourner dans le pays, je n'aurois pas changé de demeure pour six mois ou un an, tant plus que moins, que pourront durer mes affaires; mais à cela j'ai à vous répondre que je ne pouvois faire autrement, et quoiqu'il me fâche assez d'écrire ces choses pour l'avantage qu'en peuvent tirer les C...[1] le sachant, je vous porte tant de respect que je me crois obligée à vous dire mes raisons que vous goûterez assurément, si, pour en bien juger, vous vous dépouillez de la passion de sœur pour vous mettre en ma place par imagination.

Vous saurez donc qu'il y a plus de dix-huit mois que je vis ici avec mes enfants par la providence seule de Dieu, et roule de si peu que cela n'est pas croyable. Je vous en donnerai de bons témoignages, n'ayant pas reçu depuis ce temps-là, 500 livres, tellement que je me suis trouvée sans un sol, devant à tout le monde, trois quartiers de la maison où j'étois, à boulanger et autres gens. Je vous laisse à penser ce que je pouvois faire ; mais comme j'ai appris de longue main que de deux maux il faut choisir le moindre, et qu'encore de ce moindre, il en faut tirer tout l'avantage qu'on peut, voici ce que j'ai fait : sous prétexte de n'avoir que faire de meubles, me retirant dans un couvent (quoique en

---

[1]. Les Caumont d'Adde.

effet il en faille, mais moins), j'ai vendu tous mes meubles, à la vérité très-peu, d'autant qu'il falloit que ce fût tout à la fois, l'hôte du logis n'ayant rien laissé sortir qu'au préalable on ne l'eût payé ; je m'en suis acquittée le plus que j'ai pu et me suis mise ici où une femme d'honneur et de vertu à laquelle je prie Dieu que je puisse rendre un jour quelque service ou aux siens, a répondu pour moi comme elle a fait pour mes enfants qui sont ici auprès, seulement jusqu'à la Saint-Michel. Voilà la seule assistance que j'ai trouvée ici, que j'ai voulu prendre ; il est vrai qu'on m'a assez offert de choses, mais c'étoit personnes desquelles je craignois la conséquence [1].

Après cela, jugez, s'il vous plaît, si j'aurai de la peine à me justifier moi-même, comme vous dites, et si je pouvois faire chose meilleure et plus honnête selon Dieu et selon les hommes que ce que j'ai fait. Vous appelez cela de légers désordres de la part de votre frère, de mettre, par un mauvais ménage, sa femme et ses enfants en tel état tous les jours, et vous voudriez que je n'y misse pas ordre ! A la fin, madame ma sœur, il est temps que je me fasse sage à mes dépens, et j'ai trop ressenti ce dernier coup pour l'amour de mes enfants, pour n'y pas songer à l'avenir. Je crois que vous aurez sujet de le trouver bon, puisque j'aurai l'approbation de tous les gens d'honneur et la bénédiction de Dieu qui voit mon cœur, sait mes raisons

---

1. La vie de Jeanne de Cardilhac est tellement enveloppée d'obscurité qu'il est impossible de savoir quelles sont « ces personnes de conséquence, » ainsi que la « dame d'honneur et de vertu » dont il est question plus haut.

et que ce n'est que pour sa plus grande gloire tout ce que j'entreprends. C'est là mon but et ma fin, et ainsi je crois qu'on doit approuver les moyens desquels je me sers pour y parvenir; je crois que c'en est un de me dire, y étant obligée de tant de façon,

Madame ma sœur,
Votre très-humble servante et très-obéissante,

J. DE CARDILHAC.

Je suis très-humble servante à mon frère.

LETTRE V

NOTE PRÉLIMINAIRE

Pendant que madame d'Aubigné écrivait cette lettre touchante, Constant adressait au tribunal de Niort une requête où il exposait : « que sa femme avait reçu par ses arrangements avec les demoiselles de Caumont une somme de quatorze mille livres, et qu'au lieu de l'employer en la nourriture et entretien tant dudit suppliant que de demoiselle Françoise d'Aubigny, âgée de six à sept ans, elle retient pardevers elle tous les biens ci-dessus qu'elle emploie à ses usages particuliers dans la ville de Paris où elle demeure depuis quatre ans en çà, sous prétexte de quelque procès, et ainsi abandonne contre toute sorte de justice son mari prisonnier et sa petite fille, que le suppliant est contraint par nécessité de laisser ès mains de personnes faisant profession de la religion prétendue réformée, en quoi elle court d'autant plus grand danger que ces personnes sont de très-bonne vie moralement; ce qui peut facilement faire impression sur l'esprit d'un enfant de cet âge, pour la divertir de la religion catholique, apostolique et romaine, qui serait le plus grand déplaisir qui pourroit advenir au suppliant parmi les autres afflictions qu'il souffre maintenant, qui sont telles qu'il ne lui reste aucuns moyens pour vivre, ni pour payer ses geôlages, ni s'entretenir en quelque manière que ce soit[1]. »

Cette requête n'eut pas de suite, un arrêt du Parlement de Paris ayant prononcé la ruine de la dame d'Aubigné, en ordonnant la restitution de l'argent provenant de la vente du Crest et en adjugeant la terre de Surimeau aux demoiselles de Caumont. Mais l'argent du Crest était dépensé; lorsque Sansas de Nesmond en demanda la restitution, il se trouva « avoir peiné et sué, disait-il, inutilement; » il n'en continua pas moins ses poursuites contre la famille d'Aubigné.

Quelques mois après, un grave événement changea la position de cette famille : ce fut la mort de Richelieu (4 décembre 1642). Dès son entrée au pouvoir, Mazarin ouvrit la plupart des prisons de l'État : Constant d'Aubigné fut du nombre des délivrés.

Il se hâta d'aller à Paris, rejoignit sa femme, et lui amena Françoise, alors âgée de sept ans. Jeanne n'avait pas vu sa fille depuis quatre années; néanmoins elle l'accueillit froidement. Françoise pleura, regretta sa tante bien-aimée et ne parla jamais de cette entrevue qu'avec émotion. « Elle ne se souvenoit, raconte mademoiselle d'Aumale, d'avoir été embrassée de sa mère que deux fois, et seulement au front, après une séparation assez longue. » Le malheur avait desséché le cœur, aigri le caractère de cette femme, qui se voyait condamnée de nouveau à vivre avec son époux. Françoise était déjà jolie, pleine d'agréments et montrant de la fermeté; aussi, quand sa mère voulut lui apprendre le catéchisme romain, elle résista. « Un jour qu'on la mena à l'église, elle tourna le dos à l'autel; sa mère lui donna un soufflet qu'elle porta avec un grand courage, se sentant glorieuse de souffrir pour sa religion[2]. » Cette résistance dura peu, et Françoise devint catholique comme ses frères.

1. Pièce publiée par M. Fillon, d'après l'original, dans la *Revue de l'Ouest* de décembre 1853.
2. *Mémoires manusc. de mademoiselle d'Aumale.*

Constant d'Aubigné, devenu libre à l'âge de soixante ans, sans biens, sans amis, avec une renommée fâcheuse, recommença à vivre tristement de dettes et d'expédients; mais les renseignements manquent pendant quelques années sur lui et sa famille. On le voit, à la fin de 1643, recevant une somme de mille florins, que la veuve d'Agrippa venait de lui léguer par testament. A la fin de mars 1645, on le trouve sollicitant quelque emploi de la Compagnie des îles de l'Amérique, et voici ce qu'on trouve à ce sujet dans les « *Actes d'assemblées de la Compagnie des îles de l'Amérique, pour ce qui concerne ses affaires particulières de 1635 à 1648 :* »

« Sur le rapport de Fouquet [1], commission de gouverneur pour trois ans et assurance pour trois autres est donnée à Constant d'Aubigny, qui avoit demandé d'aller habiter Marie-Galante, à certaines conditions.

« La Compagnie agrée les articles convenus entre d'Aubigny et Berruyer.

« Incontinent après, d'Aubigny entre en l'assemblée et y prête le serment de gouverneur de Marie-Galante entre les mains de M. d'Aligre [2]. »

Constant partit immédiatement avec sa femme et ses trois enfants et arriva à la Martinique; mais il paraît qu'il ne put faire usage de sa commission de gouverneur de Marie-Galante, cette île étant habitée entièrement par des sauvages qu'on appelait les *Irrois*, car on trouve dans les mêmes Actes cités, à la date du 12 décembre 1645 :

« La Compagnie approuve ce que M. Berruyer a écrit au sieur d'Aubigny pour s'habituer en une autre île au lieu de Marie-Galante, au cas qu'elle se trouve habitée par les *Irrois*. »

On croit que d'Aubigné se contenta d'un petit emploi sous les ordres du gouverneur de la Martinique, et que sa famille végéta auprès de lui dans cette île. Il continua néanmoins à

---

1. C'est le père du surintendant.
2. Pièce communiquée par M. Margry.

faire une grande dépense, par conséquent des dettes, et il donna à sa femme jusqu'à vingt-quatre esclaves pour la servir. Madame de Maintenon a témoigné toute sa vie une grande répugnance à parler de son père et de sa mère; ce n'est qu'à Saint-Cyr, et pour citer des exemples pris sur elle-même, qu'elle a raconté par incident quelques anecdotes à ce sujet. On sait donc très-peu de chose du séjour de la famille d'Aubigné à la Martinique, et seulement ce que mademoiselle d'Aumale tenait de madame de Maintenon.

Jeanne de Cardilhac continua à élever ses enfants dans la religion romaine, pendant que son mari, que nous avons vu si fervent catholique dans sa requête au tribunal de Niort, avait repris la religion réformée. Celui-ci se montrait même indigné quand il s'apercevait des instructions que sa femme donnait à ses enfants; il prenait alors Françoise entre ses genoux et lui disait : « Je ne puis souffrir, ma fille, qu'on vous dise de telles rêveries. Vous avez trop d'esprit pour vous laisser ainsi tromper. » Jeanne éleva ses enfants sévèrement et même durement, surtout sa fille, qui ne la regardait qu'en tremblant. Elle leur faisait apprendre à lire dans Plutarque, leur défendant « de parler entre eux d'autres choses que de ce qu'ils lisoient dans ce livre [1]. » Elle leur formait l'esprit en les forçant à écrire des lettres en France, et en toute occasion, elle leur enseignait la fermeté à soutenir tous les maux de la vie.

Sansas de Nesmond continua de poursuivre de ses actes judiciaires Jeanne de Cardilhac pour obtenir l'annulation de la vente du Crest; mais celle-ci en tint peu de compte, dans le lieu où elle se trouvait. Elle eut d'ailleurs une correspondance suivie à ce sujet avec la famille de Villette, correspondance où l'on voit que Constant d'Aubigné, livré à la même apathie, la même indolence que dans ses prisons, laissait la pauvre mère de famille s'occuper seule du sort de ses enfants.

[1]. *Lettres et Entretiens sur l'éducation des filles*, par madame de Maintenon, t. II, p. 47 et 163.

MADAME D'AUBIGNÉ A MADAME DE VILLETTE [1].

2 juin 1646.

Madame ma très-honorée sœur,

Excusez-moi si je vous dis que vous n'avez pas pris mes lettres dans le droit sens que je les écrivois, ou bien que je ne sais pas m'expliquer, si vous avez eu subjet de croire que je voulusse taxer M. de Villette, mon très-honoré frère, des choses que vous alléguez par la vôtre. Je n'ai jamais parlé que des vantances du sieur de Sansas, et n'en ai rien dit ni écrit qu'à vous. Mais n'en parlons plus, et qu'il mange à son aise le bien des veuves et des orphelins. Si n'envierai-je jamais sa condition, aimant beaucoup mieux avec ma pauvreté souffrir injustice que de la faire souffrir. Le temps découvrira tout, et la providence de Dieu ne dort pas toujours. Vous suppliant de croire, madame ma sœur, que le changement de lieu ni la longueur des temps ne me fera pas détourner de mes devoirs, tant qu'il plaira au Seigneur m'assister de ses grâces et ne m'abandonner pas à un espoir réprouvé. Je vous assure que, pour le moins, le désir des richesses de celui qui me persécute ne me tourmente nullement, et même je ne me soucie guère d'avoir ce qui m'appartient légitimement, étant plus satisfaite et plus tranquille que celui qui jouit tout à son aise de ce qui est à moi en bonne justice. J'ai appris que la main du Tout-Puissant l'a déjà touché, ayant retiré sa femme [2]; je le pric qu'il ne lui rende

---

1. *Autographe* appartenant à M. le duc de Noailles.
2. Arthémise était morte laissant quatre filles.

pas en l'autre monde ce qu'elle m'a prêté en celui-ci.

Je crois, madame ma sœur, que vous étiez en colère contre moi, lorsque vous avez écrit celle dont il vous a plu m'honorer, m'accusant de dire des injures. Certes, je n'en dis jamais à personne ; ce seroit le mal entendre que de s'adresser pour cela à une personne de votre singulière vertu et exemplaire piété, et à qui j'ai les obligations que je vous ai, comme le sieur de Sansas pourroit témoigner, s'il vouloit, m'avoir ouï dire en justice, et, pour les mêmes raisons, n'avoir jamais voulu consentir à ce qu'il désiroit de moi contre vous. Madame ma sœur, les bienfaits, comme vous savez mieux que moi, ne sont jamais perdus, quand on les fait en charité, et quand j'aurois assez d'ingratitude pour oublier les bons offices que j'ai reçus de vous et de M. de Villette, votre très-chère et très-digne moitié (ce qui ne m'arrivera pas, je crois), si est-ce que Dieu a bonne mémoire, si cela se pouvoit dire de la divinité ; et lisant votre lettre, il m'est venu en pensée que quelqu'un comme votre frère m'a fait écrire ce à quoi je n'ai jamais pensé. Quand il l'auroit fait, cela ne seroit pas nouveau pour parvenir à quelques fins ; il m'a fait souvent ce petit jeu à Paris. Je ne vous parlerai point de lui ni de sa conduite, crainte d'affliger de rechef votre bon naturel en ce qui le concerne. Seulement vous dirai-je que j'ai dessein d'envoyer votre neveu, le plus grand, en quelque garnison, apprendre ses commencements, car il se perd ici, et perd son temps et sa santé, tant par le mauvais air que par les mauvaises nourritures. Et, pour le cadet, je le souhaiterois page ; c'est un fort doux enfant, j'oserai dire cela pour lui, et, puisque leur père ne daigne songer à eux, il faut que je leur serve des deux, de père et de mère. Si vous me faisiez la charité de jeter un peu les yeux en quelque lieu pour cela, me le mandant, je l'enverrois aussitôt, car je vois bien que je suis encore ici pour quelques années, et je crains que leur santé s'altère si fort qu'elle ne se puisse jamais remettre. *Bignette*[1] prend la liberté de vous écrire, honteuse de ce qu'elle oublie tout, et à cause de la grande chaleur du pays et aussi des mauvaises nourritures. Je ne l'ose attacher beaucoup à cela ; elle n'a de joie, la pauvre enfant, que lorsqu'elle peut savoir de vos nouvelles et est toujours en inquiétude pour votre cadette. J'aurois écrit à mademoiselle de Villette, ma belle et vertueuse niepce, sans la crainte de grossir le paquet, car l'honorant et l'estimant au point que je fais, j'aurois mille choses à lui mander. Je ferai ici mes très-humbles et très-respectueux baise-mains à M. de Villette, mon très-honoré frère, et à toute votre chère, belle et honneste famille, pour la santé et prospérité de laquelle je supplie tous les jours le Créateur, lequel je supplie de tout mon cœur m'oster plutôt la vie que la sensible mémoire des obligations qui m'ont rendue, avec tant d'autres devoirs,

Madame ma très-honorée sœur, votre très-humble, très-fidelle et très-obéissante servante,

J. DE CARDILHAC.

[1]. Françoise d'Aubigné, que, selon la coutume du Poitou, on appelait *Aubignette* ou *Bignette*.

LETTRE VI

NOTE PRÉLIMINAIRE

En 1647, Constant d'Aubigné tomba malade et mourut. Aussitôt sa veuve retourna en France avec ses enfants : on ne sait quelles ressources elle employa pour faire ce voyage. Elle trouva un asile à Mursay; mais, dès les premiers jours, elle éprouva un nouveau malheur : son fils aîné, qui avait seize à dix-sept ans, et qui pouvait devenir le soutien de la famille, se noya dans un étang. De plus, Sansas de Nesmond, dès qu'il apprit qu'elle était de retour, recommença ses poursuites. Madame d'Aubigné plaça son fils Charles comme page chez le comte de Neuillant et confia de nouveau sa fille à madame de Villette; puis elle s'en alla à Paris pour solliciter de la cour quelque don ou pension et recommencer la lutte contre Sansas de Nesmond.

Françoise d'Aubigné, alors âgée de douze ans, retrouva sa vraie mère avec bonheur : elle fut traitée par madame de Villette avec le même soin et la même tendresse que dans sa première enfance; mais elle fut de nouveau élevée dans la religion réformée, et elle y prit d'autant plus de goût qu'elle était capable, par sa raison précoce, d'apprécier les vertus de sa tante[1]. Elle reçut de cette femme de mérite une éducation sévère et sensée, avec des habitudes charitables qu'elle garda toute sa vie : « Quand madame de Villette faisoit l'aumône, raconte mademoiselle d'Aumale, elle avoit soin de la faire faire par sa nièce, et la mettoit au bout du pont-levis pour donner aux pauvres. » Elle avait pour sa tante la plus grande vénération, et elle en garda toute sa vie le plus tendre souvenir[2] : « elle n'en parloit jamais, disent les Dames de Saint-Cyr, même dans sa vieillesse, que les larmes aux yeux; » le jour anniversaire de sa mort, elle

---

1. On trouvera quelques détails à ce sujet dans les *Mémoires de Languet de Gergy*.
2. Voir la lettre XIV.

s'enfermait dans son oratoire afin de prier pour elle, bien convaincue que Dieu lui avait fait miséricorde. On lui avait donné pour gouvernante une femme de chambre bonne et sensée, qu'elle aimait « avec une tendresse surprenante, » et dont le souvenir lui était si cher que, plus de trente ans après, elle la fit venir auprès d'elle à la cour; elle prit aussi son fils pour maître d'hôtel, et le garda jusqu'à sa mort [1].

Madame de Neuillant affectait de prendre un grand intérêt à la famille d'Aubigné, et surtout à Françoise, qu'elle appelait sa filleule et sa nièce; voulant faire sa cour à la reine mère, Anne d'Autriche, elle lui fit savoir l'éducation protestante que madame de Villette donnait à une fille baptisée catholique et née de parents catholiques. Elle obtint un ordre pour retirer Françoise d'Aubigné des mains de sa tante, et elle la prit chez elle; « mais comme elle étoit l'avarice même, » elle la relégua parmi ses domestiques, et lui confia le gouvernement de sa basse-cour. « Je me souviens, racontait madame de Maintenon aux demoiselles de Saint-Cyr, que j'étois chez une de mes tantes, assez riche pour avoir un carrosse à six chevaux, un autre pour elle-même, une litière, car elle étoit assez malsaine pour en avoir besoin. Cependant quoiqu'elle ne fût pas pauvre, je n'avois dans la maison que des sabots, et on ne me donnoit des souliers que lorsqu'il venoit compagnie. Je me souviens encore que ma cousine et moi, qui étions à peu près du même âge, nous passions une partie du jour à garder les dindons de ma tante. On nous plaquoit un masque sur notre nez, car on avoit peur que nous ne nous hâlassions; on nous mettoit au bras un petit panier où étoit notre déjeuner, avec un petit livret des quatrains de Pibrac, dont on nous donnoit quelques pages à apprendre par jour; avec cela on nous mettoit une grande gaule dans la main, et on nous chargeoit d'empêcher que les dindons n'allassent où ils ne devoient point aller. [2] »

1. Voir les *Lettres et Entretiens sur l'éducation des filles*, t. II, p. 347.
2. *Conseils et instr. aux demoiselles de Saint-Cyr*, t. I, p. 98.

Madame de Neuillant essaya de ramener Françoise au catholicisme, même par de mauvais traitements; celle-ci résistant avec beaucoup de fermeté, elle s'en lassa et la mit au couvent des Ursulines de Niort, mais en refusant de payer sa pension, qu'elle voulut mettre à la charge de madame de Villette. « Quelque amitié que cette dame eût pour sa nièce, dit mademoiselle d'Aumale, elle ne voulut jamais, comme bonne huguenote, payer la pension; elle lui donnoit bien pour sa personne des habits et des petites choses dont elle avoit besoin, mais pour la pension, elle ne la voulut pas payer, et elle étoit encore due quand madame de Maintenon se trouva en faveur. Elle l'a bien payée depuis. »

Elle eut dans ce couvent une maîtresse qu'elle aimait « à un point que je ne puis dire, racontait-elle aux demoiselles de Saint-Cyr. Je n'avois pas de plus grand plaisir que de me sacrifier pour son service. J'étois fort avancée dans les exercices, de sorte que, dès qu'elle étoit sortie, je faisois lire, écrire, compter, l'orthographe et jouer toute la classe, et je me faisois un plaisir de faire tout son ouvrage, sans qu'il me fallût d'autre récompense que celle de lui faire plaisir. Je passois les nuits entières à empeser le linge fin des pensionnaires, afin qu'elles fussent toujours propres et qu'elles fissent honneur à la maîtresse, sans qu'elle en eût la peine; j'étois charmée de voir son étonnement de trouver tout son ouvrage fait sans elle... Je pensai mourir de chagrin quand je sortis de ce couvent... Je priois pour elle tous les jours, et étant ensuite entrée dans le monde, je ne l'ai jamais oubliée; je lui écrivois régulièrement deux fois la semaine, quelque affaire pressée que j'eusse. Quand je fus établie à la cour, je demandai d'aller faire un voyage dans le Poitou pour voir mes parents, mais c'étoit en effet pour aller voir ma chère mère Céleste; je fis cinquante lieues exprès, et mon amitié pour elle n'a fini qu'avec sa vie [1].

Malgré sa grande amitié pour la mère Céleste, malgré les exhortations des Ursulines, Françoise refusa de se convertir.

---

1. *Lettres et Entretiens sur l'éducation*, t. II, p. 347.

Alors les religieuses se lassèrent d'une fille qui ne les payait pas et était une sorte de scandale pour leur maison, encore bien qu'elles l'aimassent à cause de son bon cœur et de son esprit ; elles la renvoyèrent à madame de Neuillant. « Celle-ci s'ennuya bien vite de se voir chargée d'une demoiselle sans bien, quoique sa parente ; elle voulut s'en défaire à quelque prix que ce fût [1], » la ramena à Paris et la remit à sa mère.

Jeanne de Cardilhac avait vécu de quelque gratification qu'elle obtint de la cour, et elle luttait contre sa mauvaise fortune avec une énergie désespérée ; elle avait repris ses procès contre la famille de Caumont, mais elle avait été contrainte, en définitive, à signer une transaction qui lui assurait, en échange de tous les droits des d'Aubigné sur le domaine et les dépendances de Surimeau, une misérable rente de deux cents livres. Jeanne de Cardilhac n'avait alors que trente-huit ans ; mais elle paraissait très-vieille, tant le chagrin avait endurci ses traits et son cœur ; elle était devenue d'une dévotion outrée, et voulut à son tour dompter la petite huguenote ; mais elle n'y réussit pas davantage. Alors elle la mit chez les Ursulines du faubourg Saint-Jacques, où les obsessions pour la convertir devinrent « rudoiements, duretés et façons cruelles. » La jeune fille était alors âgée de treize ans ; déjà grande, forte, résolue, elle rappelait par son énergie et son intelligence le caractère et l'esprit d'Agrippa. C'est alors que poussée à bout, elle jeta un cri de détresse vers sa tante si vénérée, et lui écrivit une lettre touchante, la première que nous ayons d'elle, et où se révèlent déjà son esprit et son caractère.

1. *Mémoires de mademoiselle d'Aumale.*

FRANÇOISE D'AUBIGNÉ A MADAME DE VILLETTE [1].

De Paris, ce 12 octobre (1648?)

Madame et tante,

Le ressouvenir des grâces singulières qu'il vous a pleu faire tomber sur de pauvres petits abandonnés me fait tendre les mains devers vous et vous suplier d'amployer votre crédit et vos soins à me tirer de céans, la vie m'y étant pire que mort. Ah! madame et tante, vous n'imaginez l'enfer que m'est ceste maison soy disant de Dieu, et les rudoiements, durtés et façons crueles de celles qu'on a fait gardiennes de mon corps, et de mon âme non, pource qu'elles n'y peuvent joindre. Rivette vous dira tout au long mes angoisses et soufrances, estant céans seule et unicque à qui me fier. Vous suplie de rechef, madame et tante, de prendre en pitié la fille de vostre frère et humble servante [2].

FRANÇOISE.

1. *Autographe* appartenant à la famille de Mougon, et dont la copie m'a été communiquée par M. Fillon (de Fontenay). La famille de Mougon est la seule descendance féminine d'Agrippa d'Aubigné qui existe encore : du mariage d'Arthémise de Caumont avec Sansas de Nesmond vinrent quatre filles, dont l'aînée, Arthémise, (il en sera question dans les lettres de madame de Maintenon), épousa Aubin Avice, sieur de Mougon. Cette famille est encore en possession du domaine de Surimeau.

2. J'ai conservé seulement pour cette première lettre de madame de Maintenon l'orthographe de la pièce originale. On a pu déjà remarquer par les lettres de Jeanne de Cardilhac combien le style du seizième siècle s'était conservé dans le Poitou. On ne le retrouvera presque pas dans les lettres suivantes : Françoise d'Aubigné perdit ce style dans la société de Scarron.

LETTRE VII (La Beaumelle[1].)

NOTE PRÉLIMINAIRE

Madame de Villette n'entendit ou n'écouta pas la plainte de Françoise d'Aubigné. Alors la pauvre fille, qui avait déjà fait un si cruel apprentissage de la vie, commença à faiblir. D'ailleurs on prit pour la vaincre d'autres moyens plus efficaces, la douceur et la persuasion. Voici comment les Dames de Saint-Cyr racontent sa conversion :

« Nous lui avons entendu dire qu'étant aux Ursulines de la rue Saint-Jacques, elle trouva une maîtresse fort habile qui ne voulut point la gêner pour sa religion ; elle la laissoit libre de manger gras les jours maigres et ne l'obligeoit point d'aller à la messe. Par ses manières sages, prudentes et gracieuses, elle s'insinua dans son esprit et gagna sa confiance; ensuite elle l'instruisit adroitement de la vérité de notre sainte religion, et lui en donna assez l'estime pour lui faire désirer de s'en éclaircir à fond; car elle ne vouloit point se rendre qu'elle ne fût convaincue par des preuves solides que la religion catholique étoit la seule sûre. Elle n'avoit pourtant alors que douze ou treize ans, mais sa raison et son discernement étoient déjà bien avancés. Pour ne faire rien qu'avec mûre délibération et assurer sa conscience, elle voulut voir disputer devant elle un docteur catholique avec un ministre; ils vinrent au parloir des religieuses; mademoiselle d'Aubigné s'y trouva avec sa maîtresse, et fit mettre devant elle la sainte Bible, pour lire, de son côté, les passages sur lesquels les docteurs appuyèrent leurs raisons. Ces conférences durèrent plusieurs jours... Les huguenots qui savoient qu'on l'instruisoit et qui craignoient qu'elle ne quittât leur parti, lui faisoient de puissantes sollicitations, et lui jetèrent des billets par-dessus le mur du couvent, où ils l'exhortoient de ne se point rendre et de se souvenir qu'elle étoit petite-fille du grand Théodore Agrippa, qui étoit toujours demeuré si ferme dans leur religion, que rien

[1]. Ce nom va être expliqué.

n'avoit été capable de l'ébranler. C'étoit bien son dessein d'abord, mais ensuite elle s'aperçut que le ministre tronquoit quelques passages de la Bible...; enfin, elle trouva, étant éclaircie, sans doute, intérieurement, que la vérité devoit être du côté où il y avoit plus de droiture. C'est ce qui la détermina à embrasser le parti catholique, après une assez longue résistance et assez honorable pour son âge; ensuite elle fit son abjuration, et elle nous a dit qu'auparavant, s'étant rendue sur des articles principaux de la religion, elle fut quelque temps à ne se vouloir convertir, qu'à condition qu'on ne l'obligeroit pas de croire, que sa tante, madame de Villette, qui étoit morte[1] dans ce temps-là, fût damnée : tant elle conservoit de l'amitié pour elle et de reconnoissance des obligations qu'elle lui avoit. »

Elle sortit du couvent après son abjuration, et vint rejoindre, dans une petite chambre de la rue des Tournelles, sa mère, qui vivait du travail de ses mains et de sa rente de deux cents livres. Françoise était déjà remarquée pour sa beauté; elle l'était aussi pour son esprit et sa raison. Les agitations et les misères de son enfance, tout ce qu'elle avait pu savoir, tout ce qu'elle avait vu des aventures et des malheurs de sa famille, sa propre vie si délaissée, si agitée, si misérable avaient donnée à sa personne un air sérieux, grave, même défiant, qui n'était pas de son âge, et qui imprima sur sa figure une sorte de tristesse sévère dont elle ne se défit jamais.

Dans le voisinage de la dame d'Aubigné demeurait un homme célèbre par ses ouvrages, son esprit, ses précoces infirmités : c'était Scarron, né en 1610, et qui appartenait à une famille honorable du Parlement de Paris. Comme il désirait avoir des renseignements sur la Martinique où il avait le projet d'aller s'établir, il s'adressa à madame de Neuillant qui était liée avec lui, Bois-Robert et les autres

1. Les Dames de Saint-Cyr se trompent, non sur le fait qu'elles racontent, mais sur l'époque de la mort de madame de Villette; celle-ci vivait encore en 1660, comme nous allons le voir par les lettres XIV et XX.

beaux esprits de ce temps[1]. Celle-ci amena chez le poëte madame d'Aubigné et sa fille. La jeune Françoise apparut dans la chambre de Scarron, remplie, comme de coutume, du plus grand monde, avec une robe si courte et une toilette si pauvre qu'elle en rougit et se mit à pleurer. Scarron, qui avait le cœur le plus généreux, en fut touché et prit dès lors de l'affection pour cette enfant si intéressante par ses malheurs et sa beauté. « Voyant qu'elle manquait de beaucoup de choses nécessaires, il lui offrit une somme d'argent qu'elle refusa avec beaucoup de hauteur[2]. » Quelques mois après, madame d'Aubigné, pressée par la misère, quitta Paris avec sa fille et retourna à Niort. Elle y mourut de chagrin presque en arrivant (1650). Françoise se trouva de nouveau à la charge de madame de Neuillant et resta auprès d'elle pendant près d'une année. Son frère servait comme page le mari de madame de Neuillant, gouverneur de Niort. C'est dans cette triste situation qu'elle reçut, à ce qu'on croit, d'une jeune fille qu'elle aurait connue à Paris, mademoiselle de Saint-Hermant, une lettre à laquelle elle fit une réponse. Cette réponse ne nous est pas authentiquement connue, mais il est certain qu'elle a été faite, puisqu'il en est question dans une lettre de Scarron que nous allons voir.

La réponse de mademoiselle d'Aubigné à mademoiselle de Saint-Hermant est la première lettre que renferme la collection de La Beaumelle, et c'est dans cette collection seulement que l'on trouve la plupart des lettres que madame de Maintenon aurait écrites pendant sa jeunesse, c'est-à-dire de 1650 à 1669. Ces lettres sont au nombre de 34 ; 14 seulement sont authentiques ; 20 n'ont d'autre garant que La Beaumelle. Celui-ci ne dit pas un mot de l'origine de ces

---

1. Il y a une épître de Scarron à mademoiselle de Neuillant (la maréchale de Navailles) qui commence ainsi :

> Belle Neuillant, fille charmante,
> Beaucoup aimée et point aimante...

2. *Notes qui pourront servir un jour à écrire la vie de madame de Maintenon* (Manuscrit des Dames de Saint-Cyr).

20 lettres; il n'y en a de trace nulle part; il n'y est fait aucune allusion ni dans les manuscrits des Dames de Saint-Cyr, ni dans les mémoires de mesdames de Caylus et d'Aumale; Louis Racine les apostille toutes de ce mot : *m'est inconnue*, c'est-à-dire et comme il l'explique lui-même[1], *m'est suspecte*. Je suis convaincu qu'elles sont toutes inventées, et je suis en mesure de le démontrer pour le plus grand nombre. Le procédé de fabrication de La Beaumelle est simple : « il manque bien des choses à votre manuscrit, écrivait-il à Louis Racine, il y a bien du vuide [2]. » Pour combler ce vide, il prend toutes les circonstances connues de la jeunesse de madame de Maintenon, et il les tourne ingénieusement en lettres, en empruntant des détails aux œuvres de Scarron, de Saint-Évremond, de Méré, etc.; ainsi la liaison de cette dame avec Ninon de Lenclos, ses relations avec madame Fouquet, une proposition de mariage, les démarches faites pour rétablir sa pension, etc. Nous allons assister à cet étrange et curieux travail, car je dois insérer ces lettres apocryphes parmi les lettres vraies, puisque, depuis plus d'un siècle, elles ont trompé tout le monde et comptent comme des documents historiques. Mais, comme je l'ai dit dans la *Préface*, je les mettrai dans un caractère à part, avec le signe La B.; enfin autant qu'il me sera possible, je les accompagnerai de notes qui démontreront leur fausseté, en partant de cette base : *toute lettre donnée par La Beaumelle et qui n'a que lui pour garant doit être regardée comme fausse* [3].

Revenons à la première lettre de la collection de La Beaumelle (édit. de Nancy, t. I, p. 1, édit. d'Amsterdam, t. I, p. 1). Il est certain que mademoiselle d'Aubigné a écrit vers cette époque une lettre à une demoiselle de Saint-Hermant, mais on peut douter que ce soit la lettre donnée par La Beaumelle : elle est d'un style trop maniéré, trop recherché, trop hardi, et Françoise d'Aubigné n'a jamais écrit ainsi, surtout à l'âge de quinze ans. Elle repose d'ailleurs sur des

1. Voir la *Préface*.
2. Voir la *Préface*.
3. Voir la *Préface*.

faits obscurs et vagues qui peuvent être vrais, mais qu'il est impossible de discuter.

A MADEMOISELLE DE SAINT-HERMANT [1].

De Niort, 1650.

Mademoiselle, vous m'écrivez des choses trop flatteuses, et vous me traitez, peu s'en faut, comme si j'étois d'un sexe différent du vôtre. Je suis bien plus flattée de vos louanges que de celles de M. de M... [2] Il m'en donne avec plus de passion, mais pas avec autant de tendresse. Aussi me méfierois-je bien d'un amant, qui sauroit entrer dans mon cœur avec la même adresse que vous y entrez. Je ne regretterois point Paris, si vous n'y étiez pas. Vous effacez tout ce qui m'y a plu. Je n'oublierai jamais les larmes que vous avez versées avec moi, et toutes les fois que j'y pense, j'en verse encore. Je m'assieds avec un plaisir toujours nouveau sur cette chaise, que vous avez travaillée de vos mains; et, quand je veux écrire, je ne suis contente ni de mes

1. On ne sait rien sur cette demoiselle, dont il n'est plus question dans la *Correspondance* de madame de Maintenon.
2. « Vraisemblablement M. de Méré. » (Note de La B.) Georges Brossin, chevalier de Méré, gentilhomme du Poitou, était un homme riche et distingué; mais un bel esprit assez maniéré, qui avait obtenu, dit-on, de madame de Neuillant, d'achever l'éducation de mademoiselle d'Aubigné. En effet, il lui donna des leçons et s'en vanta plus tard avec une fatuité naïve : « Je n'ai pas peu contribué, écrivait-il en 1675, à ces manières si délicates et à ces grâces si piquantes qu'on admire en elle. » — « Elle échappa heureusement au goût affecté de son maître, mais lui ne pût échapper à l'empire qu'exerçaient déjà ses jeunes attraits : il devint amoureux de son élève. » (*Hist. de madame de Maintenon*, par M. le duc de Noailles, t. I, p. 149.) — « Elle m'a fait passer de fâcheuses nuits, écrivait-il encore, et si je la revoyois souvent, cela pourroit bien encore arriver. » Nous donnerons plus loin une lettre importante du chevalier de Méré sur mademoiselle d'Aubigné devenue madame Scarron. Il mourut le 23 janv. 1685.

expressions ni de mes pensées, si je ne me sers pas de vos plumes et de votre papier. Je vous prie, Mademoiselle, de me dispenser de vous l'envoyer tout écrit. Je n'ai ni assez de courage ni assez d'esprit pour cela; je vous en promets la moitié; et vous aurez le reste, quand j'aurai autant d'esprit que M. Scarron. J'aime bien mademoiselle de Neuillant[1], je vous prie de le lui dire, et de la remercier du service qu'elle m'a rendu, en me donnant en vous une amie qui me consoleroit de ma mère, si quelque chose pouvoit m'en consoler.

LETTRE VIII

NOTE PRÉLIMINAIRE

La lettre de mademoiselle d'Aubigné à mademoiselle de Saint-Hermant, quelle qu'elle fût, fut sans doute montrée à Scarron, et telle était l'impression qu'avait faite sur le poëte malade la vue de Françoise d'Aubigné, qu'il saisit avec empressement cette occasion de lui écrire. Sa lettre est authentique, puisque nous la trouvons dans les *Mémoires de mademoiselle d'Aumale*, dans les *Notes des Dames de Saint-Cyr* et dans les *Œuvres de Scarron*, t. I, p. 195 de l'édit. de 1752. La Beaumelle l'a publiée assez exactement (édit. de Nancy, t. I, p. 3).

SCARRON A MADEMOISELLE D'AUBIGNÉ

Mademoiselle, je m'étois toujours bien douté, que cette petite fille, que je vis entrer il y a six mois dans ma chambre avec une robe trop courte, et qui se mit à pleurer, je ne sais pas bien pourquoi, étoit aussi

---

1. Madame de Neuillant avait deux filles, toutes deux filles d'honneur de la reine régente : la première, qui était la marraine de mademoiselle d'Aubigné, devint, en 1651, la maréchale de Navailles; la seconde épousa le comte de Froulay.

spirituelle qu'elle en avoit la mine. La lettre que vous avez écrite à mademoiselle de Saint-Hermant est si pleine d'esprit, que je suis malcontent du mien de ne m'avoir pas fait connoître assez tôt tout le mérite du vôtre. Pour vous dire vrai, je n'eusse jamais cru, que dans les îles de l'Amérique ou chez les religieuses de Niort, on apprît à faire de belles lettres ; et je ne puis bien m'imaginer pour quelle raison vous avez apporté autant de soin à cacher votre esprit, que chacun en a de montrer le sien. A cette heure que vous êtes découverte, vous ne devez point faire difficulté de m'écrire aussi bien qu'à mademoiselle de St-Hermant. Je ferai tout ce que je pourrai, pour faire une aussi bonne lettre que la vôtre ; et vous aurez le plaisir de voir qu'il s'en faut beaucoup que j'aie autant d'esprit que vous. Tel que je suis, je serai toute ma vie, votre très-humble et très-obéissant serviteur, etc.

LETTRE IX

NOTE PRÉLIMINAIRE

Cette lettre est empruntée aux *Œuvres de Scarron*, t. I, p. 206 de l'édit. de 1752 ; La Beaumelle l'a donnée avec quelques altérations. Elle est indiquée dans ces œuvres comme adressée à *** ; mais d'après ce qu'elle contient, il est très-probable qu'elle a été adressée à mademoiselle d'Aubigné.

SCARRON A MADEMOISELLE D'AUBIGNÉ [1].

Vous êtes devenue malade de la fièvre tierce ; si

1. Mademoiselle d'Aubigné était à Niort, malade, et mal soignée à cause de l'avarice de madame de Neuillant.

elle se tourne en quarte, nous en aurons pour tout notre hiver; car vous ne devez pas douter qu'elle ne me fasse autant de mal qu'à vous. Faites-moi savoir, je vous prie, combien d'accès nous en avons déjà eus, et ce que les médecins en disent, puisque vous les verrez la première. Et, en vérité, cela est assez extraordinaire que vous sachiez de mes nouvelles quatre ou cinq jours avant moi-même. Je me fie bien en mes forces, accablé de maux comme je suis, de prendre tant de part dans les vôtres. Je ne sais si je n'aurois pas mieux fait de me défier de vous la première fois que je vous vis. Je le devois faire à en juger par l'événement. Mais aussi quelle apparence y avoit-il qu'une jeune fille dût troubler l'esprit d'un vieil garçon ? Et qui l'eût jamais soupçonnée de me faire assez de mal pour me faire regretter de n'être plus en état de me revancher ? Douceurs à part, je sais que vous êtes malade, et ne sais si on a de vous tout le soin qu'on en doit avoir. Cette inquiétude-là augmente fort le déplaisir que j'ai de vous voir aussi malheureuse que je vous suis inutile [1].

<pre>
        Tandis que la cuisse étendue,
            Dans un lit toute nue,
    Vous reposez votre corps blanc et gras
            Entre deux sales draps,
        Moi malheureux pauvre homme,
            Sans pouvoir faire un somme,
    Entre mes draps qui sont sales aussi,
            Je veille en grand souci.
</pre>

Et tout cela pour vous aimer plus que je ne pensois.

[1]. Toute cette lettre donnerait une triste idée de l'esprit de Scarron si elle ne renfermait pas cette phrase.

La male-peste, que je vous aime! Et que c'est une sottise que d'aimer tant! Comment! vertu de ma vie, à tout moment il me prend envie d'aller en Poitou, et par le froid qu'il fait : n'est-ce pas une forcenerie? Ah! revenez, de par Dieu, revenez, puisque je suis assez fou pour me mêler de regretter des beautés absentes. Je me devois mieux connoître, et considérer que j'en ai plus qu'il ne m'en faut d'être estropié depuis les pieds jusqu'à la tête sans avoir encore celui qu'on appelle *l'impatience de vous voir*. C'est un maudit mal. Ne vois-je pas bien comme il en prend au pauvre Méré de ce qu'il ne vous voit pas aussi souvent qu'il voudroit, encore qu'il vous voie tous les jours? Il nous en écrit en désespéré ; et je vous le garantis âme damnée, à l'heure que je vous parle, non pas à cause qu'il est hérétique, mais parce qu'il vous aime, et c'est tout dire. Vous devriez pourtant vous en tenir à vos conquêtes, laisser le genre humain en paix,

> Et commander à vos œillades
> De faire un peu moins de malades.

Vous êtes bien heureuse de n'avoir pas à faire à moi : je vous rosserois d'importance. Vous vous moquez peut-être de mes menaces ; mais sachez, beauté fière, qu'on ne manque point d'hommes forts en une affaire où le public est intéressé. Il n'y auroit donc qu'à faire mourir les gens! Et dites-moi, ma mignonne! êtes-vous chrétienne? vous êtes turque, sur mon honneur: je m'y connois bien, et vous êtes turque des plus méchantes. Encore les turcs de bien et d'honneur sont-ils grands aumôniers ; mais de l'humeur que je vous connois, vous ne feriez pas du bien pour un empire, même à ceux qui vous aiment. Vous ne valez donc rien, quoique vous soyez toute faite de quantité de belles et bonnes choses; vous autorisez plus que personne du monde le proverbe qui dit: *Tout ce qui reluit n'est pas or*, et enfin vous êtes aussi diablesse que vous êtes blanche. Avec tout cela, voyez ce que c'est que d'être belle, je suis plus que personne du monde votre très-humble et très-obéissant serviteur.

APPENDICE A LA LETTRE IX

A la suite de cette lettre, La Beaumelle en donne trois autres qu'il prétend avoir été écrites par Scarron à mademoiselle d'Aubigné, et qui sont toutes trois mensongères. La première commence ainsi :

« Que vous êtes querelleuse! et si vous n'aviez beaucoup d'autres qualités, etc. »

Cette lettre se trouve en effet dans les *Œuvres de Scarron* (t. I, p. 211), mais elle est adressée à ***, et dans le courant de la lettre on lit :

« Voyez-vous, mademoiselle de la Illière, j'aime si fort mes amis... » Et plus loin : « monsieur votre neveu n'a guère d'affaires de vouloir nous brouiller... » Ainsi donc, et d'aucune façon elle ne saurait se rapporter à mademoiselle d'Aubigné : La Beaumelle a eu soin de retrancher *la Illière, monsieur votre neveu*, etc.

La deuxième commence ainsi : « Oh! pour le coup, voici les vers. Vous y verrez, petite tigresse, que j'avois bien raison de me défier de vous.

Je voyois tous les jours l'incomparable Iris,
J'admirois son esprit, je la trouvois fort belle, etc.

Suivent vingt-deux vers, et la lettre finit par ces mots :

« M. de Miossens a la goutte : on voit bien qu'il vous aime. Aimez-moi et je serai guéri de tous mes maux. »

Cette lettre est inventée ou arrangée. Elle ne se trouve aucunement dans les œuvres de Scarron, mais les vers s'y trouvent sous la forme de *stances*, à la page 282 du tome VII des Œuvres. Pas un mot n'indique qu'ils aient été adressés à mademoiselle d'Aubigné : *l'incomparable Iris* est une Iris en l'air. Quant aux lignes de prose, elles sont tout à fait de l'invention de La Beaumelle. M. de Miossens, c'est le maréchal d'Albret; il avait alors trente-six à trente-huit ans et n'avait point la goutte. De plus, il n'a connu Françoise d'Aubigné que dans la maison de Scarron et après son mariage.

La troisième lettre commence ainsi : « Mademoiselle, je vous envoie ma confession. Quoique je sois devant tout le monde en posture de pénitent, il n'y a personne en qui j'ai plus de confiance qu'en vous : pour vous mon cœur est percé à jour.

Si je n'aime de tout mon cœur
Iris dont le bel œil s'est rendu mon vainqueur, etc.

Suivent dix-huit vers entremêlés de prose et de ce style :

« Que diable allois-je faire dans cette galère ? Pourquoi vous aimer, vous qui n'aimerez jamais ? Vous me dites toujours avec cette gaieté qui me désespère : Vous m'aimez, parce que je suis jolie, je ne vous aime point, parce que je suis laid. »

Cette lettre est inventée comme la deuxième. Les vers se trouvent sous forme de *stances* à une Iris quelconque à la page 284 du tome VII des œuvres de Scarron. La prose est de la façon de M. Angliviel de La Beaumelle. — Je ne crois pas devoir reproduire ces trois lettres, prose et vers n'ayant pas même été adressés à mademoiselle d'Aubigné.

LETTRE X[1]

DE M. DE MÉRÉ A MADEMOISELLE D'AUBIGNÉ.

Je n'ose vous écrire, Mademoiselle, quoique vous m'ayez fait la grâce de me le permettre et que ce ne soit pas la première fois que je me le sois permis. J'étois bien plus hardi avant d'avoir l'honneur de vous connoître, et je trouve que plus je vous ai vue, plus vous m'avez inspiré de respect. Je crois que si vous n'étiez que la plus belle et la plus agréable personne du monde, je vous dirois librement tout ce qui me viendroit dans la fantaisie. Mais vous avez tant d'autres qualités de plus haut prix, que lorsque l'on vous écrit ou que l'on vous parle, il est bien malaisé de ne vous pas craindre, et je remarque en vous un mérite si pur et si rare, que j'aurois de la peine à me persuader, que le plus honnête homme qui parut jamais fût digne de vous. Depuis que je vous ai quittée, je n'ai rien vu de tout ce que j'aime, rien de noble, rien de galant, ni de bon air. Même, quand il m'arrive de tourner ma pensée à ces dames, chez qui j'allois quelquefois, lorsque je ne pouvois être auprès de vous, cette idée ne me donne pas de sentiments bien vifs, et je ne songe aux plus accomplies que pour vous mettre au-dessus d'elles. Encore que vous les

---

1. Cette lettre est tirée des *OEuvres de M. de Méré*, t. II, p. 212. Dans ces OEuvres elle est adressée à une anonyme. La Beaumelle la donne dans son édit. d'Amsterdam (elle n'est point dans l'édit. de Nancy) comme ayant été écrite à mademoiselle d'Aubigné : cela est très-douteux.

effaciez et que vous soyez l'admiration de Paris et des
mieux faits de la cour, il est pourtant vrai, Mademoiselle, que c'est dans mon esprit que vous conservez
tous ces avantages. De la sorte que je les regarde, et
qu'ils me sont chers, il me semble que les plus grands
princes ne sauroient être heureux sans vous, et que
plus ils ont de fortune et de grandeur, plus ils sont à
plaindre de ne vous avoir pas. Aussi, Mademoiselle,
si je m'étois aperçu que les matières brillantes vous
plussent, je vous pourrois assurer qu'Alexandre et
César vous eussent préférée à toutes leurs conquêtes.
Mais est-il possible qu'avec tant de raisons que vous
avez d'aimer le monde et la vie, il arrive pourtant
que vous ne laissez pas quelquefois d'être bien
sombre et d'avoir de tristes pensées [1] ? Je vous ai
pourtant vue en cet état, et vous me fesiez souvenir
de ces tems bas qu'on aime quelquefois mieux que les
plus brillants jours de l'été. Mais ce qui me plaisoit
tant ne me tourmentoit pas moins. Et puisque votre
présence qui m'est si chère ne m'empêchoit pas de
souffrir, parce que vous étiez mélancolique, imaginez
vous si je suis à plaindre à cette heure que je ne
vous vois plus, quand votre tristesse me revient dans
l'esprit. Croyez-moi, vous devez mieux goûter ce que
vous valez. Je vous le conseille sincèrement et vous
en conjure de tout mon cœur [2].

1. Cette phrase est la seule de cette lettre qui puisse s'appliquer à mademoiselle d'Aubigné et qui permettrait de croire que
la lettre lui a été adressée. Nous avons déjà dit que les misères
de son enfance lui avaient donné un air sombre et triste qu'elle
garda toute sa vie.
2. La Beaumelle ajoute ici, comme leçon à mademoiselle d'Au-

LETTRE XI (La B.)

NOTE PRÉLIMINAIRE

En 1652, madame de Neuillant, lassée d'avoir à sa charge une fille sans biens, ramena à Paris mademoiselle d'Aubigné avec l'intention de lui chercher un établissement. Elle la conduisit de nouveau chez Scarron, « voulant profiter, dit mademoiselle d'Aumale, de la mauvaise disposition où il étoit contre sa famille qui l'avoit injustement plaidé. » Scarron parut ravi de la revoir, et touché de compassion pour cette fille si belle, si modeste, si pauvre, il lui offrit ou de la prendre pour femme ou de payer sa dot dans un couvent. Elle n'hésita point et préféra au couvent « le pauvre estropié, » perclus de tous ses membres, cloué dans un fauteuil par des douleurs continuelles, n'ayant d'autre fortune que sa plume et de petites rentes viagères, mais qui, avec l'esprit le plus enjoué, l'imagination la plus vive, avait une bonté extrême et jouissait d'une très-grande renommée. Ce fut certainement pour elle une fortune inespérée et en même temps un repos et un asile pour sa jeunesse si tourmentée, si malheureuse, si abandonnée ; enfin ce fut l'origine de sa grandeur, puisque c'est dans la maison de Scarron qu'elle connut les personnages qui devaient la conduire à la cour de Louis XIV.

Le mariage se fit en mai 1652 [1] ; mademoiselle d'Aubigné avait donc près de seize ans et demi. Les faiseurs d'anecdotes ont raconté que « quand on dressa le contrat, Scarron dit qu'il reconnoissoit à l'accordée quatre louis de rente deux grands yeux fort mutins, un très-beau corsage, une paire de belles mains et beaucoup d'esprit [2]. » Il est possible

bigné, un fragment d'un auteur grec, traduit par M. de Méré, et qui se trouve dans une autre partie de ses OEuvres.

1. La *Gazette* de Loret du 9 juin 1652, dit qu'il venait de se marier.

2. La Beaumelle, *Mémoires sur madame de Maintenon*, t. I, p. 118.

que le bouffon ait fait cette facétie ; mais le contrat fut plus sérieux, et nous verrons plus loin que Scarron reconnut à mademoiselle d'Aubigné une somme de vingt-trois mille livres, somme qu'il venait de recevoir et qui était à peu près toute sa fortune.

Françoise d'Aubigné vécut dans le mariage avec Scarron pendant huit ans. Elle s'y trouva d'abord dans une position assez difficile. « La maison de Scarron étoit le rendez-vous, dit Segrais, de tout ce qu'il y avoit de plus poli à la cour et de tous les beaux esprits de Paris : » on y voyait le duc de Vivonne, le marquis de Coligny, le maréchal d'Albret, le comte de Grammont, Scudery, Pelisson, Ménage, etc. Mais les ouvrages de Scarron témoignent que les conversations y devaient être d'un goût équivoque, souvent même licencieuses. « Cependant, disent les Dames de Saint-Cyr, Françoise d'Aubigné vécut avec lui d'une manière fort douce et fort honnête, lui rendant les assiduités et les complaisances qu'une femme doit à son mari, mais imprimant par sa modestie tant de respect à la nombreuse compagnie, qu'un de ces jeunes gens disoit : « S'il me falloit manquer à la reine ou bien à elle, j'aimerois mieux le faire à l'égard de la reine [1]. » Nous verrons qu'elle se trouva soutenue dans ce personnage par son naturel, ennemi de toute faiblesse ; par sa défiance du monde et le souvenir des malheurs de son enfance ; par un amour de la bonne gloire et de sa propre dignité, qui a été le mobile de toute sa conduite ; enfin, « par un grand fonds de religion, qui l'empêchoit de faire aucun mal. » Scarron lui-même subit le charme de cette vertu pleine d'agréments. « Il étoit extrèmement libre dans ses paroles, dit Segrais ; mais au bout de trois mois elle l'avoit corrigé de bien des choses [2]. » Sa bouffonnerie devint une gaieté douce et résignée ; il n'eut plus que des témoignages de respect pour sa jeune épouse ; « il la consultoit même sur tous ses ouvrages, et se trouvoit très-bien de ses corrections [3]. »

1. *Notes manuscrites des Dames de Saint-Cyr.*
2. *Mém. anecdotes*, p. 106.
3. *Ibid.*, p. 84.

Nous n'avons de madame Scarron, pendant les huit années de son mariage, que deux lettres authentiques ; La Beaumelle en a fabriqué sept autres et nous allons voir par quels procédés, avec quelle facilité et quelle imagination. La première est adressée à Ninon de Lenclos, et n'a d'autre fondement que la liaison de madame Scarron avec cette femme trop célèbre.

Les ennemis de madame de Maintenon lui ont amèrement reproché cette liaison. Il est cependant facile de l'expliquer. Mademoiselle de Lenclos était une courtisane à part et qui ne ressemblait nullement à celles de nos jours. « Elle se fait porter respect, dit Tallemant des Réaux, par tous ceux qui vont chez elle et ne souffriroit pas que le plus huppé de la cour se moquât de qui que ce soit qui y fût. » « Elle n'avoit jamais, ajoute Saint-Simon, qu'un amant à la fois, non des adorateurs en foule ; et quand elle se lassoit du tenant, elle le lui disoit franchement et en prenoit un autre. » « Tout se passoit chez elle, dit-il encore, avec un respect et une décence extérieure que les plus hautes princesses soutiennent rarement avec des foiblesses. Elle eut ainsi pour amis tout ce qu'il y avait de plus trié et de plus élevé à la cour... Désintéressée, fidèle, secrète, sûre au dernier point, et à la foiblesse près, on pouvoit dire qu'elle étoit vertueuse et pleine de probité. » Saint-Évremond lui écrivait :

> Dans vos amours on vous trouvoit légère,
> En amitié toujours sûre et sincère ;
> Pour vos amants les humeurs de Vénus,
> Pour vos amis les solides vertus.

Ninon était l'amie très-dévouée de Scarron. Françoise d'Aubigné la rencontra donc dans la société de son mari ; elle en fut très-recherchée ; mais dans les commencements surtout, elle ne se lia avec elle qu'autant que le pouvait faire une femme de dix-sept ans avec une femme de trente-quatre ans. Le marquis de la Fare, l'un des principaux détracteurs de madame de Maintenon, raconte qu'elles eurent le même lit pendant plusieurs mois. Il est difficile de voir à quelle époque cela aurait pu se passer : au surplus, c'était un usage du temps qui n'aurait paru scandaleux pour personne. Enfin il faut ajouter, et nous aurons bien des occasions de le constater, que la société du dix-septième siècle, toute religieuse qu'elle fût, était très-indulgente pour les désordres reprochés à Ninon. Comme le dit Saint-Évremond :

> La douce erreur ne s'appeloit point crime,
> Les vices délicats se nommoient des plaisirs [1].

Nous reviendrons sur cette liaison de madame Scarron avec Ninon de Lenclos, et principalement sur ses relations avec le marquis de Villarceaux [2].

Venons maintenant à la *Lettre XI*. Cette lettre ne se trouve que dans la collection de La Beaumelle (édit. de Nancy, t. I, p. 15; édit. d'Amsterdam, t. I, p. 17). Louis Racine l'annote : *m'est inconnue;* nous allons voir qu'elle est certainement inventée.

Il y a dans la vie de Ninon de Lenclos une époque remarquable. Vers l'année 1654 et alors qu'elle avait trente-quatre ou trente-cinq ans [3], elle s'attacha à l'un des seigneurs les plus libertins, les plus séduisants de son temps, le marquis de Villarceaux [4], le suivit dans une de ses maisons de campagne et y resta avec lui pendant trois années. Elle y accoucha de deux enfants. Ses nombreux amis la croyaient perdue pour Paris et ses plaisirs. On l'engagea à revenir, et elle-même était lasse de « sa languissante vie, » quand l'un des beaux esprits de sa société, Saint-Évremond [5], lui adressa une élégie célèbre qui date probablement de 1657 et qui commence ainsi :

> Chère Philis, qu'êtes-vous devenue ?
> Cet enchanteur qui vous a retenue

1. *Œuvres de Saint-Évremond,* édit. 1753, t. III, p. 294.
2. Voir l'appendice à la lettre XIX.
3. Elle était née à Paris le 15 mai 1620; elle mourut le 17 août 1706.
4. Louis de Mornay, né en 1619, mort en 1691. Nous en reparlerons plus loin.
5. Il était né en 1613 et mourut en 1703.

A MADEMOISELLE DE LENCLOS (1653).

> Depuis trois ans, par un charme nouveau,
> Vous retient-il en quelque vieux château ?

Et pour l'engager à se délivrer elle-même,

> Pour relever son courage abaissé,

il lui rappelle le temps passé, ses amours d'il y a quinze ou vingt ans,

> Ce beau garçon dont vous fûtes éprise [1]...
> Un maréchal, l'ornement de la France [2]...
> Ce jeune duc qui gagnoit des batailles [3]...

Enfin

> Toutes ces belles jeunesses,
> Qui vous donnoient leurs plus molles caresses.

Il lui reproche sa vie actuelle : Philis, dit-il,

> Philis languit dans l'inutilité,
> Et pour flatter sa languissante vie,
> Philis n'a pas le plaisir d'une envie.

Il termine par des conseils d'une morale étrange et qu'il lui a répétés jusqu'à la fin de sa vie :

> Il faut brûler d'une flamme légère,
> Vive, brillante et toujours passagère,
> Être inconstante aussi longtemps qu'on peut,
> Car un temps vient que ne l'est pas qui veut [4].

Il n'existe pas de lettre de madame Scarron à mademoiselle de Lenclos. Cependant La Beaumelle en avait besoin d'une pour affriander sa collection; il l'a fabriquée avec l'élégie de Saint-Évremond et avec des stances de Scarron. Il suppose donc dans la lettre XI que madame Scarron écrit

---

1. Le duc de Châtillon.
2. Le maréchal d'Albret.
3. Le duc d'Enghien.
4. OEuvres de Saint-Évremond, édit. 1753, t. II, p. 87.

à Ninon pour la faire revenir; mais d'abord il se place, non pas comme Saint-Évremond en 1657, mais en 1653, c'est-à-dire quand Ninon n'était pas même partie de Paris; il ne l'excite pas seulement à l'inconstance en lui rappelant ses premières amours, il la menace, par une étrange bévue, de lui envoyer ses premiers amants pour l'enlever.

« Saint-Évremond, fait-il dire à madame Scarron, veut vous envoyer Châtillon, Miossens et du Rincy en qualité de chevaliers errants pour vous enlever *dans votre vieux château.* »

Comme on le voit, c'est la traduction ou l'abrégé de l'élégie; mais La Beaumelle a soin de mettre du Rincy à la place du grand Condé, parce que, en 1653, le grand Condé était dans l'armée espagnole; il le remplace donc par du Rincy[1], ami de Scarron, qu'on ne dit point avoir été l'amant de Ninon. Quant aux deux autres chevaliers errants, il eût été difficile à l'un d'eux d'aller à la conquête du vieux château : le duc de Châtillon était mort depuis quatre ans, il avait été tué au combat de Charenton !

Je laisse de côté le sujet même de la lettre, le ton leste et badin qu'on y trouve, ces privautés d'une femme de dix-sept ans que tous ses contemporains disent sévère et modeste avec une femme de trente-cinq ans, ce tableau de gens qui boivent et qui bâillent en attendant la courtisane pendant trois ans, etc. J'arrive aux vers qui terminent la lettre. Ils sont de Scarron; on les trouve dans ses Œuvres, t. VII, p. 240, sous le titre de : *Étrennes à mademoiselle de Lenclos.* Ils sont sans date, n'appartiennent à aucune lettre, et ne sont accompagnés d'aucune prose : ces mots : l'autorité *d'une*

[1]. Jacques Bordier, sieur du Rincy, fils d'un intendant des finances qui avait acheté et bâti la terre des Rincys ou du Rincy, dont il prit le nom. C'était un personnage assez ridicule. On peut voir son historiette dans Tallemant des Réaux : « Il menoit, dit-il, quelquefois à la promenade madame de Franquetot et madame Scarron. » (T. III, p. 378 de l'édit. Paulin Paris.) Voir aussi dans les Œuvres de Scarron (t. I, p. 241) une lettre où Scarron raconte une partie de plaisir où était « l'impétueux Rincy. »

jeune personne et le souhait *d'un mari* à Ninon témoignent qu'ils sont d'un autre temps et que jamais madame Scarron n'a dû les envoyer, encore moins la lettre qu'ils accompagnent.

MADAME SCARRON A MADEMOISELLE DE LENCLOS[1].

Janvier 1653.

Mademoiselle, voici des vers que M. Scarron a faits pour vous, après avoir très-inutilement tenté d'en faire contre vous. Je n'ai pas voulu lui permettre de vous les envoyer; et voyez combien je compte sur vous, je lui ai dit que vous les recevriez de ma main avec plus de plaisir que de la sienne. Tous vos amis soupirent après votre retour. Depuis votre absence, ma cour en est grossie; mais c'est un foible dédommagement pour eux : ils causent, ils jouent, ils boivent, ils bâillent. Le marquis a l'air tout aussi ennuyé que les premiers jours de votre départ : il ne s'y fait point : c'est une constance héroïque. Revenez, ma très-aimable; tout Paris vous en prie. Si M. de Villarceaux savoit tous les bruits que madame de Fiesque[1] sème contre lui, il auroit honte de vous retenir plus longtemps. Saint-Évremond veut vous envoyer Châtillon, Miossens et du Rincy, en qualité de chevaliers errants pour vous enlever dans votre vieux château. Revenez, belle Ninon, et nous ramenez les grâces et les plaisirs. Ce sont mes vœux. Voici ceux de M. Scarron :

O belle et charmante Ninon,
A laquelle jamais on ne répondra, non,

---

1. Gilonne d'Harcourt, comtesse de Fiesque. C'était l'une des *maréchales de camp* de mademoiselle de Montpensier. Il en est question dans l'*Histoire amoureuse des Gaules*. « Elle passa sa vie dans le plus frivole du grand monde, » dit Saint-Simon.

Pour quoi que ce soit qu'elle ordonne :
Tant est grande l'autorité
Que s'acquiert en tous lieux une *jeune personne*,
Quand avec de l'esprit elle a de la beauté !
Le premier jour de l'an nouveau,
Je n'ai rien d'assez bon, je n'ai rien d'assez beau
De quoi vous donner une étrenne.
Contentez-vous de mes souhaits :
Je consens de bon cœur d'avoir grosse migraine,
Si de bon cœur je ne les fais.
Je souhaite donc à Ninon
Un *mari* peu hargneux, mais qui soit bel et bon,
Force gibier tout le carême,
Bon vin d'Espagne, gros marron,
Force argent sans lequel tout homme est triste et blême,
Et que chacun l'estime autant que fait Scarron.

APPENDICE A LA LETTRE XI

Si l'on veut avoir une idée vraie de la vie qu'on menait chez le poëte et de la part qu'y prenait madame Scarron, il faut lire une lettre de Scarron au duc d'Elbeuf : « Trouvez bon, écrit-il, que je vous rende mille grâces de l'honneur de votre souvenir, de tous les pâtés que vous m'avez envoyés, et du dernier que je viens de recevoir. L'ouverture s'en fera aujourd'hui entre messieurs de Vivonne, de Mata, d'Elbène, Châtillon[1] et moi ; nous y boirons votre santé avec emportement, et l'honneur de votre souvenir me consolera pleinement de l'absence de madame Scarron que madame de Montchevreuil m'a enlevée[2]. J'ai grand peur que cette dame débauchée ne la fasse devenir sujette au vin et aux femmes, et ne la mette sur les dents avant de me la rendre. » (*Œuvres de Scarron*, t. I.)

Ou bien encore il faut entendre madame de Caylus :
« Elle passoit ses carêmes à manger un hareng au bout

---

1. Le marquis de Coligny, qui était de la maison de Châtillon.
2. L'amie la plus sévère et la plus intime de madame de Maintenon pendant toute sa vie.

de la table et se retiroit aussitôt dans sa chambre, parce qu'elle avoit compris qu'une conduite moins exacte et moins austère, à l'âge où elle étoit, feroit que la licence de cette jeunesse n'auroit plus de frein et seroit préjudiciable à sa réputation. Ce n'est pas d'elle seule que je tiens ces particularités; je les tiens de mon père, de M. le marquis de Beuvron et de plusieurs autres qui vivoient dans la maison dans le même temps. » (*Souvenirs*, page 60 de l'édit. de 1806.)

LETTRE XII (La B.)

La Beaumelle place aux années 1653 et 1654 (t. I, p. 18 et 19 de l'édit. de Nancy) deux lettres sur le même sujet qui sont l'une et l'autre inventées. Voici la première qui est adressée, dit-il, à *madame de Fontenay* :

. . . . Il ne vous le pardonnera jamais, me dit-il d'un ton et d'un air que je ne lui ai jamais vu. Vous l'avez blessé dans l'endroit le plus sensible : vous avez trompé sa confiance : enfin c'est un déchaînement, une obstination, dont je ne l'aurois pas cru capable. Écrivez-lui, dites-lui vos mécontentements, dites tout avec fermeté : j'épierai le moment. Il seroit bien triste pour moi d'être privée du commerce de la personne que j'aime le plus. Ne vous rebutez pas, ne fléchissez point; dans deux jours je tiens votre paix faite. Dans le fonds, vous n'êtes coupable que d'une imprudence : et son cœur est porté à vous justifier. Mon mari est surpris d'une si prompte rupture; il prétend qu'au lieu de vous en alarmer, vous devez en bénir le ciel.

Je n'ai pas trouvé le moindre renseignement ni sur l'objet de cette lettre, ni sur la personne à qui elle est adressée. Il n'y a pas un mot dans la vie et dans les œuvres de Scarron qui autorise à croire que madame Scarron l'ait jamais écrite. C'est une invention de La Beaumelle, et probablement le premier chapitre d'un roman qu'il a bâti avec l'histoire qu'on va lire.

Scarron avait tendrement aimé « dans sa plus florissante jeunesse, » dit son biographe, une fille de qualité, nommée Céleste de Palaiseau. Ceci se passait vers 1635. Depuis ce temps-là, elle s'était laissée abuser, sous promesse de mariage, par un gentilhomme que Tallemant des Réaux nomme Roger, et qui était fort riche. Celui-ci aima mieux lui payer quarante mille livres que de l'épouser. Elle se retira avec cette somme au couvent de la Conception. Les religieuses bâtissaient alors ; elles reçurent avec joie cette dot, mais elles firent tant de dépense que, pendant la guerre civile de Paris, en 1648, elles furent réduites à faire banqueroute. Le couvent fut abandonné. La demoiselle se souvint de la tendresse que Scarron avait eue pour elle et elle recourut à lui. Il la retira dans sa maison, et comme, à cette époque, il avait le projet d'aller en Amérique, elle devait l'y accompagner ; au moins, c'est ce que dit la Gazette de Loret :

> Monsieur Scarron, dit-on, se pique
> De transporter dans l'Amérique
> Son corps maigret, faible et menu,
> Quand le printemps sera venu,
> Et que l'aimable sœur Céleste,
> Qui pour l'esprit en a de reste,
> Doit être aussi, sans manquement,
> Comprise en cet embarquement.

Mais en ce temps-là, Scarron, par le crédit de ses amis, parvint à faire avoir à la demoiselle Céleste un prieuré près d'Argenteuil d'environ deux mille livres de rente. La demoiselle étant tombée malade, eut la complaisance de résigner son prieuré en faveur d'une personne qui n'en eut aucun soin et qui la laissa mourir de faim. A cette époque, Scarron venait de se marier.

Tels sont les faits racontés dans les *Mémoires-anecdotes* de Segrais et qui ont été confirmés par Tallemant des Réaux. On voit donc que madame Scarron n'a probablement pas connu mademoiselle de Palaiseau. Malgré cela, La Beaumelle lui fait écrire une lettre adressée à cette demoiselle, sur sa rupture avec le gentilhomme aux quarante mille livres, c'est-à-dire à l'époque d'une aventure qui datait de dix ou quinze ans, et il lui fait terminer cette lettre par des conseils de piété tout à fait semblables à ceux qu'elle donnait quarante ans plus tard aux Dames de Saint-Cyr. Ajoutons que madame Scarron aurait eu, quand elle donnait ces conseils, dix-neuf ans et que mademoiselle de Palaiseau en aurait eu au moins quarante.

La lettre commence ainsi : « J'ai dit à M. de Souvré... » C'est un procédé ordinaire à La Beaumelle de mettre en avant des noms propres qui donnent de la vraisemblance à ses romans. Il est certain que le commandeur de Souvré, grand prieur de France, était l'un des amis de Scarron qui lui dédia sa comédie de *Jodelet;* mais rien ne dit qu'il ait été compris dans cette aventure.

MADAME SCARRON A MADEMOISELLE DE PALAISEAU.

Paris, 1654.

J'ai dit à M. de Souvré tout ce que vous lui auriez dit vous-même. Je doute qu'il réussisse ; soyez pourtant sûre qu'il fera l'impossible : il me l'a promis. Il convient qu'il y a de la lâcheté dans le procédé de son ami ; mais il soutient que vos hauteurs diminuent sa faute. La chose est sans remède ; il tâchera seulement de l'engager à doubler la somme. Avec cela vous seriez heureuse, si vous saviez l'être, et si la réputation pouvoit se renouveler. Donnez-vous à Dieu ; fuyez du moins le monde pour un temps ; vous pourrez y reparoître ensuite, comme si cet accident n'avoit fait aucun éclat. Vous avez toujours aimé la vertu : quand le public en sera persuadé, et vous le persuaderez par votre retraite, il oubliera vos foiblesses. Monsieur Scarron, qui juge très-sainement des choses quand il veut bien les considérer sérieusement, est de mon avis. Adressez-vous à quelque homme de bien qui vous conduise dans les voies du Seigneur. Tout est vanité, tout est affliction d'esprit : l'expérience doit vous l'apprendre. Jetez-vous dans les bras de Dieu ; il n'y a que lui dont on ne se lasse point, et qui ne se lasse jamais de ceux qui l'aiment.

LETTRE XIII (LA B.)

Cette lettre, qui ne se trouve que dans la collection de La Beaumelle et que Louis Racine annote : *m'est inconnue*, est fabriquée comme les précédentes avec les Œuvres et la biographie de Scarron.

Madame de Pommereuil, femme d'un président au Parlement de Paris, était des amies de Scarron : c'était une des femmes galantes de cette époque ; mais son beau temps était déjà passé. « Je ne pouvois me passer de galanterie, dit le cardinal de Retz en 1642, je la fis avec madame de Pommereuil, jeune et coquette... » Voici maintenant comment La Beaumelle a trouvé le moyen de mêler cette femme dans l'histoire de madame Scarron.

On trouve dans les *Œuvres de Scarron*, t. VII, p. 386, les vers suivants adressés à madame de Pommereuil :

> Incomparable présidente,
> Qui valez bien un président,
> Votre œil-planète assassinant
> Brûle comme un miroir ardent
> De sa prunelle étincelante ;
> J'en ressentis bien le pouvoir
> Le jour que vous me vîntes voir,
> J'en fus brûlé comme une mèche,
> Et si vous eussiez ajouté
> A la brûlure un coup de flèche,
> Ha ! par ma foi, j'étais gâté !

On trouve encore dans le même volume des *Remerciements à madame de Pommereuil*, où sont les vers suivants :

> Vous m'avez pourtant régalé
> D'un présent d'argent et de soie,
> Et par ce plaisir signalé
> Peu s'en faut fait mourir de joie.
> Votre belle toile d'argent,
> A fleurs isabelles et jaunes,
> Est sans doute un fort beau présent ;
> Je crois qu'il y en a quatre aunes.
> Je vais réparer richement
> De mon autel la gueuserie,
> Et vos armes artistement
> Y paraîtront en broderie.
> Un prêtre, fort homme de bien,
> Aumônier de monsieur Deslandes [1],
> Qui dit la messe en moins de rien
> (Je n'entends pas parler des grandes),
> Le visage doux comme miel,
> Dira pour vous ses patenôtres...

De plus, on lit dans la biographie de Scarron l'anecdote suivante. L'un de ses amis, Madaillan, marquis de Montataire, lui avait écrit sous le nom d'une demoiselle qui, charmée de son esprit, souhaitait passionnément de le voir. Scarron donna dans le piége, fit des vers, écrivit des lettres à la *belle inconnue* et alla même à des rendez-vous où il ne trouva personne. Il eut de la peine à pardonner cette mystification.

Avec la visite et le don de madame de Pommereuil à Scarron, avec l'anecdote de la belle inconnue, avec quelques noms propres jetés à l'aventure, La Beaumelle a composé la lettre suivante. On peut juger par là de son esprit inventif et de la

---

1. L'abbé Deslandes-Payen était conseiller de la grand'chambre, prieur de la Charité-sur-Loire, abbé du Mont-Saint-Martin. C'était un des grands amis du père de Scarron. Scarron lui a adressé une épître qui commence ainsi :

> Ame élevée au-dessus du vulgaire...

manière dont il tire parti des plus minces circonstances pour bâtir ses petits romans.

A MADAME DE POMMEREUIL.

Paris, 10 juillet 1655.

Madame, je ne crois pas qu'il y ait jamais eu une aussi belle passion, que celle que M. Scarron a conçue pour vous, depuis qu'il a eu l'honneur de vous voir au chevet de son lit. Il ne trouve rien de si beau que vous, pas même madame de Longueville : il vous donne le prix de la beauté, le prix de l'esprit, le prix de la vertu. Vous êtes, Madame, la seule personne dont il prononce le nom avec respect. A votre considération, il a oublié *la belle inconnue*, et pardonné à Madaillan. Madame de Brienne est jalouse de vous; madame de Fiesque l'est aussi : jugez combien je dois l'être. Je ne vous remercierai point de cette belle et magnifique chasuble : c'est le présent d'une rivale trop redoutable. Si j'en croyois mes amis, je vous priverois des prières de la chapelle que vous embellissez, et je défendrois au prêtre de M. Deslandes-Payen de se ressouvenir de sa bienfaitrice. Madame de Bonneau sort d'ici : elle vous est si attachée, et elle le dit avec tant de plaisir et de zèle, qu'on a honte de ne pas vous aimer autant qu'elle vous aime.

LETTRE XIV

NOTE PRÉLIMINAIRE

Voici enfin une lettre parfaitement authentique : elle est tirée des *Manuscrits de mademoiselle d'Aumale*. On verra par le ton seul et le style combien les lettres vraies de madame de Maintenon diffèrent de celles que lui prête La Beaumelle. Elle est adressée à la tante bien-aimée de Françoise d'Aubigné, madame de Villette, et date de 1654 ou 1655.

Madame Scarron, depuis son mariage, avait eu de nombreuses relations avec sa famille, et lui avait rendu quelques services; elle aurait même fait un voyage dans le Poitou, si elle avait eu, dit Scarron, « plus de bien et d'équipage. » M. et madame de Villette lui ayant fait part d'un projet de mariage pour l'une de leurs filles, elle leur répondit par cette lettre pleine de tendresse et de reconnaissance. M. et madame de Villette avaient trois enfants : Philippe Le Valois, sieur de Villette et Mursay, qui devint lieutenant général de marine : c'est le père de madame de Caylus ; Aimée Le Valois qui épousa le sieur de Fontmort ; Madeleine Le Valois qui épousa le sieur de Sainte-Hermine et de la Laigne. C'est de cette dernière qu'il est ici question ; elle était née un an ou deux ans avant madame Scarron, avait eu la même nourrice et avait été élevée avec elle. Elle eut de son mariage cinq enfants dont trois fils qui servirent dans la marine et dont il sera souvent question dans la *Correspondance générale*.

A MADAME DE VILLETTE, A MURSAY.

Ce mercredi (1654 ou 1655).

Vous vous moquez de moi de me remercier de la soumission que j'ai pour vous, et d'appeler générosité ce qui ne peut partir que du respect que je vous dois et de la tendresse que j'ai pour vous. Je suis contente de moi là-dessus, et je n'ai certainement rien à me reprocher sur les sentiments que je dois avoir, et sur la reconnoissance que j'ai de toutes les bontés que vous avez eues pour moi. Mon cousin m'a dit que vous me faisiez l'honneur de vouloir qu'il m'avertît du mariage que l'on propose pour ma cousine de Mursay ; je souhaite qu'elle soit aussi bien mariée que celui qui l'épousera sera bien marié. Ses intérêts sont en bonnes mains puisqu'ils sont dans les vôtres et dans celles de mon oncle que j'assure de mes respects, et pour vous, ma chère tante, je vous conjure d'être persuadée que je suis pour vous comme je dois, et que je crois que c'est dire que j'ai pour vous toute l'estime, tout le respect, toute l'amitié et toute la reconnaissance imaginables.

LETTRE XV

NOTE PRÉLIMINAIRE

Nous plaçons ici une lettre de M. de Méré à la duchesse de Lesdiguières comme une réfutation des calomnies répandues par les ennemis de madame de Maintenon sur cette époque de sa jeunesse. Saint-Simon, la princesse Palatine d'Orléans et plusieurs autres écrivains ont prétendu que, soit pendant la vie, soit après la mort de Scarron, elle avait eu de nombreux amants, et parmi eux, l'on cite le marquis de Villars, le marquis de Beuvron, le maréchal d'Albret, et surtout le marquis de Villarceaux.

Il y a d'abord une objection très-simple à faire aux accusations de Saint-Simon, le plus acharné, le plus accrédité des ennemis de madame de Maintenon : c'est qu'il n'était point né à l'époque dont il parle avec tant d'assurance et qu'il n'a pu en parler que par des ouï-dire. En effet, le haineux chroniqueur est né seulement en 1675, c'est-à-dire vingt-trois ans après le mariage de madame Scarron, quinze ans après son veuvage; il n'a paru à la cour que vers 1690 et il n'a écrit définitivement ses mémoires, d'après des notes antérieures, il est vrai, qu'en 1743 ! c'est-à-dire qu'il y a entre cette date et la jeunesse de madame de Maintenon dont il parle comme s'il l'avait vue, près d'un siècle. On oublie trop ces chiffres irréfutables quand on cite avec tant de confiance le célèbre historien. Ajoutons que Saint-Simon trompe souvent ses lecteurs, non-seulement parce qu'il n'a pas vu et parce qu'il ne fait que répéter des médisances ou des calomnies, mais parce que souvent il ne craint pas d'avancer perfidement des mensonges. J'en ai cité un exemple considérable dans les *Lettres historiques et édifiantes*, t. I, p. 302, et j'en citerai d'autres [1].

Quant aux grossièretés et aux invectives de la princesse Palatine, je crois qu'on peut les laisser sans réponse : l'ordure ne se discute pas. D'ailleurs cette princesse, née en 1652, n'épousa le duc d'Orléans qu'en 1671 et ne parle aussi que d'après des ouï-dire. Enfin nous verrons qu'un motif très-secret l'animait contre madame de Maintenon [1], et nous mettrons en regard des infamies qu'elle écrivait à ses parents d'Allemagne les lettres trop soumises où elle se met aux genoux d'une femme qui lui a rendu les plus éminents services.

Je laisse de côté les autres détracteurs de madame de Maintenon qui sont ou moins importants ou plus excusables, comme les écrivains protestants que la révocation de l'édit de Nantes met hors de cause ; je ne parle pas des monceaux de libelles que madame de Maintenon elle-même lisait avec le plus tranquille dédain. « Il est désagréable, disait-elle à mademoiselle d'Aumale, de vivre avec des gens de qui l'on n'est point connue, qui n'ont point été témoins de la vie qu'on a menée, de la conduite qu'on a tenue dans tous les temps de la vie, en un mot qui sont d'un autre siècle que vous. »

A ces accusations de gens qui n'ont connu madame de Maintenon que dans sa vieillesse et sa grandeur, il faut opposer les témoignages de gens qui l'ont connue dans sa jeunesse et dans sa pauvre condition. Or, la lettre de M. de Méré trace de madame Scarron, de sa vertu et de son caractère, un portrait exactement et de tous points semblable à celui

1. Voir aussi l'*Hist. de madame de Maintenon*, par le duc de Noailles, t. IV.
2. Voir dans madame de Sévigné la lettre du 7 juillet 1680, et dans madame de Maintenon la lettre du 25 décembre 1686.

qui ressort de toute sa correspondance et de sa vie entière :
« Ce qu'on la voit si libre, dit-il, et qui engage beaucoup de gens auprès d'elle, ne leur doit pas faire espérer d'en venir à bout, car ce n'est qu'une marque de sa confiance et qu'elle sait bien à quoi s'en tenir. »

Un autre écrivain du même temps, Sorbière, qui mourut en 1670, c'est-à-dire avant la faveur de madame de Maintenon, s'exprime de la même façon que M. de Méré.

« L'histoire du mariage de M. Scarron ne seroit pas le plus sombre endroit de sa vie. Cette belle personne de l'âge de seize ans qu'il se choisit plutôt pour se récréer la vue et pour s'entretenir avec elle que pour aucun usage auquel il pût l'appliquer, en fesoit le principal ornement. L'indisposition de son mari, mais surtout la beauté, la jeunesse, l'esprit galant de cette dame n'ont fait aucun tort à sa vertu; et quoique les personnes qui soupiroient pour elle fussent des plus riches du royaume et de la plus haute qualité, elle a mérité l'estime de tout le monde par la régularité de sa conduite; et on lui doit cette justice qu'elle s'est piquée d'une belle amitié conjugale sans en pratiquer les principales actions. »

Bois-Robert, Segrais, mademoiselle Scudery, etc., parlent de madame Scarron avec le même respect. Enfin, dans tout ce que racontent les écrivains du temps sur la société si libre que recevait Scarron, on ne trouve que des témoignages d'estime pour cette jeune femme si étrangement placée dans cette société, et qui sut si bien s'y faire respecter. Une seule fois, Nicolas Boileau, frère de Despréaux, s'avisa de faire une épigramme contre Scarron où la femme de celui-ci était outragée : l'indignation fut générale et Nicolas se hâta de se rétracter [1].

Nous reviendrons sur cette question de la conduite de madame Scarron soit avant, soit après la mort de son mari.

---

1. Voir les détails de cette petite aventure dans la *Vie de Scarron*, par La Martinière, qui se trouve au 1er volume des OEuvres de Scarron, édit. de 1752.

M. DE MÉRÉ A LA DUCHESSE DE LESDIGUIÈRES[1].

1656?

Vous voulez que je vous parle de cette jeune Indienne[2] que vous appelez mon écolière, et je vous dirai, madame, que c'est une des personnes que je connoisse qui mérite autant qu'on lui donne de bonnes leçons. Je souhaiterois fort qu'elle fût aussi votre écolière, et qu'elle eût devant les yeux ce qu'on ne lui peut montrer en votre absence que par une foible idée. Si vous l'eussiez menée avec vous de la sorte que vous l'aviez résolu, et comme elle s'y attendoit, si son mari eût pu se passer d'elle si longtemps, elle fût revenue tout autre et c'eût été un chef-d'œuvre. Je vous assure aussi, Madame, que votre voyage en eût été plus agréable, car, outre qu'elle est fort belle et d'une beauté qui plaît toujours, elle est douce, reconnoissante, secrète, fidèle, modeste, intelligente, et pour comble d'agréments, elle n'use de son esprit que pour divertir ou pour se faire aimer. Et ce que j'admire d'une si jeune personne, c'est que tous les galants ne sont bien reçus auprès d'elle qu'autant qu'ils sont honnêtes gens ; et suivant cette règle, il me semble qu'elle n'est pas en grand danger ; cependant les mieux faits de la cour et les plus puissants dans les finances l'attaquent de tous les côtés. Mais

---

1. *OEuvres du chev. de Méré*, t. II, lettre LXI, p. 157. Amsterdam, 1692. — Anne de la Magdeleine de Ragny, deuxième femme (1632) de François de Bonne-Créqui, duc de Lesdiguières, morte en 1656.

2. On croyait Françoise d'Aubigné née en Amérique.

C.

comme je la connois, elle soutiendra bien des assauts avant que de se rendre, et ce qu'on la voit si libre, et qui engage beaucoup de gens auprès d'elle, ne leur doit pas faire espérer d'en venir à bout, car ce n'est qu'une marque de sa confiance et qu'elle sait bien à quoi s'en tenir. Ce qui me fâche d'elle, je vous l'avoue, c'est qu'elle s'attache trop à son devoir, malgré tous ceux qui tâchent de l'en corriger. Je m'aperçus qu'elle avait cet horrible défaut, dernièrement que son mari qui ne se peut tourner d'un côté de son lit à l'autre, se mit en fantaisie d'aller aux Indes, s'imaginant que le séjour de ce pays-là le remettroit dans sa première santé. Je vis l'heure qu'il alloit partir, et cette jeune femme qui se devroit plaire en France, étoit prête de l'accompagner et de voir encore une fois l'Amérique. Je trouve par là qu'une grande reine[1] qui parle toujours avec beaucoup d'esprit et juge si bien de tout, ne l'avoit pourtant pas bien connue quand elle dit à ce malade « que sa femme étoit le meuble le plus inutile de sa maison. »

LETTRE XVI (La B.)

NOTE PRÉLIMINAIRE

Nous plaçons ici trois prétendues lettres de madame Scarron à madame Fouquet, mais qui ne se trouvent que dans la collection de La Beaumelle (édit. de Nancy, t. I. p. 23 ; édit. d'Amsterdam, t. I, p. 24 et suiv.). Louis Racine les annote : *me sont inconnues*. Je les crois inventées. Il est certain que Scarron était protégé par le surintendant Fouquet, qu'il lui

1. Anne d'Autriche.

adressa de nombreuses lettres ou plutôt de très-humbles requêtes, qu'il en reçut même une pension de cinq cents écus; il est certain aussi que madame Scarron faisait visite à madame Fouquet (Marie-Madeleine de Castille, née en 1633), jeune femme vertueuse et « fière jusqu'à l'insolence, » mais elle n'avait nulle intimité avec elle. « Elle a été à Saint-Mandé, écrit Scarron. Elle est fort satisfaite de la civilité de madame la surintendante... mais comme elle ne va que quand ses amis la mènent, faute de carrosse, elle ne peut lui faire sa cour autant qu'elle le souhaite. » Il est possible que madame Scarron ait écrit à madame Fouquet, mais nous n'avons pour garant de ces lettres que La Beaumelle.

La première est composée d'après un fait vrai, mais la date que donne La Beaumelle est fausse, ce qui rend la lettre fort suspecte. Scarron, qui importunait journellement Fouquet de demandes d'argent, ou d'affaires d'argent, lui avait demandé un privilége pour la décharge des marchandises aux portes de Paris par des préposés en titre qui les conduiraient ensuite dans l'intérieur de la ville. Il devait tirer de cette affaire six mille livres de revenu. Mais il trouva une vive opposition dans le chancelier et le corps de ville : « Ce qui se passera jeudi, écrivait-il à de Rincy, à la maison de ville sera ma bataille de Pharsale. Mon destin doit s'y décider. Je vous conjure donc, ô brave de Rincy, de représenter au généreux Pelisson que c'est ici un coup de partie, qu'il faut redoubler ou jamais la recommandation de son patron devant qui maintenant tout genou fléchit... » Il ne parvint à obtenir son privilége qu'en 1660, c'est-à-dire après trois années de lutte, et eut à peine le temps d'en jouir, puisqu'il mourut au mois d'octobre de cette année.

A MADAME FOUQUET.

25 mai 1658.

Madame, je ne vous importunerai plus de l'affaire des déchargeurs; elle est heureusement terminée par la protection de ce héros[1] auquel nous devons tout, et que vous avez le plaisir d'aimer. Le prévôt des marchands a entendu raison, dès qu'il a entendu le grand nom de M. Fouquet[2]. Je vous supplie, Madame, de trouver bon que j'aille vous en remercier à Vaux. Madame de Vassé m'a assurée que vous me continuez vos bontés et que vous ne me trouveriez pas de trop dans ces allées, où l'on pense avec tant de raison, où l'on badine avec tant de grace[3].

LETTRE XVII (La B.)

NOTE PRÉLIMINAIRE

Cette lettre repose sur un fait douteux et probablement faux : la mort d'un fils de Fouquet. Fouquet a laissé trois fils et deux filles : il n'est nulle part question qu'il ait perdu un enfant en bas âge, bien que la mort de cet enfant, dit la lettre, ait ému toute la France, « et que la mort du frère du roi n'aurait pas été plus pleurée. » Enfin il y a dans cette lettre une exagération de flatteries qui n'était pas dans la nature de madame Scarron.

A MADAME FOUQUET.

Paris, 4 septembre 1659.

Madame, la perte que vous venez de faire est une perte publique par la part que la cour et la ville y prennent. Si quelque chose pouvoit en adoucir l'amer-

---

1. Le mot de *héros* employé pour le surintendant est du langage du temps. Scarron, dans une lettre du 13 oct. 1659, appelle aussi Fouquet *mon héros*. Voir encore les *OEuvres de Sarrazin*, p. 255, dans la *Pompe funèbre de Voiture*.

2. Cela n'est pas vrai. Le prévôt des marchands résista pendant plusieurs années.

3. Cette phrase est certainement de La Beaumelle.

tume, ce seroit sans doute la preuve que ce triste événement vous donne de l'estime que toute la France a pour vous et pour monseigneur le surintendant. La mort du duc d'Anjou n'auroit pas plus été pleurée[1]. Pour moi, Madame, qui suis votre redevable par tant de titres, j'ai bien plus besoin de consolation que je ne suis en état d'en donner. J'aimois cet enfant avec des tendresses infinies : j'avois souvent lu dans ses yeux une félicité et une gloire, à la quelle Dieu n'a pas voulu qu'il parvint. Que son saint nom soit béni ! Le ciel vous l'a ravi, madame : il ne vous l'a ravi que pour le rendre plus heureux.

LETTRE XVIII (LA B.)

NOTE PRÉLIMINAIRE

Cette lettre ne se trouve que dans la collection de La Beaumelle, édition de Nancy, t. I, p. 25. Louis Racine l'annote : *m'est inconnue*. Il n'y a pas trace dans la vie de Scarron du fait qui aurait donné lieu à cette lettre, c'est-à-dire de la proposition faite à madame Scarron d'un emploi dans la maison du surintendant; dans les nombreuses et très-humbles lettres de Scarron à Fouquet il n'en est aucunement question. D'après la lettre donnée par La Beaumelle, cette proposition aurait été refusée par Scarron qui était arrivé au terme de ses infirmités.

A MADAME FOUQUET.

Paris, 18 janvier 1660.

Madame, les obligations que je vous ai ne m'ont pas permis d'hésiter sur la proposition que madame Bon-

---

1. Le frère du roi était alors âgé de 19 ans. Comment madame Scarron peut-elle comparer l'émotion qu'aurait causé sa mort, à celle que la mort d'un enfant pouvait produire ?

neau m'a faite de votre part; elle m'est si glorieuse, je
suis si dégoutée de ma situation présente, j'ai tant de
vénération pour votre personne, que je n'aurois pas
balancé un instant quand même la reconnoissance que
je vous dois ne m'auroit point parlé[1]. Mais, Madame,
M. Scarron, quoique votre redevable et votre très-humble
serviteur, ne peut y consentir; mes instances ne l'ont
point fléchi; mes raisons ne l'ont point persuadé. Il
vous conjure de m'aimer moins, ou de m'en donner des
marques qui coûtent moins à l'amitié qu'il a pour moi.
Lisez sa requête, Madame, et pardonnez-en la vivacité
à un mari qui n'a d'autre ressource contre l'ennui,
d'autre consolation dans tous ses maux, qu'une femme
qu'il aime. J'ai dit à madame Bonneau, que si vous
vouliez abréger le terme, j'aurois peut-être son consentement; mais je vois bien qu'il est inutile de m'en
flatter, et que j'avois trop présumé de mon pouvoir. Je
vous prie, Madame, de me continuer votre protection:
personne ne vous est plus attaché que moi, et ma reconnoissance ne finira qu'avec ma vie.

LETTRE XIX

NOTE PRÉLIMINAIRE.

Cette lettre, très-authentique, est tirée des *Manuscrits des
Dames de Saint-Cyr* et des *Mémoires de mademoiselle d'Aumale*. La Beaumelle l'a publiée (t. I, p. 27 de l'édit. de Nancy),
mais avec de grandes altérations. J'indiquerai les principales.

Elle renferme le récit de l'entrée triomphale de Louis XIV
et de Marie-Thérèse le 26 août 1660, après leur mariage qui
avait été l'une des conditions du traité des Pyrénées. Ce

1. Tout cela est très-douteux, d'après ce que dit M. de Méré dans
sa lettre de 1656. Voir page 66.

mariage avait été célébré le 9 juin à Saint-Jean de Luz, et le jeune roi, qui était allé chercher son épouse sur la frontière, la conduisit par toute la France jusqu'à Paris. Le cortége vint de Vincennes, passa par le faubourg et la rue Saint-Antoine, le pont Notre-Dame, la Cité, le pont Neuf, et s'arrêta au Louvre. La ville avait fait de si grands apprêts que la fête lui coûta plus de 10 millions, outre les dépenses des particuliers et celles de la cour. On avait dressé un arc de triomphe et un trône à l'entrée du faubourg Saint-Antoine, et cette entrée en a gardé le nom de *barrière du Trône*. C'est là que le roi et la reine reçurent pendant cinq heures les hommages du Parlement, du clergé, de l'Université, des cours des aides et des comptes, du corps de ville, etc.

Le récit de madame Scarron, écrit à la hâte, ne donne qu'une faible idée de la magnificence de cette entrée : nous le compléterons avec quelques fragments de la *Gazette* du 3 septembre 1660. Elle était d'ailleurs bien placée pour voir ce pompeux cortége, puisqu'elle se trouvait à l'hôtel de Beauvais ou d'Aumont, sis rue saint-Antoine : c'était là que s'était placée la reine mère avec la reine d'Angleterre, la princesse Henriette, la princesse Palatine, le cardinal Mazarin, et les plus grandes dames de la cour.

A MADAME DE VILLARCEAUX [1].

Paris, 27 août 1660.

Je n'entreprendrai point de vous faire la relation de l'entrée du roi. Je vous dirai seulement que ni moi ni personne ne saurions vous en faire comprendre toute la magnificence ; je ne crois pas qu'il se puisse

---

1. Denise de La Fontaine d'Elches, mariée en 1643 au marquis de Villarceaux. C'était une femme de mérite, qui vécut dans l'obscurité et supporta avec résignation les désordres de son mari. Elle resta l'amie de madame Scarron, malgré la passion que Villarceaux affichait pour cette dame. Voir à l'appendice de cette lettre.

rien voir de si beau, et la Reine dut se coucher hier au soir assez contente du mari qu'elle a choisi [1]. S'il y a des relations imprimées, dès aujourd'hui je vous en envoierai, sinon j'attendrai. Mais je ne puis rien vous dire en ordre, à peine puis-je démêler tout ce que je vis hier, dix ou douze heures durant [2].

La maison de M. le cardinal Mazarin ne fut pas ce qu'il y eut de plus laid : elle commença par soixante-douze mulets de bagages ; les vingt-quatre premiers avec des couvertures assez simples; les autres vingt-quatre avec des couvertures plus belles, plus fines et plus éclatantes que les plus belles tapisseries que vous ayez jamais vues, et les derniers vingt-quatre en avaient de velours rouge en broderie d'or et d'argent, avec des mords d'argent et des sonnettes; enfin tout cela d'une magnificence qui surprit tout le monde [3]. Ensuite vingt-quatre pages passèrent et puis tous les gentilshommes et officiers de sa maison, en très-grand nombre; après cela douze carrosses à six chevaux, et puis ses gardes; enfin sa maison fut plus d'une heure à passer; après cela celle de Monsieur vint. J'oubliois dans celle de M. le cardinal vingt-quatre chevaux de main, couverts de housses magnifiques, et si beaux eux-mêmes, qu'en mon particulier, je n'en pouvois ôter les yeux. La maison de Monsieur parut donc très-pi-

1. La réflexion est assez curieuse sous la plume d'une femme qui devait vingt-quatre ans après succéder à Marie-Thérèse d'Autriche.
2. La Beaumelle transforme ceci : « Et tout ce que je vis hier fort distinctement est à présent confus dans ma tête. »
3. La Beaumelle ajoute : « Sur laquelle on se récria beaucoup. »

toyable [1], et ensuite celle du roi, véritablement royale [2], car rien au monde n'étoit plus beau; vous savez mieux que moi ce qu'elle contient, mais vous ne sauriez comprendre la beauté des chevaux sur quoi les pages de la grande et de la petite écurie étoient montés; ils alloient par bonds, et étoient maniés le plus agréablement du monde. Ensuite tous les mousquetaires avec différentes plumes : la première brigade en avoit de blanches, la deuxième de jaunes, noires et blanches, la troisième de bleues, blanches et noires, et la quatrième de vertes et blanches. Après cela les pages de la chambre, avec des casaques de velours couleur de feu, toutes couvertes d'or; ensuite monsieur de Navailles [3], à la tête des chevau-légers, tout cela magnifique; ensuite Vardes [4],

1. La Beaumelle ajoute ici cette phrase qui est entièrement de son invention : « Et il y avoit, dit-on, du dessein ; c'étoit pour montrer l'excessive opulence du cardinal. Le cardinal d'Estrées appeloit pourtant cela une fastueuse simplicité. »

2. Dans le récit de la *Gazette*, la maison de la reine précède celle du roi : elle se composait principalement de pages conduisant sa haquenée, de serviteurs portant son manteau royal, ses pierreries, etc.

3. M. de Navailles avait épousé, en 1651, Suzanne de Baudéan, la marraine de Françoise d'Aubigné (Voir l'Introduction, p. 4), la fille aînée de madame de Neuillant. Madame de Navailles venait d'être nommée dame d'honneur de la nouvelle reine. Quant à son mari, il devint maréchal de France en 1675 et mourut en 1685. « C'étoit, dit Saint-Simon, un homme de qualité de Gascogne, de ces gens de l'ancienne roche, plein d'honneur, de valeur, de fidélité à toute épreuve, comme il le montra bien au cardinal Mazarin dans les temps les plus critiques de sa vie. Il commandoit sa compagnie de chevau-légers, car le cardinal avoit sa maison militaire comme le roi. » (T. IV, p. 214.)

4. Le marquis de Vardes, né en 1615, capitaine des Cent-

à la tête des Cent-Suisses, il étoit avec du vert sur de l'or, et de fort bonne mine.

Ensuite... Non, je crois que les gens de qualité suivoient les chevau-légers ; on en vit un très-grand nombre, tous si magnifiques, que l'on ne sauroit juger en faveur de personne [1] ; j'y cherchai mes amis : Beuvron [2] passa un des premiers avec M. de Saint-Luc ; il me cherchoit aussi, mais non pas où j'étois, tous les autres marchoient assez en désordre ; je cherchai M. de Villarceaux, mais il avoit un cheval si fougueux, qu'il étoit à vingt pas de moi avant que je le reconnusse. Il me parut fort bien ; il étoit des moins magnifiques, mais des plus galamment, de plus il avoit un beau cheval qu'il manioit bien. Sa tête brune paroissoit fort aussi, et on se récria sur lui quand il passa [3]. Tous

---

Suisses de la garde du roi. Il prit part à des intrigues contre la princesse Henriette d'Angleterre, fut exilé pendant dix-huit ans, revint à la cour en 1683, et mourut en 1688.

1. Voici ce que dit la *Gazette* de ce groupe de seigneurs qui attira surtout les regards de madame Scarron, parce que là étaient ses amis et ceux de madame de Villarceaux.

« Aussitôt que M. de Sourches, grand prévôt de France, fut passé, on aperçut un gros de seigneurs qui éblouissoient les yeux par l'éclat de leurs habits, autant qu'il excitoit l'admiration des spectateurs, de voir tant de richesses amassées. Cette pompeuse noblesse ayant pris à tâche de contribuer à la majesté d'une fête si célèbre, les uns avoient des habits en broderie tout or plein, d'autres tout argent à bords et à taillades, quelques-uns chamarrés de passements enrichis de broderies, et plusieurs or et argent, brodés à bords, en sorte qu'il ne se pouvoit rien voir de plus magnifique... »

2. Le marquis de Beuvron, de la maison d'Harcourt, capitaine des gardes du corps de Monsieur. C'était un des courtisans de madame Scarron et il lui resta dévoué pendant toute sa vie.

3. On voit avec quelle aisance madame Scarron parle à sa propre

ces gens-là allèrent faire de grandes révérences au balcon de l'abbé d'Aumont ; je vous ai mandé qui y étoit [1]. Le comte de Guiche [2] marchoit seul fort paré de broderies, de pierreries qui éclatoient au soleil admirablement ; il étoit entouré de force belle livrée, et suivi de quelques officiers des gardes ; il alla sous le balcon, comme vous pouvez penser, où je crois qu'il plut assez, car il étoit admirablement bien, et plein de vert et de blanc qui réussit fort bien.

Les maréchaux de France précédoient le roi, devant lequel on portoit un dais de brocart......

Note de mademoiselle d'Aumale : « Ici il manque une feuille de quatre pages qu'on n'a pu retrouver, où elle dépeint, les seigneurs, leurs suites, puis la magnificence du roi ; et voilà la suite de ce qui est perdu. »

...... avec une grâce et une majesté surprenantes. Ensuite parut monsieur le chancelier [3], avec une robe et un manteau de brocart d'or, environné de laquais et de pages vêtus de satin violet, chamarrés d'argent et couverts de plumes. Enfin, madame, il ne

femme de ce seigneur : il témoignait pourtant à cette époque une grande passion pour elle. Voir l'*Appendice* de cette lettre.

1. La reine mère, la reine d'Angleterre, etc. (Voir la note préliminaire). Aussi toutes les personnes du cortége firent successivement halte devant l'hôtel d'Aumont. Il y eut encore des haltes devant quatre arcs de triomphe qui étaient dressés à la porte Saint-Antoine, au cimetière Saint-Jean, au pont Notre-Dame, à la place Dauphine.

2. Le comte de Guiche, fils du maréchal de Gramont, né en 1638, mort en 1673. Il aimait la princesse Henriette et le témoigna avant comme après le mariage de cette princesse avec le duc d'Orléans.

3. Pierre Séguier, né en 1588, mort en 1672.

se peut rien voir de plus pompeux que tout ce qui s'y fit. On ne sauroit dire des gens de qualité qui étoient le mieux : ils étoient tous admirablement, et si j'avois à donner le prix à quelqu'un, ce seroit au cheval qui portoit les sceaux. La Feuillade[1] avoit affecté une singularité qui ne réussit pas : il n'avoit sur de la broderie que du ruban noir et des plumes noires. Le chevalier de Gramont[2], Rouville et Bellefonds, et quelques autres gens de qualité suivoient la maison de monsieur le cardinal; je ne sais si c'étoit par manière de flatterie, et je m'en informerai, car cela surprit tout le monde. Le chevalier étoit tout couvert de couleur de feu, et fort magnifique. Rouville étoit en housse d'emprunt; pour moi j'aurois pris le parti de n'y pas être, car le roi sait bien qu'il n'est pas en état de faire ces dépenses-là.

Voilà, madame, tout ce que je puis vous dire pour aujourd'hui; j'ai même la main si lasse, que je ne vous remercierai point de toutes les bontés que vous me témoignez. Madame de Préaux m'envoya encore hier au soir une de vos lettres dont je vous rends mille grâces. Je n'enverrai celle-ci à la poste que le plus tard que je pourrai, afin d'attendre des relations s'il y en a d'imprimées[3].

---

[1]. Le duc de la Feuillade, depuis maréchal de France.
[2]. C'est le héros des Mémoires d'Hamilton.
[3]. En effet, le récit de madame Scarron ne donne pas exactement l'ordre du cortége, et voici comment on peut réparer, avec la relation de la *Gazette*, les lacunes qui se trouvent dans sa lettre :

« Après le gros des seigneurs, marchoient les gouverneurs et

Dans les premières harangues que l'on a faites, je n'ai point ouï parler de celle du président Amelot ; pour hier, on ne peut encore savoir ce qu'ils auront fait, ni celui qui aura le mieux réussi ; je m'en informerai. Ils les firent très-courtes, et par conséquent moins mauvaises ; les présidents à mortier étoient lieutenants du roi des provinces, puis les principaux officiers de la maison du roi.

« Alors quatre trompettes ayant par leurs fanfares fait tourner les yeux de leur côté, on découvrit la compagnie des hérauts d'armes de France, au nombre de dix-neuf, vêtus de velours violet cramoisi, chacun avec la cotte d'armes, semée de grandes fleurs de lys d'or, leur devise sur la manche, la toque de velours noir ondoyée de plumes blanches et violettes attachées à un cordon d'or, avec une médaille aussi d'or représentant le roi et la reine, et le caducée couvert de velours violet semé de fleurs de lys d'or, tous sur des chevaux houssés de velours de la même couleur, à franges et dentelles d'or.

« Sur leurs pas étoit le grand-maître de l'artillerie, magnifiquement vêtu et monté, suivi d'un train des plus nombreux et des plus lestes, à la tête des maréchaux de France, en habits de broderies d'or et d'argent, sur des chevaux choisis, avec des trains des mieux vêtus.

« Ils devançoient le comte d'Harcourt, grand-écuyer de France, qui précédoit immédiatement le roi, ayant ses deux cavalcadours à ses côtés et tous les grands et petits valets de pied depuis Sa Majesté jusques à lui, selon la coutume, et portant l'épée royale dans son fourreau semé de fleurs de lys, avec son air de l'un des plus grands capitaines de l'Europe.

« Le roi étoit vêtu d'un habit tout de broderie d'argent, trait par bord, mêlé de perles et garni d'une quantité merveilleuse de rubans incarnat et argent, avec un superbe bouquet de plumes incarnat et blanc, attaché d'une enseigne de diamants, un baudrier et une épée des plus riches, et monté sur un superbe cheval d'Espagne bai-brun, qui avoit sa housse toute en broderie d'argent et le harnois semé de pierreries...

« Le duc de Bouillon, grand chambellan, marchoit à la droite, touchant à l'étrier de Sa Majesté, vêtu d'un habit de brocart d'ar-

assez ridicules avec leur mortier sur leur tête : il
sembloit de loin qu'ils avoient de ces boîtes plates
de confitures. On chante aujourd'hui le *Te Deum*,
et dimanche, il y aura un feu sur l'eau, devant le
Louvre. Enfin, madame, on ne parle que de plaisirs;
je vous prie de croire que je n'en ai point un plus

gent filé d'or, chamarré de dentelle d'or, avec de gros boutons
d'or, traits entre les dentelles; la garniture de rubans d'or et d'argent renouée de taffetas couleur de feu, et les plumes à trois rangs,
couleur de feu et blanc, monté sur un riche cheval d'Espagne bai,
couvert d'une housse en broderie d'or à fond d'argent, et le reste
du harnois de tresse d'or et d'argent. Le duc de Créqui, premier
gentilhomme de la chambre, étoit de même à l'autre côté, vêtu
non moins à l'avantage, sur un cheval des plus beaux, et le duc
de Tresmes, capitaine des gardes, suivoit...

« Monsieur, suivi du comte de Vaillac, son premier écuyer, du
comte de Clère, capitaine de ses gardes, et autres officiers de sa
maison, venoit seul. Il avoit un habit aussi tout couvert de broderie d'argent trait par bord, enrichi de perles et de quantité de
diamants, avec le baudrier pareil, la garniture des plus magnifiques, un bouquet de plumes attaché à un cordon encore de diamants, et le reste de l'équipage convenable à la solennité du jour
et à la galanterie de ce beau prince, qui montoit un barbe blanc
si richement houssé et caparaçonné, qu'il ne se pouvoit rien voir
de plus leste ni de plus digne du frère unique d'un grand roi.

« Le prince de Condé marchoit après, entre le duc d'Enghien
et le prince de Conti : ces trois princes équipés et montés en sorte
qu'ils formoient une ligne des plus éclatantes aussi bien que des
plus considérables.

« Ils étoient suivis du comte de Soissons, si avantageusement
mis et monté qu'il ne pouvoit que donner beaucoup d'éclat à la
troupe qui venoit après composée des ducs.

« Ils devançoient les deux compagnies des deux cent gentilshommes ordinaires de la maison de Sa Majesté, recommandables
par l'ancienneté de leur création.

« Les pages de la chambre de la reine, en superbes livrées,
suivoient; puis la calèche de la reine qu'on nommeroit mieux un
char de triomphe : elle étoit couverte dedans et dehors d'une bro-

grand que de vous donner des marques de ma gratitude et de mon respect.

Je viens d'apprendre que le roi donna les clefs de la ville, que l'on lui apporta, à monsieur de Tresmes [1], lequel les envoya sur l'heure à madame de

derie d'or trait, d'une invention toute nouvelle, sur un fond d'argent, les dehors devant et derrière et les côtés ornés de festons de relief, tous brodés d'or et d'argent trait; le dais aussi brodé dedans et dehors de pareille broderie avec des festons pendants à l'entour, soutenu de deux colonnes environnées de fleurs de jasmin et d'olivier, hiéroglyphes de l'amour et de la paix, et tout ce qui devoit être de fer étoit de vermeil doré, et même les roues et le train couverts d'or ducat.

« Ce merveilleux char étoit attelé de six chevaux danois gris-perle de qui les crins et les queues alloient jusques à terre, caparaçonnés et couverts de housses de la même broderie et tous d'une beauté si particulière qu'il ne s'en peut faire une peinture qui l'égale, et que tout ce qu'on en sauroit dire est que c'étoient des chefs-d'œuvre de la nature qui les avoit faits exprès pour servir à ce triomphe.

« La princesse y étoit vêtue d'une robe où l'or, les perles et les pierreries faisoient un brillant et pompeux mélange, ainsi que dans sa coiffure, étant parée de tous les joyaux de la couronne, mais qui lui donnoient beaucoup moins d'éclat que ses propres charmes...

« Elle avoit à ses côtés, à la portière droite, le comte de Fuensaldagne, supérieurement accommodé et avec une suite des plus lestes, et à la gauche le duc de Guise, en habit de brocart d'or brodé d'or et d'argent, avec la garniture pareille, monté sur un cheval turc fort beau, suivi du duc d'Elbeuf, des comtes de Lillebonne et d'Armagnac et du chevalier de Lorraine... etc.

« Puis venoient les carrosses où étoient Mademoiselle, mesdemoiselles d'Orléans et de Valois, la duchesse de Longueville, la duchesse de Nemours, etc.

A ce pompeux cortége de la cour, il faut ajouter les cortéges non moins pompeux du parlement, de la chambre des comptes, du corps de ville, de l'université, des compagnies de milices bourgeoises, etc.

1. Gouverneur de Paris.

Navailles [1]. Les relations ne sont pas encore imprimées ; je vous envoie ce qu'il y a.

Trouvez bon, madame, que je fasse ici mes compliments à messieurs de Villarceaux, et à monsieur et mademoiselle de la Garenne.

APPENDICE A LA LETTRE XIX.

La lettre XIX étant adressée à madame de Villarceaux et renfermant une phrase remarquable sur l'époux de cette dame, ici se présente naturellement cette question : madame Scarron a-t-elle été la maîtresse de Villarceaux? Saint-Simon, la princesse palatine d'Orléans et les autres ennemis de madame de Maintenon l'affirment, et s'ils éprouvent quelque doute à l'égard des autres seigneurs qu'ils lui donnent pour amants, ils n'en ont point pour celui-ci.

J'ai déjà dit que le témoignage de ces écrivains, pour des faits qu'ils n'ont connus que par des ouï-dire, ne peut avoir la moindre valeur. Mais M. Feuillet de Conches a publié récemment dans les *Causeries d'un curieux* (t. II, p. 588) une lettre de Ninon de Lenclos, dont il possède l'autographe, et qui semble un document plus grave et plus concluant. Voici cette lettre avec son orthographe : elle est adressée à Saint-Évremond, alors retiré en Angleterre, et date probablement des dernières années de Ninon qui mourut en 1706.

« ... Les tems sont venus ou iay tout oublié, hors mes amys : iugés apres cela si iay esté ettonée de vos nouvelles questions. A quoy songés vous d'oublier que il me faut lire en lunettes ces histoires d'amour ? Que vous seriés sage si vous vous en teniés a vostre Engleterre et un peu a lamitié que vous me devés, dont ie suis digne par latachement que ie vous porte. S. estoit mon amy ; sa fame m'a donné mille plaisirs par sa conversation, et dans le temps, ie l'ay trouvée trop gauche pour lamour. Quant aux détails, ie ne scay

---

1. C'était une galanterie pour la reine, dont madame de Navailles était la dame d'honneur.

rien, ie n'ay rien veu, mais ie lui ay presté souvent ma chambre iaune a elle et a Villarseaux. »

Cette lettre, écrite un demi-siècle après l'aventure dont elle parle, est-elle bien une preuve? Ninon est-elle bien un témoin qu'on puisse croire aveuglément? Qui de nous voudrait être condamné sur un pareil témoignage? Ces lignes ne semblent-elles pas, comme dit M. Feuillet de Conches, « une réminiscence de gaieté de la moderne Leontium? » N'est-ce pas un trait de Parthe lancé par la vieille courtisane, alors délaissée de tous et dégoûtée de tout[1], contre ce témoin de ses désordres, parvenue par sa vertu au sommet de la considération et de la grandeur. Notons que Ninon elle-même, en rappelant ce malicieux souvenir de la chambre jaune, semble contredire ce qu'elle vient d'écrire une ligne plus haut : « je l'ai trouvée trop gauche pour l'amour, » et que dans une autre circonstance elle s'exprimait de même : « Madame de Maintenon, disait-elle, étoit vertueuse par foiblesse d'esprit; j'aurois voulu l'en guérir, mais elle craignoit trop Dieu. »

Il est certain que Villarceaux aima madame Scarron et la poursuivit longtemps de ses obsessions[2] : mais ce grand débauché, ce courtisan sans vergogne qui, dix ans plus tard, offrait à Louis XIV de lui vendre sa nièce[3], n'a jamais osé dire qu'il eût réussi auprès d'elle; au contraire, il se plaignait à ses amis de sa mauvaise fortune, s'en montrait abattu et chagrin, et il était reconnu, dans la société de ce temps, qu'il perdait « ses soupirs et ses pas. » C'est ce que lui disait l'abbé de Bois-Robert en 1659 dans une épître qui témoigne en même temps la réputation sans tache de madame Scarron.

---

1. Voir les lettres que lui adressait Saint-Évremond, et où il s'efforce vainement de la ranimer. Il est assez remarquable que dans les onze volumes des OEuvres de Saint-Évremond il n'y ait pas un mot sur madame de Maintenon :

2. Cette passion date à peu près de 1658. A cette époque, il avait quitté Ninon et se vantait « d'en être défait pour toujours. »

3. Voir la lettre de madame de Sévigné du 23 déc. 1671.

Marquis, de quelle humeur es-tu ?
Je te trouve tout abattu,
Rêveur, inquiet, solitaire,
Et plus bourru qu'à l'ordinaire.
Cependant, marquis, je te voy
Mieux que jamais auprès du roy ;
J'apprends que Jules[1] te caresse ;
Je ne sens plus rien qui te blesse ;
Laïs[2] est hors de sa prison ;
Je voy la paix dans ta maison.
Marquis, si je m'y scay connestre,
Je sens d'où cela peut te naistre :
Tu dois, sans doute, estre amoureux,
Et ce mal est bien dangereux.
Seroit-ce point certaine brune
Dont la beauté n'est pas commune,
Et qui brille de tous costés
Par mille rares qualités ?
Outre qu'elle est aimable et belle,
Je t'ay vu lancer devers elle
De certains regards languissants
Qui n'estoient pas trop innocents.
Je lui voy des attraits sans nombre :
Ses yeux bruns ont un éclat sombre
Qui, par un miracle d'amour,
Au travers des cœurs se fait jour,
Et sçait éblouir la paupière
Mieux que la plus forte lumière.
Dans son esprit et dans son corps
Je découvre plus de trésors
Qu'elle n'en vit jamais paraître
Dans le climat qui l'a vu naistre[3].
Si c'est cette rare beauté
Qui tient ton esprit enchanté,
Marquis, j'ai raison de te plaindre ;
Car son humeur est fort à craindre :

1. Mazarin.
2. Ninon de Lenclos.
3. Nous avons déjà dit que madame Scarron passait pour être née dans les Indes.

> Elle a presque autant de fierté
> Qu'elle a de grâce et de beauté.
> Comme ton mérite est extrême,
> Songe à n'aimer que ce qui t'ayme,
> Suis qui t'estime et ne perds pas
> En l'air tes soupirs et tes pas [1].

Villarceaux, désespéré, en vint à insulter secrètement madame Scarron. Il la fit peindre de grandeur naturelle, étendue sur un lit de repos, entièrement nue, sortant du bain, et il se donnait l'étrange plaisir de la contempler solitairement. Cette peinture, ayant été faite de fantaisie, ne ressemble nullement aux portraits authentiques de madame Scarron; elle existe encore au château qu'habitait Villarceaux : c'est le seul indice qui reste de la passion de ce seigneur [2]. On a longtemps parlé de plusieurs lettres conservées soigneusement, soigneusement cachées dans la famille de Mornay et qui témoignaient que madame Scarron aurait partagé la passion de Villarceaux. Il n'en est rien. Madame la marquise de Mornay, fille de l'illustre maréchal Soult, femme de grand mérite et qui est morte récemment, a bien voulu me communiquer les papiers de sa famille qui touchent au règne de Louis XIV. J'y ai trouvé uniquement des lettres autographes de madame de Maintenon au marquis de Mornay de Montchevreuil, lettres dont j'avais déjà les copies et qui feront partie de cette collection. Il n'y a dans ces lettres, ni dans les autres papiers de la famille de Mornay, pas un mot qui, de près ou de loin, puisse donner un soupçon sur la vertu de madame Scarron. Et comme, après avoir fait toutes mes recherches, je parlais à madame de Mornay de ces lettres compromettantes dont la tradition s'était conservée : « C'est une tradition de fatuité, » me répondit-elle.

---

1. *Épîtres en vers et autres œuvres poétiques de M. de Bois-Robert*, etc. Paris, 1659.

2. M. Feuillet de Conches a fait faire un croquis de ce tableau, qui se trouve dans son cabinet. Voir les *Causeries d'un curieux*, t. II, p. 590.

Venons à d'autres preuves par lesquelles je n'entends point faire l'apologie de madame de Maintenon, mais seulement expliquer ce personnage souvent dénigré et calomnié, presque toujours contesté, rarement aimé, et qui est resté un problème et un mystère pour tant de gens.

Madame Scarron était, comme l'on disait dans le dix-septième siècle, aimable et galante, c'est-à-dire que suivant les habitudes de ce temps, elle aimait à être courtisée; elle souriait des doux propos; elle ne s'effrayait ni d'une déclaration amoureuse, ni d'une protestation passionnée[1], elle était peut-être de l'humeur de madame de Sévigné, « qui ne tenoit pas, disait Bussy-Rabutin, ses bras trop cher[2]; » mais elle était naturellement froide et surtout, à cause des souvenirs de son enfance, contenue, en garde contre tout le monde, sûre d'elle-même, incapable d'un égarement, d'une faiblesse, gardant à travers ses sourires séduisants et ses airs dégagés un fonds de misanthropie, de tristesse et de défiance. « Ce qu'on la voit si libre, disait M. de Méré (qui s'y laissa prendre), et qui engage beaucoup de gens auprès d'elle, ne leur doit pas faire espérer d'en venir à bout, car ce n'est qu'une marque de sa confiance et qu'elle sait bien à quoi s'en tenir. »

Dans une pièce de vers que nous donnerons plus loin, elle dit elle-même de ses galants :

> Je les prends sans vouloir les prendre;
> Je ne cherche point les moyens
> De les mettre dans mes liens;
> Ce sont eux qui viennent s'y rendre.
> Mais comme sans faire la vaine,
> Je les prends sans combattre et sans rien hasarder,
> Sans me donner beaucoup de peine
> Je sais comme il faut les garder.

---

1. « On ne regardoit pas alors, dit madame de Caylus, un amant déclaré qui ne produisoit que des galanteries publiques, comme des affaires dont on se cache et dans lesquelles on apporte du mystère » (*Souvenirs*, p. 141 de l'édit. de 1806).

2. *Histoire amoureuse des Gaules.*

De telles femmes sont beaucoup moins rares qu'on ne pense; et ceux qui les ont rencontrées sur le chemin de leurs passions peuvent dire ce que sont pour elles les rendez-vous de la chambre jaune.

D'ailleurs nous verrons que toute la correspondance de madame de Maintenon témoigne la supériorité de sa raison, la solidité de ses idées, la virilité de ses sentiments, mais qu'il n'y a pas la moindre place pour le déréglement de la pensée, les écarts de l'imagination, la mollesse du cœur.

La froideur naturelle de Françoise d'Aubigné fut sans doute augmentée par l'étrange mariage qu'elle eut à subir. « Je n'ai jamais été mariée, écrit-elle nettement à son frère[1]; » mais sa pudeur n'eut pas moins à souffrir, surtout dans les premiers temps, de la compagnie de son époux, libertin émérite qui disait de sa jeune femme, cette enfant de seize ans, aussi fière qu'innocente : « Je ne lui ferai pas de sottises, mais je lui en apprendrai. » Elle en conçut une répugnance profonde pour le mariage, une sorte d'horreur, je ne dis pas pour l'amour, mais pour l'*homme*. Aussi ne parlait-elle, même à Saint-Cyr, qu'avec un dégoût marqué de cet état imparfait, « où l'on est exposé à toutes les extravagances, à toutes les bizarreries des maris... » — « Il seroit difficile de prévoir, disait-elle, jusqu'où ils peuvent porter le commandement... Il faut se soumettre avec eux à des choses presque impossibles. » Enfin devenue la femme de Louis XIV et malgré l'affection sincère qu'elle avait pour ce prince, elle garda ses répugnances : elle ne se soumettait qu'avec regret au devoir conjugal, et plus d'une fois son directeur dut l'exhorter à se vaincre dans ces *occasions pénibles*. « C'est une grande pureté, lui écrivait-il, de préserver celui qui lui est confié des impuretés et des scandales où il pourroit tomber... Il faut servir d'asile à un homme foible qui se perdroit sans cela... Quelle grâce de faire par pure vertu ce que tant d'autres femmes font sans mérite ou par passion! »

[1] « Vous trouverez peut-être bizarre qu'une personne qui n'a jamais été mariée donne tant d'enseignements sur le mariage. » (Lettre du 28 février 1678).

A la froideur naturelle, au calme des sens de madame Scarron, il faut ajouter, pour démontrer la pureté de sa vie, en laissant à part, comme disait Ninon, « qu'elle craignoit trop Dieu, » il faut ajouter sa fierté extrême, sa passion de se faire un renom de femme sage, son amour presque immodéré de considération : « J'ai vu de tout, disait-elle aux Dames de Saint-Cyr, mais toujours en tout honneur : c'étoit une amitié d'estime et générale. Je ne voulois point être aimée en particulier de qui que ce soit ; je voulois l'être de tout le monde, faire dire du bien de moi, faire un beau personnage et avoir l'approbation des honnêtes gens : c'étoit là mon idole... Il n'y a rien que je n'eusse été capable de faire et de souffrir pour cela. Je me contraignois beaucoup, mais cela ne me coûtoit rien, pourvu que j'eusse une belle réputation : c'étoit là ma folie. Je ne me souciois pas de richesse ; j'étois élevée de cent piques au-dessus de l'intérêt ; mais je voulois de l'honneur [1]. »

« Je ne me connois pas de péché, écrivait-elle à son confesseur ; j'ai une morale et de bonnes inclinations qui font que je ne fais guère de mal, et j'ai un désir d'être estimée qui me met en garde contre toutes mes passions [2]. » Je répète qu'une femme ainsi faite, en supposant vrais les tête-à-tête dans la chambre jaune, pouvait ne pas les éviter, et devait en sortir sans dommage.

A l'appui de tout ce que je viens de dire, il faut dire encore que madame de Maintenon n'a jamais cessé, surtout à Saint-Cyr, de parler de cette époque de sa vie, sans embarras, sans réticence, avec une aisance, une sérénité parfaites ; elle l'a même continuellement proposée pour exemple aux demoiselles qui devaient se trouver comme elle, pauvres, orphelines, exposées à tous les dangers. Enfin on chercherait vainement dans sa correspondance avec ses directeurs, dans ses redditions de conscience, dans ses prières et ses méditations, ce qu'on trouve dans les écrits de madame de Lon-

---

1. *Lettres historiques et édifiantes*, t. II, p. 221.
2. Voir la lettre du 8 janvier 1680.

gueville, de madame de la Vallière, et des autres grandes pécheresses de ce temps, un mot qui ressemble à un remords, qui fasse allusion à des fautes passées, qui indique la nécessité de s'humilier dans le repentir et le besoin de faire pénitence.

Ces explications étant données sur un sujet si délicat et qui peut prêter au ridicule, je crois devoir terminer cette note en citant quelques lignes de madame de Caylus, mais en faisant observer que cette dame ne peut parler que par ouï-dire, puisqu'elle ne naquit qu'en 1671, et ne connut sa tante qu'en 1680. « Quelque persuadée que je sois de la vertu de madame de Maintenon, dit-elle, je ne ferai pas comme M. de Lassay[1], qui, pour trop affirmer un jour que ce qu'on avoit dit sur ce sujet étoit faux, s'attira une question singulière de la part de madame sa femme, fille naturelle de M. le Prince. Ennuyée de la longueur de la dispute, et admirant comment monsieur son mari pouvoit être aussi convaincu qu'il le paroissoit, elle lui dit, d'un sang-froid admirable : Comment faites-vous, monsieur, pour être si sûr de ces choses-là ?. »

LETTRE XX

NOTE PRÉLIMINAIRE

Scarron mourut le 6 octobre 1660 et fut inhumé dans l'église de Saint-Gervais. « Le seul regret que j'aie en mourant, dit-il, c'est de ne pas laisser de bien à ma femme qui a infiniment de mérite et de qui j'ai tous les sujets imaginables

---

1. Armand de Madaillan de Lesparre, comte de Montataire. C'est le fils de ce Madaillan dont il est question dans la biographie de Scarron. Il fut protégé par madame de Maintenon, qui lui fit épouser une fille naturelle de M. le prince, appelée mademoiselle de Chateaubriand. Il a laissé un ouvrage curieux : *Recueil de différentes choses*, 4 vol. in-12. Lausanne, 1756.

2. *Souvenirs*, p. 149. Édit. de 1806.

de me louer[1]. » Madame Scarron fut très-affligée de la mort de son mari, et elle le témoigna, non-seulement alors par ses larmes et ses plaintes à ses amis, mais quatorze ans après, quand, sortie enfin de la misère, elle employa le premier don qu'elle reçut de Louis XIV à faire élever un tombeau à Scarron dans l'église Saint-Gervais et à fonder une messe perpétuelle pour le repos de son âme[2]. Par suite de cette mort, elle retombait dans la pauvreté, ainsi que ses lettres vont nous l'apprendre, et elle se retira au couvent des Hospitalières de la place Royale, qu'on appelait vulgairement la *Charité-Notre-Dame*, ou la *Petite-Charité*[3]. La maréchale d'Aumont, qui était cousine de Scarron, y avait une chambre qu'elle lui prêta. « Elle lui envoya, raconte Tallemant des Réaux, au commencement, jusqu'à des habits ; mais elle le fit savoir à tant de gens, qu'enfin la veuve s'en lassa, et un jour elle lui renvoya, par une charrette, le bois que la maréchale avait fait décharger dans la cour du couvent. » Ainsi que nous allons le voir dans les lettres suivantes, les affaires que lui laissait son mari étaient fort embrouillées, et elle dut avoir recours à sa protection ordinaire, madame de Villette.

A MADAME DE VILLETTE, A NIORT[4].

Octobre 1660.

J'ai été bien accablée tous ces jours ici, et la mort de M. Scarron m'a donné assez de douleur et assez d'affaires pour ne pouvoir vous écrire. Je n'ai même loisir que de vous demander un extrait de mon baptis-

1. *Mémoires de Segrais*, p. 85.
2. Voir la lettre du 29 juillet 1674.
3. Par opposition au couvent des Hospitalières de la rue de la Roquette qu'on appelait la *Grande-Charité*. C'est sans doute ce mot de *charité*, mal entendu par Saint-Simon dans les contes qu'il recueillait de toutes mains, qui lui fait dire : « Elle fut réduite à la *charité* de sa paroisse Saint-Eustache. »
4. *Autographe* appartenant à M. Bonhomme et publié dans l'ouvrage : *Madame de Maintenon et sa famille*.

taire qui m'est absolument nécessaire. Envoyez-le-moi le plus tôt qu'il vous sera possible, et croyez, ma chère tante, qu'en quelque condition que je sois, je suis absolument à vous.

LETTRE XXI[1]

MADEMOISELLE SCARRON[2] A M. NUBLÉ[3],
AVOCAT AU PARLEMENT, A AMBOISE.

Paris, octobre 1660.

Monsieur, je vous écris la mort de mon frère avec toute la douleur imaginable. Si quelque chose peut me consoler, c'est la fin qu'il a faite qui est la plus

---

1. *Autographe* appartenant à la Bibliothèque impériale de Vienne, et formant le n° 81 du t. 1ᵉʳ du fonds *Hogendorp*. Il a été copié par M. Feuillet de Conches et publié dans les *Causeries d'un curieux*, t. II, p. 576.

2. Françoise Scarron, sœur cadette de Scarron. Elle demeurait dans la même maison que son frère, mais à un étage supérieur. Elle était belle, ne se maria point et avait pour amant le marquis de Tresme, dont elle eut un fils que Scarron appelait en riant *son neveu à la mode du Marais*. Ce fils fut élevé en gentilhomme et madame de Maintenon se l'attacha plus tard en qualité d'écuyer. Il se nommait Fontenay et eut ses filles élevées à Saint-Cyr.

3. Voici ce que Segrais raconte de M. Nublé, l'un des hommes les plus considérés de son temps et qui fut l'ami intime de Ménage : « Scarron en se mariant n'avoit pas de bien, car il avoit fait donation à ses parents du peu qu'il avoit ; mais ses parents le lui rendirent, et il le vendit à M. Nublé qui lui en donna six mille écus sans savoir positivement ce qu'il valoit, et Scarron fut très-content du marché. M. Nublé alla voir ce bien qui était situé près d'Amboise, et, à son retour à Paris, étant allé voir Scarron, il lui dit : « Vous avez cru que votre bien ne valoit que 18,000 francs, il en vaut davantage et je ne veux pas vous tromper ; il vaut

belle du monde. Je vous prie de prier Dieu pour lui. J'ai déjà parlé de vos intérêts : l'on dit que tout ira en déconfiture, et, par conséquent, tout à la veuve [1]. Je crois qu'il seroit bien à propos que vous vinssiez faire un voyage ici ; vous savez l'intérêt que j'y ai, n'ayant point fait mon partage ; l'on m'a conseillé de me prendre à la terre de madame Cigonne [2]. Je crois que je ne vous ai pas donné de consentement quand vous l'avez achetée. Je vous prie de m'en mander la vérité comme tout s'est passé, le plus tôt que vous pourrez. Ma belle-sœur s'est mise à la Petite-Charité [3], fort affligée de la mort de son mari. Je vous demande la grâce de me conserver une part à l'amitié que vous aviez pour lui, et de me croire plus que personne, Monsieur, votre très-humble servante,

F. SCARRON.

24,000 fr. par l'estimation que j'en ai fait faire. Et M. Nublé l'obligea de prendre encore 2,000 écus qu'il lui donna pour achever cette somme. M. Nublé étoit un des premiers avocats consultants, un des plus honnêtes hommes de son temps. » (*Mémoires*, p. 66.) Il est probable que ces 24,000 francs furent donnés en dot par Scarron à mademoiselle d'Aubigné, qu'ils furent dépensés pendant les huit années du mariage, enfin que Scarron emprunta en outre de l'argent à M. Nublé.

1. D'après cette phrase, il paraît que les intérêts de M. Nublé et de mademoiselle Scarron étoient contraires à ceux de la veuve, mais comment ! Le résultat fut que madame Scarron n'hérita absolument rien de son mari.

2. Madame Cigonne était l'une des sœurs de Scarron du premier lit. C'était contre elle et son mari que Scarron avait plaidé une partie de sa vie.

3. Voir la note préliminaire de la lettre précédente.

LETTRE XXII

MADAME SCARRON A M. DE VILLETTE[1].

Octobre ou novembre 1660.

J'ai trop de marques de votre bonté et de votre amitié pour croire que l'envie que vous me témoignez de savoir l'état de mes affaires soit un simple effet de curiosité; mais, à vous dire le vrai, l'état où je suis est si déplorable, que je crois vous épargner de la douleur en ne vous en rendant pas un compte fort exact.

M. Scarron a laissé dix mille francs de bien et vingt-deux mille francs de dettes; il m'en est dû vingt-trois par mon contrat de mariage, mais il est fait en si mauvaise forme que, bien que ma dette soit la première, et que, par conséquent, je dusse être préférée aux autres créanciers, je n'aurai d'avantage sur eux que d'absorber une bonne partie de leurs dettes, à cause que la mienne est plus grande toute seule que toutes les autres ensemble, si bien que, venant à contribution, il faudra que je partage avec eux; après donc avoir bien plaidé, il m'en reviendra franc et quitte quatre ou cinq mille francs[2]. Voilà l'état du bien de ce pauvre homme qui avoit toujours quelque chimère dans la tête et qui mangeoit tout ce qu'il avoit

---

[1]. Cette lettre, précieuse et touchante, appartient en *autographe* à M. H. Bonhomme et a été publiée dans : *Madame de Maintenon et sa famille*, p. 68.

[2]. Il n'y eut pas de procès, et madame Scarron abandonna la succession de son mari à ses créanciers.

de liquide sur l'espérance de la pierre philosophale ou de quelque autre chose aussi bien fondée. Il avoit commencé une certaine affaire auprès de M. le procureur [1] que je tâche de rendre bonne, et si j'en viens à bout, je crois qu'elle sera suffisante pour me mettre l'esprit en repos.

Voilà bien vous parler de mes affaires; mais vous l'avez voulu ainsi. Vous verrez par ce que je vous en dis que je ne suis pas destinée à être heureuse ; mais entre nous autres dévots, nous appelons cela des visites du Seigneur, et nous mettons tout au pied de la croix avec une grande résignation [2]. Je souhaite qu'il y ait plus de prospérités à Mursay, où j'ai très-certainement les personnes du monde que j'aime avec le plus de respect et de tendresse.

LETTRE XXIII

A M. NUBLÉ [3].

Octobre ou novembre 1660.

Monsieur de Bouilly ne pouvoit m'obliger plus sensiblement qu'en me rendant de bons offices auprès de vous, et il n'a pu vous exagérer assez le cas que

1. Fouquet, qui était procureur général au Parlement de Paris.
2. Cette phrase si triste semble empruntée aux lettres de Jeanne de Cardillac, et Françoise d'Aubigné a dû songer aux malheurs de sa mère en l'écrivant. Elle prouve d'ailleurs que les idées de dévotion de madame de Maintenon datent de sa plus grande jeunesse.
3. *Autographe* appartenant à la Bibliothèque impériale de Vienne (manuscrits Hogendorp), et copié par M. Feuillet de Conches.

je fais de votre mérite et de l'amitié que vous m'avez promise. Vous ayez perdu un ami si zélé en la personne de feu M. Scarron qu'il me semble que je dois partager votre douleur aussi bien que vous partagez la mienne ; je vous en suis infiniment obligée, et je suis plus que je ne vous le saurois dire votre très-humble servante,

D'AUBIGNÉ [1].

LETTRE XXIV

NOTE PRÉLIMINAIRE

Madame Scarron, pour se tirer de l'embarras où la mettait la mort de son mari, sollicitait à la fois de la reine mère, une pension, et du surintendant Fouquet, une *affaire*, commencée du vivant de Scarron et sur laquelle nous n'avons pas de détails. Elle demanda pour cette affaire une audience au tout puissant ministre, « mais, dit mademoiselle d'Aumale, elle afficha d'y aller dans une si grande négligence, que ses amis étoient honteux de l'y mener. Tout le monde sait ce qu'étoit alors M. Fouquet, et son foible pour les femmes [2]. »

Ces démarches de madame Scarron auprès de Fouquet, et dont elle parle dans la lettre qui suit, ont été étrangement dénaturées par les ennemis que lui fit plus tard son élévation, et l'on a réimprimé, de nos jours, un prétendu billet d'elle au surintendant, trouvé dans les papiers de Conrart; billet hideux, qu'on a pourtant attribué à celle que Voltaire appelle « la femme la plus décente et la plus polie de son siècle. »

1. Cette lettre, sobre et mesurée, est sans doute une réponse à une lettre de condoléance de M. Nublé.
2. *Mémoires manuscrits de mademoiselle d'Aumale.*

« J'ai toujours fui le vice, et naturellement je hais le péché ; mais je vous avoue que je hais encore davantage la pauvreté. J'ai reçu de vous dix mille écus ; si vous voulez en apporter dix mille dans deux jours, je verrai ce que j'aurai à faire. »

« Cette lettre, dit M. Feuillet de Conches, qui traîne dans tous les recueils de scandale, cette lettre qui est si peu dans le caractère et dans le style d'une femme du monde, telle éhontée qu'on la suppose, cette lettre qui eût révolté Ninon, et qui est à peine celle d'une fille de carrefour, est cependant, le croirait-on, attribuée à madame Scarron, au tome XI, p. 151, des manuscrits du bonhomme Conrart. Plus loin, aux mêmes manuscrits, elle est attribuée à madame d'Aufremont, et à côté de cette attribution même, une note marginale donne pour certain qu'elle est de la marquise de la Baume. Le plus certain en toute cette confusion, c'est que la lettre, digne des inepties qu'on était en possession d'envoyer de Hollande, n'a jamais existé [1]. »

Saint-Simon amplifie sur ces calomnies : il dit que madame de Maintenon « avait été entretenue dans sa jeunesse par Villars, père du maréchal, Beuvron, père d'Harcourt, les trois Villarceaux, qui demeurèrent les trois tenants, et bien d'autres. »

La duchesse palatine d'Orléans, les écrivains protestants et les pamphlets de Hollande répètent ces absurdités. Tout cela tombe devant un fait irréfutable : Madame Scarron était l'une des plus belles, des plus spirituelles, des plus séduisantes femmes qui aient jamais existé ; elle vivait dans le plus grand monde : « les personnes qui soupiroient pour elle, dit Sorbière, étoient des plus riches du royaume et de la plus haute qualité ; » « les mieux faits de la cour, dit Méré, et les plus puissants dans les finances l'attaquoient de tous les côtés. » Elle n'avait donc qu'à dire un mot pour sortir de la misère : or, il est incontestable qu'elle est restée pauvre.

1. *Causeries d'un curieux*, t. II, p. 504.

A M. DE VILLETTE [1].

7 décembre 1660.

La régularité que vous avez eue à m'envoyer mon papier baptistaire vous va attirer encore une importunité de ma part ; je vous conjure donc de vouloir faire des papiers que je vous envoye ce qu'il faut ; j'entends si peu les affaires que je ne saurois vous dire que c'est pour faire *compulser* [2] mon extrait baptistaire. Voilà un grand mot, et je ne sais s'il suffira pour vous faire entendre ce que je souhaite de vous ; je vous conjure d'y travailler le plus tôt qu'il vous sera possible.

Je n'ai encore nulles nouvelles à vous mander de mes affaires ; on me fait espérer que celle de M. le surintendant réussira, et mesdames de Navailles et de Montausier [3] s'emploient pour me faire donner une pension par la reine. Voilà toutes mes espérances ; je ne sais si elles sont bien ou mal fondées ; je vous en avertirai quand je le saurai ; puisque vous avez la bonté de vous intéresser dans mes malheurs, je vous supplie de faire part de cette lettre ici à ma chère tante.

Je ne sais si vous avez ouï parler du retranchement de ce qui étoit le plus beau dans la charge de capitaine

---

1. *Manuscrits de mademoiselle d'Aumale.*
2. « Prendre communication des registres d'un officier public en vertu d'une ordonnance judiciaire. »
3. Madame de Navailles, nous l'avons dit, était la marraine de madame de Maintenon. Malgré sa position de dame d'honneur de la reine, il ne paraît pas qu'elle ait été grandement utile à sa filleule. Madame de Montausier devint dame d'honneur de la reine après la disgrâce de madame de Navailles.

des gardes du corps; le roi veut disposer de tous les officiers subalternes, et ce ne sera plus les capitaines qui en disposeront; on retranche dix compagnies du régiment des gardes; on met un quatrième trésorier de l'épargne; on retranche aussi quelque chose aux gouverneurs de provinces, mais je ne me suis pas bien fait expliquer ce que c'est; on met tous les jours de nouveaux impôts; l'édit contre les passements d'argent et de fil sera publié le premier jour de l'an, et fort observé; le roi dit fort qu'il ne veut pas voir ruiner sa noblesse. On a fait une comédie du mariage du roi, où l'on voit sur le théâtre les rois de France et d'Espagne, l'infante, la reine mère, le cardinal, don Louis de Haro, et de plus l'empereur et la princesse de Savoie; on la joua au Louvre il y a deux jours, et toutes les personnes intéressées en furent fort contentes; c'est une pastorale [1]; je ne l'ai point vue, car je ne suis plus en état de voir ces choses-là que lorsqu'elles seront imprimées, je vous enverrai celle-là dès que je l'aurai.

Adieu, mon cher oncle; j'en use avec vous avec bien de la liberté; mais en qui dois-je avoir plus de confiance qu'en vous? puisque vous êtes l'homme du monde à qui j'ai le plus d'obligation, et qui m'a servi de père en mon enfance; je conserve ce souvenir avec toute la tendresse et toute la reconnoissance que je dois.

[1]. Cette pastorale fut jouée le 9 décembre. Les paroles sont de Quinault. Voir *la Gazette* de 1660, p. 1217.

A MADAME LA MARÉCHALE D'ALBRET (1660).

LETTRE XXV (La B.)

NOTE PRÉLIMINAIRE

Cette lettre ne se trouve que dans la collection de La Beaumelle où elle porte, dans l'édition de Nancy (t. I, p. 32.) la date de 1660 et dans les autres éditions, la date de 1664. Si la lettre est vraie, la date de 1660 est seule bonne. Louis Racine l'annote : *m'est inconnue*. Il est douteux, en admettant qu'elle soit vraie, qu'elle ait été écrite à la maréchale d'Albret (on va en voir la raison) ; de plus, La Beaumelle la date des *Ursulines de la rue Saint-Jacques;* or, madame Scarron était aux *Hospitalières de la place Royale*, et elle ne devait pas s'y tromper.

« On ne manqua pas, raconte Segrais, d'entretenir la reine de la mort de Scarron en lui disant qu'il s'étoit rendu indigne de la pension que Sa Majesté lui faisoit, pendant la guerre de Paris : c'étoit pour avoir fait la *Mazarinade;* mais qu'il laissoit une femme sans aucun bien, une jeune femme fort belle, vertueuse et de beaucoup d'esprit, que la pauvreté pourroit peut-être réduire à de grandes extrémités, et que Sa Majesté ne pourroit pas faire une plus grande charité que de faire rétablir la pension qu'elle avoit ôtée à son mari. La reine demanda aussitôt de combien était la pension ; elle n'était que de 500 écus, mais un des courtisans, ayant aussitôt pris la parole, dit qu'elle étoit de 2,000 livres. La reine eut la bonté d'ordonner sur-le-champ le rétablissement de la pension sur le pied de 2,000 livres, et d'ordonner qu'on lui en portât le premier payement[1]. » Mademoiselle d'Aumale et les Dames de Saint-Cyr, qui les avaient entendu raconter à madame de Maintenon, confirment ces détails, et disent que ce fut le baron de la Garde qui en parla le premier à Anne d'Autriche et qu'il fut soutenu par le maréchal de Villeroy. Elles ajoutent que ce fut « la bonne conduite de madame Scarron et la juste admiration qu'elle causa » qui décidèrent la reine.

1. *Mémoires-anecdotes*, p. 98.

Nous venons de voir, dans la lettre XXIV, que mesdames de Navailles et de Montausier s'employèrent également à cette pension. Mais rien n'indique que la maréchale d'Albret y ait contribué (madame de Maintenon ne l'eût pas oublié) ; ce qui rend la lettre que donne La Beaumelle fort douteuse, quoiqu'il soit certain que cette dame était intimement liée avec madame Scarron.

La maréchale d'Albret était fille de Guénégaud, trésorier de l'épargne. « M. le maréchal d'Albret, disent les Dames de Saint-Cyr, avoit lié madame Scarron avec madame sa femme, preuve certaine de la vertu qu'il avoit reconnue en elle ; car les maris de ce temps-là, quelque galants qu'ils fussent, n'aimoient pas que leurs femmes en vissent d'autres dont la réputation eût été entamée. Madame la maréchale d'Albret étoit une femme de mérite, sans avoir beaucoup d'esprit ; mais madame Scarron, dont le bon sens ne l'égara jamais, crut dans un âge aussi peu avancé que le sien, qu'il valoit mieux s'ennuyer avec des femmes de ce caractère que de se divertir avec d'autres. La maréchale d'Albret la prit en si grande amitié, qu'elle fit son possible pour l'engager à venir demeurer chez elle. » Nous verrons plus loin ce qu'était le maréchal d'Albret.

A MADAME LA MARÉCHALE D'ALBRET.

Des Ursulines de la rue Saint-Jacques.

Madame, je suis pénétrée du service que vous m'avez rendu, et ce qui me charme dans votre procédé, c'est que vous m'ayez accordé votre protection sans me l'avoir promise. Par la noblesse de votre action, jugez, madame, de ma reconnoissance et de mon respect. Je pourrai donc enfin désormais travailler tranquillement à mon salut : j'ai bien promis à Dieu de donner aux pauvres le quart de ma pension. Ces cinq cents livres de plus que n'avoit M. Scarron leur sont dus en bonne morale, ne fût-ce que pour réparer le mensonge officieux de votre ami.

LETTRE XXVI

A M. DE VILLETTE [1].

Ce dimanche 2 janvier 1661.

J'ai reçu les deux lettres que vous m'avez fait l'honneur de m'écrire, et je suis honteuse de toutes les peines que je vous donne; mon procureur m'a chargée de vous faire tenir le papier que je vous envoie; il ne me mande point ce qu'il faut en faire, car il juge que vous le saurez bien; je n'ai donc qu'à vous faire mille excuses d'user avec vous avec tant de liberté; mais je suis si accoutumée à vous être redevable, et vous l'êtes tant à me faire du bien que j'espère que vous continuerez dans cette occasion-ci.

M. le cardinal [2] est toujours en assez mauvaise santé; c'est presque tout ce que je vous puis dire de la cour, car il n'y a rien de nouveau présentement; trouvez bon que ma tante reçoive ici les assurances de mes très-humbles respects.

1. *Autographe* du cabinet de M. le duc de Noailles.
2. Mazarin était malade d'une hydropisie de poitrine, dont il mourut à Vincennes le 9 mars 1661, âgé de 59 ans. Voici ce qu'en dit Guy Patin : « Hier, à deux heures, dans le bois de Vincennes, quatre de ses médecins, savoir Guénaut, Valot, Brayer et Beda des Fougerais, alterquoient ensemble et ne s'accordoient pas de l'espèce de la maladie dont le malade mouroit : Brayer dit que la rate est gâtée; Guénaut dit que c'est le foie; Valot dit que c'est le poumon et qu'il y a de l'eau dans la poitrine; des Fougerais dit que c'est un abcès du mésentère..... »

LETTRE XXVII (La B.)

NOTE PRÉLIMINAIRE

Les lettres de madame de Maintenon à son frère existent presque toutes en autographe (cabinet de M. Feuillet de Conches); de plus les Dames de Saint-Cyr en avaient fait de nombreuses copies; il suit de là que toutes celles qui ne se trouvent ni dans ces autographes, ni dans ces copies, sont à bon droit suspectes. La Beaumelle en a donné quelques-unes de ce genre; celle-ci est la première. On ne la trouve que dans l'édition de Nancy, sans date, et dans l'édition d'Amsterdam avec la date de 1664 et des variantes. Si elle est vraie, ce qui est très-douteux, surtout à cause du style et des lieux communs qu'elle renferme, elle doit être de 1661, puisqu'il y est question de la pension de madame Scarron.

Voici maintenant ce qu'était M. d'Aubigné :

Charles d'Aubigné, né en 1634, comme nous l'avons dit précédemment, après avoir été page chez M. de Neuillant, fut placé comme enseigne en 1655 dans le régiment d'infanterie dit de Mazarin. Il était en 1661 lieutenant dans le régiment du roi, et il devint successivement, comme nous le verrons, capitaine de cavalerie, gouverneur d'Amersfort, de Belfort, de Cognac, du Berry, etc. C'était un diminutif des vices, des travers et de l'esprit de son père. Il devint le fléau de sa sœur, qui ne cessa pas néanmoins de lui marquer une grande affection. Saint-Simon en fait ce portrait : « C'étoit un panier percé, fou à enfermer, mais plaisant, avec de l'esprit, et des saillies, et des reparties auxquelles on ne pouvoit s'attendre; avec cela, bon homme et honnête homme, poli et sans rien de ce que la vanité de la situation de sa sœur eût pu mêler d'importance. »

Paris, le 3 janvier.

Je suis bien fâchée, mon cher frère, de n'avoir cette année que des vœux à vous offrir. Je n'ai pas encore payé toutes mes dettes, et vous sentez bien que c'est là le premier usage que je dois faire de ma pension[1]. Avec un peu d'économie, vous pourriez vivre à votre aise. Votre dissipation me perce le cœur. Séparez-vous des plaisirs : ils coûtent toujours cent fois plus que les besoins. Soyez délicat sur le choix de vos amis. Votre fortune et votre salut dépendent également des premiers pas que vous ferez dans le monde. Je vous parle en amie. Appliquez-vous à votre devoir ; aimez Dieu. Soyez honnête homme ; prenez patience[2], et rien ne vous manquera. Madame de Neuillant m'a souvent répété ces conseils, et je m'en suis jusqu'ici bien trouvée. Adieu, mon cher frère, je ne serai heureuse qu'autant que vous le serez, et vous ne le serez qu'autant que vous serez sage. Pardonnez ce petit sermon à mon amitié[3].

LETTRE XXVIII

A M. DE VILLETTE[4].

6 février 1661.

Je vous suis infiniment obligée du soin et de la diligence que vous avez eue de m'envoyer les papiers que je vous avois demandés ; je prie mon cousin[5]

---

1. Dans l'édition de 1756, La Beaumelle ajoute ceci : « Et vous haïriez des étrennes données aux dépens de vos créanciers. »
2. Ces petites phrases hachées ne sont aucunement du style de madame de Maintenon.
3. Dans l'édition de 1756, La Beaumelle retranche cette phrase.
4. *Autographe* appartenant à M. le duc de Noailles.
5. Philippe Le Valois, né en 1632, cousin germain de Françoise d'Aubigné, et qui avait été élevé avec elle comme un frère. Il en sera question plus loin et avec plus de détails.

de vous rendre la pistole que vous avez mise pour moi; car je ne sais comment vous faire tenir une si petite somme, et mon cousin me donne tous les jours des commissions dans lesquelles j'emploierai ce qu'il vous rendra pour moi. J'ai contenté M. Rolas, qui est le meilleur homme du monde, et le plus zélé pour nous. Il n'y a point présentement de nouvelles; M. le cardinal n'est pas dans une parfaite santé, et du reste on se divertit à la cour, et je ne saurois vous parler que de ballets et de comédies [1]. Trouvez bon que j'assure ma tante et toute la famille de mes très-humbles services. Je suis toujours dans mon couvent, et mon affaire n'est point encore faite [2]; M. le chancelier me promit devant hier de la sceller au premier jour. Je suis toute à vous et avec tout le respect que je dois, etc.

LETTRE XXIX

NOTE PRÉLIMINAIRE

On ne trouve point de lettres de madame Scarron, ni de la fin de 1661, ni de 1662 et 1663, ni de 1665. Il n'y en a qu'une et apocryphe, comme nous allons le voir, de 1664. C'est pourtant le plus heureux temps de la vie de madame de Maintenon, et c'est elle-même qui le dit.

1. En effet, *la Gazette* est remplie de détails sur les fêtes de la cour; on y parle surtout d'un ballet des saisons que le roi aimait à danser. Elle dit, à la date du 5 janvier 1661 : « Le roi, très-lestement vêtu à la romaine, alla avec la reine et une galante troupe de seigneurs chez le maréchal d'Albret, où il y avoit bal. »
2. C'est-à-dire que le brevet de sa pension n'était pas encore scellé.

Après avoir obtenu sa pension, elle s'était retirée dans le couvent où elle avait abjuré le calvinisme, aux Ursulines du faubourg Saint-Jacques. « Elle y vit la meilleure compagnie de ce temps-là, disent les Dames de Saint-Cyr, et, avec sa modique pension, elle gouverna si bien ses affaires qu'elle étoit toujours honnêtement vêtue, quoique simplement, car ses habits n'étoient que d'étamine du Lude, et avec cette *grisette*[1], du linge uni, bien chaussée, de beaux jupons, chose qu'on lui a entendu dire, sa pension, celle de sa femme de chambre et ses gages payés, elle avoit encore de l'argent de reste et disoit qu'elle n'avoit jamais passé de temps plus heureux [2]. — « Le temps de ma jeunesse a été fort agréable, disait-elle aux Dames de Saint-Cyr, n'ayant point d'ambition ni aucune de ces passions qui auroient pu troubler le bonheur que je trouvois dans la sorte de vie que je m'étois ménagée; j'étois contente et heureuse; je ne connaissois ni le chagrin ni l'ennui [3]. »

Elle fréquentait principalement les hôtels d'Albret et de Richelieu, où abondait « la compagnie de la cour et de la ville la plus distinguée et la plus choisie [4]. » Madame Scarron, malgré sa mauvaise fortune, y était accueillie avec empressement : « Elle plaisoit infiniment, dit Saint-Simon, au maréchal d'Albret et à tous ses commensaux, par ses grâces,

1. « Étoffe fort à la mode dans ce temps, dit mademoiselle d'Aumale, pour les personnes d'une médiocre fortune. »
2. *Notes des Dames de Saint-Cyr.*
3. Entretien avec madame de Glapion, dans les *Lettres historiques et édifiantes*, t. II, p. 219.
4. « Cette agréable compagnie, dit-elle, auroit bien désiré que je ne l'eusse pas quittée; cependant j'allois ordinairement chez ma bonne amie madame de Montchevreuil qui étoit continuellement malade ou en couche. Je prenois soin de son ménage, je faisois ses comptes et toutes ses affaires. Un jour que j'avois vendu un veau quinze ou seize francs, j'apportai cette somme en deniers, parce que les bonnes gens à qui je l'avois vendu ne pouvoient me donner d'autre monnoie..... J'avois toujours les enfants de madame de Montchevreuil autour de moi; j'apprenois à lire à l'une, le catéchisme à l'autre, et leur montrois tout ce que je savois. »

son esprit, ses manières douces et respectueuses, et son attention à plaire à tout le monde[1]. »

« Elle avoit encore, ajoute madame de Caylus, l'hôtel de Richelieu où elle alloit souvent, également désirée partout... M. et madame de Richelieu avoient, l'un et l'autre, du goût pour les gens d'esprit; et ils rassembloient chez eux, comme le maréchal d'Albret, ce qu'il y avoit de mieux à Paris en hommes et en femmes [2]...

Les ennemis de madame de Maintenon ont essayé de flétrir cette époque de sa vie; mais leurs accusations calomnieuses sont démenties par le respect ou l'estime que lui témoignaient les gens les plus sévères, les femmes les plus vertueuses; par les louanges que tous les écrivains de cette époque, même Bussy-Rabutin, donnent « à son honnêteté et à sa vertu »; enfin, par sa glorieuse pauvreté. « Je l'ai cent fois, dit l'intendant Basville, ramenée dans mon carrosse des hôtels d'Albret et de Richelieu dans la rue Saint-Jacques où elle demeuroit. J'étois pénétré pour elle du même respect que j'aurois eu pour la reine; son regard seul en inspiroit, et nous étions tous surpris qu'on pût allier tant de vertus, de pauvreté et de charmes. »

« Je témoignerois devant Dieu, disait le cardinal d'Estrées, qui passait pour l'un de ses courtisans, de l'innocence de sa vie; » et en 1705, il écrivait : « Il y a cinquante ans que je vénère sa vertu. » M. de Barillon, ambassadeur en Angleterre, maltraité comme amant, « fort estimé comme ami, » dit madame de Caylus, s'exprimait dans les mêmes termes. Enfin madame de Maintenon écrivait à une religieuse obscure, madame Saint-Bazile, qui l'a connue de 1660 à 1715 : « Je remercie Dieu de m'avoir sauvée par des moyens humains des occasions où je me suis trouvée. »

Venons à la lettre de 1664. Cette lettre ne se trouve que dans la collection de La Beaumelle, et elle est inventée, quoique Louis Racine se contente de noter qu'elle lui est *inconnue*, c'est-à-dire suspecte. D'abord elle est adressée à

---

1. *Mémoires*, t. I, p. 401.
2. *Souvenirs*, p. 65, édit. de 1806.

M. d'Hermilly, qualifié de cousin; or, madame Scarron n'avait pas de parent de ce nom; on ne le trouve dans aucun écrit du temps, pas même dans les dictionnaires de la noblesse. Je laisse de côté le sujet et le style qui ne sont point de madame Scarron. Enfin le texte de cette lettre, dans l'édition de Nancy (t. 1, p. 35) diffère singulièrement du texte des autres éditions, et nous allons le voir. L'édition de Nancy s'exprime ainsi :

A M. D'HERMILLY.

De Saint-Germain, le 18 septembre 1664.

Nous avons fait vœu, mon cher cousin, de passer ici une partie de l'automne, vous ferez donc sans nous la vendange; croyez qu'il n'y a qu'une résolution aussi forte que celle que nous avons prise, qui puisse nous faire refuser vos offres. Nous menons ici une vie fort uniforme, agréable pourtant. Madame de Fiesque, Beuvron, mademoiselle de Praslin et Coulanges, nous donnent tous les soirs un petit concert. L'abbé fait des vers, ou nous lit ceux qui nous viennent de Paris. Nous avons la matinée à nous, et le reste de la journée nous le donnons au jeu, à la conversation, à la musique. A Saint-Germain, tout est plaisir; à Paris tout ennuie, tout endort. Les jours sont ici plus sereins, l'air plus pur, les zéphyrs plus doux.

A la place de ces dernières lignes, voici ce qu'on lit dans l'édition d'Amsterdam :

Les jours sont plus sereins, les zéphirs sont plus doux :
C'est dans ces lieux charmants que règne l'innocence :
Un amant malheureux y dit tout ce qu'il pense.
    Que vos courtisans soient jaloux !
    Du bonheur ils ont l'apparence,
    Nous en avons la jouissance.
D'un favori superbe ils craignent le courroux :

> D'amour seul nous craignons les coups.
> L'art semble fait pour eux, et pour nous la nature.
> Les fruits font nos repas, les fleurs notre parure.
> Nul autre miroir, parmi nous,
> Que le cristal d'une onde pure.

Adieu, mon cher cousin, et bonne vendange.

Ces vers sont de la façon de La Beaumelle, ou pour mieux dire, ils sont imités de deux tercets improvisés sans prétention par madame Scarron; et qui ne se rapportent aucunement à la prétendue lettre à M. d'Hermilly. On les trouve dans les *Mémoires de mademoiselle d'Aumale*, et c'est là que La Beaumelle les aura pris et transformés.

Voici ces deux tercets :

> C'est dans ces lieux que règne l'innocence,
> Où les amants disent tout ce qu'ils pensent;
> Mais à la cour tout n'est qu'en apparence.

> Ce sont des fleurs qui sont notre parure;
> Nous nous lavons avecque de l'eau pure;
> Notre beauté doit tout à la nature.

XXX

D'après la lettre précédente on voit que madame Scarron, suivant l'usage du temps, faisait quelquefois des vers; ils sont généralement assez médiocres, à l'exception de ceux qu'on va lire, et qui ont été conservés par mademoiselle d'Aumale.

C'était dans un de ces jeux d'esprit qui se faisaient à l'hôtel d'Albret : on y tirait au sort des métiers sur lesquels chaque personne devait improviser quelques vers. Madame Scarron ayant eu le métier de geôlière, fit ce joli morceau, où elle trace d'une main légère un portrait d'elle fort ressemblant, car on y trouve ce mélange de grâce et de froideur qui formait le fond de son caractère [1].

1. Voir l'Appendice à la Lettre XIX.

LA GEOLIÈRE.

1664 ou 65.

Il le faut avouer, le métier de geôlière
    Est un fort pénible métier :
    Il faut être barbare et fière,
Faire enrager souvent un pauvre prisonnier,
    Et ce n'est pas là ma manière.
    Si ceux qui sont dans ma prison
    Se plaignent, ils n'ont nulle raison :
    Je les prends sans vouloir les prendre,
    Je ne cherche point les moyens
    De les mettre dans mes liens ;
    Ce sont eux qui viennent s'y rendre.
    Mais comme, sans faire la vaine,
Je les prends sans combattre et sans rien hasarder,
    Sans me donner beaucoup de peine,
    Je sais comme il faut les garder[1].

1. La Beaumelle a donné ces vers dans ses *Mémoires sur madame de Maintenon*, mais en les transformant, selon sa coutume. Les quatre derniers vers sont ainsi changés :

> Prison ou liberté, je leur donne à choisir.
>   Je le dis donc sans être vaine :
>   Je prends mes captifs sans plaisir
>   Et je sais les garder sans peine.

LETTRE XXXI[1]

A M. D'AUBIGNÉ [2].

Janvier, le samedi à minuit, 1666.

Je vous suis bien obligée du soin que vous avez de moi ; mais cela ne valoit pas la peine que vous donnez à Dandelot[3], ni celle que vous avez à vous passer de lui. Il est vrai que mademoiselle de Pons[4] se marie et que j'ai la joie d'y avoir contribué ; j'irai la conduire à Heudicourt, et nous passerons par Pontoise ; vous croyez bien que ce ne sera pas sans vous voir ; je lui ferai demain vos compliments ; mais je crois vous pouvoir assurer par avance qu'ils seront bien reçus. Je me trouve un peu mal, non pas par les veilles que les plaisirs m'auroient fait faire, mais par l'extrême inquiétude que j'ai eue du succès de cette affaire. Je ferai parler à M. de la Vallière[5] de-

1. *Autographe* du cabinet de M. Feuillet de Conches. — C'est la seule lettre de l'année 1666 qui soit authentique ; les autres ne se trouvent que dans la collection de La Beaumelle.

2. Charles d'Aubigné était alors à Pontoise et sollicitait une commission de capitaine de cavalerie.

3. Valet de M. d'Aubigné.

4. Bonne de Pons, parente du maréchal d'Albret, et qui, n'ayant pas de fortune, avait été recueillie dans sa maison. Saint-Simon dit qu'elle était « belle comme le jour, » et il ajoute « qu'elle plaisoit extrêmement au maréchal d'Albret et à bien d'autres. » Elle épousa Michel Sublet, marquis d'Heudicourt, grand louvetier de France. Il en sera souvent question dans la *Correspondance générale*. Elle mourut en 1709, âgée de 65 ans.

5. Frère de madame de la Vallière. Il était gouverneur du Bourbonnais, maréchal de camp et eut un commandement dans la guerre de 1666.

vant que d'aller à Pontoise, et je crois cependant que vous n'avez plus guère à attendre, car on ne parle ici que de guerre; je la souhaite pour l'amour de vous[1]. Bonsoir; ni vous ni moi n'aimons les longues lettres; je ne sais présentement aucune nouvelle, n'ayant songé depuis quinze jours qu'au mariage de mon amie; je suis bien récompensée de mes peines par la joie que j'en ai[2].

APPENDICE A LA LETTRE XXXI.

Nous ajoutons à cette lettre où il est surtout question du mariage de mademoiselle de Pons, une lettre fabriquée par La Beaumelle sur ce sujet, mais qu'il n'a mise que dans l'édition de Nancy, ayant reconnu lui-même qu'il s'était fourvoyé dans ses mensonges. On aura par là une idée de

1. La Beaumelle ajoute ici cette phrase de son invention : « Et voilà comme mon amitié pour mon frère me rend cruelle pour le genre humain! » La guerre que prévoit madame Scarron est celle qui eut lieu pour les droits de la reine sur le Hainaut et le Brabant, guerre qui ne commença que l'année suivante et se termina par le traité d'Aix-la-Chapelle.

2. Madame de Maintenon a parlé dans ses entretiens avec les Dames de Saint-Cyr du mariage de madame d'Heudicourt, et voici ce qu'elle en dit :

« Je me souviens que quand elle se maria, je fus si occupée d'elle que je m'oubliai entièrement et me laissai voir à toute la cour qui vint à ses noces, aussi négligée et aussi lasse qu'une servante. On me mit promptement dans une chambre pour m'habiller à mon tour, et quand je rentrai, madame de Montespan ni personne ne me reconnût, tant on me trouva différente de ce qu'on venoit de me voir, et tout cela, selon ma coutume, pour faire plaisir à mes amies et point par intérêt, car je n'en attendois rien et j'étois bien éloignée en ce temps-là de croire que madame de Montespan seroit après Dieu la première cause de la haute fortune que j'ai faite. » (*Lettres historiques et édifiantes*, t. II, p. 460.)

ses procédés de fabrication, de son imagination inventive, de sa facilité à imiter le style du temps. Dans cette lettre il suppose que madame Scarron ignore le mariage de mademoiselle de Pons, que ce mariage s'est fait à son insu : elle lui en fait des reproches et lui en demande des nouvelles. On vient de voir dans la lettre à d'Aubigné que c'est elle-même qui fit ce mariage, qu'elle y assista, qu'elle en fut uniquement occupée pendant quinze jours, etc. Or voici ce que La Beaumelle fait écrire à mademoiselle de Pons par madame Scarron :

Paris le 12 août 1666.

« Que je commence par des reproches, je finirai par des compliments. Madame d'Aiguillon a fait part à un de vos amis de votre mariage avec un des plus aimables et des plus honnêtes hommes de la cour; cette affaire est publique; je ne vois personne qui ne m'en parle sans fin. J'en demande des nouvelles à toute la terre, et toute la terre s'imagine que je joue mon rôle, et que je sais ce qu'il y a de plus caché. Je ne vous pardonne point cette réserve, à moins que M. d'Heudicourt ne l'ait exigée dans les articles; et encore ne sais-je pas, si vous auriez dû lui permettre de l'exiger; les droits de l'amitié sont sacrés. Vous avez été la dépositaire de mes plus secrets sentiments et je ne suis pas plus instruite de vous que le public. On dit ici que madame de Chalais a conduit cette affaire, que madame de Thianges[1] vous prépare un présent digne d'elle et de vous; que M. d'Heudicourt est aussi amoureux que l'étoit notre ami; que vous allez à l'autel de l'air le plus noble et le plus désintéressé; que le roi a donné en peu de mots de grandes espérances. Tout cela est-il vrai? Je vous ai promis des compliments, vous n'en aurez point que vous n'ayez satisfait à toutes ces questions : l'amitié me les dicte, que la confiance y réponde. »

Je répète que La Beaumelle a supprimé de lui-même ce

1. Nous prenons ici La Beaumelle en flagrant délit de noms et de personnages inventés.

tissu de mensonges dans les éditions d'Amsterdam, de Glascow, etc., en avouant que la lettre est apocryphe. Qu'on juge par cet exemple de la confiance qu'on doit avoir dans les lettres données par lui, dont nous n'avons ni les originaux ni les copies, et surtout dans les sept qui vont suivre.

LETTRE XXXII (La B.)

NOTE PRÉLIMINAIRE

La lettre XXXI est la seule authentique que nous ayons de madame Scarron pendant l'année 1666. La Beaumelle a voulu combler cette lacune avec *sept* lettres qu'il a inventées, ainsi que la plupart des faits qu'elles renferment, faits qu'il a reproduits avec plus de détails dans ses *Mémoires*.

La reine mère étant morte le 20 janvier 1666, et madame Scarron se trouvant par là déchue de sa pension, La Beaumelle suppose ou arrange les faits suivants : 1° que madame de Richelieu offre un asile à madame Scarron, retombée dans la misère : c'est l'objet d'une lettre ; 2° que madame Scarron refuse une proposition de mariage : c'est l'objet de deux lettres ; 3° qu'elle sollicite le rétablissement de sa pension : c'est l'objet d'une lettre ; 4° qu'elle refuse d'aller en Portugal et obtient le rétablissement de sa pension : c'est l'objet de deux lettres ; 5° qu'elle invite Ninon de Lenclos à souper, etc. : c'est l'objet d'une lettre. Excepté le projet de voyage en Portugal, tout cela me paraît inventé. Nous n'avons de détails sur cette partie de la vie de madame de Maintenon que par elle-même, par ce qu'elle a raconté aux Dames de Saint-Cyr, et que l'on trouve dans leurs *Mémoires*, leurs *Notes*, les *Mémoires de mademoiselle d'Aumale* et de *madame de Caylus*, ces quatre sources étant tellement vraies qu'elles paraissent souvent identiques ; or elles sont complétement muettes, sauf le projet de voyage en Portugal, sur tous les détails donnés par La Beaumelle, dans ses *Mémoires* et dans ses *Lettres*. On ne les trouve que dans ces deux ouvrages : tous les historiens de madame de Maintenon, même les plus défiants, comme Walkenaer et Monmerqué, les ont puisés à cette source unique. On peut seulement y ajouter : 1° une tradition qu'on retrouve dans les romans du temps, et qui fait rétablir la pension de madame de Maintenon par le crédit de madame de Montespan ; 2° le fameux compliment de Louis XIV à madame Scarron, qui n'est rapporté que par Voltaire, et que celui-ci disait tenir du cardinal de Fleury : « Madame, je vous ai fait attendre longtemps, mais vous avez tant d'amis, que j'ai voulu avoir seul ce mérite auprès de vous. »

La vérité est que la reine étant morte le 20 *janvier* 1666, madame Scarron cessa de recevoir sa pension, mais qu'elle n'en attendit pas longtemps le rétablissement, puisque le brevet de cette pension est daté du 23 *février* de la même année ; c'est-à-dire que si madame Scarron fut embarrassée à la mort de la reine mère, elle le fut à peine pendant un mois et qu'elle ne retomba nullement dans l'état de misère où elle se trouva à la mort de son mari. Elle n'en a jamais dit un mot à Saint-Cyr, et il est probable que ses amis firent continuer aisément par le roi, si respectueux des volontés de sa mère, une pension déjà établie. On pourrait supposer que le brevet du roi est antidaté, mais en admettant ceci, il est certain que, trois ou quatre mois après la mort de la reine, madame Scarron refusa, nous allons le voir, « de quitter son pays et de renoncer à *sa vie pleine d'agréments* [2] ; » c'est-à-dire qu'elle se retrouvait, après la mort de la reine, dans l'état de fortune où elle était auparavant. Il suit

---

1. Ce brevet, qui est conservé dans les archives du château de Maintenon, porte que : « S. M. désirant gratifier dame Françoise d'Aubigny, veuve du sieur Scarron, tant en considération des services dudit sieur Scarron que de ceux que le sieur d'Aubigny, son aïeul, a rendus au feu roi Henri IV, et aussi en considération que la feue reine mère avoit accordé à ladite dame Scarron une pension qu'elle lui avoit fait payer jusqu'à son décès, lui accorde et lui fait don d'une pension de 2,000 livres. » 23 février 1666. Signé Louis, et plus bas *Letellier*.

2. *Souvenirs de madame de Caylus*, p. 65.

de là que les six lettres données par La Beaumelle et qui roulent uniquement sur la misère de madame Scarron, sur ses efforts pour faire rétablir sa pension, sur son désespoir, sont impossibles et inventées. Nous allons en donner d'autres preuves.

Je n'ai presque rien à dire de la lettre XXXII, qui ne se trouve que dans la collection de La Beaumelle, édition de Nancy, t. I, p. 34. Louis Racine l'annote : *m'est inconnue.* Si La Beaumelle pouvait inspirer la moindre confiance, on croirait aisément que cette lettre a pu être écrite, puisque, en admettant l'état de misère de madame Scarron, elle ne renferme aucune impossibilité. Il est certain que madame de Richelieu, étant intimement liée avec madame Scarron, aurait pu lui faire l'offre qu'on va lire ; mais celle-ci, qui a parlé si souvent de cette dame dans ses entretiens à Saint-Cyr, n'en dit pas un mot.

Madame de Richelieu devant revenir plusieurs fois dans la *Correspondance générale*, il est nécessaire de dire ce qu'elle était.

Anne Poussard de Fors du Vigean avait épousé en premières noces, en 1644, le frère aîné du maréchal d'Albret ; elle devint veuve en 1648 et, l'année suivante, épousa « par son savoir-faire, dit madame de Caylus, et au grand étonnement de toute la cour, le duc de Richelieu », petit-neveu du grand cardinal. Elle maria le fils unique de son premier lit avec la fille unique du maréchal d'Albret. Nous verrons qu'elle devint dame d'honneur de la reine en 1671, et que madame Scarron contribua à cette élévation. L'hôtel Richelieu, où elle demeurait, était situé au coin de la place Royale et de la rue Saint-Louis : il est aujourd'hui détruit.

A MADAME LA DUCHESSE DE RICHELIEU.

Le 10 février 1666.

Je vous remercie, Madame, de tout mon cœur de la retraite que vous m'offrez ; mais je suis bien éloignée aujourd'hui de penser à quitter la rue Saint-Jacques ; il n'y a qu'une vie retirée qui puisse me convenir dans la situation où me réduit la mort de la Reine. J'aurai l'honneur, Madame, de vous porter moi-même le voile, et tel que vous l'avez commandé. Mon deuil est bien différent de celui de la cour; j'ai à pleurer ma bienfaitrice, et mon repos et mon bonheur. Avez-vous lu, Madame, le sonnet que l'abbé a fait sur cette mort? c'est la plus belle chose du monde. Il faut que l'abbé aime la vertu, puisqu'il la loue si bien.

LETTRE XXXIII (La B.)

NOTE PRÉLIMINAIRE

Les deux lettres suivantes ne se trouvent que dans la collection de La Beaumelle (édit. de Nancy, t. I, p. 35 et 37; édit. d'Amsterdam, t. I, p. 37 et 38), et très-probablement sont de son invention. Louis Racine les apostille : *me sont inconnues*. Dans ces lettres on suppose que madame Scarron, réduite à la misère par la perte de sa pension, reçoit la proposition d'un mariage avec un homme de qualité, vieux, riche, sot et vicieux, que l'on a soin de ne pas nommer. Elle refuse. Il n'y a dans les *Mémoires de mademoiselle d'Aumale*, dans les *Notes des Dames de Saint-Cyr*, dans les *Souvenirs de madame de Caylus*, et dans les autres écrits du temps, aucune trace de cette proposition. Les historiens modernes de madame de Maintenon n'en ont parlé que sur la foi des *Mémoires* et des *Lettres* de La Beaumelle. On est conduit à conclure qu'elle est inventée. En 1674 et à l'époque des démêlés de madame de Maintenon avec madame de Montespan, celle-ci, voulant se débarrasser de celle-là, lui fit, comme nous le verrons, une pareille proposition : il s'agissait alors également d'un homme vieux, riche, sot et vicieux, le duc de Villars-Brancas. Elle refusa. Il est probable que ce fait aura donné à La Beaumelle occasion de composer les deux lettres de 1666.

Ces deux lettres sont les mieux faites de toutes celles qu'il a inventées. Elles ne renferment que peu de bévues et de contradictions ; mais le ton larmoyant qui y règne n'est pas celui de madame de Maintenon, et ne convient nullement à sa situation ; une femme aussi ferme et aussi éprouvée supportait mieux l'adversité, en admettant que l'adversité fût venue. La première est adressée à la duchesse de Richelieu, ce qui se peut comprendre ; la deuxième à Ninon de Lenclos, ce qui est invraisemblable.

A MADAME LA DUCHESSE DE RICHELIEU.

Le 3 mars 1666.

Madame, je le jure en présence de Dieu : quand même j'aurois prévu la mort de la reine, je n'aurois point accepté ce parti : j'aurois encore mieux aimé ma liberté, j'aurois respecté mon indigence. Mes amis sont bien cruels, Madame : ils me blâment d'avoir rejeté les propositions d'un homme riche et de condition, à la vérité, mais sans esprit et sans mœurs. J'ai dit à ce sujet à madame la maréchale tout ce que j'ai pu trouver de plus fort et de plus sensé : elle me condamne ; elle m'impute mes malheurs. A la vérité, je n'aurois pas aujourd'hui à regretter la perte de la pension qui me faisoit subsister : mais Dieu y pourvoira ; et j'aurois à présent à regretter ma solitude, ma liberté, mon repos, biens que Dieu ne pourroit me rendre sans miracle. Si le refus étoit à faire, je le ferois encore, malgré la profonde misère dont il plaît au ciel de m'éprouver[1]. Je me suis bien consultée ; j'ai tout considéré, tout pesé, tout vu. Je ne suis donc pas coupable, Madame ; je ne suis que malheureuse : et c'est bien assez.

1. Ceci détruit toute la vraisemblance de la lettre. Au 3 mars, la pension était rétablie, et si elle ne l'était pas encore, madame Scarron, sage et économe comme elle l'était, ne pouvait être réduite à une *profonde misère*.

LETTRE XXXIV (La B.)

NOTE PRÉLIMINAIRE

Cette lettre, comme la précédente, est impossible, quoiqu'elle soit habilement faite, le sujet même de la lettre n'ayant jamais existé. On ne trouve nulle part que madame Scarron, depuis la mort de son mari, ait eu des relations avec Ninon de Lenclos; d'ailleurs nous avons vu qu'elle était déjà occupée de dévotion, et c'est pendant cette année qu'elle se mit sous la direction du sévère abbé Gobelin. Enfin, il n'est pas vraisemblable que, dans la circonstance qu'on suppose, elle soit allée prendre la courtisane pour conseillère et confidente. Il faut répéter qu'il n'existe aucune lettre de madame Scarron à Ninon de Lenclos, et que toutes celles qu'a données La Beaumelle sont inventées.

A MADEMOISELLE DE L'ENCLOS.

Le 8 mars 1666.

Votre approbation me console de la cruauté de mes amis; dans l'état où je suis, je ne saurois me dire trop souvent, que vous approuvez le courage que j'ai eu de m'y mettre[1]. A la place Royale on me blâme, à Saint-Germain[2] on me loue; et nulle part on ne songe à me plaindre ni à me servir. Que pensez-vous de la comparaison qu'on a osé me faire de cet homme à M. Scarron? O Dieu! quelle différence! Sans fortune, sans plaisirs, il attiroit chez moi la bonne compagnie : celui-ci l'auroit haïe et éloignée. M. Scarron avoit cet enjouement que tout le monde sait, et cette bonté d'esprit que presque

---

1. Répétons qu'à la date du 8 mars la pension de madame Scarron était rétablie.
2. A Saint-Germain, c'est-à-dire à la cour. Madame Scarron n'était point connue à la cour de telle façon qu'on y pût parler d'elle,

personne ne lui a connue. Celui-ci ne l'a ni brillant, ni
badin, ni solide : s'il parle, il est ridicule. Mon mari
avoit le fonds excellent; je l'avois corrigé de ses licences.
Il n'étoit ni fou, ni vicieux par le cœur; d'une probité
reconnue, d'un désintéressement sans exemple. C***
n'aime que ses plaisirs, et n'est estimé que d'une jeunesse perdue. Livré aux femmes, dupe de ses amis,
haut, emporté, avare, et prodigue : au moins m'a-t-il
paru tout cela. Je vous sais bon gré de ne l'avoir pas
reçu, malgré les recommandations de La Châtre[1], il
n'auroit pas senti que la première fois devoit être la
dernière. Assurez ceux qui attribuent mon refus à un
engagement, que mon cœur est parfaitement libre, veut
toujours l'être, et le sera toujours. Je l'ai trop éprouvé,
que le mariage ne sauroit être délicieux; et je trouve
que la liberté l'est. Faites, je vous prie, mes compliments
à M. de la Rochefoucault[2], et dites-lui que le livre de
Job et le livre des *Maximes* sont mes seules lectures.
Vous ne serez pas remerciée, puisque vous ne voulez
pas l'être; mais la reconnoissance ne perd rien au silence que vous m'imposez. Que je vous dois de choses,
ma très-aimable[3] !

1. Les recommandations de La Châtre arrivent ici malheureusement pour la vraisemblance de la lettre.
2. Ninon avait-elle des relations avec l'ami de madame de la
Fayette?
3. Dans l'édition de Nancy, La Beaumelle ajoute : « Et qu'il
m'est doux de vous les devoir! »

LETTRE XXXV (La B.)

NOTE PRÉLIMINAIRE

Voici encore une lettre qui ne se trouve que dans la collection de La Beaumelle (t. I, p. 39, de l'édit. de Nancy; t. I, p. 40 de l'édit. d'Amsterdam), et qui est très-probablement inventée. Elle est adressée à une dame imaginaire, ou du moins sur laquelle on ne trouve pas le moindre renseignement. Les faits qu'elle renferme paraissent vraisemblables, mais il n'y en a trace nulle part; ils n'ont absolument pour garant que La Beaumelle, et ils sont dominés par celui-ci : au 28 avril 1666, la pension de madame Scarron était rétablie.

La première phrase se rapporte à une prédiction qu'avait faite à madame Scarron un nommé Tarbé qui se mêlait d'astrologie. « C'étoit une espèce d'architecte, racontait-elle aux Dames de Saint-Cyr, qui me dit pendant que j'étois encore fort éloignée de la faveur, que j'aurois un jour tous les plus grands honneurs auxquels une femme peut parvenir, etc. » (Voir *Lettres hist. et édif.*, t. I, p. 457.) Tout le reste de la lettre ne paraît pas avoir le moindre fondement : *M.****, *madame de Chalais*, *madame de Lyonne*, *le duc*, *le maréchal*, semblent des noms mis en avant pour donner de la vraisemblance à la lettre [1]. Il est certain que madame de Chalais, depuis si fameuse sous le nom de princesse des Ursins, était connue de madame Scarron, qui la voyait dans les hôtels d'Albret et de Richelieu; mais madame Scarron n'a jamais eu de relations avec madame de Lyonne, l'une des héroïnes de l'*Histoire amoureuse des Gaules*.

A MADAME DE CHANTELOU.

Passy, 28 avril 1666.

Me voilà, Madame, bien éloignée de la grandeur prédite! Je me soumets à la Providence : et que gagnerois-je à murmurer contre Dieu? Mes amis m'ont con-

---

1. Voir page 110.

seillé de m'adresser à M. ***, comme s'ils avoient oublié les raisons que j'ai de n'en rien espérer. Irai-je le regagner par mes soumissions, et briguer l'honneur d'être à ses gages? On m'a envoyée à M. Colbert, mais sans fruit. J'ai fait présenter deux placets au roi, où l'abbé Testu a mis toute son éloquence : ils n'ont pas seulement été lus. Oh ! si j'étois dans la faveur, que je traiterois différemment les malheureux ! Qu'on doit peu compter sur les hommes ! Quand je n'avois besoin de rien, j'aurois obtenu un évêché[1] : quand j'ai besoin de tout, tout m'est refusé. Madame de Chalais m'a offert sa protection, mais du bout des lèvres; madame de Lyonne m'a dit : *Je verrai, je parlerai*, du ton dont on dit le contraire. Tout le monde m'a offert ses services et personne ne m'en a rendu. Le duc est sans crédit, le maréchal occupé à demander pour lui-même. Enfin, Madame, il est très-sûr que ma pension ne sera point rétablie. Je crois que Dieu m'appelle à lui par ces épreuves : il appelle ses enfans par les adversités; qu'il m'appelle ! je le suivrai dans la règle la plus austère : je suis aussi lasse du monde que les gens de la cour le sont de moi. Je vous remercie, Madame, des consolations chrétiennes que vous m'offrez et des bontés que mon frère m'écrit que vous daignez lui témoigner.

LETTRE XXXVI (La B.)

NOTE PRÉLIMINAIRE

Cette lettre ne se trouve que dans la collection de la Beaumelle (t. I, p. 41, de l'édition de Nancy; t. I, p. 41, de l'édition d'Amsterdam). Racine la qualifie : *m'est inconnue*. Elle

1. Madame Scarron n'a pu s'exprimer ainsi.

est certainement inventée. Voici ce qu'on lit dans les *Mémoires de mademoiselle d'Aumale* :

« A peu près dans ce même temps, une des princesses de Nemours devint reine de Portugal ; les amis de madame Scarron lui inspirèrent un grand désir de la mener avec elle ; cette occasion paroissoit avantageuse pour elle ; mais d'un autre côté, il étoit bien triste de quitter son pays et de renoncer à une vie aussi douce que l'étoit la sienne[1] ; les raisons qu'elle trouvoit pour et contre la tinrent quelque temps en balance ; mais enfin son étoile l'emporta ; Dieu la destinoit à autre chose ; elle refusa les offres de la reine de Portugal. »

Avec cette anecdote, La Beaumelle a composé la lettre suivante qui est impossible. Remarquons d'abord la date : 30 juin 1666. Or, la princesse de Nemours était partie le 29 mai et se maria à Lisbonne le 28 juin ; de sorte qu'elle était mariée quand La Beaumelle fait hésiter madame Scarron à l'accompagner. Puis il suppose que madame Scarron accepte les propositions de la princesse de Nemours, parce qu'elle est dans la misère ; or sa pension était rétablie et elle avait repris *sa vie douce et pleine d'agréments* ; enfin il ajoute qu'étant décidée à partir, et avant de le faire, elle s'adresse à mademoiselle d'Artigny pour avoir une audience de madame de Montespan.

Qu'était mademoiselle d'Artigny ? C'était une des filles d'honneur de Madame, duchesse d'Orléans, et elle avait été la confidente, on peut même dire, l'entremetteuse des amours de mademoiselle de la Vallière. « Le roi lui donna, dit madame de Motteville, de considérables sommes d'argent, et la fit épouser au comte du Roure avec de grands avantages. Elle eut sujet, selon les fausses maximes du monde, de s'estimer heureuse d'avoir été la confidente des secrets du roi ; car, de pauvre et accablée de mauvaise fortune, elle

---

1. Madame de Caylus répète la même anecdote, et à la place de ces mots, elle met : « Une vie pleine d'agréments. » Voir plus haut p. 112.

devint une grande dame¹. » De plus, mademoiselle d'Artigny
épousa le comte du Roure le 10 janvier 1666, c'est-à-dire
avant la mort de la reine mère, et elle alla immédiatement
avec son mari qui était gouverneur du Vivarais. Au 30 juin
1666, elle s'appelait donc madame du Roure, non pas mademoiselle d'Artigny, et n'était pas à la cour ; elle n'y revint que
l'année suivante. Il n'est donc pas possible qu'elle ait reçu
une lettre de madame Scarron, le 30 juin, lui demandant
la faveur d'une audience auprès de madame de Montespan.
Madame Scarron ne la connaissait probablement pas ; enfin
ce n'est pas à la confidente de mademoiselle de la Vallière
qu'elle se serait adressée pour avoir audience de madame de
Montespan.

Je ne relèverai pas toutes les bévues qui se trouvent
dans la lettre ; je me contente de signaler la fin qui est
complétement impossible.

Voici d'abord la lettre :

A MADEMOISELLE D'ARTIGNY.

30 juin 1666.

Si tout ce que madame l'ambassadrice me dit de la
*donna cameira*² est vrai, je n'aurai lieu de regretter ni
Paris ni le Poitou. Notre princesse est riche et bonne³,
elle a été élevée ici, et elle aimera tout ce qui en est. Je
ne serai pas mal à la cour ; ce n'est qu'un enfant, mais
aimable et d'un bon naturel⁴. Les Portugais sont polis
à l'excès, pleins d'esprit et magnifiques, à en juger par
ceux-ci. A Lisbonne, il y a plus de société qu'on ne

1. *Mémoires*, t. IV, p. 417.
2. Il y a dans l'édition de Nancy *dona Almeira*.
3. « Il n'y avoit pas cent mille francs de rente dans toute la
maison de Nemours, » dit la grande *Mademoiselle* (*Mémoires*
t. IV, p. 199).
4. Cette enfant, d'un bon naturel, avait plus de 20 ans ; elle
accusa son mari Alphonse VI d'impuissance, le détrôna, l'emprisonna et épousa son frère Pierre II.

dit, et les chaleurs n'y sont pas excessives. Enfin on m'y promet toutes sortes d'agréments. Et que quitté-je ici? des amis à qui je suis à charge, des gens qui ne savent pas servir l'infortune[1]. Le maréchal d'Albret est le seul qui me reste. Mais les choses sont bien changées; autrefois mon ami, il est aujourd'hui mon protecteur. Il a bien voulu s'intéresser pour moi auprès de madame de Montespan. Ménagez-moi, je vous prie, l'honneur de lui être présentée lorsque j'irai vous faire mes remerciments et mes adieux. Que je n'aie point à me reprocher d'avoir quitté la France sans en avoir revu la merveille!

Il semblerait, au ton des deux dernières phrases, que madame Scarron connait à peine, et de loin seulement, madame de Montespan, et que celle-ci, déjà maîtresse du roi, est regardée comme la source de toutes les grâces. Rien de tout cela n'est vrai. Madame Scarron connaissait intimement madame de Montespan dont le mari était cousin germain du maréchal d'Albret, et qu'elle voyait presque tous les jours. « C'est à l'hôtel d'Albret, disent les Dames de Saint-Cyr, que madame de Montespan connut madame de Maintenon; son esprit lui plut et le sien fit le même effet sur cette dame... » Saint-Simon s'exprime de même : « M. et madame de Montespan ne bougeoient de chez le maréchal, et ce fut là où elle connut madame Scarron et prit amitié pour elle. » Il n'est donc pas possible que madame Scarron ait eu besoin de mademoiselle d'Artigny pour lui ménager « l'honneur d'être présentée à madame de Montespan. » Quant à la flatterie qui termine la lettre, on la comprendrait quelques années plus tard, quand madame de Montespan était au comble de la faveur; mais à cette époque, en 1666, elle

---

[1]. Il faut répéter que la pension de madame Scarron était rétablie, qu'elle n'avait plus besoin ni du maréchal d'Albret, ni de madame de Montespan, en supposant qu'elle ait eu recours à leur crédit.

n'avait pas même attiré les regards de Louis XIV, et l'on peut voir dans les *Mémoires de Mademoiselle* (t. IV, de l'édit. Chéruel) la position très-effacée qu'elle avait alors à la cour. Le roi avait à cette époque, pour maîtresse déclarée, mademoiselle de la Vallière, qui lui donnait, le 2 octobre de cette année 1666, une fille qui fut la première mademoiselle de Blois, et le 4 octobre de l'année suivante, un fils qui fut le comte de Vermandois. C'est dans cette année 1667, le 14 mai, que mademoiselle de la Vallière fut déclarée duchesse; c'est en juin 1667 qu'elle alla trouver si hardiment le roi, en présence de la reine, à l'armée de Flandre, et que madame de Montespan disait tout haut : « Dieu me garde d'être la maîtresse du roi ; mais si je l'étois, je serois bien honteuse devant la reine! » Enfin, les relations du roi avec madame de Montespan, tenues d'abord très-secrètes, ne commencèrent à être soupçonnées qu'en 1669. Il est donc impossible que madame Scarron ait usé en 1666 de cette grosse et inutile flatterie : « que je ne quitte pas la France sans en avoir revu la merveille! »

LETTRE XXXVII (La B.)

NOTE PRÉLIMINAIRE

🕮 Cette lettre ne se trouve que dans la collection de La Beaumelle (édit. de Nancy, t. I, p. 43, édit. d'Amsterdam, t. I, p. 43); Louis Racine l'annote : *m'est inconnue*. C'est la continuation du roman de la lettre précédente. Les *Lettres galantes* de madame Dunoyer (t. I, p. 106) racontent les faits de cette lettre à peu près de la même façon ; et c'est probablement dans ce recueil mensonger que La Beaumelle les a pris. « On conseilla à madame Scarron de s'insinuer auprès de madame de Montespan qui étoit maîtresse du roi. Madame Scarron lui fut présentée et lui parla avec tant de grâce, que madame de Montespan, touchée de l'état où elle la voyoit, résolut de l'en tirer et voulut se charger de donner pour elle un placet au roi... Madame Scarron revint remercier madame de Montespan qui la trouva si fort à son gré, qu'elle voulut la présenter au roi... » L'appendice de la lettre précédente démontre que le récit de madame Dunoyer et la lettre donnée par La Beaumelle sont tous deux romanesques.

A MADAME DE CHANTELOU.

Paris, 11 juillet 1666.

Je n'irai point en Portugal, Madame, c'est une chose décidée. Ces jours passés, madame de Thianges[1] me présenta à sa sœur, lui disant que je devois partir incessamment pour Lisbonne. Pour Lisbonne! dit-elle, mais cela est bien loin, il faut rester ici; Albret m'a parlé de vous, et je connois tout votre mérite[2]. J'aimerois bien mieux, disois-je en moi-même, qu'elle connût toute ma misère. Je la lui peignis, mais sans me ravaler; elle m'écoutoit avec attention, quoiqu'elle fût à sa toilette[3]. Je lui dis que ma pension étoit supprimée, que j'avois sollicité en vain M. Colbert; que mes amis avoient inutilement présenté des placets au roi; que j'étois obligée de chercher hors de ma patrie une subsistance honnête, que la longueur du voyage ne m'effrayoit point, puisque j'avois fait dès mon enfance celui

1. Sœur de madame de Montespan.
2. Ce ton de protectrice et de parvenue n'est pas possible, d'après les relations qui existaient depuis longtemps entre madame Scarron et madame de Montespan. (Voir la note de la page 109.)
3. Tout cela est évidemment du style et de l'invention de La Beaumelle. Il est possible que le placet de madame Scarron ait été présenté par madame de Montespan au roi, qui l'agréa; mais l'entrevue des deux dames n'a pu se passer comme le raconte la lettre. C'est un roman complet : fait principal, détails, paroles, tout est inventé. Je le répète : Madame Scarron et madame de Montespan étaient depuis longtemps amies; la seconde n'était pas alors en position de prendre envers la première ce ton de protectrice à sa toilette, et dans quels termes!

de l'Amérique[1]. Enfin, madame de la Fayette auroit été contente du vrai de mes expressions et de la brièveté de mon récit. Madame de Montespan en parut touchée, et m'en demanda le détail dans un mémoire qu'elle se chargea de présenter au roi. Je la remerciai très-affectueusement. J'écrivis à la hâte mon placet, et j'en fus aussi contente que si notre abbé y avoit mis tout son esprit. Je le lui fis remettre par la bonne dame. Le roi l'a, dit-on, reçu avec bonté : peut-être la main qui l'a offert l'aura rendu agréable. M. de Villeroy s'est joint à elle : c'est presque le seul homme de ma connoissance que je n'avois pas prié de me servir, et le seul qui m'ait servi. Enfin ma pension est rétablie sur le même pied que la feue reine me l'avoit accordée. Deux mille livres, c'est plus qu'il n'en faut pour ma solitude et pour mon salut. A mon lever, j'ai trouvé un billet de M. d'Albret qui m'annonce cette nouvelle, et me l'annonce par ordre exprès. Je crois que vous en faire part est la meilleure réponse à votre lettre d'adieu. J'irai demain remercier madame de Montespan et M. d'Alincourt[2].

LETTRE XXXVIII (La B.)

NOTE PRÉLIMINAIRE

Cette lettre, comme la précédente, ne se trouve que dans la collection de La Beaumelle (t. I, p. 45, de l'édit. de Nancy ;

---

1. Tout cela est impossible. A cette époque, la pension de madame Scarron était rétablie ; elle n'avait pas eu dessein d'aller en Portugal pour sortir de la misère, mais pour y trouver un emploi distingué, etc., etc.
2. François de Neufville, duc et maréchal de Villeroy, né en 1643, mort en 1730. Il portait, du vivant de son père, le nom de d'Alincourt.

t. I, p. 45 de l'édit. d'Amsterdam). Louis Racine l'annote : *m'est inconnue*. Elle est certainement inventée. Madame Scarron, depuis que sa pension était rétablie, avait repris sa vie ordinaire, mais elle ne donnait pas à souper, et elle n'a jamais écrit de ce ton leste et grossier. La lettre qui suivra celle-ci, et qui est du maréchal d'Albret, témoigne seule qu'on parlait un autre langage dans la société de madame Scarron.

Il est temps de dire ce qu'était ce maréchal. César, comte de Miossens, était né en 1614, et s'était montré très-dévoué à la reine et à Mazarin : il « eut le bâton de maréchal, dit Saint-Simon, pour avoir conduit les princes à Vincennes. » C'était un homme de beaucoup d'esprit et de grandes manières, l'un des amis assidus de Scarron. « Votre carrosse, lui écrivait celui-ci en 1659, rend ma petite porte vénérable à tous les habitants de la rue Saint-Louis. » On a dit, comme pour tous ceux qui ont approché madame Scarron, qu'il avait été son amant ; mais comme pour tous les autres, sans apporter la moindre preuve. Nous avons vu plus haut qu'il avait contribué à la liaison de sa femme avec la jeune veuve, à cause de sa vertu. Quand à l'objet de la lettre, c'est-à-dire à la jalousie de Ninon envers madame Scarron qui lui aurait enlevé l'amour du maréchal, cela n'a pas de fondement. Le maréchal a été deux fois l'amant de Ninon : une première fois vers 1645 et après le duc de Châtillon, comme le dit l'élégie de Saint-Évremond ; une seconde fois, en 1656, et après Villarceaux : « Villarceaux, dit Tallemant des Réaux à cette date, prit jalousie du maréchal d'Albret, qui en conta à Ninon pour la seconde fois. » En 1666, à la date de la lettre XXXVIII, il n'était plus question des amours de Ninon avec le maréchal ; Ninon avait quarante-six ans et n'avait plus la retenue et le bon goût de sa jeunesse ; le maréchal en avait cinquante-deux, et vivait dans une grande piété. Il fut nommé gouverneur de la Guyenne en 1670, et mourut en 1676. Voici en quels termes madame Scarron parle de cette mort à son frère : « M. le maréchal d'Albret est mort et m'a écrit une heure avant d'expirer, d'un style qui marque l'estime et l'amitié qu'il avait pour moi ; c'est une perte irréparable et qui me donne une tristesse mortelle. Il est mort comme un saint. ».

Revenons à la lettre xxxviii : madame Scarron, d'après La Beaumelle, dit à Ninon : « Je vous attends, à moins que le marquis n'y mette obstacle. » Le marquis, c'est Villarceaux, d'où il suit que celui-ci serait encore l'amant de Ninon. Mais il y avait dix ans qu'il ne l'était plus. C'est ce que Tallemant des Réaux affirme : « Vers l'an 1657, Villarceaux se vantoit tout haut qu'il en étoit défait pour toujours. » La lettre qu'on va lire est donc un tissu de maladroites faussetés.

A MADEMOISELLE DE L'ENCLOS.

Paris, le 18 juillet 1666.

Le maréchal d'Albret est mon ami de tous les temps : je ne sache pas qu'il ait été mon amant. Quand on vous a servi, belle Ninon, on devient d'une délicatesse extrême. Je le vois tous les jours ; et vous savez bien qu'on peut le voir sans danger. Vous vous plaignez de son absence, je suis trop fidèle à l'amitié pour que vous puissiez vous en prendre à moi. Venez souper chez moi ce soir, et préparez votre vengeance. Madame de Fiesque et madame de Coulanges ont fait partie de mettre le maréchal de belle humeur. Je vous attends, à moins que le marquis n'y mette obstacle. Menez-le, si vous ne portez pas votre luth : mais songez bien qu'il nous faut ou le luth ou le marquis.

LETTRE XXXIX[1]

LE MARÉCHAL D'ALBRET A M. D'AUBIGNÉ.

De Paris, ce 15 août 1666.

L'affaire que vous avez avec M. le chevalier de Lussé me donne de l'inquiétude[2], car elle est très fâcheuse et par sa nature et par la considération de M. et de madame de Piennes. J'ai prié M. le marquis d'Hervant de proposer à M. de Piennes de la terminer à l'amiable, et que je me fesois fort de vous faire consentir d'en passer par le jugement de lui-même, quoiqu'oncle du chevalier de Lussé, de M. d'Hervant et de moi. Je saurai bientôt s'il accepte mon offre, dont je m'assure que vous ne disconviendrez pas, ne doutant point que vous ne soyez bien persuadé que vos intérêts ne sauroient être ménagés par aucun de vos amis et de vos serviteurs qui les prenne plus à cœur que je ferai toute ma vie. Cependant je vous prie comme votre ami, et je vous ordonne comme votre supérieur, de n'en venir à aucune voie de fait, directement ni indirectement, avec M. le chevalier de Lussé, et de ne faire porter ni recevoir aucune parole à lui ni de

1. *Autographe* tiré des Mémoires originaux sur la maison d'Aubigné, fol. III, Biblioth. du Louvre. — J'insère cette lettre, qui est en dehors de mon sujet, pour donner une idée du style du maréchal d'Albret, et parce qu'elle est adressée au frère de madame Scarron.

2. J'ignore quelle est cette affaire, mais on peut le deviner à la conduite de Charles d'Aubigné qui avait en partie les défauts et même les vices de son père.

lui. Il n'y a rien de si facile que de se perdre en ce temps ici, ni rien de si difficile que de sortir d'une méchante affaire quand on a été assez malheureux pour y être tombé. Vous apprendrez le reste de madame votre sœur. Je vous conjure de me conserver vos bonnes graces et de compter sûrement sur mon très humble service.

LE MARÉCHAL D'ALBRET.

LETTRE XL

NOTE PRÉLIMINAIRE

Nous n'avons pas trouvé de lettre de madame Scarron pour l'année 1667. En cette année, elle fit un voyage dans le Poitou pour y voir sa famille et sa chère mère Céleste. M. et madame Villette, ses oncle et tante, étaient morts : elle demeura chez leur fils, Philippe de Villette, qui était marié depuis cinq ans. Par son entremise et à sa sollicitation, elle se réconcilia avec ses autres parents qui avaient persécuté sa mère, et elle consentit à voir la deuxième fille de Caumont d'Adde et de Marie d'Aubigné, les filles de Sansas de Nesmond, les fils et petits-fils du deuxième lit de Caumont d'Adde, etc.[1]. Nous n'avons d'autre renseignement sur ce voyage qu'un reçu (publié dans le *Bulletin du Bibliophile*, septembre 1860) donné à M. de Villette pour des papiers de famille remis entre les mains madame Scarron, et qui est daté du 7 octobre 1667.

A la suite de ce voyage, elle devint en quelque sorte la chargée d'affaires de ses parents du Poitou, qui lui supposaient un grand crédit à cause de ses relations avec les gens de cour. Nous allons voir dans la lettre XL que les de Launay, les Caumont, etc., l'importunèrent d'affaires plus ou moins importantes. Elle ne prit un grand intérêt

1. Voir l'*Introduction*.

qu'à celles de son cousin de Villette, qu'elle aimait comme un frère.

Philippe Le Valois, qui prit plus tard le titre de marquis de Villette, était né en 1632. Dès l'âge de 17 ans, il avait servi dans l'infanterie et avait été réformé à la paix des Pyrénées. En 1662, il s'était marié avec Marie-Anne-Hippolyte de Châteauneuf, qui lui donna deux fils et une fille dont nous parlerons plus tard. Parvenu à l'âge de trente-cinq ans, n'ayant qu'une fortune médiocre avec beaucoup d'intelligence et d'activité, il supportait impatiemment l'oisiveté où il était réduit dans sa province. Il cherchait à ravoir un emploi soit dans l'armée, soit dans les ambassades, et chargea madame Scarron de le solliciter. Nous allons voir qu'elle y travailla avec beaucoup de zèle et avec peu de succès.

A MONSIEUR DE VILLETTE [1].

Ce jeudi 22 mars 1668.

J'ai reçu votre lettre et vos mémoires; je les consulterai pour vous en rendre compte. M. de Barillon[2] doit venir faire un tour ici; je voudrois bien

---

1. *Manuscrits de mademoiselle d'Aumale.*
2. Paul de Barillon d'Amoncourt, maître des requêtes et ambassadeur en Angleterre. C'était un homme fort distingué par l'esprit et le caractère, de la société de madame de Sévigné, et que madame Scarron avait beaucoup connu à l'hôtel d'Albret. « M. de Barillon, dit mademoiselle d'Aumale, avoit toujours passé hautement pour aimer madame de Maintenon avant sa faveur, et la voyant depuis, un jour qu'elle passoit dans la galerie de Versailles suivie de bien des courtisans, il la montroit, disant : « J'avois bien tort. » Madame de Maintenon consultait ce seigneur dans toutes ses affaires et dans toutes celles où son frère était intéressé. A Saint-Cyr, elle en parlait souvent et c'est à lui qu'elle tint un propos qui résume toute sa vie : « Je disois à M. de Barillon, il y a bien des années, racontait-elle aux Dames de Saint-Louis, qu'il n'y a rien de si habile que de n'avoir point tort et de se conduire toujours et avec toutes sortes de personnes d'une manière irrépro-

prendre son avis, car j'y ai beaucoup de confiance.

M. Barentin[1] me vient chercher; je vais chez lui et nous ne nous trouvons point; il a beaucoup d'affaires, et mademoiselle de Marlot est malade : voilà de quoi l'occuper.

Je voudrois bien que vous fussiez employé, et je comprends qu'il est cruel, avec autant d'esprit que vous en avez, d'être inutile, et de passer votre vie dans une province; mais je doute que vous rentriez dans l'emploi étant aussi oublié que vous l'êtes et n'ayant point de patron à la cour. Quant à la guerre, vous feriez une grande folie d'y songer, on croit que la paix se fera cet été[2]; mais quand cela ne seroit pas, on se ruine dans le service, ce n'est pas le parti d'un homme marié; si vous ne l'étiez pas, je vous conseillerois de vendre Mursay et de le hasarder pour votre fortune. Vous n'êtes plus en état de prendre de pareilles résolutions, et je crois que le meilleur conseil pour vous est de vivre doucement. Les recommandations auprès de M. de Louvois sont des chansons, si elles ne sont bonnes, et il n'y en a guère auprès de lui; ils sont accablés de gens qui leur demandent des emplois, et en tout on aime les gens qui peuvent y faire de la dépense.

M. de Fonmort[3] m'a fait commencer une affaire

chable. Il trouva que j'avois raison, et qu'en effet il n'y a rien de si habile que d'être, par sa bonne conduite, à l'abri de toutes sortes de reproches. » (*Lettres historiques et édifiantes*, t. II, p. 75).

1. Barentin (Jacques-Honoré), conseiller au Parlement de Paris, intendant du Poitou.

2. En effet, la paix fut conclue cette année à Aix-la-Chapelle.

3. M. de Fonmort était un gentilhomme de Niort qui avait

contre un nommé Rouget, dont j'ai bien peur qu'il ne vienne pas à son honneur. On a dit à madame de Brancas que M. de Fonmort recevoit une pension de Rouget et qu'il n'en étoit malcontent que parce que l'autre ne lui donne plus; cela est bien sale, et je crains fort qu'en se poussant les uns les autres ils ne se déshonorent; pour moi, je leur en dirai mon avis bien franchement. Je doute que M. et madame de Fonmort fassent ici un voyage ni utile, ni agréable, ni honnête; du reste, ils font fort bien d'y venir; vous avez bien fait de n'être point de la partie; si cette fantaisie vous prenoit, il vaudroit mieux que ce fût de votre chef.

Voilà les *reliefs*[1] du petit de Launay[2]. Assurez bien madame sa mère que ce n'est pas ma faute si elle ne les a pas eus plus tôt; j'en ai parlé ici et toutes les fois que j'ai été à Saint-Germain; enfin, la dernière fois que j'y allai, j'ordonnai à un maître d'hôtel de madame d'Heudicourt d'aller tous les matins chez

---

épousé la deuxième fille de M. et madame de Villette (oncle et tante de Françoise d'Aubigné); il était donc par alliance cousin germain de madame Scarron.

1. On entend par *reliefs*, dit le Dictionnaire de Furetière, « un droit qu'un fief doit au seigneur dominant, presque en toutes mutations, et qui consiste en une année de revenu. » Cela se dit aussi « des lettres qu'on obtient pour relever un appel interjeté et faire intimer devant le juge supérieur la partie qui a obtenu sentence à son profit. »

2. On se rappelle que Caumont d'Adde avait eu deux filles de son mariage avec Marie d'Aubigné (voir l'*Introduction*, p. 7) : l'aînée mariée à Sansas de Nesmond, la cadette à Pierre de Guilloteaux, sieur de Launay ou Launé. Le petit Launay est le fils de celle-ci, qui était veuve. Voir mon ouvrage : *la Famille d'Aubigné et l'enfance de madame de Maintenon*.

M. de Saint-Pouanges[1]; il me les envoya hier. Faites mes compliments à madame de Mougon[2] et à mesdemoiselles ses sœurs.

Je vous prie de dire à madame de la Pannerie que je n'ai point reçu un panier qu'elle me mande m'avoir envoyé.

Mon frère se porte très-bien, et est en garnison sur la frontière de la Suisse; j'espère que le régiment où il est servira en Flandre.

Adieu, mon cher cousin; je suis très-abattue du carême, et je me repens de m'y être engagée. Mille amitiés pour moi à ma cousine; je l'aime toujours, et je souhaiterois de tout mon cœur d'être trois mois avec vous à Mursay.

LETTRE XLI (La B.)

NOTE PRÉLIMINAIRE

Cette lettre ne se trouve que dans la collection de La Beaumelle (t. I, p. 48 de l'édit. de Nancy; t. I, p. 46 de l'édit. d'Amsterdam). Louis Racine l'annote ainsi : *m'est inconnue; je la crois fausse.* Un seul fait le démontre : La Beaumelle date la lettre du 15 novembre sans indiquer l'année; le nom de l'abbé Gobelin place cette année en 1667 ou 1668; dans le courant de la lettre on lit : « Le père Bourdaloue ne parleroit pas sur ce ton. » Or, en 1668, Bourdaloue n'était pas encore connu : il ne vint à Paris qu'en 1669! Il prêcha son premier Avent à la cour en 1670 [3]!

1. Premier commis de M. de Louvois.
2. Madame de Mougon était la fille aînée de Sansas de Nesmond, mariée à Avice, sieur de Mougon (Voir la note 1 de la page 33).
3. Voir la lettre de madame de Sévigné du 3 décembre 1670.

A cette époque madame Scarron, parvenue à l'âge de trente-quatre ans, s'était jetée entièrement dans la dévotion, et, sans abandonner ses amis, vivait dans une plus grande retraite. Elle avait pris pour directeur un prêtre fort austère et d'un esprit assez médiocre, l'abbé Gobelin, qui eut sur elle la plus grande influence pendant vingt-quatre ans. Voici ce que raconte à ce sujet mademoiselle d'Aumale, et qui aura certainement fourni à La Beaumelle le sujet de sa lettre.

« Une des premières pratiques qu'il lui donna fut de tâcher d'ennuyer tout le monde dans la conversation, parce qu'il vit en elle cette envie de plaire si naturelle à l'amour-propre, et dans laquelle elle avoit si bien réussi qu'on la désiroit partout. Après cette première pratique, ses amis la trouvèrent tout d'un coup changée, car elle prit cette pratique fort à cœur, voulant obéir. Elle prit donc le parti de ne plus parler, elle qui le faisoit avec tant d'agrément, de vivacité et d'esprit; elle se contraignit si fort là-dessus, que cela la rebuta de la piété. M. l'abbé Testu l'étant venu voir, et apercevant comme les autres le changement qui étoit en elle, lui dit : « Madame, je ne veux pas savoir votre secret, mais vous avez affaire à un indiscret. »

Quant à l'abbé Testu, à qui est adressée la prétendue lettre XLI, voici ce qu'il était, d'après madame de Caylus : « Il dominoit à l'hôtel de Richelieu et s'en croyoit le Voiture. C'étoit un homme plein de son propre mérite, d'un savoir médiocre et d'un caractère à ne pas aimer la contradiction; aussi ne goûtoit-il pas le commerce des hommes : il aimoit mieux briller au milieu d'un cercle de dames... Il faisoit des vers médiocres, et son style étoit plein d'antithèses et de pointes... » (*Souvenirs*, p. 138 de l'édit. de 1806.) Il est mieux traité par Saint-Simon : « C'était un fort honnête homme, de bonne famille du parlement, plein d'esprit, de lettres, autrefois très-galant, singulier et vif à l'excès, qui a passé sa vie, jusqu'à la dernière vieillesse, dans le grand monde et dans les meilleures compagnies. Il étoit fort de celles de l'hôtel d'Albret et avoit conservé un commerce continuel avec madame de Maintenon, souvent utile à ses amis. Il a conservé un ascendant sur elle jusqu'à la gronder et à lui parler de toutes choses... » Je n'ai pas trouvé de lettres authentiques de madame de Maintenon à l'abbé Testu.

A MONSIEUR L'ABBÉ TESTU.

Paris, le 15 novembre 1668 ?

Ne vous alarmez pas de ma dévotion, mon pauvre abbé. Rassurez l'hôtel de Richelieu; on n'oublie pas dans la solitude des amis à qui l'on en doit tous les agréments. Ma vie, dites-vous, n'a pas besoin de réforme; le père Bourdaloue ne me parleroit pas sur ce ton. Vous êtes aujourd'hui mondain, vous ne le serez pas toujours; viendra un temps, où vous préférerez le ciel à la terre : vous êtes fait pour Dieu. Ceux qui attribuent ma retraite à un dépit, sans doute ne me connoissent pas. Ai-je jamais donné lieu à de pareils soupçons? Elle est le fruit de réflexions sérieuses; je fuis le monde parce que je l'ai trop aimé, parce que je l'aime trop. Vous me dites qu'on y peut faire son salut; vous devez sentir vous-même combien cela est difficile. J'aime bien cette maxime du père Joseph : pour être vertueux à Paris, il ne suffit pas de le vouloir. Je ne veux pourtant pas en sortir encore : trop de chaines m'y attachent, et, à ma foiblesse, je sens que je ferois des efforts inutiles. On vous a dit vrai si l'on vous a dépeint mon directeur[1] comme un homme rigide; mais vous ne devriez pas vous le figurer ridicule. Il ne défend point les plaisirs innocents; mais il ne permet pas de traiter d'innocents ceux qui sont criminels. Sa piété est douce, gaie, point fastueuse; il n'exige pas une vie toujours mortifiée, mais il veut une vie chrétienne et active : c'est un homme admirable. Je vous l'enverrai, si vous souhaitez,

1. L'abbé Gobelin. Nous en parlerons plus loin.

à vous et à Guébriant[1]. Il commence par s'emparer des passions, il s'en rend maître, et il y substitue des mouvements contraires. Il m'a ordonné de me rendre ennuyeuse en compagnie, pour mortifier la passion qu'il a aperçue en moi de plaire par mon esprit; j'obéis, mais voyant que je bâille et que je fais bâiller les autres, je suis quelquefois prête à renoncer à la dévotion.

LETTRE XLII[2]

A MADAME DE VILLETTE, A NIORT[3].

Décembre 1668.

J'ai été si incommodée de mes migraines dans les commencements que mon cousin a été ici[4], que je n'ai pu vous écrire; mais puisque je me porte beaucoup mieux depuis huit ou dix jours, il faut que je vous dise moi-même de mes nouvelles, et que je vous rende mille grâces des marques de souvenir que vous me donnez dans les lettres de monsieur votre mari. Le pauvre homme fait ici un séjour bien désagréable; il est tout occupé d'une affaire dont on ne lui a pas laissé l'entière disposition, et il a le chagrin de donner tout son temps et toute son application pour une chose dont le succès sera très-désagréable

1. Qu'est-ce que Guébriant? Certainement un nom en l'air. Le maréchal de Guébriant était mort en 1643, sa veuve en 1659, et ils n'avaient pas laissé d'enfants.
2. C'est la femme de Philippe Le Vallois, marquis de Villette, la mère de madame de Caylus (Voir page 130.)
3. *Manuscrits de mademoiselle d'Aumale.*
4. M. de Villette était venu à Paris pour une affaire sur laquelle je n'ai trouvé aucun renseignement. Il y resta plus de deux mois.

et par la seule faute de M. Gendraut. J'admire la patience de mon cousin sur tout cela; mais je crois son séjour ici très-inutile; l'affaire qui l'y retient va mal, et il n'y a de plaisir que celui qu'il veut que je croie qu'il trouve dans ma chambre; ainsi je lui conseille de s'en retourner à Mursay. Je ne crois pas me brouiller avec vous par un tel conseil.

Adieu, ma chère cousine; je vous ai souhaitée bien des fois en tiers dans notre conversation, et je vous souhaiterois toujours partout où je serai.

FIN DE LA PREMIÈRE PARTIE.

DEUXIÈME PARTIE

(1669-1684)

DEPUIS L'ÉPOQUE OU MADAME DE MAINTENON ÉLÈVE LES ENFANTS
NATURELS DU ROI JUSQU'A SON MARIAGE AVEC LOUIS XIV.

ANNÉE 1669.

Nous sommes arrivés en 1669, c'est-à-dire que madame Scarron a trente-cinq ans. Jusqu'à cette époque, nous n'avons trouvé d'elle que treize lettres authentiques, dix de ses parents ou amis, dix-neuf apocryphes. A partir de 1669, la position de madame Scarron va changer, et les lettres authentiques vont devenir plus nombreuses : s'il n'y en a que deux pour 1669, deux pour 1670, quatre pour 1671, il y en aura neuf pour 1672, huit pour 1673, vingt-six pour 1674, vingt-sept pour 1675, etc.

Les deux lettres authentiques de 1669 sont adressées à madame de Villette : elles ne parlent point de l'événement qui va changer la position de madame Scarron : aucune lettre authentique n'en parle. Cela n'a pas empêché La Beaumelle de composer une lettre sur ce sujet.

LETTRE PREMIÈRE

A MADAME DE VILLETTE, A NIORT [1].

Ce 28 février 1669.

Je crois que vous aurez mon cousin avant cette lettre ici [2]; je prends part à la joie que vous allez avoir l'un et l'autre; j'ai été témoin de son impatience, et je doute qu'il eût pu demeurer à Paris quand il y auroit été nécessaire pour les affaires qui l'y ont amené; mais, dans la vérité, il n'auroit pu y faire que ce qu'il y a fait, qui est beaucoup plus que je n'avois espéré et que tout autre n'eût fait qui eût été à sa place. Je souhaite que M. Colbert achève comme il a commencé, et que les effets répondent aux espérances que M. de Villette peut concevoir sur cette affaire; il s'y est donné si entier, que je n'ai pu l'obliger à voir une fois une comédie qui fait grand bruit, et que je vous enverrai aussitôt qu'elle sera imprimée [3]. Je vous prie de dire à mon cousin que j'ai vu M. Cabout, que M. Arnaut m'a écrit deux fois, et qu'il a deux billets de moi; il verra par là le cas que je fais des amis.

Adieu, ma chère cousine, soyez bien persuadée de mon amitié; j'embrasse Philippe [4].

1. *Manuscrits de mademoiselle d'Aumale.*
2. Voir la note précédente, page 136.
3. C'est de *Tartuffe* que madame Scarron veut sans doute parler. Cette pièce, après une première représentation en 1667, avait été suspendue. Molière ayant obtenu du roi la levée de l'interdiction, elle reparut le 5 février 1669, et eut de suite quarante-quatre représentations.
4. C'est le fils aîné de madame de Villette : il avait alors cinq à six ans.

LETTRE II

A MADAME DE VILLETTE, A NIORT[1].

Ce 5 juillet 1669.

J'ai eu l'honneur de voir M. de La Rochallart[2], qui ne m'a pas paru avoir de grands desseins à Paris, ni espérer que l'on fasse rien pour lui ; je lui ai offert mes services, mais il ne m'emploie en aucune occasion. Je voudrois de tout mon cœur pouvoir vous donner en sa personne des marques de l'amitié que j'ai pour vous ; je sais qu'on ne pourroit vous obliger en rien qui vous fût plus sensible ; c'est à mon grand regret que je lui suis inutile ; vous devez juger que j'ai peu de crédit ou que la réforme a été bien générale, puisque mon frère y a été compris[3] ; il est appointé avec cinq cents francs de pension, qui n'est pas un état bien agréable, ni pour lui ni pour moi ; cependant il n'y a pas autre chose à faire qu'à prendre patience.

Je ne sais si vous avez reçu une petite robe de chambre de taffetas gris que je vous ai envoyée avec un tablier que mon cousin m'avoit demandé pour vous ; j'en ai chargé mademoiselle de la Brenegou, parce que je ne me souvenois plus du logis du messager.

1. *Manuscrits de mademoiselle d'Aumale.*
2. Officier de marine, parent de madame de Villette.
3. Il s'agit de l'espèce de réforme qui fut faite dans l'armée après la paix d'Aix-la-Chapelle, en 1668. Cette réforme ne fut que fictive, et Louis XIV voulait, par une démonstration pacifique, se préparer à la guerre contre la Hollande.

Adieu, ma chère cousine, mille amitiés à M. de Villette, et assurez-le qu'il est plus heureux dans sa solitude de Mursay que nous ne sommes ici.

LETTRE III (La B.)

NOTE PRÉLIMINAIRE

Madame Scarron continuait à vivre dans l'obscurité et la médiocrité; elle y serait probablement restée; elle aurait même probablement, sa dévotion s'accroissant tous les jours, terminé sa vie dans un couvent, s'il n'était survenu un événement qui changea son existence : elle fut choisie pour élever les enfants du roi et de madame de Montespan. Cet événement est raconté ainsi dans les Mémoires de madame de Caylus et de mademoiselle d'Aumale :

« Madame de Montespan, dit madame de Caylus, plut au roi et en eût des enfants, et il fut question de les mettre entre les mains d'une personne qui sût les bien élever et les cacher. Elle se souvint de madame de Maintenon, et elle crut qu'il n'y avoit personne qui en fût plus capable. Elle lui en fit donc faire la proposition ; à quoi madame de Maintenon répondit : que pour les enfants de madame de Montespan, elle ne s'en chargeroit pas; mais que si le roi lui ordonnoit d'avoir soin des siens, elle lui obéiroit. Le roi l'en pria, et elle les prit avec elle [1]. »

Pour comprendre cette réponse, qui semble cacher une pensée ambitieuse, il faut savoir que madame de Montespan était enceinte pour la première fois, que sa liaison avec le roi était un mystère, très-soigneusement caché, et que le peu de gens qui s'aperçurent de sa grossesse crurent que c'était l'œuvre du duc de Lauzun, qui passait pour son amant et qui n'était que le confident de Louis XIV et le

---

[1]. *Souvenirs*, p. 86 de l'édit. de 1806.

témoin très-secret des couches de madame de Montespan[1]. La distinction que faisait madame Scarron entre l'enfant du roi et l'enfant de sa maîtresse est donc facile à expliquer.

Voici maintenant le récit encore plus clair de mademoiselle d'Aumale :

« Madame de Montespan lui fit donc proposer cet emploi (c'est à madame de Maintenon que je l'ai entendu dire). Elle le refusa, disant qu'il ne lui convenoit pas d'élever les enfants de madame de Montespan, que si c'étoient ceux du roi et qu'il le voulût, il falloit qu'il l'en priât. »

On peut ajouter à ces deux témoignages le récit encore plus circonstancié de Languet de Gergy (*Mémoires sur madame de Maintenon*, p. 126). « Madame de Montespan s'ouvrit à elle et lui fit la proposition de prendre soin de l'enfant qui auroit un roi pour père. La jeune veuve, qui sentoit ce qu'elle étoit née, refusa de se charger de l'éducation d'un enfant de madame de Montespan ; on la pressa cependant de telle sorte qu'elle répondit enfin qu'elle ne se chargeroit pas d'un tel soin, à moins que le roi n'eût la bonté de le lui ordonner lui-même. Le roi le fit ; une entrevue fut ménagée à cet effet ; il commanda, et madame Scarron crut ne pouvoir refuser ce bon office à l'ordre de son maître et à l'honneur de son amie. »

Il n'existe aucune lettre de madame Scarron sur ce sujet, et on le comprend aisément ; cependant La Beaumelle voulait en avoir une : il l'a fabriquée en amplifiant le récit de mademoiselle d'Aumale, le seul qu'il eût entre les mains, et nous allons voir la lettre qu'il a donnée comme écrite à madame d'Heudicourt, et que Louis Racine déclare *faite à plaisir*. Cette dame, nous l'avons vu, était fort liée avec madame Scarron, mais elle était l'amie encore plus intime de madame de Montes-

---

1. « J'ai ouï conter à M. de Lauzun, dit Mademoiselle (t. IV, p. 394), que le jour qu'elle accoucha du duc du Maine (31 mars 1670), on n'eut pas le temps de l'emmailloter, on l'entortilla dans une lange, et il le prit dans son manteau et le cacha, et l'emporta dans un carrosse qui l'attendoit au petit parc de Saint-Germain. »

pan, et c'était elle qui avait été l'intermédiaire de ses amours avec Louis XIV, de sorte que la confidence de madame Scarron pouvait paraître vraisemblable. La Beaumelle a daté sa lettre, dans l'édition de Nancy, du 14 mars 1670 : il croyait alors que le duc du Maine était le premier enfant de madame de Montespan, qu'il était né le 31 mars 1670. Dans l'édition d'Amsterdam, instruit par les Dames de Saint-Cyr que le duc du Maine était le deuxième enfant, il a mis : 24 mars 1669. C'est une date possible, mais nullement certaine. Dans le mémoire qu'une Dame de Saint-Louis envoya à La Beaumelle, et dont nous avons parlé dans la *Préface*, on lit : « On n'a point de date sûre de la commission ordonnée par le roi pour se charger des enfants qu'il eut de madame de Montespan ; mais ce fut pour cacher la naissance du premier, qui mourut à l'âge de trois ans. »

A MADAME D'HEUDICOURT.

Paris, le 24 mars 1669.

M. de Vivonne[1] m'a déjà parlé : je suis fort sensible à l'honneur qu'on veut me faire, mais je vous avoue que je ne m'y crois nullement propre. Je vis tranquille ; me convient-il de sacrifier mon repos et ma liberté ? D'ailleurs, ce mystère, ce profond secret qu'on exige de moi, sans m'en donner positivement la clef, peuvent faire penser à mes amis qu'on me tend un piége. Cependant, si les enfants sont au roi, je le veux bien ; je ne me chargerois pas sans scrupule de ceux de madame de Montespan ; ainsi il faut que le roi me l'ordonne. Voilà mon dernier mot. J'ai écrit à peu près la même chose à madame de Thianges[2], et c'est une précaution que m'inspire la prudence. Il y a trois ans que je n'aurois pas eu cette délicatesse ; mais depuis j'ai appris

1. Frère de madame de Montespan.
2. Sœur de madame de Montespan.

bien des choses qui me la prescrivent comme un devoir.
Et vous, me blâmerez-vous aussi ?

APPENDICE A LA LETTRE III

Madame Scarron accepta donc la charge d'élever les enfants du roi et de madame de Montespan. On a dit qu'elle chercha par là l'occasion de s'approcher du roi et qu'elle rêva dès lors sa grande fortune. Il n'en est rien. Madame Scarron chercha tout simplement à ne pas retomber dans la misère où elle s'était trouvée après la mort de son mari. Le roi lui promit une récompense pour les soins qu'elle allait prendre, et il ne lui donna cette récompense que cinq ans après, en 1674 ; ce qui permit à madame Scarron d'acheter la terre de Maintenon. Pendant les deux premières années, elle n'eut que sa pension de 2,000 livres, qui fut portée à 6,000 livres en 1672. Il est bien entendu que les dépenses des enfants, de la maison où elle les éleva, étaient faites par le roi, et c'était Louvois qui en avait le compte et la charge.

Les lettres de madame Scarron, pendant les premières années où elle éleva les enfants, sont très-rares. Nous essayerons d'y suppléer par quelques fragments de ses entretiens avec les Dames de Saint-Cyr.

« Si madame de Montespan, disait-elle, ne m'avoit pas connue d'un caractère infatigable et de bonne foi, elle ne m'auroit pas choisie pour l'emploi que le roi me confia sous le dernier secret. Une dame de votre connoissance (madame d'Heudicourt) étoit de leur confidence, et pour rien au monde je n'aurois voulu y être comme elle y étoit ; ils ne la choisirent pourtant pas pour l'exécution de leurs desseins ; ils me vinrent chercher pour cela, au moment que je ne pensois certainement à rien de pareil. Cette sorte d'honneur assez singulier m'a coûté des peines et des soins infinis : j'étois montée à l'échelle à faire l'ouvrage des tapissiers et ouvriers, parce qu'il ne falloit pas qu'ils entrassent ; je faisois tout moi-même, les nourrices ne mettant la main à rien de peur d'être fatiguées et que leur lait ne fût pas bon ; j'allois souvent à pied de nourrice en nourrice, déguisée, portant sous mon bras du linge, de la viande; je passois quelquefois la nuit entière chez un de ces enfants qui étoit malade, dans une petite maison hors de Paris; je rentrois le matin par une petite porte de derrière, et après m'être habillée, je montois en carrosse par celle de devant pour m'en aller à l'hôtel d'Albret ou de Richelieu, afin que ma société ordinaire ne s'aperçût de rien et ne soupçonnât pas seulement que j'eusse un secret à garder. Je maigrissois, mais on n'en pouvoit deviner la cause[1]... »

Mademoiselle d'Aumale ajoute : « Parlant un jour des peines qu'elle prenoit pour garder son secret, elle dit : « J'avois donné ma parole au roi; il se confioit en moi; j'aurois tout souffert pour garder la fidélité à quoi l'honneur m'engageoit. »

Madame Scarron n'eut d'abord à élever que l'enfant née en 1669, et qui mourut trois ans après; mais en 1670 naquit le duc du Maine, en 1672 le comte du Vexin, en 1673 mademoiselle de Nantes, en 1674 mademoiselle de Tours. Ce fut madame Scarron qui éleva tous ces enfants. On avait d'abord placé les premiers dans des maisons séparées, aux environs de Paris, et qu'elle allait successivement visiter; puis on les réunit dans une maison isolée de la rue de Vaugirard, où elle demeurait dans la retraite. « Quand madame de Montespan étoit prête d'accoucher, raconte mademoiselle d'Aumale, on envoyoit chercher madame Scarron. Elle emportoit l'enfant, le cachoit sous son écharpe, se cachoit elle-même sous un masque, prenoit un fiacre et revenoit ainsi à Paris, non sans beaucoup de frayeur qu'on ne découvrît le secret que le roi lui avoit demandé. On a su par elle-même les peines extraordinaires que cet emploi lui a causées, ses assiduités, ses veilles; quelquefois levée quatorze ou quinze fois dans une nuit; veillant les enfants pour laisser dormir une nour-

---

1. *Lettres historiques et édifiantes*, t. II, p. 461.

rice, etc. Tout le temps que ces enfants furent cachés, pour qu'il ne parût rien à ses amis, elle les voyoit à l'ordinaire, mais elle alloit toute la nuit dans les endroits différents où ils étoient, et paroissoit le matin comme si elle eût bien dormi, afin qu'on ne se doutât de rien. Tout ce qui lui faisoit le plus de peine, c'est qu'elle étoit timide, rougissant très-aisément, et comme on se doutoit bien de quelque chose de ce qui se passoit, dès qu'on disoit un mot qui en approchoit, elle devenoit incarnat; et pour diminuer cette facilité à rougir, elle se fit saigner, mais elle y gagna peu de chose [1]. »

A ces fragments, nous ajouterons cette réflexion :

« Le personnage de madame de Maintenon, dans ces circonstances, nous semble assez étrange et peu digne de la réputation de vertu sévère qu'elle ambitionnait, qu'elle avait acquise ; mais les idées de cette époque n'étaient nullement les nôtres. La royauté s'était placée dans une sphère si élevée, toutes les classes de la société l'entouraient de telles adorations, qu'on lui avait fait une existence et une morale en dehors de l'humanité; ses faiblesses et ses scandales, tout en restant des crimes aux yeux de la religion, étaient, aux yeux du monde, excusés, et pour ainsi dire respectés; enfin l'on éprouvait à l'égard des amours du Jupiter de Versailles un sentiment un peu semblable à celui qu'éprouvaient les anciens à l'égard des désordres de leurs dieux [2]. Aussi le poste de gouvernante des enfants naturels du roi était regardé non comme une dégradation, mais comme une faveur; madame Colbert l'avait occupé pour les enfants de madame de la Vallière sans exciter d'autre sentiment que l'envie; pas un des contemporains n'a reproché à madame de Maintenon ce qu'elle appelle elle-même « cette sorte d'honneur un peu singulier. » Ajoutons qu'elle sanctifia son personnage par la tendresse passionnée qu'elle eut pour les enfants de madame de Montespan, par les peines infinies qu'elle se

---

1. *Mémoires manuscrits de mademoiselle d'Aumale.*
2. Nous en verrons de nombreux témoignages.

donna pour les élever : elle en fut la vraie mère, et ils la regardaient comme telle, surtout le duc du Maine, enfant maladif et infirme, pour lequel elle eut toutes les alarmes, toutes les faiblesses, toutes les illusions de la maternité[1]. »

ANNÉE 1670.

Cette année ne renferme que deux lettres authentiques et une apocryphe. Les deux lettres authentiques sont adressées à M. et à madame de Villette; la lettre apocryphe est relative à la vie de madame Scarron dans sa retraite de la rue de Vaugirard.

LETTRE IV

A MONSIEUR DE VILLETTE, A NIORT[2].

Ce 14e de juin 1670.

J'ai reçu les commissions de madame votre femme, et je vous aurois envoyé aujourd'hui tout ce qu'elle me demande, si ma lingère ne m'avoit vilainement manqué ; ce sera pour le premier ordinaire ; mais je vous prie, toutes les fois que vous voudrez des hardes, de me marquer exactement par où je vous les enverrai, tout comme si c'étoit la première fois, car j'oublie tout ; on change de laquais, et je ne sais plus où j'en suis.

J'aimerois trop Philippe[3] si je croyois qu'il se

---

1. *Madame de Maintenon et la maison royale de Saint-Cyr*, p. 20.
2. *Manuscrits de mademoiselle d'Aumale.*
3. Fils aîné de M. de Villette, qui avait alors six à sept ans. Il en sera question plus loin.

souvint encore de moi; à tout hasard, faites-lui mes compliments. Vous pouvez en faire d'un peu plus sérieux à M. Colbert du Terron¹, car je fais quelque différence de leur mérite. Je suis fort tentée de recevoir le présent que vous m'offrez de sa part, et je vous avoue que j'aurois beaucoup de joie de donner un *sapajou* à une dame de mes amies. J'ai bien de la joie de vous savoir hors d'affaires avec votre famille; rien ne me paroît si bon que le repos et la paix; je souhaiterois du meilleur de mon cœur de pouvoir vous tirer de l'état où vous êtes, et je ferai toujours tout ce qui me sera possible. Je connais M. Foucault² indirectement, et je lui ferai parler en faveur de M. Chaufepied³. J'ai encore fait écrire à M. le comte d'Estrées; j'ai aussi parlé à M. le maréchal d'Albret⁴ pour MM. de Sainte-Hermine, mais il pourra bien l'avoir oublié. J'écrirai quand on voudra.

Adieu, mon cher cousin, je vous aime fort, et je souhaiterois que vous fussiez plus heureux en ce monde ici, et moins huguenot pour l'autre.

1. Charles Colbert du Terron, intendant du pays d'Aunis et commissaire général de la marine du Ponent.
2. Je crois qu'il est question ici de Joseph-Nicolas Foucault, né en 1643, intendant de Montauban, en 1674; de Pau, en 1683; du Poitou, en 1685; de Caen, en 1689; mort en 1720. En 1670, il était procureur général des chancelleries de France. Ce fut un des plus terribles exécuteurs de la révocation de l'édit de Nantes. Il a laissé des Mémoires qui ont été publiés par M. Baudry dans la collection des *Documents inédits sur l'histoire de France*.
3. Ministre protestant.
4. Il fut, à la fin de cette année, nommé gouverneur de la Guienne.

LETTRE V

A MADAME DE VILLETTE, A NIORT [1].

Le 25 de juin 1670.

J'avois dimanche une si violente migraine, qu'il me fut impossible de vous écrire un mot pour vous avertir que je chargeois le messager d'une boëte pour vous. Il y a de la dentelle faite pour chamarrer votre jupe de tabis [2] blanc ; il faut mettre devant trois agréments et quatre dentelles. J'ai fait blanchir votre mouchoir, et j'ai retenu l'autre, parce qu'une personne de mes amies m'a demandé de l'acheter pour lui faire une cornette ; et j'ai cru que vous ne seriez peut-être pas fâchée de vous en défaire ; si je me suis trompée, je vous l'enverrai promptement ; et si vous voulez le vendre, vous me manderez combien vous l'estimez. On n'a jamais tant porté de tabliers de point d'Angleterre que l'on fait présentement ; mais je voudrois que les tours de bras et les manchettes en fussent aussi, car rien ne sied mieux que les assortiments. Cela seroit propre à mettre avec une robe de chambre ; et si votre dessein est de le mettre avec votre mouchoir, il faudroit un tablier et des tours de bras qui y assortissent. Vous pouvez

---

1. *Manuscrits de mademoiselle d'Aumale.* — On a souvent reproché à madame de Maintenon ses goûts peu féminins : voici une sorte de *Courrier des modes* qui prouve qu'elle avait, tout autant que les autres femmes, le goût de la parure, mais accommodée à la simplicité.

2. Taffetas ondulé au cylindre.

faire une robe de chambre de l'habit gris que je vous ai envoyé : on les porte fermées sur le sein et échancrées sur les épaules ; on y met de la dentelle quand on veut ; pour moi, je les porte unies ; on a de belles manches dessous quand on en veut faire la dépense, et beaucoup de gens n'en mettent point. J'ai oublié les rubans, mais il me faut dire de quelle couleur vous les voulez, et vous les aurez ensuite. Votre dentelle noire sera fort bien pour un habit d'hiver ; si vous vendez votre cornette, il ne me faudra guère d'autre argent ; elle est à la vieille mode, et peut-être aimerez-vous mieux autre chose.

Adieu, ma chère cousine, rien ne peut m'importuner de tout ce qui viendra de votre part.

LETTRE VI (La B.)

NOTE PRÉLIMINAIRE

On vient de voir que les lettres de 1670 ne parlent point de la retraite mystérieuse de madame Scarron et de son emploi auprès des enfants naturels du roi. Cependant La Beaumelle, pour égayer sa collection, avait besoin d'une lettre qui en parlât : il en a fabriqué une avec le récit suivant de mademoiselle d'Aumale :

« On demanda un jour à une nourrice de ces princes à qui elle croyoit qu'étoit l'enfant qu'elle nourrissoit. Cette nourrice, qui voyoit les soins extraordinaires qu'en prenoit madame Scarron, et se doutant que c'étoit un enfant bien précieux, répondit avec simplicité : « Je ne sais, mais je pense que ce pourroit bien être le bâtard d'un président à mortier, » ne croyant rien au-dessus de cela [1]. »

Voici la lettre inventée avec cette anecdote, que La Beau-

---

1. *Mémoires manuscrits*, etc., p. 38.

melle donne pour adressée à madame d'Heudicourt, et que Louis Racine déclare *faite à plaisir*. On la trouve dans l'édition de Nancy (t. 1, p. 53), à la date du 24 décembre 1670, et dans l'édition d'Amsterdam (t. 1, p. 49), à la date du 24 décembre 1672. Si la lettre était vraie, cette dernière date serait impossible, puisque madame d'Heudicourt fut exilée en 1671, cessa toute relation avec madame Scarron et ne revint à la cour qu'en 1673.

A MADAME D'HEUDICOURT.

Paris, 24 décembre 1670 ou 1672.

La petite se porte mieux[1]; Puthau[2] vous a donné une fausse alarme; je n'ai pas craint un seul instant; et vous savez qu'il n'en faut pas beaucoup pour me faire trembler; les douleurs ont été assez vives, mais sans convulsions; soyez donc tranquille, ma chère madame. Les enfants furent avant-hier à Saint-Germain[3], la nourrice entra, et je restai dans l'antichambre. A qui sont ces enfants? lui dit le roi. Ils sont sûrement, répondit-elle, à la dame qui demeure avec nous; j'en juge par les agitations où je la vois, au moindre mal qu'ils ont. Et qui croyez-vous, reprit le roi, qui en soit le père? Je n'en sais rien, repartit la nourrice, mais je m'imagine que c'est quelque duc ou quelque président du parlement. La belle dame est enchantée de cette réponse, et le roi en a ri aux larmes.

1. La Beaumelle désigne par là la fille de madame d'Heudicourt que madame Scarron élevait avec les enfants de madame de Montespan pour mieux cacher le mystère de ces enfants. Cette fille devint madame de Mongon.

2. Il y a Marthon dans l'édition de Nancy.

3. Il y a *Clagny* dans l'édition de Nancy. La Beaumelle s'étant aperçu que Clagny n'avait été acheté et bâti pour madame de Montespan qu'en 1675, il a mis Saint-Germain dans l'édition d'Amsterdam, au lieu de Clagny.

ANNÉE 1671.

L'année 1671 ne renferme que quatre lettres authentiques, à Villette et à d'Aubigné, outre une lettre apocryphe. La première est la plus importante : elle est relative à la disgrâce de madame d'Heudicourt.

Nous avons vu que cette dame avait été la confidente très-intime des amours du roi avec madame de Montespan. Il paraît qu'elle abusa de sa situation pour trahir ce secret et en même temps calomnier son amie, madame Scarron.

LETTRE VII

A M. DE VILLETTE, A NIORT [1].

Ce jour de Pâques 1671.

Je suis presque toujours malade; je vais souvent à Saint-Germain; j'ai beaucoup d'affaires, et je suis très-paresseuse. Voilà les raisons qui m'ont empêchée de vous écrire plus tôt. J'ai longtemps attendu que vous eussiez reçu la réponse de M. Colbert, car je ne suis pas avec lui à lui aller vous proposer pour l'ambassade de Moscovie. Mais s'il vous avoit agréé, je pourrois traiter les conditions avec lui et faire de tout mon mieux pour qu'on vous en fît d'avantageuses. Voilà les seuls services que je suis en état de vous rendre; et quoi qu'on vous dise de ma faveur, il s'en faut de beaucoup que je gouverne l'État [2].

---

1. *Lettre autographe* appartenant à M. H. Bonhomme et publiée par lui dans l'ouvrage : *Madame de Maintenon et sa famille*, etc., page 84.
2. Le bruit de la faveur de madame Scarron commençait à se

J'ai été sensiblement touchée d'être obligée d'abandonner madame d'Heudicourt; mais je ne pouvois plus la soutenir sans nuire beaucoup à ma réputation et à ma fortune.

J'ai reçu les dépêches de ma cousine, qui étoient admirables; je les ai données en bon lieu. M. et madame de Fontmort ont ici une fâcheuse affaire, et dont ils ne peuvent sortir que très-désagréablement [1]; j'en suis très-fâchée, et j'y fais de tout mon mieux.

APPENDICE A LA LETTRE VII

Voici comment madame de Sévigné explique la disgrâce de madame d'Heudicourt (6 février 1671).

« Le maréchal d'Albret a convaincu madame d'Heudicourt non-seulement d'une bonne galanterie avec M. de Béthune, dont il avoit voulu toujours douter; mais d'avoir dit de lui et de madame Scarron tous les maux qu'on peut s'imaginer. Il n'y a point de mauvais offices qu'elle n'ait tâché de rendre à l'un et à l'autre, et cela est tellement avéré que madame Scarron ne la voit plus, ni tout l'hôtel Richelieu. Voilà une femme bien abîmée; mais elle a cette consolation de n'y avoir pas peu contribué. » (Édit. Hachette, t. II, p. 50.)

Madame d'Heudicourt fut exilée par le roi : il y avait donc dans sa faute ou son crime autre chose que des médisances ou des calomnies sur madame Scarron et le maréchal d'Albret. Il paraît qu'elle révéla le secret des amours, alors très-cachées, du roi et de madame de Montespan à son amant le marquis de Béthune. C'est ce que madame de Sévigné dit à mots couverts trois jours après sa première lettre (9 février).

répandre, et on l'exagérait, puisque M. de Villette la croyait capable de lui faire donner l'ambassade de Moscovie.

1. Est-ce celle dont il est question dans la lettre XL, page 132?

« Madame d'Heudicourt est partie avec un désespoir inconcevable, ayant perdu toutes ses amies, convaincue de tout ce que madame Scarron avoit défendu et de toutes les trahisons du monde. »

Madame de Caylus raconte plus clairement la chose :

« Sans doute qu'il y avoit plus que de la galanterie dans les lettres de madame d'Heudicourt à M. de Béthune, car il n'y a pas d'apparence que le roi et madame de Montespan eussent été si sévères sur la découverte d'une intrigue où il n'y auroit eu que de l'amour. Selon toutes les apparences, madame d'Heudicourt rendoit compte de ce qui se passoit de plus particulier à la cour. Je sais que madame de Maintenon dit au roi que, pour cesser de voir et abandonner son amie, il falloit qu'on lui fît voir ses torts d'une manière convaincante. On lui montra ces lettres dont je parle et elle cessa alors de la voir. » (*Souvenirs*, p. 187, édit. de 1806.)

Enfin on lit dans une lettre de madame du Bouchet à Bussy-Rabutin :

« Vous savez que madame d'Heudicourt ne s'est pas contentée de partager le secret de madame de Montespan avec le marquis de Béthune, mais qu'elle a encore jugé le marquis de Rochefort digne de pareilles faveurs.... lequel en a rendu un compte fidèle aux intéressés. »

LETTRE VIII

A M. DE VILLETTE, A NIORT[1].

Avril 1671.

J'ai vu M. de Lagny, et je lui ai trouvé beaucoup plus d'esprit que je ne le puis dire et toute l'amitié possible pour vous. Nous avons parlé de vos intérêts ; mais il m'a dit que le voyage de Moscovie étoit

1. *Autographe* du cabinet de M. le duc de Noailles.

remis à un autre temps et que votre religion pourroit vous être un obstacle à cette ambassade, aussi bien qu'à tous les autres avantages que vous pourriez espérer. Je ne voudrois pas que ces raisons-là fussent le motif de votre conversion, mais j'avoue que j'aurois une grande joie de vous voir en état de faire votre fortune et votre salut.

Je fais tout de mon mieux pour M. et madame de Fontmort, et ils sont dans une chambre[1] où j'ai des amis ; cependant je crains fort de leur être inutile, car leur affaire a été mal conduite dans le commencement et dans la suite. Mandez-moi des nouvelles de cette pauvre femme[2], et assurez-la bien que rien n'efface le goût que j'ai eu pour elle, et que je l'aimerois de tout mon cœur si je la voyois.

Adieu, mon cher cousin, je vous rends grâces de vos pois ; il n'y en aura ici de longtemps, et je crois qu'il n'y a que le roi et moi qui en ayons mangé. J'embrasse Philippe.

LETTRE IX

NOTE PRÉLIMINAIRE

Voici la seconde lettre authentique à d'Aubigné. Ces lettres, pendant quinze ans, vont devenir très-abondantes et former la partie principale de la *correspondance* de madame de Maintenon. Les *autographes* avaient été conservés par les Dames de Saint-Cyr ; ils ont été dispersés pendant la ré-

---

1. C'est-à-dire leur affaire ressort d'une chambre du Parlement.
2. Probablement madame d'Heudicourt.

volution ; la plupart appartiennent aujourd'hui à M. Feuillet de Conches, qui a bien voulu me les communiquer. La Beaumelle a eu connaissance, non des autographes, mais des copies qu'avaient faites les Dames de Saint-Cyr. Il leur a fait subir des altérations, des transformations, des additions incroyables. Je n'indiquerai que de loin en loin les principales : mes notes seraient trois fois plus étendues que le texte.

A M. D'AUBIGNÉ [1].

Le 18 septembre 1671.

Soit que je vous écrive, ou que je ne vous écrive pas, vous devez être également persuadé de mon amitié et des soins que je prendrai toujours pour votre repos et votre fortune. Je vous aime tendrement, et je suis persuadée que vous êtes de même pour moi ; ainsi, mon cher frère, nos fortunes seront communes, et elles ne seront pas si malheureuses qu'elles ont été [2]. Je n'ai point encore demandé en quel régiment je vous voulois, parce que l'on m'a promis que l'on me donneroit à choisir. Je vais recevoir votre argent ; payez vos étoffes et gardez le reste. Votre compagnie d'infanterie sera vendue avant que l'on délivre aucune commission des augmentations que l'on fait dans le régiment [3].

1. *Autographe* du cabinet de M. Feuillet de Conches. — L'adresse porte : *Au maître de la poste du Quesnoy, pour faire tenir à monsieur d'Aubigné, capitaine de cavalerie et d'infanterie au Quesnoy.*
2. Ce retour de madame Scarron sur les misères de son enfance se retrouvera souvent. Aussi nous allons la voir, pendant plusieurs années, n'être occupée qu'à garantir de ces misères son frère et elle-même.
3. D'Aubigné vendait sa compagnie d'infanterie et allait entrer dans un régiment de cavalerie, le régiment du Roi.

Adieu, mon enfant, conservez votre santé, et faites mille amitiés pour moi à votre gouverneur[1]. Je me porte très-bien présentement.

LETTRE X

A M. D'AUBIGNÉ[2].

Ce 27 décembre 1671.

Je suis très-fâchée de ce que votre valet vous a volé, et encore plus fâchée de ce que M. de Barillon me mande, que vous lui paroissez triste, par les lettres que vous lui écrivez[3]. Vous savez qu'il ne faut que cela pour nous brouiller, et qu'il n'y a aussi que cela qui nous puisse brouiller. Réjouissez-vous donc, je vous en prie ; dépensez vos vingt mille francs cette année, faites une compagnie merveilleuse, mais que ce soit par avoir de vieux cavaliers bien faits et bien montés, et non pas par avoir plus de rubans que les autres. Signalez-vous, s'il s'en présente quelque occasion ; appliquez-vous à votre métier, et connoissez tous vos cavaliers et tous vos chevaux ; faites votre cour aux bons ouvriers, et surtout à M. de

---

1. Probablement le gouverneur du Quesnoy.
2. *Autographe* du cabinet de M. Feuillet de Conches. — L'adresse porte : *Au maître de la poste de Saint-Quentin, pour faire parvenir à monsieur d'Aubigné, capitaine de cavalerie dans le régiment du Roi, à Saint-Quentin.*
3. D'Aubigné était naturellement triste, misanthrope, bizarre, et le resta presque toute sa vie. Les mots : *soyez gai, réjouissez-vous*, reviendront souvent dans la correspondance de sa sœur.

Fourille¹; faites-vous aimer des officiers; ne vous moquez de personne; réjouissez-vous toujours et laissez-moi faire le reste.

J'ai demandé à M. de Louvois quelque gratification; il m'a promis de donner ses ordres là-dessus à M. de Saint-Pouanges, mais ils sont partis l'un et l'autre. Je ne vois pas que vous en soyez à cela près; vous ne manquez pas d'argent, et celui que vous m'avez laissé ne tient à rien. Je vous le dis sans chagrin, je serai contente pourvu que vous ayez une bonne compagnie. Je vous fais faire un lit au meilleur marché que je pourrai².

M. Charpentier m'a dit qu'il avoit envoyé votre route et votre quartier d'assemblée à M. de Barillon.

Adieu, mon cher frère, je n'aime rien au monde tant que vous; faites votre devoir et soyez gai, voilà tout ce que je demande.

ANNÉE 1672.

Madame Scarron continuait à élever les enfants du roi, mais en fréquentant plus souvent ses anciennes amies et surtout madame de Sévigné chez laquelle elle soupait tous les soirs. Celle-ci en parle dans plusieurs de ses lettres. (Voir celles des 25 décembre 1671 et 6 janvier 1672.) Voici ce qu'elle en dit dans une lettre du 13 janvier :

« Nous soupons tous les soirs avec madame Scarron. Elle a l'esprit aimable et merveilleusement droit. C'est un plaisir

---

1. Mestre de camp général de la cavalerie légère. Il fut tué à Senef.
2. La Beaumelle invente et ajoute : « Soyez le mieux monté et le plus mal couché de votre régiment. »

que de l'entendre raisonner sur les horribles agitations d'un certain pays qu'elle connoît bien, et le désespoir qu'avoit cette d'Heudicourt dans le temps que sa place paroissoit si miraculeuse, les rages continuelles du petit Lauzun, les noirs chagrins ou les tristes ennuis des dames de Saint-Germain, et peut-être que la plus enviée (madame de Montespan) n'en est pas toujours exempte. C'est une plaisante chose que de l'entendre causer de tout cela. Ces discours nous mènent quelquefois bien loin, de moralité en moralité, tantôt chrétienne et tantôt politique. » (t. II, p. 464, édition Hachette.)

Le 26 février, elle écrit encore :

« Madame Scarron qui soupe ici tous les soirs, et dont la compagnie est délicieuse, s'amuse et se joue avec votre fille. » (t. II, p. 514)

Enfin le 16 mars : « Madame Scarron vous aime ; elle passe ici le carême et céans presque tous les soirs. » (t. II, page 538)

On ne trouve dans le commencement de l'année 1672 que deux lettres d'elle à M. de Villette, mais à la fin de l'année, il y en a cinq à son frère.

LETTRE XI

A MONSIEUR DE VILLETTE, A NIORT[1].

Saint-Germain, ce samedi soir, janvier 1672.

Je viens de recevoir votre gros paquet, et j'ai lu toutes les lettres qui étoient dedans. Votre mademoiselle de Cominge me fait pitié, et la lettre de M. Colbert du Terron m'afflige ; tout ce qu'il dit est très-raisonnable, nous voyons les inconvénients qu'il prévoit, mais nous ne trouvons pas le remède que

1. *Manuscrits de mademoiselle d'Aumale.*

l'on y peut apporter. Je vous plains d'avoir à négocier avec une folle : concluez ou rompez promptement, nous n'avons pas de temps à perdre avant la campagne.

J'ai vu aujourd'hui M. de Louvois, qui ne trouve rien de faisable pour vous [1]. La lieutenance-colonelle n'est pas à remplir, on ne fait point de cavalerie, on ne casse aucune des compagnies déjà faites, on ne fait plus de régiments d'infanterie; il ne se mêle point des aides de camp; les officiers généraux ne sont point encore nommés, c'est un emploi de dépense et qui ne va à rien. Vos démarches sont trop vagues, voilà tout ce qu'il m'a dit, et m'a mis dans un très-grand chagrin, car il est cruel que je serve mes autres parents et que je ne puisse rien pour vous. Venez vous-même vous intriguer et voir les gens qui vraisemblablement seront officiers généraux [2].

Adieu, mon cher cousin; je suis en mauvaise humeur de vos affaires.

LETTRE XII

A MONSIEUR DE VILLETTE, A PARIS [3].

Mars 1672.

Je voudrois de tout mon cœur que madame de Villette fût ici aujourd'hui, car il fait un temps bien

---

1. On faisait les apprêts de la guerre de Hollande.
2. M. de Villette suivit le conseil de sa cousine et vint à Paris avec sa femme. Nous allons voir que, ne trouvant pas d'emploi dans l'armée, il se tourna vers la marine.
3. *Autographe* du cabinet de M. de Noailles.

propre à lui montrer Versailles[1] ; mais cela n'étant pas, je crois qu'il faudra remettre après Pâques, car les jours saints ne sont pas destinés aux plaisirs. Quant à vos affaires, je vous tromperois si je vous promettois quelque chose. Je ne vois personne, madame de Montespan est malade, je me partage entre elle et les princes, et il ne me reste pas de moments; ainsi, il faut que notre cousin fasse auprès de M. de Seignelay tout ce que je ferois si je le voyois[2].

LETTRE XIII

NOTE PRÉLIMINAIRE

On ne trouve pas de lettres de madame Scarron de mars à septembre 1672. Cette époque est pourtant mémorable : c'est celle de la conquête de la Hollande. Le roi partit pour l'armée le 27 avril : il s'en alla presque seul et s'arrêta secrètement près de Nanteuil, dans le château de Genitoy, où

---

1. Versailles n'était pas encore l'habitation de Louis XIV, mais il y donnait des fêtes, y faisait des séjours, et depuis douze ans, on y continuait d'immenses travaux : en 1672, le château était en partie construit avec les jardins, le canal, etc. La ville se bâtissait depuis deux ans. Ce ne fut qu'en 1684 que Versailles devint définitivement le séjour du roi et de la cour.

2. M. de Seignelay qui était chargé de la marine, sous les ordres de son père, conseilla à M. de Villette d'entrer dans l'armée de mer. Louis XIV improvisait alors une marine et il pressait la noblesse de servir sur ses vaisseaux. M. de Villette fut ainsi nommé, le 12 mars 1672, capitaine en second sur le *Fort*, vaisseau de 3e rang que commandait M. de Blénac. C'était un homme fort intelligent, résolu et laborieux ; à quarante ans, il se mit à son nouveau métier avec le désir ardent d'y réussir. Il y réussit en effet, et devint l'un des habiles marins du temps de Louis XIV. (Voir ses *Mémoires* publiés par M. Monmerqué; 1 vol. in-8°.)

il trouva madame de Montespan et ses enfants « qu'il voyait, dit madame de Sévigné, pour la première fois; » ce qui n'est pas vraisemblable. « La belle, ajoute-t-elle, y est demeurée avec des gardes et une de ses amies (probablement madame Scarron) : elle y sera trois ou quatre mois sans en partir. » (T. III, p. 54 de l'édition de 1862.) Madame de Montespan était enceinte et accoucha le 20 juin d'un troisième enfant qui fut nommé le comte du Vexin. Dans cette même année mourut sa fille aînée dont on ne dit point le nom : elle avait trois ans. « Madame Scarron, dit madame de Caylus, en fut touchée comme une mère tendre et beaucoup plus que la véritable; sur quoi le roi dit, en parlant de madame Scarron : « Elle sait bien aimer ; il y auroit du plaisir à être aimé d'elle. »

Pendant ce temps d'Aubigné faisait la campagne de Hollande dans l'armée du duc de Luxembourg. Par le crédit de sa sœur, on lui donna le commandement d'une petite place, Amersfort ou Amsfort, à cinq lieues d'Utrecht.

A M. D'AUBIGNÉ, A AMERSFORT [1].

A Paris, ce 2 septembre 1672.

Je suis bien surprise de n'entendre pas parler de vous depuis que le roi vous a fait l'honneur de vous nommer pour commander dans Amsfort. J'ai reçu une lettre de vous, au bout du mois, jour pour jour, que vous me l'avez écrite; cependant je sais que l'on en peut recevoir de plus fraîches d'Utrecht. Je ne vous répondrai point sur ce que vous me mandez, que vous croyez être mal avec moi; vous savez assez que cela ne peut jamais arriver, et que, soit que je vous fasse des amitiés ou que je vous querelle, je vous aime toujours également, et plus que tout ce qui est au monde. Mais revenons à nos

1. *Autographe* du cabinet de M. Feuillet de Conches.

affaires. J'ai une grande impatience de savoir comment vous êtes sur ce que le roi vient de faire pour vous; je ne sais point le détail de ces choses-là, mais il me semble que dix mille francs d'appointements sont considérables; il est vrai que ce ne peut-être un établissement solide, mais on n'ôte point un homme d'un lieu sans le remettre dans un autre. Acquittez-vous donc à merveille de votre emploi. J'espère que M. de Luxembourg ne vous sera pas contraire. Au nom de Dieu, mon très-cher frère, n'oubliez rien pour mériter l'estime du roi. Il a commencé à vous faire du bien, et il achèvera; M. de Louvois ne s'y opposera pas, et pour peu que vous vous aidiez, vous trouverez de grandes facilités.

M. Rosteau vous doit deux cents pistoles, que vous devriez donner au marchand qui a habillé votre compagnie; il faut toujours faire justice quand on le peut, et vous ne pouvez ni en honneur ni en conscience ne pas payer cet homme. Dandelot meurt d'envie de retourner avec vous, et m'a priée de vous en écrire; je vous prie de m'instruire amplement de tout ce qui vous regarde et de vous réjouir, car tout ira bien.

LETTRE XIV

A M. D'AUBIGNÉ, A AMERSFORT [1].

Ce 19 septembre 1672.

Je ne comprends point pourquoi vous ne recevez point de mes lettres, ni la raison de ce que les vôtres

1. *Autographe* du cabinet de M. Feuillet de Conches.

ne me sont rendues qu'un mois après que vous les avez écrites. On peut avoir un commerce plus fréquent de Paris à Utrecht, et vous m'obligerez d'y donner ordre autant que vous le pouvez, car j'aime encore à recevoir de vos nouvelles, quelque brouillés que nous soyons. Vous êtes admirable de croire que je ne vous aime plus parce que je vous ai grondé ; c'est une marque sûre de la tendresse que j'ai pour vous, et je suis très-fâchée que ce vous en soit une marque désagréable. J'ai bien de la joie de ce que vous me paroissez content de ce que le roi a fait pour vous ; je ne regarde pas le gouvernement d'Amersfort comme un établissement bien solide, mais c'est un chemin à un autre ; faites-y donc de votre mieux pour le service d'un homme qui le mérite et dont je vous crois plus charmé encore que moi, parce que vous avez vu de plus près ce qu'il a fait cette campagne. Il me semble qu'il y a plaisir de servir un héros, et un héros que nous voyons de près. Vous me faites plaisir de me dire les gens dont vous êtes content[1]. Dites à M. de Luxembourg que s'il veut que je vous fasse recommander à lui que je le ferai, mais qu'en attendant j'ai beaucoup de reconnoissance de ce qu'il a fait pour vous d'obligeant.

Faites merveille, mon cher frère, pour répondre à l'honneur qu'on vous à fait ; soyez appliqué, vigilant et exact, et songez que, dès qu'on n'est pas assez dévot pour être capucin, il n'y a rien de plus agréa-

1. La Beaumelle ajoute cette absurdité : « Marquez-moi les noms de ceux qui vous aiment et vous protégent, *ils ne s'en repentiront pas.* »

ble ici-bas que de se faire estimer[1]. Écrivez-moi souvent, je vous en prie.

LETTRE XV

A M. D'AUBIGNÉ, A AMERSFORT[2].

A Paris, ce 27 septembre 1672.

Je sens plus que je n'avois fait encore la joie de votre établissement depuis que j'ai reçu votre lettre du 12 de ce mois. Je suis ravie de vous voir content, et, bien loin de me reposer là-dessus, je vais être plus vive que jamais sur votre fortune. Rien n'encourage tant à faire plaisir que lorsque l'on a affaire à des gens qui le sentent; ne pensez donc qu'à vous bien acquitter de votre devoir à Amersfort, et laissez-moi le soin de vos affaires d'ici.

J'ai parlé à M. de Louvois sur votre compagnie : il m'a dit qu'il la falloit garder encore quelque temps, et qu'ensuite on verra ce qu'on en fera. J'ai remercié tous les gens dont vous vous louez, et j'ai une grande impatience de voir M. de Saint-Pouanges, pour avoir de vos nouvelles particulières. Je suis ravie de vous voir tenant table et le prié-Dieu me ravit; vous avez raison de croire que j'aurois du plaisir de vous y voir et d'être témoin de votre gravité. Réjouissez-vous, mon cher frère, mais songez à votre salut; il y faut venir, et les honnêtes gens doivent y

---

1. La Beaumelle transforme ainsi cette phrase : « Il n'est rien de plus beau que de se faire tuer. »
2. *Autographe* du cabinet de M. Feuillet de Conches.

penser par un motif plus noble que celui de la peur.
Je vous recommande les catholiques, et je vous prie
de n'être pas inhumain aux huguenots ; il faut attirer
les gens par la douceur, Jésus-Christ nous en a montré l'exemple[1].

Adieu, je parlerai à Dandelot, mais vous êtes bien
éloignés pour vous rejoindre. Je me porte assez bien ;
que je sache de vos nouvelles le plus souvent que
vous pourrez, et de longues lettres. Je reçois tous
les jours des compliments pour vous, et de mes amis,
et de mes parents ; je me contente d'y répondre.

Adieu, mon cher frère, je vous embrasse de tout
mon cœur.

APPENDICE A LA LETTRE XV

La lettre qu'on vient de lire ne se trouve dans l'édition de
Nancy (t. I, p. 63) qu'en un résumé de dix à douze lignes.
La Beaumelle a retranché surtout ces quatre lignes : *Je vous
recommande les catholiques*, etc., non parce qu'elles lui déplaisaient, mais parce qu'il a cru bon de faire avec ces quatre lignes une lettre particulière où il pourrait amplifier les
sentiments de tolérance de madame Scarron. Cette lettre
(édit. de Nancy, t. I, p. 64 ; édit. d'Amsterdam, t. I, p. 94)
est devenue ainsi très-célèbre ; elle a trompé tout le monde,
tant elle est habilement faite, et on l'a souvent citée, tantôt à
l'honneur de madame de Maintenon et comme prouvant sa
piété éclairée et sa charité évangélique, tantôt à son détriment, parce qu'on a mis en opposition ses sentiments de 1672
à ceux de 1685. Cette lettre, comme on le pense bien, ne se
trouve ni dans les autographes à d'Aubigné, ni dans les quatre copies que j'ai entre les mains, ni dans les manuscrits
des Dames de Saint-Cyr et de mademoiselle d'Aumale. Louis

---

1. Voir l'*Appendice* à cette lettre.

Racine l'annote ainsi : *Il n'y a de madame de Maintenon dans cette lettre que les trois lignes que j'ai soulignées* (Je vous recommande les catholiques, etc.) *et qui sont de la lettre précédente. Toute cette lettre est composée par l'éditeur qui est calviniste.* D'ailleurs nous allons voir que cette composition du rhéteur de Copenhague est remplie d'impossibilités et de contradictions.

« On m'a porté sur votre compte des plaintes qui ne vous font pas honneur[1] : vous maltraitez les huguenots, vous en cherchez les moyens, vous en faites naître les occasions; cela n'est pas d'un homme de qualité. Ayez pitié de gens plus malheureux que coupables : ils sont dans des erreurs où nous avons été nous-mêmes, et d'où la violence ne nous auroit jamais tirés[2]. Henri IV a professé la même religion et plusieurs grands princes[3]. Ne les inquiétez donc point; il faut attirer les hommes par la douceur et la charité : Jésus-Christ nous en a donné l'exemple[4]; et telle est l'intention du roi[5]. C'est à vous à contenir tout le monde dans l'obéissance; c'est aux évêques et aux curés de faire des conversions par la doctrine et par l'exemple[6]. Ni Dieu ni le roi ne vous ont donné charge d'âmes. Sanctifiez la vôtre et soyez sévère pour vous seul. J'aurois bien du plaisir de vous

---

1. On avait alors, en effet, des sujets de plainte contre d'Aubigné, mais on verra, dans les lettres suivantes, en quoi ils consistaient.

2. D'Aubigné n'avait pas cessé d'être catholique.

3. D'Aubigné avait-il besoin qu'on lui apprît cela?

4. Ceci est textuellement emprunté à la lettre xv.

5. Madame Scarron n'était pas encore en position d'affirmer ainsi les intentions du roi.

6. On comprendrait que madame Scarron eût écrit cela à son frère s'il eût été gouverneur d'une ville de France, mais en Hollande! et dans une ville où il n'y avait peut-être pas cent catholiques!

voir ici; mais cela viendra avec le temps. J'ai de bonnes espérances; M. de Louvois nous sert bien; nous lui avons de grandes obligations [1]. Je vous le répète, mon cher frère, que M. de Ruvigny ne se plaigne plus de vous [2]. »

LETTRE XVI

A M. D'AUBIGNÉ, A AMERSFORT [3].

A Paris, ce 16 octobre 1672.

M. de Louvois m'a écrit aujourd'hui qu'il vous avoit envoyé vos expéditions telles que vous les pouvez désirer, et que le roi avoit décidé en votre faveur quelque difficulté que l'on vous faisoit. Vous savez à quel point je suis sensible à ce que l'on fait pour vous, mais c'est aussi par cette raison-là que je suis troublée, dans la joie que j'ai de vous voir en meilleur état que vous n'étiez. J'apprends que les Hollandois assiégent des places, et je sais que la vôtre n'est point fortifiée; vous avez la guerre tous les jours, et je tremble également, soit que vous eussiez à périr dans Amsfort, ou à vous rendre. Vous connoissez mon cœur et ce qu'il est capable de faire, et

1. Ces deux phrases sont presque littéralement empruntées à une lettre du 16 juin 1673 : *M. de Louvois fait merveille en toute occasion, et nous lui sommes très-obligés. Je vous avoue que j'aurois un grand plaisir à vous voir à Paris.*

2. A côté de cette phrase, L. Racine met : *Faux!* En effet, Ruvigny était le député général des églises réformées de France auprès du roi. Il est impossible d'imaginer qu'il ait pu faire à Louis XIV des plaintes en faveur des protestants de Hollande.

3. *Autographe* du cabinet de M. Feuillet de Conches.

pour l'honneur et par reconnoissance, mais vous ne connoissez pas la tendresse que j'ai pour vous. Je ne puis vous parler d'autre chose aujourd'hui ; ne me laissez pas dans ces inquiétudes-là, et mandez-moi de vos nouvelles le plus souvent que vous pourrez. Voilà des lettres de M. de Villette; faites mille amitiés pour moi à M. de Caumont[1], si vous le voyez, et dites-lui que je ne me lasserai jamais de l'obliger en tout ce qu'il me sera possible.

Adieu, mon cher frère, je me porte très-bien; n'ayez aucune inquiétude pour moi, tout ira bien, et je ne désire avec ardeur que ce qui vous regarde[2].

LETTRE XVII

NOTE PRÉLIMINAIRE

D'Aubigné répondait mal aux conseils et aux bienfaits de sa sœur. Il avait tous les défauts que Louis XIV eut tant de peine à corriger dans sa noblesse militaire : indiscipline, prodigalité, esprit de violence envers la population paisible; Il venait de rançonner à son profit les habitants d'Amersfort. Louvois mettait alors l'ordre le plus sévère dans l'armée, quand il apprit cela, il fut très-mécontent et aurait cassé d'Aubigné sans la considération qu'il avait pour madame Scarron. Il se contenta de le réprimander. Mais nous verrons par une lettre du maréchal de Luxembourg que cela ne le

---

1. L'un des fils du deuxième mariage de Caumont d'Adde avec Madeleine Mériodeau. Nous avons vu que madame Scarron s'était réconciliée non-seulement avec ses propres parents, mais avec les enfants du deuxième lit de Caumont d'Adde, qui furent auprès d'elle de grands solliciteurs.

2. La Beaumelle transforme ainsi cette dernière ligne : « C'est moi qui vous le dis; oui, moi, qui espère si difficilement. »

corrigea pas. Il est probable que Louvois ferma les yeux, puisque d'Aubigné, au lieu d'être disgracié, obtint de nouvelles faveurs.

LOUVOIS A D'AUBIGNÉ [1].

Versailles, le 10 décembre 1672.

Monsieur, j'ai su qu'outre vos appointements, vous prétendez de tirer encore d'autres avantages auxquels vous voulez obliger les habitants d'Amersfort, et comme ce n'est pas l'intention du roi, j'ai empêché que cela ne vînt à la connoissance de Sa Majesté qui sans doute l'auroit trouvé fort mauvais. Contentez-vous donc de ce qu'elle vous ordonne sans penser à tirer autre chose sous quelque prétexte que ce soit, par les inconvénients qui en pourroient arriver. C'est le conseil que je vous donne, étant véritablement, monsieur,

Votre très-humble et très-affectionné serviteur,

DE LOUVOIS.

LETTRE XVIII

NOTE PRÉLIMINAIRE

Voici la première des lettres à l'abbé Gobelin. Ces lettres sont tirées des manuscrits des Dames de Saint-Cyr : elles sont généralement très-importantes et renferment, sinon des révélations explicites, au moins des allusions assez claires aux événements les plus graves de la vie de madame de Maintenon.

L'abbé Gobelin, docteur en Sorbonne, devint, vers 1666, le directeur de madame Scarron : « Il avoit été, disent les

---

1. *Autographe* tiré des archives du château de Mouchy.

Dames de Saint-Cyr, homme de guerre dans sa jeunesse et s'étoit fait d'église par un vrai détachement du monde et par amour de la science et de la vertu. Avec un aspect fort commun, il avoit beaucoup d'esprit et de pénétration et lui disoit bien toutes ses vérités. »

L'abbé Gobelin dirigea, comme nous le verrons, la conduite de madame de Maintenon à l'égard de madame de Montespan; il fut dans la confidence de son mariage avec Louis XIV; il eut donc avec elle une correspondance très-suivie; mais quelques lettres seulement furent conservées par l'abbé qui fut forcé de rendre ou de détruire celles de 1683, 1684 et 1685, c'est-à-dire celles où il était question du mariage. Quelques heures avant sa mort, il envoya celles qui lui restaient aux Dames de Saint-Cyr qui en gardèrent le secret à madame de Maintenon, ainsi que nous l'avons vu dans la *Préface*. La Beaumelle a retranché plusieurs de ces lettres et a fait subir aux autres de nombreuses altérations. Je me contenterai d'indiquer les principales.

A M. L'ABBÉ GOBELIN [1].

1672.

Je m'étois bien doutée que la pauvre madame Loiselle se flattoit; elle doit aller voir sa fille aujourd'hui [2]. Je vous prie de ne pas confondre vos messages avec ceux dont je suis si fatiguée; je vous distingue sur tout, et rien de vous ne peut m'être que très-agréable; je n'en excepte pas moins vos répréhensions. J'ai vu madame la maréchale que j'ai révoltée le plus qu'il m'a été possible [3], nous devons faire des promenades ensemble; je ne serois pas fâchée que vous en fussiez. Je voudrois vous voir ven-

---

1. *Manuscrits des dames de Saint-Cyr.*
2. C'est une dame que madame Scarron secourait et dont la fille était sur le point de mourir.
3. Probablement à cause du silence qu'elle gardait.

dredi; j'enverrai savoir si vous serez de retour et si vous passez la fête à Pontoise. Il faudra que je fasse mes dévotions dans l'Octave, toutes mes femmes se préparent à faire les leurs; mais ces sortes de gens-là veulent que ce soit le jour même[1]. Je crois que saint Bernard dit vrai, et je vois avec douleur qu'il ne suffit pas de se vider la tête des choses criminelles, et que, si les autres n'éloignent pas tant du salut, du moins sont-elles autant opposées à la perfection où vous voudriez me mener. Je suis fort enrhumée et je ne sais que faire ayant perdu madame de Montchevreuil et ne voulant guère voir l'abbé[2].

LETTRE XIX

DE M. DE MÉRÉ A MADAME SCARRON[3].

1672.

Je ne crois pas avoir été de ma vie si ébloui que je le fus hier, madame, en me promenant dans votre jardin[4], lorsque vous me fîtes signe de monter dans

1. La Beaumelle retranche cette phrase, qu'il a trouvée sans doute peu convenable, et qui est caractéristique. Madame de Sévigné en a souvent de pareilles.
2. Madame de Monchevreuil n'était pas à Paris. L'*abbé* est sans doute l'abbé Testu.
3. La Beaumelle (t. I, p. 50 de l'édit. d'Amsterdam) prétend que cette lettre a été adressée à madame Scarron; cela n'est pas impossible, mais dans les *OEuvres de Méré* d'où il l'a tirée (t. I, p. 359), rien ne l'indique : la lettre est adressée à madame ***.
4. Si la lettre a été adressée à madame Scarron, Méré aurait été reçu par elle dans la maison de la rue de Vaugirard. C'eût été une grande faveur, car madame de Sévigné écrivait, le 16 dé-

votre chambre. Et si de loin vous me parûtes belle et brillante, je fus encore plus surpris de votre abord et de vos façons, quoi que je ne le dûsse pas être. Car qui sait mieux que moi et qui l'a plus profondément senti, qu'en tout ce qui peut plaire, vous ne le cédez en rien aux plus aimables de la cour. Mais, sans mentir, madame, vous aviez dans ces moments, des grâces bien particulières qui m'étoient encore inconnues. Comme vous n'êtes visible que pour fort peu de gens, je pensois que vous seriez seule; c'est seule qu'on vous souhaite le plus. Je fus néanmoins bien aise de m'être trompé. La bonne mine de M.....[1] qui vous tenoit compagnie, les excellentes choses qu'il disoit, et sa manière de s'expliquer me donnèrent de l'admiration et me firent connoître que le bonheur ne se peut limiter. En effet, madame, je m'étois cru parfaitement heureux du seul plaisir de vous regarder et de vous écouter. Je vous avoue pourtant que cet homme ne s'en fut pas plutôt allé que je le trouvai beaucoup à dire. Ce n'est donc pas une chose bien étrange, si vous l'avez quelquefois auprès de vous, malgré votre humeur solitaire, et je ne m'étonne pas non plus s'il quitte si souvent la la cour pour venir goûter les charmes de votre conversation. Aussi, madame, je suis persuadé qu'il au-

cembre 1672 : « Pour madame Scarron, c'est une chose étonnante que sa vie : aucun mortel, sans exception, n'a de commerce avec elle. J'ai reçu une de ses lettres, mais je me garde bien de m'en vanter de peur des questions infinies que cela attire. » (t. III, p. 176.)

1. Peut-être est-il question de Louvois, qui venait quelquefois converser avec madame de Maintenon dans sa retraite de la rue de Vaugirard.

roit moins de plaisir à prendre la conduite d'un si
beau royaume, sous le plus grand prince du monde,
qu'à gouverner une si belle dame. Ces deux charges
méritent bien d'être briguées ; et celui qui discouroit
avec vous me semble assez habile homme pour espérer l'une, et même assez honnête homme pour aspirer
à l'autre. Mais, madame, quand ce seroit le plus honnête homme qu'on se puisse imaginer, toujours de-
vroit-il bien craindre que votre sévérité ne l'éloignât
encore plus de vos bonnes grâces que son mérite ne
l'en pourroit approcher.

ANNÉE 1673.

L'année 1673 renferme huit lettres authentiques et deux
apocryphes. Elles sont adressées à MM. de Villette, d'Aubigné et Gobelin, et ont peu d'importance. On y voit cependant madame Scarron croître en considération et en crédit.

LETTRE XIX (La B.)

NOTE PRÉLIMINAIRE

Nous plaçons au commencement de 1673 une lettre roma-
nesque et probablement inventée par La Beaumelle, mais
qui mérite d'être remarquée. On ne la trouve que dans la
3e édition (Glascow), et elle est adressée à madame de Saint-
Géran [1] avec cette note : « L'original est dans le cabinet de
M. de Courtenvaux. » Dans ses *Mémoires sur madame de*

---

1. Nous dirons plus loin ce qu'était madame de Saint-Géran et
la valeur des lettres que, selon La Beaumelle, madame de Maintenon lui aurait adressées.

Maintenon, La Beaumelle cite la phrase la plus importante de cette lettre : « Ce maître vient quelquefois chez moi, malgré moi » (t. II, p. 188) ; il dit que la lettre est adressée à madame de Coulanges[1], ce qui semble plus vrai, la place en 1680, ce qui lui ôte tout sens, et y met cette note : « L'original de cette lettre est entre les mains de M. de M... de l'Académie. » Louis Racine n'a point connu cette lettre ; Walkenaër l'estime la plus fausse de celles qu'a composées ou arrangées La Beaumelle ; et cependant le fait sur lequel elle repose paraît vrai. C'est que Louis XIV, qui avait d'abord témoigné de la répugnance pour madame Scarron à cause de sa réputation d'esprit supérieur, de sa dévotion, de son maintien froid et réprobateur, avait commencé à éprouver pour elle, dès l'année 1672 ou 1673, un sentiment plus tendre. Il la voyait, soit quand il allait visiter ses enfants dans la rue de Vaugirard, soit lorsqu'elle venait avec eux en secret à Saint-Germain, et il la trouvait « si aimable et de si bonne compagnie, » comme va nous l'apprendre madame de Coulanges (lettre du 20 mars 1673), « qu'il souffroit impatiemment son absence. » De plus, il est certain que les jalousies de madame de Montespan à l'égard de madame Scarron commencèrent dans cette même année, ainsi que les hauteurs et les oppositions de madame Scarron envers madame de Montespan ; que de cette année datent les dons, les grâces de Louis XIV envers cette dame ; enfin si nous ne trouvons que deux ans après, en 1675, un aveu très-clair de madame de Maintenon à son directeur sur *l'amitié trop vive* de ce prince, il est fait dans des termes tels que cette amitié ne pouvait être tout à fait récente. Ajoutons que la retraite mystérieuse de madame Scarron dans la maison de la rue de Vaugirard, où elle vivait avec opulence en recevant les visites secrètes de grands personnages, avait excité la curiosité et la malignité

---

1. Je n'ai pas besoin de dire ce qu'était madame de Coulanges, cousine germaine de madame de Sévigné, et dont il est si souvent question dans les lettres de cette dame. Il n'y a pas de lettres authentiques de madame de Maintenon à madame de Coulanges.

publiques. Nous venons de voir ce qu'en écrivait madame de Sévigné le 2 décembre 1672.

D'après toutes ces données, La Beaumelle a composé une lettre ou un roman dont le moindre défaut consiste dans le ton général. Il suppose que madame de la Fayette, madame de Coulanges et les autres dames de la société de madame Scarron, disent ou laissent dire qu'elle est devenue la maîtresse du roi et qu'elle se cache parce qu'elle est enceinte. Elle l'apprend et écrit ou à madame de Coulanges ou à madame de Saint-Géran [1].

A MADAME DE SAINT-GÉRAN [2].

« J'ai eu tant d'affaires que je n'ai pu vous remercier plus tôt de la lettre que vous m'avez écrite ni vous gronder de ne pas écrire plus souvent. Je ne sais si vous connoissez tout le mérite de ce que vous écrivez, mais pour moi je n'ai encore rien vu de si beau. Donnez-moi donc, si vous m'aimez, quelques heures par jour comme si vous étiez encore à Lyon [2].

« Mandez-moi tout ce qu'on dit, tout ce que vous pensez. Quel plaisir de se croire enfermée pour les raisons que vous dites ! Est-il possible que madame la Fayette ne s'en paye pas et qu'elle ait de la peine à croire que j'ai supplanté mon amie ? Combien se fera-t-on mettre de sangsues quand on saura ce qu'a fait mon esprit ? Vous m'avouerez, madame, que cette petite aventure achève admirablement toutes les autres, et qu'après cela il n'y a plus qu'à aller à la Trappe pour finir glorieusement une si belle vie. L'abbé Testu m'y croit déjà; mais dites-

---

1. Il n'y a pas de date dans La Beaumelle : à cause de la lettre de madame de Coulanges du 20 mars 1673, je la place au commencement de l'année.

2. Ceci s'appliquerait à madame de Coulanges qui était fille de l'intendant de Lyon.

lui, s'il vous plait, qu'il se contente de m'écrire de très-froids billets, et qu'il vous laisse me faire des gazettes de tout ce qui vous viendra à la tête. Je suis en très-bonne santé, enfermée dans une assez belle maison, un jardin très-spacieux, ne voyant que des gens qui me servent, toute ravie, tout extasiée dans la contemplation de ma dernière aventure. Je vois tous les soirs votre gros cousin [1] qui me dit quelque chose de son maitre, et puis s'en va; car je ne voudrois pas causer longtemps avec lui. Ce maitre vient quelquefois chez moi, malgré moi, et s'en retourne désespéré mais sans être rebuté [2]. Vous pensez bien qu'à son retour chez lui, il trouve à qui parler. Pour moi, je demeure tranquille par la vérité de mon procédé. Voilà, madame, une légère teinture de ma vie; j'ai bien voulu vous la donner, mais que cela n'aille pas plus loin, s'il vous plait. Écrivez, mon enfant, écrivez souvent et très-amplement, même quand je ne vous ferai pas de réponse. Il y a des temps où je ne le pourrai, mais il n'y en a point où je ne désire le pouvoir.

LETTRE XX (La B.)

NOTE PRÉLIMINAIRE

Quoi qu'il en soit de la lettre précédente, il est certain que madame Scarron faisait des progrès dans l'esprit de Louis XIV. Ce prince lui en donna un témoignage qui éveilla

---

1. M. de Louvois, sans doute, qui était en effet cousin de madame de Saint-Géran et de madame de Coulanges. — Walkenaer fait observer avec raison que madame de Maintenon ne parle pas aussi familièrement des ministres et des grands seigneurs.

2. C'est l'origine de la fameuse phrase tant de fois répétée contre madame de Maintenon : « Je le renvoie toujours affligé, jamais désespéré. » Nous la retrouverons ailleurs.

l'attention de toute la cour : de lui-même, il porta sa pension de 2,000 livres à 2,000 écus. C'était la première grâce qu'il lui faisait depuis qu'elle élevait ses enfants. Les amis de madame Scarron l'en félicitèrent, principalement madame de Coulanges, et, si l'on croit La Beaumelle, madame Scarron lui aurait écrit à ce sujet la lettre qui va suivre et qui n'a de vrai que les faits. (Racine la note seulement comme lui étant *inconnue*, édit. [de Nancy, t. I, p. 70.) Quant à madame de Coulanges, elle écrivit à madame de Sévigné une lettre importante qui affirme le fait principal de la lettre précédente et explique la vie de madame Scarron (20 mars 1673).

« Nous avons enfin retrouvé madame Scarron, c'est-à-dire que nous savons où elle est ; car pour avoir commerce avec elle, cela n'est pas aisé. *Il y a chez une dame de ses amies un certain homme qui la trouve si aimable et de si bonne compagnie qu'il souffre impatiemment son absence.* Elle est cependant plus occupée de ses anciens amis qu'elle ne l'a jamais été ; elle leur donne le peu de temps qu'elle a avec un plaisir qui fait regretter qu'elle n'en ait pas davantage. Je suis assurée que vous trouvez que 2,000 écus de pension sont médiocres ; mais cela s'est fait d'une façon qui peut laisser espérer d'autres grâces. Le roi vit l'état des pensions : il trouva 2,000 livres pour madame Scarron, il les raya et mit 2,000 écus. »

Voici maintenant, d'après La Beaumelle, la réponse que madame Scarron aurait faite à la lettre de félicitations de madame de Coulanges.

A MADAME DE COULANGES.

Mars 1673.

Je vous fais mille remercîments, Madame, de tout ce que votre lettre contient de gracieux pour moi. Les deux mille écus sont au-dessus de mon mérite, mais rien n'est au-dessus de mes soins ; je consume le plus beau de ma vie au service d'autrui ; je suis toujours dans des inquiétudes mortelles, et vous ne sauriez croire combien les désagréments nécessaires de mon état ajoutent à la vivacité de mon tempérament. J'aurois besoin de repos, et je vis dans une action continuelle : pas un moment à donner à mes amis. Les bontés du roi ne sauroient me dédommager de toutes ces pertes. Je remercie madame de Sévigné. Dites-lui combien je mérite qu'elle m'aime toujours. La belle Victoire sort d'ici fort piquée[1], je pense, de n'avoir pu me persuader de souper ce soir chez sa mère. Je ne serois jamais à moi, si je ne refusois pas toujours. Ma servitude finira, mais, hélas! peut-être finira-t-elle par une autre servitude. Le *mignon*[2] a fort bien retenu les vers de M. de Coulanges : il les a récités avec grâce; on en a demandé l'auteur, je l'ai nommé; on a souri. Dans ce pays-ci rien ne se perd.

LETTRE XXI

A M. DE VILLETTE, A NIORT [3].

A Saint-Germain, ce 3 avril 1673.

Je ne vous ai pas mandé tout le chagrin que j'ai eu de ce qui s'est passé sur vos intérêts dans le temps que j'étois invisible, parce que je hais tout ce qui est inutile; j'ai parlé à M. de Seignelay et lui ai demandé fort instamment de vous donner du moins tous les agréments que vous pourriez désirer pour

---

1. Je ne sais quelle est la belle Victoire, et probablement La Beaumelle ne le savait pas lui-même.
2. Le duc du Maine : il avait trois ans!
3. *Manuscrits de mademoiselle d'Aumale.*

adoucir le chagrin où vous êtes[1]. Il m'a donné sa parole positive de vous accorder tout ce qui dépendra de lui et de songer à vos neveux de Sainte-Hermine : prenez donc patience, et espérez qu'une autre année vous sera plus heureuse; mais comptez que rien ne peut vous être si bon en ce pays-ci que de vous attacher à votre métier, comme si vous vouliez être un matelot. Il ne faut point être si actif, et ce qui paraîtroit propre à réussir pourroit très-bien nuire auprès de gens qui veulent que l'on sache se tenir en repos, et qui appréhendent plus que toutes choses les gens inquiets et intrigants.

Adieu, mon cher cousin; je suis très-fâchée de pouvoir si peu, et étant très-contente pour moi, je vois avec bien de la douleur que je suis peu utile à mes proches dont vous êtes assurément ce que j'aime le mieux.

LETTRE XXII

A M. L'ABBÉ GOBELIN[2].

22 avril 1673.

Il y a ici une femme de qualité qui s'appelle madame la comtesse de Ribeirac, qui demande l'aumône, parce qu'elle est séparée d'avec son mari; elle est

---

1. M. de Villette avait à peine une année de service dans la marine qu'il fatiguait déjà M. de Seignelay de sollicitations prématurées.
2. *Manuscrits des Dames de Saint-Cyr.*

vieille et sage, et madame de Montespan voudroit la mettre en pension, mais à bon marché [1]. Elle vous prie de vouloir aller aux Filles de la Croix de la rue Saint-Antoine, pour voir si on la voudroit recevoir avec sa femme de chambre, et l'une et l'autre à juste prix, et pour vivre simplement, car on ne prétend pas payer la qualité.

Ayez la bonté de nous en rendre compte promptement.

LETTRE XXIII

NOTE PRÉLIMINAIRE

Le roi était parti cette année pour l'armée, le 1er mai. Il se fit accompagner de la reine et de ses dames, parmi lesquelles était madame de La Vallière. Madame de Montespan vint le joindre un peu plus tard, quoiqu'elle fût dans un état de grossesse avancé; elle était accompagnée de madame Scarron. On fit le siége de Maestricht, et pendant ce siége, la reine et les dames s'établirent à Tournay. Madame de Montespan logea dans la citadelle, et c'est là qu'elle accoucha (1er juin) de son quatrième enfant, mademoiselle de Nantes. « Elle ne vit la reine, dit Mademoiselle, que deux jours avant de partir. La duchesse de La Vallière logeait chez la reine à son appartement ordinaire. La reine eut beaucoup de va-

---

1. Madame de Montespan était très-libérale pour les pauvres, et croyait effacer sa conduite par des œuvres de charité. « Non-seulement elle donnoit beaucoup et volontiers, mais elle s'occupoit à faire elle-même des habits aux pauvres, et de ses mains délicates, elle tailloit et cousoit les chemises de toile grossières qu'elle leur destinoit. Elle étoit si régulière pour l'observance des jeûnes d'église, qu'elle faisoit peser le pain de sa collation, etc. » (*Mém. de Languet de Gergy*, p. 169.)

peurs à Tournay¹. » On peut ajouter que ce n'était pas sans sujet.

A M. D'AUBIGNÉ².

A Tournay, ce 16 juin 1673.

Il y a longtemps que M. de Louvois m'a dit que l'on abandonnoit Amsfort, et que vous auriez un autre gouvernement; je suis bien fâchée qu'il soit si avancé, et je serois dans une étrange état si on vous assiégeoit; j'espère que la paix finira bientôt toutes les craintes. Vous avez raison d'être persuadé de mon amitié, et je le suis de la vôtre; il seroit seulement à souhaiter d'en jouir un peu plus souvent; cela viendra avec le temps. Vous croyez bien que je ne vous oublierai pas, quoi qu'il arrive; j'ai de bonnes paroles pour vous; M. de Louvois fait merveille en toute occasion, et nous lui sommes très-obligés³. Je vous avoue que j'aurois un grand plaisir de vous voir à Paris. N'en espérez pas sur le récit de ce voyage ici; la citadelle de Tournai est trop ennuyante pour que j'en puisse faire une relation agréa-

---

1. *Mémoires*, t. IV, p. 336 de l'édit. Chéruel.
2. *Manuscrits des Dames de Saint-Cyr.* — L'adresse est : *A M. de Saint-Quentin, commandant à Campen, pour faire tenir à M. d'Aubigné, gouverneur d'Elbourg.* Elbourg est une petite ville, située sur le Zuyderzée, dont on venait de donner le commandement à d'Aubigné, en échange d'Amsfort.
3. Voir, page 169, la lettre apocryphe où La Beaumelle a placé cette phrase. De son côté d'Aubigné écrivait à M. de Louvois, le 18 juillet : « Je ne reçois point de lettre de madame Scarron qu'elle ne m'assure que vous continuez, monseigneur, toujours à nous obliger, et que je puis espérer la continuation de votre protection en servant bien le roi. »

ble, mais je trouverois d'autres choses à vous dire qui vous le seroient bien autant. Je me porte fort bien ; je suis très-contente et avec raison ; je suis si hors de commerce avec tout le monde que je ne puis vous trouver l'homme que vous me demandez pour votre maison ; je m'en informe pourtant autant que je le puis.

Adieu, mon cher frère, je suis tout à vous.

LETTRE XXIV

A M. DE VILLETTE [1].

Ce 9 octobre 1673.

Vous avez raison de croire que j'ai plus de temps à moi présentement que je n'ai accoutumé [2], mais il est vrai aussi que je l'emploie presque entier à écrire et que l'absence de la cour me donne beaucoup de commerce de lettres ; vous savez que c'est de toutes les occupations la plus terrible pour moi, et que je m'en dispense le plus que je puis et souvent plus que je ne le devrois. Je suis très-fâchée de ne pouvoir vous envoyer que la lettre que je viens de recevoir de M. le marquis de Seignelay ; il faut que le vaisseau que vous lui demandez ait été donné bien vite, car j'écrivis le même jour que je reçus vos paquets, et vous pouvez voir que je dis vrai puisqu'en

1. *Manuscrits de mademoiselle d'Aumale.*
2. Madame de Montespan, après ses couches, était revenue à Paris, ainsi que madame Scarron. La cour ne revint que dans le courant d'octobre.

voilà la réponse. Il ne faut pas se rebuter; on nous en fait espérer d'autres et je parlerai dès que l'on sera ici; je songe aussi à nos neveux; et je voudrois de tout mon cœur avoir autant de crédit que vous m'en croyez, mes proches s'en trouveroient fort bien; mais quand on voit les choses de loin, on grossit souvent les objets. J'ai lu l'éloquente lettre que vous avez dictée à Poignette[1] : je ne la prendrai pas tant qu'elle sera huguenote, mais si elle vouloit venir passer un hiver avec madame de Fontmort, nous verrions ce que nous pourrions faire, et au pis-aller elle auroit fait un voyage à Paris qui ne lui coûteroit rien, et qui nous feroit renouveler connoissance.

M. de Caumont m'avoit priée de demander son congé, et je ne l'avois pas jugé à propos dans l'état où sont les affaires. J'ai reçu une lettre de lui qui me fait voir qu'il a pensé là-dessus comme moi; nous verrons dans un mois ce qu'il désirera, car ce sera une saison où l'on ne pourra plus rien faire.

Ne vous rebutez point de m'écrire, et pour me faire savoir des nouvelles de votre santé, et pour m'informer de ce qui vous passe par la tête pour votre fortune; je choisirai parmi vos vues celles qui seront de ma portée, et j'y travaillerai avec toute l'amitié d'une personne qui vous est proche, et qui vous a toujours aimé avec tendresse et qui vous estime fort.

La cour sera à Saint-Germain le 20 de ce mois[2] :

---

1. Femme de chambre de madame de Villette, qui éleva ses enfants. Il en sera question plus loin.
2. La cour revint en effet à cette date par la Lorraine et la Champagne.

on croit que l'hiver se passera sans décision sur les grandes affaires, et que ce sera au printemps que chacun prendra son parti; mes amitiés à madame de Villette.

LETTRE XXV

NOTE PRÉLIMINAIRE

Nous avons vu que Louvois, quand on abandonna Amersfort, avait donné le gouvernement d'Elbourg à d'Aubigné. Celui-ci s'y était comporté comme auparavant, au su du maréchal de Luxembourg, qui écrivait le 13 octobre à Louvois : « Elbourg ne sera pas attaqué cet hiver et ne subsistera plus au printemps : il faut l'y laisser (d'Aubigné) jusqu'à présent; et par d'autres considérations, on lui laisse faire de petites choses sur l'intérêt qu'on ne souffriroit pas à un autre; et il aura là et à Amersfort gagné quelque chose. » Louvois ne suivit pas le conseil de Luxembourg; mais au lieu de punir d'Aubigné, il le destina, probablement sur la demande de sa sœur, au gouvernement d'une place française, Belfort. Il fit connaître alors à madame Scarron la conduite de d'Aubigné, et celle-ci lui écrivit la lettre suivante :

A M. D'AUBIGNÉ, A ELBOURG [1].

31 Octobre 1673.

Je reçois les lettres que vous m'écrivez; mais il ne me paroît point que vous receviez les miennes et quoi qu'elles ne soient pas bien importantes, je serois bien aise qu'elles allassent jusqu'à vous. On me promet de vous faire tenir celle-ci sûrement; c'est

[1]. *Manuscrits des Dames de Saint-Cyr.* — La Beaumelle n'a donné que le commencement de cette lettre, jusqu'à ces mots : « Et je vous avoue que je m'y prépare comme..... »

pourquoi je m'étendrai sur toutes les choses que j'ai
à traiter avec vous. M. de Louvois m'assure que vous
n'avez rien à craindre où vous êtes, et le roi vous a
donné un gouvernement en Alsace où vous serez
très-bien ; vous attendrez des ordres là-dessus, et
ne ferez aucun semblant de le savoir, tant que vous
ne le saurez que par moi. Je vous verrai quand
vous changerez de lieu; et je vous avoue que je m'y
prépare comme à une grande joie; mais elle est un
peu troublée par avoir appris qu'on n'est pas tout à
fait content de vous et que vous songez plus à votre
intérêt qu'à plaire au roi. Je ne croirois pas ce qu'on
m'a dit là-dessus si je ne le savois par des gens qui
certainement ne veulent que vous servir et me faire
plaisir, car vous m'avez toujours paru si éloigné de
l'avarice que je ne comprends pas qu'étant plus à
votre aise que vous n'avez jamais été, vous hasardiez
pour de très-petites sommes de perdre votre fortune
et de m'affliger sensiblement. Je vous conjure de
changer de conduite là-dessus, quoi que vous n'ayez
plus guère à être à Elbourg. Je ne sais de quelle nature sont les choses dont vous profitez et si elles
peuvent compatir avec l'honneur; mais je sais bien
qu'il viendra quelque heure où vous serez inconsolable d'avoir fait des maux et des injustices que vous
ne pourrez réparer. Faites-y réflexion, mon cher
frère; restituez, si vous avez reçu ; agissez noblement
et justement, et ne vous amusez point à des distinc-
tions sur votre profession qui ne seront point reçues
devant Dieu. Vous avez du bien et plus que vous
n'en pouviez espérer naturellement; j'en ai qui est à

vous, et nous en laisserons l'un et l'autre; ne pensez donc qu'à vivre en honnête homme, à mériter l'estime des gens qui vous connaissent, et à me donner le plus sensible plaisir que je puisse avoir au monde, si je voyois que l'on fût content de votre conduite.

Adieu, je n'ai rien fait pour Saint-Bazile; son affaire n'est pas encore dans les lieux où je pourrois la servir. Nos parents m'accablent toujours, et j'espère vous en faire des histoires qui ne vous déplairont pas. Voici des parties et une lettre que votre marchand de drap m'a prié de vous faire tenir. Vous m'offriez de l'argent, il y a quelque temps; si vous en avez, payez vos dettes; c'est le plus pressé; s'il vous en restoit et que vous pussiez sans embarras m'apporter d'une certaine panne que l'on vend à Amsterdam, et dont le marquis de Béthune m'a fait voir des échantillons, je serois ravie d'en avoir; nous aurons le temps de nous en écrire.

Adieu, mon cher frère, on ne peut vous aimer plus que je ne fais.

APPENDICE A LA LETTRE XXV.

D'Aubigné n'eut le gouvernement de Belfort que le 10 janvier 1674. Le maréchal d'Albret lui écrivit à ce sujet la lettre suivante :

« Que vous m'avez fait plaisir, monsieur le gouverneur, de vous être donné le soin de me donner de vos nouvelles et de m'apprendre que vous avez le gouvernement de Belfort. Je vous assure qu'il n'y a que madame votre sœur au monde plus sensible à votre fortune que je le suis, et quand vous en aurez une aussi bonne que je vous la souhaite, elle et vous aurez tout sujet d'être contents... » (*Autographe de la Biblioth. du Louvre.*)

LETTRE XXVI

NOTE PRÉLIMINAIRE

Voici une lettre de Bussy-Rabutin à madame de Sévigné que nous insérons ici pour témoigner la considération et l'influence dont jouissait déjà madame Scarron. Bussy-Rabutin a mis en tête de cette lettre :

« Sur ce que la plupart de mes bons amis et moi avions jugé que madame Scarron me nuisoit à la cour par l'amitié qu'elle avoit pour les La Rochefoucauld [1], j'écrivis cette lettre à madame de Sévigné, afin de la lui montrer et de l'obliger de me raccommoder avec eux ou du moins à être neutre, et je la datai de Bussy, quoique je fusse encore à Paris. »

DE BUSSY-RABUTIN A MADAME DE SÉVIGNÉ [2].

13 décembre 1673.

Vous pouvez vous souvenir, madame, de la conversation que nous eûmes le jour que je vous dis adieu. Elle fut presque toute sur les gens qui pouvoient traverser mon retour; et quoique je pense que nous les ayons tous nommés, je ne crois pas que nous ayons parlé des voies dont ils se servent pour me nuire. Cependant j'en ai découvert quelques-uns depuis que je ne vous ai vue, et l'on m'a assuré entre autres que madame Scarron en étoit une. Je ne l'ai

---

1. On sait que Bussy-Rabutin était exilé de la cour et qu'il cherchait par tous les moyens à rentrer en grâce auprès du roi. Il avait pour ennemis les La Rochefoucauld.
2. *Lettres de Bussy-Rabutin*, t. II, p. 323 de l'édit. Charpentier.

pas cru, car bien que je sache qu'elle est aimée de gens qui ne m'aiment pas, je sais qu'elle est encore plus amie de la raison, et il ne m'en paroît pas à persécuter un homme de qualité qui n'est pas sans mérite, accablé de disgrâces. Je sais bien que les gens d'honneur entrent et doivent entrer dans les sentiments de leurs amis; mais quand ces sentiments sont trop aigres ou poussés trop loin, il est, ce me semble, de la prudence de ceux qui agissent de sang-froid de modérer la passion de leurs amis et de leur faire entendre raison. La politique conseille ce que je vous dis, madame, et l'expérience apprend à ne pas croire que les choses soient toujours en même état. On l'a vu en moi, car enfin ma liberté surprit tout le monde. Le roi a commencé à me faire de petites grâces sur mon retour dans le temps que personne ne les attendoit, et sa bonté et ma patience me feront tôt ou tard retourner absolument; il n'en faut pas douter, madame : les disgrâces ont leurs bornes comme les prospérités. Ne trouvez-vous pas qu'il est de la politique de ne pas outrer les miennes et de ne pas désespérer les gens? Mais quand on se flatteroit assez pour croire que je ne retournerois jamais (chose à quoi je vous répète encore qu'il y a peu d'apparence, me portant mieux que tous mes ennemis), où est l'humanité? où est le christianisme? Je connois assez les courtisans, madame, pour savoir que ces sentiments sont bien foibles en eux, et moi-même avant mes malheurs, je ne les avois guère. Mais je sais la générosité de madame Scarron, son honnêteté et sa vertu, et je suis persuadé que la corruption de la cour ne la gâtera jamais. Si je ne croyois ceci, madame, je ne vous le dirois pas, car je ne suis point flatteur, et même je ne vous supplierois pas, comme je fais, de lui parler sur ce sujet : c'est l'estime que j'ai pour elle qui m'a fait souhaiter de lui être obligé et croire qu'elle n'y aura pas de répugnance. Si elle craint l'amitié des malheureux, elle ne fera rien pour avoir la mienne; mais si l'amitié de l'homme le plus reconnoissant et à qui il ne manquoit que de la mauvaise fortune pour avoir assez de vertu, lui est considérable, elle voudra bien me faire ce plaisir.

Madame de Sévigné répondit à cette lettre le 18 décembre[1] :

« J'ai fait voir votre lettre à la dame pour qui elle étoit écrite. Elle n'a, m'a-t-elle dit, jamais ouï nommer votre nom en mauvaise part. Du reste, elle a fort bien reçu votre civilité. Elle m'a promis que si elle entendoit dire quelque chose, elle m'en avertiroit et qu'elle ne trouveroit jamais occasion de vous rendre de bons offices qu'elle ne le fît. »

« Je parlai fort de votre mérite et de vos malheurs. L'audience étoit favorable. Je serois fort aise que vous m'eussiez entendue; peut-être que vous en seriez bien aise aussi. »

LETTRE XXVII

A M. L'ABBÉ GOBELIN [2].

A Versailles, 17 décembre 1673.

Je sais tous vos maux, et j'en suis sensiblement touchée, tant pour votre intérêt que pour le mien; car j'avois fort envie de vous voir. Conservez-vous,

1. T. III, p. 323 de l'édit. Hachette.
2. *Manuscrits des Dames de Saint-Cyr*.

et mandez-moi quelquefois de vos nouvelles. J'ai été malade tout hier, je suis mieux présentement, et j'ai fort envie de me sauver. Il me semble que voilà vous répondre à tout ce que vous voulez savoir, et il est fort inutile que j'y ajoute des assurances de mon amitié, car je crois que vous n'en pouvez jamais douter.

APPENDICE A LA LETTRE XXVIII

Après le voyage de Flandre, madame Scarron continua à vivre dans la maison de la rue de Vaugirard, mais avec moins de mystère, parce que le roi était décidé à reconnaître et à légitimer ses enfants naturels. « Nous soupâmes encore hier, écrit madame de Sévigné le 4 décembre, avec madame Scarron et l'abbé Testu, chez madame de Coulanges. Nous trouvâmes plaisant de l'aller ramener (madame Scarron), à minuit, au fin fond du faubourg Saint-Germain, fort au delà de madame de La Fayette, quasi auprès de Vaugirard, dans la campagne : une grande et belle maison où l'on n'entre point; il y a un grand jardin, de beaux et grands appartements; elle a un carrosse et des chevaux; elle est habillée modestement et magnifiquement, comme une femme qui passe sa vie avec des personnes de qualité; elle est aimable, belle, bonne et négligée. On cause fort bien avec elle.[1] »

Les enfants naturels du roi furent légitimés le 20 décembre. « Dans ce même temps, raconte Mademoiselle, le roi déclara trois enfants naturels : deux garçons dont l'un s'appelle le duc du Maine, l'autre, le comte du Vexin, et une fille, mademoiselle de Nantes. Dans leur légitimation, on ne nomma point la mère[2]. » — « Madame de Coulanges, écrit madame de Sévigné, le 25 décembre, avec deux ou trois amies, sont allées voir *le Dégel* (madame Scarron) dans sa

1. T. III, p. 299.
2. *Mémoires*, t. IV, p. 358.

grande maison : on n'y voit rien de plus. Je compte y aller un de ces jours et je vous en manderai des nouvelles. » Et le 1ᵉʳ janvier 1674 : « On ne voit point encore ces petits princes. L'aîné a été trois jours avec père et mère ; il est joli, mais personne ne l'a vu. »

Un autre petit événement avait modifié la vie de madame Scarron : « Madame d'Heudicourt, écrit madame de Sévigné le 4 décembre, est allée rendre ses devoirs ; il y avoit longtemps qu'elle n'avoit paru en ce pays-là. Si elle n'étoit point grosse, on est bien persuadé qu'elle rentreroit bientôt dans ses premières familiarités. On juge par là que madame Scarron n'a plus de vifs ressentiments contre elle. Son retour a pourtant été ménagé par d'autres, et ce n'est qu'une tolérance [1]. »

Enfin madame de Neuillant mourut à Paris le 15 décembre, âgée de 82 ans, « avec de grandes marques, dit la *Gazette*, de la piété dont elle avoit toujours fait profession. » Madame Scarron en fut affligée.

ANNÉE 1674.

L'année 1674 renferme vingt-cinq lettres authentiques et cinq apocryphes. C'est une des plus importantes de la vie de madame de Maintenon.

Madame Scarron est établie à la cour avec les enfants du roi et dans l'appartement de madame de Montespan ; ses rapports avec cette dame, et par conséquent avec le roi, vont devenir plus fréquents et plus intimes ; sa position paraît équivoque, et elle ne semble plus que la complaisante de la favorite. Elle s'en inquiète et voudrait quitter la cour, mais elle craint de déplaire au roi et appréhende de retomber dans la misère. « J'ai ouï dire bien des fois à madame de Maintenon, raconte mademoiselle d'Aumale, qu'elle haïssoit naturellement la cour, et l'on demandera pourquoi donc elle y restoit et dans le pénible emploi qu'elle avoit...

1. T. III, p. 299 de l'édit. Hachette.

Mais elle étoit née sans biens, et tous ses projets, en y restant, étoient de tâcher d'avoir quelque grâce du roi, qui la mit en état d'en sortir... ». Cependant elle hésita longtemps, ne croyant pas, disait-elle, pouvoir y rester en conscience, et elle consulta son directeur en lui exposant nettement ses scrupules. Celui-ci fit tous ses efforts pour les dissiper, et il lui enjoignit expressément de rester dans sa position, quelque difficile qu'elle fût. Voici pourquoi :

Tous les gens de bien s'alarmaient de la vie scandaleuse du roi, de ce roi « qui, selon Leibnitz, faisait les destinées de son siècle; » il s'était formé entre eux, et principalement entre Bossuet, Montausier et d'autres personnages de la cour, une sorte de complot pour arracher le monarque à ses désordres. L'obscur abbé Gobelin, sans qu'il s'en doutât lui-même, était de ce complot : en voyant l'estime et l'affection que le roi témoignait à madame Scarron, en appréciant toute la sagesse, l'esprit, la vertu de cette femme éminente, il avait conçu l'espoir qu'elle pourrait être l'instrument de la Providence pour cette bonne œuvre, et c'est pour cela qu'il lui ordonna, comme de la part de Dieu, de rester à la cour; c'est pour cela qu'il l'engagea à travailler au salut du roi par sa conduite, ses bons exemples, et, si elle le pouvait, par ses exhortations.

Nous allons voir que madame Scarron ne suivit les conseils de l'abbé Gobelin qu'avec répugnance : elle eût préféré la retraite et le repos. « Elle m'a dit, raconte madame de Glapion, que sans l'assurance que ses directeurs lui avoient donnée, que Dieu la vouloit à la cour, elle n'y seroit jamais restée; qu'elle auroit été plutôt à l'Amérique et fait quelque échappée imprudente que d'y demeurer; mais quand, disoit-elle, outre les assurances que m'avoit données ces hommes de Dieu, je commençai à voir qu'il ne me seroit peut-être pas impossible d'être utile au salut du roi, je commençai à être convaincue que Dieu ne m'y retenoit que pour cela, et je bornai là toutes mes vues.

« Je haïssois la cour, disoit-elle encore, et n'ai jamais désiré d'y être. D'ailleurs le roi ne me goûtoit pas, et d'abord il eut assez longtemps de l'éloignement pour moi; il me craignoit sur le pied de bel esprit, s'imaginant que j'étois une personne difficile et qui n'aimoit que les choses sublimes[1]. »

En même temps que son crédit et son influence sur Louis XIV viennent à s'accroître, ses démêlés avec madame de Montespan commencent, et de là des querelles interminables et une vie très-tourmentée. Ces démêlés avaient pour cause l'éducation des enfants fort mal dirigée par leur mère, la fierté extrême de madame Scarron qui voulait dépendre uniquement du roi et non de la favorite, les oppositions qu'elle mettait à la vie scandaleuse de madame de Montespan. Il faut y joindre la jalousie de cette dame qui voyait le roi prendre de plus en plus de l'affection pour la gouvernante de ses enfants. C'est au milieu de ces agitations que les bienfaits du roi redoublent; madame Scarron reçoit les récompenses qu'on lui a promises; elle en acquiert la terre de Maintenon et en prend le nom.

LETTRE XXVIII

A M. L'ABBÉ GOBELIN[2].

Ce 2 mars 1674.

Vous avez tant pris de part à mes maux[3] qu'il est bien juste que je vous dise que je me porte bien, et que j'espère ne pas retomber, pourvu que j'aie certains soins de moi que ma délicatesse m'oblige de prendre, et qui me font autant de peine que mon mal même. Je ne sais point combien je serai ici, je

---

1. *Lettres historiques et édifiantes*, t. II, p. 454.
2. *Manuscrits des Dames de Saint-Cyr*.
3. Madame Scarron, en arrivant à la cour, avait été malade pendant un mois.

suis résolue, puisque vous l'avez voulu, de me laisser conduire comme un enfant, de tâcher d'acquérir une profonde indifférence pour tous les lieux, et pour les genres de vie auxquels on me destine, de me détacher de tout ce qui trouble mon repos, et de chercher Dieu dans tout ce que je ferai. Ce n'est pas que je sois bien propre à une dévotion toute particulière, et privée de toute consolation; les actions m'y auroient peut-être mieux conduite; mais vous vous souviendrez, s'il vous plaît, que vous voulez que je demeure à la cour, et que je la quitterai dès que vous me le conseillerez. Écrivez-moi avec liberté; vos lettres me seront rendues très-sûrement.

Je vous supplie d'avoir la bonté de faire relier un de vos livres pour la messe [1] avec du chagrin, et des fermoirs d'or tout unis, et de me l'envoyer dès que vous l'aurez. J'ai bien fait votre cour sur les soins que vous avez de nos enfants, et sur le dessein que vous aviez imaginé pour les fables d'Ésope; vous êtes fort bien avec eux; je crois aussi qu'ils mettent sur votre compte la douceur qu'ils me trouvent présentement. Dieu veuille qu'elle ne soit que sur le sien, et qu'en effet la déférence que j'ai pour vous, et l'envie de trouver du repos ne soient pas les motifs qui me fassent agir.

Le P. Bourdaloue fait ici des merveilles [2]. Notre

---

1. L'abbé Gobelin est auteur d'un livre qui a pour titre : *Brève intelligence de l'ordre des cérémonies de la messe*, par M. Gobelin, prêtre, docteur en théologie, conseiller et aumônier du roi ; 1 v. in-12. La deuxième édition est de 1669.

2. Il prêcha devant le roi pendant tout le carême.

duchesse¹ et moi nous le voyons tous les jours ; ne m'oubliez jamais dans vos prières.

Je crois que vous vous souviendrez que quand madame Barri² sortit de la maison, vous et moi lui demandâmes ce qu'elle vouloit et on lui donna trois mille francs, avec quoi elle prétendoit faire des merveilles ; cette somme est mangée et on lui a donné toujours depuis deux cents francs par an, et d'autres secours très-fréquents. Cependant elle meurt de faim ; et pour se délivrer de ses continuelles importunités, voilà cent pistoles qu'on lui donne ; mais comme c'est pour la dernière fois, voyez s'il y auroit quelque moyen de placer cette somme un peu utilement ; usez-en comme il vous plaira ; tout ce que vous ferez sera bien fait.

LETTRE XXIX (La B.)

NOTE PRÉLIMINAIRE

Cette lettre ne se trouve que dans la collection de La Beaumelle (édit. de Nancy, t. 1, p. 99 ; édit. d'Amsterdam, t. 1, p. 52). Louis Racine l'annote : *m'est inconnue*. Elle repose sur un fait vrai, mais elle est inventée.

« M. le duc du Maine, raconte mademoiselle d'Aumale, était né droit et bien fait, et le fut jusqu'à trois ans, que les grosses dents lui percèrent et lui causèrent des convulsions si terribles qu'une de ses jambes se retira beaucoup plus que l'autre. On essaya en vain tous les remèdes de la Faculté de Paris, après lesquels on le mena à Anvers pour le faire

---

1. La duchesse de Richelieu.
2. La nourrice d'un des enfants de madame de Montespan.

voir à un homme dont on vantoit le savoir et les remèdes, et comme on ne vouloit pas que M. le duc du Maine fût connu, madame Scarron fit ce voyage sous le nom supposé d'une femme de condition du Poitou, la marquise de Surgères, qui menoit son fils à cet empirique, dont les remèdes étoient apparemment bien violents puisqu'il allongea la jambe de M. le duc du Maine beaucoup plus que l'autre ; mais il ne la fortifia pas, et les douleurs extrêmes qu'il souffrit ne servirent qu'à la lui faire traîner. »

Avec ces faits, La Beaumelle a composé les deux lettres suivantes :

A MADAME DE MONTESPAN.

Anvers, 18 avril 1674.

Madame, notre voyage a été fort heureux, et le prince se porte aussi bien que la marquise de Surgères, tous deux également inconnus, tous deux très-fatigués, tous deux fort surpris de ne pas trouver ici vos ordres. Nous les attendons avec impatience. Il fait le même temps que nous avons eu dans la route, c'est-à-dire le plus beau du monde. Le prince est assez gai, il a bon appétit et dort tranquillement. Il est bien juste que je passe ici pour sa mère, moi qui en ai toute la tendresse et qui partage avec vous tous ses maux.

LETTRE XXX (La B.)

A MADAME DE MONTESPAN [1].

Anvers, 20 avril 1674.

Madame, le médecin visita hier le prince ; il parla

---

1. Cette lettre ne se trouve que dans la collection de La Beaumelle, t. I, p. 101 de l'édit de Nancy ; t. I, p. 52 de l'édit. d'Amsterdam. Racine l'annote ainsi : *m'est inconnue et me paraît composée par l'éditeur.* On ne sauroit en douter.

de fort bon sens sur son incommodité ; il est tel qu'on vous l'a dit, fort doux, simple, point charlatan. Cependant je vous avoue, Madame, que j'ai de la peine à le lui confier : mais il faut obéir. Il nous donne encore cette journée pour nous remettre des fatigues du voyage. Demain il commencera ses remèdes ; je souffre par avance de tout ce que le pauvre enfant souffrira. C'est bien à présent, Madame, que vous auriez à me reprocher de l'aimer avec excès. Je ne pourrai soutenir la vue de l'appareil ; il m'a promis pourtant de traiter le mal avec douceur. Il prétend que ce n'est qu'un affoiblissement, et cela me rassure. Le prince lui a dit : Au moins, Monsieur, je ne suis pas né comme cela. Voyez maman, et papa n'est pas boiteux[1]. Il a dit cela avec beaucoup de grâce et de vivacité. Nous sommes ici parfaitement inconnus, et nous y vivrons d'une manière fort retirée ; heureux si nous pouvons en rapporter la santé ; je le demande à Dieu à toutes les heures du jour, et je ferai dire cent messes à cette intention. Le petit mignon baise très-humblement les mains à la belle Madame.

1. Il y a une anecdote relative au voyage d'Anvers dans les Mémoires de mademoiselle d'Aumale, mais elle est plus simple :
« Étant à Anvers avec M. le duc du Maine, un médecin fort vieux, mais de bon sens, qui voyoit les soins pleins de tendresse qu'elle prenoit de M. le duc du Maine, répondit à quelqu'un qui demandoit à qui étoient ces enfants-là (on avait emmené la petite d'Heudicourt) : Je n'en sais rien, dit le vieux médecin ; mais à coup sûr voilà la mère, montrant madame Scarron. »

LETTRE XXXI

A M. D'AUBIGNÉ, GOUVERNEUR DE BELFORT [1].

A Paris, ce 21 mai 1674.

Je mourois d'envie de vous écrire et remettois de jour en jour par la quantité de petites choses qui m'occupent; et je ne doutois pas que Des Rolines ne prît soin de vous mander de mes nouvelles. Je me porte bien, Dieu merci, et je me trouve toujours de la santé dès que mon corps et mon esprit sont en quelque repos. La petite famille se porte bien, et si M. le duc du Maine marchoit, je serois fort contente d'eux; voilà tout ce que je puis vous dire de nous. Vous me faites un extrême plaisir de m'écrire, mais vous ne m'instruisez guère de la manière dont vous vous trouvez à Belfort. Je suis bien aise que vous ayez reçu des marques de considération de M. de Turenne[2]; il en recevra des remerciements qui l'obligeront à continuer. J'ai fait tous vos compliments, et ils ont été fort bien reçus. Je ne vois pas fort souvent les gens dont vous me parlez, excepté madame de Montchevreuil. Du reste, je m'enferme plus que jamais, et mène une vie très-douce. Je songe fort à votre établissement, et il y a deux ou trois affaires sur le tapis, mais elles ne sont pas assez avancées pour vous en parler. Adieu, mon cher frère; j'ai

1. *Autographe* du cabinet de M. Feuillet de Conches.
2. Turenne commandait l'armée du Rhin pendant que le roi faisait la conquête de la Franche-Comté. Le poste qu'on avait confié à d'Aubigné était important, et il y tint une bonne conduite.

aussi plusieurs terres auxquelles je pense¹ ; quand il y aura quelque chose de décidé, vous le saurez. J'ai parlé à M. et et à madame Colbert en faveur de M. Arnaud².

LETTRE XXXII

A M. L'ABBÉ GOBELIN³.

Ce lundi 10 juillet 1674.

Il y a longtemps que j'ai envie de vous écrire, mais les jours se passent dans un esclavage qui empêche de faire ce qu'on voudroit ; je suis toujours assez triste, et les choses prennent un air qui ne me convient pas⁴. Je n'ai pas assez de pouvoir sur moi pour n'en point souffrir, mais je veux bien souffrir ; et c'est quelques progrès que j'ai faits d'avoir ôté l'impatience et de n'avoir plus que la douleur. Je fais mon possible pour me consoler avec Dieu ; je suis dans une situation plus douce que je ne l'avois espéré. Je fis hier mes dévotions, n'ayant pu le faire le jour de la Visitation ; je me confessai à un homme qui ne m'entendoit point, et qui m'assura que je ne lui disois pas un péché : je suis sûre que vous en auriez jugé autrement.

1. Elle pensait à acheter une terre avec la récompense promise pour l'éducation des enfants du roi, et voulait s'y retirer. Cette récompense avait été fixée dans les commencements à 100,000 liv. ; mais on lui avait fait espérer davantage.
2. Voir plus loin, page 204.
3. *Manuscrits des Dames de Saint-Cyr.*
4. Voir la note préliminaire de l'année 1674.

Voilà le compte que je vous dois de mes affaires spirituelles, passons aux temporelles. J'ai une extrême envie d'acheter une terre, et je n'y puis parvenir. M. de Montchevreuil est à Paris, et je l'ai prié d'y travailler, et de s'instruire de tout ce qui est à vendre. Je vous prie de le voir et de joindre toute la vivacité de l'amitié que vous avez pour moi pour me servir dans cette occasion; car il n'y en aura jamais une plus importante pour mon repos.

Si vous voyez madame de Richelieu, excitez-la à presser les gens à qui j'ai affaire à songer un peu à mon établissement[1].

LETTRE XXXIII

A M. L'ABBÉ GOBELIN[2].

12 juillet 1674.

Monsieur votre neveu[3] me défend de lui faire réponse et me fait grand plaisir, car je n'en aurois jamais eu la hardiesse. J'ai lu sa lettre avec le plus grand plaisir du monde; il me feroit plaisir de m'en écrire une que je pusse montrer, car j'ai une grande passion pour que son mérite soit connu ici. Il faut

1. C'est-à-dire le roi et madame de Montespan de lui donner les 100,000 livres qu'on lui avait promises : c'est ce qu'elle appelle *son établissement*.
2. *Manuscrits des Dames de Saint-Cyr.*
3. L'abbé Le Ragois qui fut, par la protection de madame de Maintenon, nommé précepteur du duc du Maine. C'est pour l'éducation de ce prince qu'il a composé ses *Abrégés d'histoire de France et d'histoire romaine*, tant de fois réimprimés. On voit que madame de Maintenon lui en avait suggéré l'idée. Il mourut en 1681.

que ce soit un simple remerciement de ce que je lui ai fait voir mes princes et Versailles ; qu'il loue tout ce qu'il a vu et qu'il dise quelque chose sur l'éducation, et tout cela simplement et sérieusement. Je connois le goût de ce pays, et je prends la liberté de vous dire ce qu'il leur faut. Je vous prie de me faire faire des copies de tout ce que vous et monsieur votre neveu avez écrit sur l'histoire de France, et qu'il fasse quelque chose d'aussi succinct sur l'histoire romaine ; mais que vos copies soient de cette belle écriture dont vous usez quelquefois. Écrivez-moi amplement par M. l'aumônier.

LETTRE XXXIV

A M. D'AUBIGNÉ, A BELFORT [1].

A Versailles, ce 17 juillet 1674.

Il y a longtemps que je veux vous écrire, et je n'ai pu y parvenir. La vie que l'on mène ici est fort dissipée, comme vous savez, et les jours y passent fort vite. Tous mes petits princes y sont établis, et je crois pour toujours ; cela, comme toute autre chose, a son vilain et bel endroit. Je suis assez contente, je me porte bien, et je songe très-sérieusement à vous marier. Je travaille à une affaire qui seroit bonne, n'en parlez point, et comptez que tout revient, et que l'on ne peut être trop sur ses gardes quand on a les moindres relations en ce pays ici. Je ne puis

1. *Autographe* du cabinet de M. Feuillet de Conches.

trouver de terre comme je la voudrois, mais je ne me rebuterai point que je n'en aie une.

Adieu, mon cher frère, réjouissez-vous, et soyez bien persuadé que je n'oublierai rien pour vous mettre en état de vous passer de moi et de tout le monde. Je ferai peindre votre carrosse, et j'ai donné ordre pour des armes. Toute la maison vous fait des compliments, et notre petit duc vient de me dire, de son chef, qu'il vous baise les mains, et qu'il voudroit bien que vous fussiez ici. Je ne sais ce qui vous revient de ce que j'ai fait pour M. Arnaud[1], mais j'aurois pu le vendre bien cher, et j'ai été étonnée de tout ce qu'on m'a offert là-dessus; je ne lui en demande que quelques petits emplois que je suis ravie de faire donner à des misérables, et vous me ferez plaisir de lui marquer que c'est en cela qu'il m'en peut faire; et, du reste, tâchez d'en profiter autant que l'honneur et la conscience le peuvent permettre, car il faut que tout cède à notre devoir. Adieu, mon cher frère, je vous aime bien tendrement.

1. M. Arnaud était l'un des principaux intéressés « dans les fermes unies du roi. » Il avait obtenu de Colbert, par la protection de madame Scarron, le renouvellement d'un bail et avait donné à M. d'Aubigné une sorte de part ou de pot-de-vin sur ses bénéfices. Nous allons voir madame Scarron, toute désintéressée qu'elle fût naturellement, se mêler de ces sortes d'affaires, selon les usages du temps, pour fournir aux dépenses de son frère, digne fils de Constant d'Aubigné pour la prodigalité et l'amour des plaisirs.

LETTRE XXXV

A M. L'ABBÉ GOBELIN[1].

A Versailles, ce 24 juillet 1674.

Je suis bien persuadée que je ne pouvois mettre mes affaires en meilleures mains que dans les vôtres, et qu'étant autant mon ami que vous l'êtes, et aussi bien informé de l'intérêt que j'ai d'acheter une terre, vous ne perdriez pas de temps pour m'en faire trouver une. Quelques soins que vous preniez, je n'en aurai pas sitôt; on a de la peine à trouver ce qu'on cherche, et les gens de qui je dépends ne me paroissent guère pressés de m'établir. Cependant il faut s'éclairer de la manière dont ils sont pour moi, en leur proposant quelque chose de présent et de solide.

Madame la duchesse de Richelieu et madame de Montespan traitent présentement d'un mariage pour moi qui ne s'achèvera pas; c'est un duc assez malhonnête homme et fort gueux[2]; ce seroit une source de déplaisirs et d'embarras qu'il seroit imprudent de s'attirer; j'en ai déjà assez dans une condition singulière et enviée de tout le monde, sans en aller chercher dans un état qui fait le malheur des trois quarts du genre humain[3]. Cependant, je n'ai point rompu

---

1. *Manuscrits des Dames de Saint-Cyr.*
2. Le duc de Villars-Brancas. Comparez cette proposition de mariage avec celle qu'invente La Beaumelle dans ses lettres apocryphes des pages 115 et 116.
3. On retrouve la même pensée dans les *Conseils et Instructions aux demoiselles de Saint-Cyr.* Voir t. I, p. 32.

la négociation, car je serois bien aise que madame de Richelieu voie la froideur et l'indifférence de madame de Montespan sur tout ce qui regarde mes affaires essentielles.

Je vous ai envoyé de l'argent par madame de Coulanges, pour payer le premier quartier de la pension de Toscan, et pour avancer quelque chose à madame Loiselle ; il en faudra faire des mémoires différents, car c'est madame de Montespan qui paye pour le petit garçon, et ce sera moi qui aurai soin de cette pauvre femme.

M. le duc du Maine est toujours malade, mais je n'y vois point encore de péril ; je ne laisse pas d'être affligée, et c'est toujours quelque chose de terrible de voir souffrir ce que l'on aime. Je sens avec beaucoup de douleur que je n'aime pas moins cet enfant ici que je n'aimois l'autre[1], et cette foiblesse me met en si mauvaise humeur, que j'en ai pleuré tant que la messe a duré ; rien n'est si sot que d'aimer avec cet excès un enfant qui n'est point à moi, dont je ne disposerai jamais et qui ne me donnera dans la suite que des déplaisirs qui me tueront et qui déplairont aux gens à qui il est. En vérité, il y a bien du mauvais sens à demeurer dans un état si désagréable ; il faut être bien esclave de l'usage pour n'oser innover une conduite qui me mettroit en repos. Voilà trop parler de moi, et pour en finir le discours, trouvez bon que je vous dise que je ne comprends pas le scrupule où vous me paroissez être d'avoir fait deux

1. Le premier enfant de madame de Montespan, mort en 1672.

voyages à Versailles¹. Si vous croyez que j'y puisse demeurer en conscience, il sera difficile que vous n'y veniez pas quelquefois; et ne rompant pas avec moi, il faudra bien me venir chercher où je suis. J'entends mieux le regret où vous êtes de me conduire si lentement à Dieu, et je mène une vie à donner peu de plaisir et à faire peu d'honneur à mon confesseur. Ce n'est pas que je fasse plus de mal qu'à Paris, au contraire, je pense plus souvent à mon salut; il est vrai que ce sont des pensers inutiles, et que le même esprit d'extrémité qui me fait désirer de quitter la place où je suis, parce qu'on m'y trouble, me fait abandonner tout usage de piété, parce que je ne règle pas ma vie comme je le voudrois. Je n'ai point oublié de faire mes dévotions à la Madeleine, j'en ai eu une assez grande envie; mais soit raison ou tentation, j'ai cru qu'il y avoit une manière d'hypocrisie à communier ici plus souvent que je ne faisois à Paris. Si vous voulez me donner une règle là-dessus, vous me ferez plaisir. Dites-moi aussi votre avis sur la *medianoche*²; je suis bien aise de la faire avec le roi, si vous jugez qu'il n'y a point de mal, et s'il y en a, je n'hésiterai pas à ne m'y plus trouver.

Vous devriez vous faire un grand scrupule des louanges que vous me donnez et de celles qui me viennent par vous de M. Le Ragois. L'estime des gens

1. La situation de madame Scarron auprès de madame de Montespan paraissait équivoque, et le directeur avait scrupule de la partager en venant voir madame Scarron à la cour. Celle-ci répond très-nettement à ce scrupule.

2. Repas en gras que l'on faisait à la fin des jours maigres, vers minuit. Les dévots blâmaient cet usage.

d'aussi bon goût ne sauroit être indifférente et ne flatte que trop la vanité d'une personne pétrie de gloire et d'amour-propre. Je vous demande pardon de vous avoir fait lire si longtemps; on a bien des choses à dire à un homme en qui on a toute sorte de confiance.

LETTRE XXXVI (La B.)

NOTE PRÉLIMINAIRE

On trouve dans la collection de La Beaumelle (édit. de Nancy, t. 1, p. 68; édit. d'Amsterdam, t. 1, p. 57) une prétendue lettre de madame Scarron à madame d'Heudicourt, qui se rapporte au projet de mariage dont il est parlé dans la lettre précédente. Je n'en ai trouvé de trace nulle part. Louis Racine l'annote ainsi : *Lettre composée par l'éditeur.* La dernière phrase indique seule qu'elle est inventée : « Ne craignez pas que je renonce jamais aux sentiments qui m'attachent à vous. » Or, l'on a vu dans la lettre du jour de Pâques 1671, et dans l'appendice de cette lettre, que madame d'Heudicourt était restée disgraciée de la cour et brouillée avec madame de Maintenon pendant deux ans. Ce n'était qu'avec peine qu'elle était rentrée en grâce. La Beaumelle n'a pas mis de date à cette lettre.

Le mariage dont on vous a parlé n'a été proposé que d'une manière fort vague, et c'est bien assez. Cet homme n'était pas fait pour moi : il n'a ni biens ni mérite, et il ne m'a pas fallu un grand effort pour refuser un duc. J'ai remercié madame de Montespan, et rejeté la cause de mon refus sur ma tendresse pour les princes. Je l'en ai si bien persuadée, que je suis sûre qu'elle se repent à présent d'avoir recouru à ce moyen pour m'éloigner. Elle ne se doute pas que je l'aie pénétrée, et elle m'en aime davantage. Ce matin, elle a exigé que je lui donnasse ma parole de ne la point quitter. Je lui ai tout promis; j'ai tout oublié; nous nous sommes embrassées. Désormais nous vivrons en paix[1]. Elle m'a offert d'en signer le traité. On est malheureux de vivre dans un pays où la bonne foi de l'amitié dépend des serments. Il faut s'accoutumer à tout : j'ai déjà renoncé à mes goûts, à ma santé, à mes plaisirs. Mais ne craignez pas que je renonce jamais aux sentiments qui m'attachent à vous.

LETTRE XXXVII

A M. L'ABBÉ GOBELIN[2].

29 juillet 1674.

Quelques différentes que mes lettres aient pu vous paroître, je puis vous assurer qu'il y a sept mois que je pense la même chose[3]; comme je vous parle toujours sincèrement, je ne vous dis point que c'est pour mieux servir Dieu que je voudrois quitter le lieu où je suis, je crois que je puis faire mon salut ici et ailleurs, mais je ne vois rien qui nous défende de songer à notre repos et à nous tirer d'un état qui nous trouble à tout moment[4]. Je me suis mal expli-

1. On va voir dans la lettre du 6 août une vraie scène de raccommodement et autrement racontée.
2. *Manuscrits des Dames de Saint-Cyr.*
3. C'est-à-dire depuis qu'elle est à la cour.
4. La Beaumelle ajoute cette phrase de son invention : « Dans le monde tous les retours sont pour Dieu, dans le couvent tous

quée, si vous avez compris que je pense à être religieuse, je suis trop vieille pour changer de condition, et selon le bien que j'aurai, je songerai à m'en établir une pleine de tranquillité[1].

Madame de Richelieu est présentement avec madame de Montespan pour tâcher de la faire expliquer sur ce que je puis espérer. Si, par la mauvaise humeur où l'on est pour moi, on se tient exactement aux cent mille francs[2], je ne crois point devoir les mettre en une terre; nous verrons ce que nous ferons. Je me consomme de chagrin et de veilles, je sèche à vue d'œil et j'ai des vapeurs très-mélancoliques. M. le duc du Maine se porte beaucoup mieux, et les autres sont en parfaite santé. J'ai signé le contrat de la fondation[3]; j'ai donné deux pistoles au notaire; si ce n'est pas assez, vous pouvez suppléer à

---

les retours sont pour le monde. Voilà ma grande raison : celle de l'âge vient ensuite. »

1. Ceci est le fond de la pensée de madame de Maintenon. Elle ne voulait, en élevant les enfants du roi, que se faire une position ou un établissement, et ce fut son confesseur qui lui inspira d'autres idées.

2. On s'y tint en effet, mais après les explications contenues dans la lettre suivante.

3. Il s'agit de la fondation d'une messe perpétuelle pour l'âme de Scarron. Cette pieuse fondation est le premier usage qu'elle fit des dons du roi. L'acte notarié existe encore (cabinet de M. Feuillet de Conches); il est daté du 10 juillet 1674, et on y lit :

« ... Fut présente Françoise d'Aubigny, veuve de messire Paul Scarron..., demeurant à Saint-Germain-des-Prés, rue de Vaugirard, paroisse Saint-Sulpice, laquelle ayant toujours eu dessein de fonder une messe basse pour être dite à perpétuité tous les dimanches de l'année dans l'église des Filles de Saint-Joseph, sise rue Saint-Dominique, partout qu'il plairait aux religieux du noviciat général des Jacobins réformés, établis rue Saint-Domice qui manque. Je m'en vais écrire à madame Couthurier, afin qu'elle achète du linge à Toscan.

Je vous donne le bonjour, et je vous prie de croire que je suis aussi sensible que je le dois à toutes les bontés que vous avez pour moi ; elles font aussi toute ma consolation et je ne vous accuse plus de dureté.

LETTRE XXXVIII

A M. L'ABBÉ GOBELIN[1].

A Versailles, ce mardi 6 août 1674.

Les froideurs que l'on a pour moi ont augmenté depuis que vous êtes parti ; mes amis s'en sont aperçus et m'ont fait des compliments sur ma disgrâce. J'en parlai hier au matin à madame de Montespan, et je lui dis que je priois le roi et elle de ne point regarder la mauvaise humeur où je leur paroissois comme une bouderie contre eux ; que c'étoit quelque chose de plus sérieux, et que je voyois, à n'en pouvoir douter, que j'étois très-mal avec elle et qu'elle m'avait brouillée avec le roi. Elle me dit sur cela de très-mauvaises raisons, et nous eûmes une assez vive conversation, mais pourtant fort hon-

nique..., offrant de payer pour cette fondation la somme de mille livres, etc. »

Cet acte est signé de *F. d'Aubigny Scarron* et de quinze religieux profès.

1. *Manuscrits des Dames de Saint-Cyr.* — Cette lettre explique très nettement la position de madame Scarron en face de madame de Maintenon et la sincérité de ses desseins.

nète de part et d'autre. Ensuite j'allai à la messe, et je revins dîner avec le roi. On rendit compte de ce qui se passoit à M. de Louvois, et on me l'envoya le soir pour me faire entendre raison ; il me parut qu'il entendait les miennes, et je les lui expliquai, avec peut-être trop de sincérité ; vous savez qu'il ne m'est pas possible de parler autrement. Enfin, la conclusion fut que j'emploierois encore quelque temps à tâcher à me raccommoder de bonne foi. Je lui promis ce qu'il voulut, et madame de Montespan et moi devons nous parler ce matin ; ce sera de ma part avec beaucoup de douceur ; cependant je demeure ferme dans le dessein de les quitter à la fin de l'année, et je m'en vais employer ce temps-là à prier Dieu qu'il me conduise à ce qui sera le meilleur pour mon salut. Faites-en de même, je vous en conjure. J'ai trop de marques de votre amitié pour douter de l'intérêt que vous prenez à ce qui se passe, je vous en rendrai compte avec soin. Mes compliments à M. Le Ragois ; il me semble que je le reçus très-mal la dernière fois qu'il vint ici ; vous savez le trouble où j'étois, et je vous prie que je n'en sois pas plus mal avec lui.

LETTRE XXXIX

A M. D'AUBIGNÉ, A BELFORT[1].

A Versailles, le 10 août 1674.

Notre favori Des Rolines m'apporte une lettre de vous qui me donne de la joie, parce qu'il me paroît

1. *Autographe* du cabinet de M. Feuillet de Conches.

que vous en avez un peu ; au moins votre style est assez gai. Je me porte mieux que personne ne feroit à ma place, car je veille beaucoup, et cependant je ne me trouve point mal. Le pauvre petit duc aura de la peine à vivre, étant abandonné aux médecins comme il l'est ; mais il faut tout remettre entre les mains de Dieu qui nous conduit à ce qui nous est de meilleur. Je voudrois bien savoir ce que vous donne M. Arnaud et quelles sûretés vous avez, car s'il vous en revient quelque chose de solide, je ne me repentirai point de ce que j'ai fait ; mais je vous prie d'épargner et d'amasser ce que vous pourrez, et de compter que tout ceci est sujet à de grands changements. Je fais mon possible pour vous marier, mais nous traitons avec des gens qui sont fort loin ; ainsi notre négociation va lentement ; je crois que vous ne doutez pas de l'envie que j'ai de vous voir établi.

Adieu, mon cher frère, écrivez-moi souvent, je vous prie.

LETTRE XL

A M. L'ABBÉ GOBELIN [1].

A Versailles, ce 15 août 1674.

J'ai prié madame la duchesse de Richelieu de vous dire ce qui s'est passé ici ; on m'a montré de la tendresse, mais à vous dire la vérité, on ne m'a pas persuadée, et je ne saurois renoncer au projet que j'ai fait avec vous ; j'y envisage une douceur extrême ; et

1. *Manuscrits des Dames de Saint-Cyr.*

quelques bons traitements que l'on me fasse ici, j'aurois de grands chagrins. Demandez donc bien à Dieu qu'il vous inspire ce que je dois faire, et, après cela, conduisez-moi où il vous plaira. J'ai fait mes dévotions aujourd'hui, et si j'avois cru toutes nos femmes et que je n'eusse pas appréhendé de vous fatiguer, je vous aurois prié de venir hier nous confesser; mais je ne puis me résoudre à vous donner de la peine quand je puis vous la sauver, et j'aime mieux aller un de ces jours à Paris.

M. le duc du Maine se porte un peu mieux, cependant sa guérison va très-lentement; il y a des médecins qui croient qu'il y en a encore pour un mois.

Mes compliments à M. Le Ragois. Je vous crois trop bon François pour n'avoir pas été ravi de ce qui s'est passé[1].

Adieu, monsieur, écrivez-moi, je vous en prie.

LETTRE XLI

A M. L'ABBÉ GOBELIN [2].

Versailles, ce 2 septembre 1674.

Monsieur l'aumônier de monsieur le duc du Maine m'a dit que vous ne vouliez pas venir ici sans mon consentement; je ne sais pourquoi vous apportez toujours ce retardement au plaisir que j'ai de vous

---

1. A la bataille de Senef, livrée le 11 août, et qui fut regardée d'abord comme une victoire décisive.
2. *Manuscrits des Dames de Saint-Cyr.*

voir, étant aussi persuadé que vous devez l'être,
qu'il n'y a point de temps à prendre pour vous avec
moi ; venez donc, sûr de me trouver prête à vous
entretenir et à vous donner à dîner. En attendant,
voyez, je vous conjure, la mère prieure des Hospitalières, et tâchez d'obtenir d'elle de recevoir à la
Roquette[1] une demoiselle que je voudrois y mettre
pour quelque temps ; c'est la sœur de mademoiselle
de La Harteloire[2] qui est auprès de moi, et que je
crois que vous connoissez ; je l'avois donnée à madame de Montespan, qui l'a ôtée pour me fâcher ; je
cherche à la placer, et, en attendant je l'avois mise
chez madame de Lencosme, mais elle s'en va en
Touraine ; ainsi il faut mettre cette fille ailleurs. C'est
une créature sans façon ni pour le logement, ni pour
la nourriture ; et c'est assez pour vous le faire voir
de vous dire qu'elle est réduite à servir. Sa pension
ne peut être considérable, et je ne leur laisserai que
peu de temps ; je sais les difficultés raisonnables
qu'elles ont de recevoir de grandes filles, mais celle-
là ne verra que son frère ou sa sœur et ne sortira
point du tout : j'espère dans leur amitié pour moi
et à la déférence qu'elles ont pour vous.

Adieu, monsieur, j'ai grande envie de vous entretenir.

1. Le couvent des Hospitalières de la Charité Notre-Dame, situé
rue de la Roquette. Il avait été fondé en 1636, et occupait l'ancien
hôtel de Bel-Esbat qui appartenait à Henri III. Sur l'emplacement
de ce couvent se trouvent aujourd'hui le Pénitencier des jeunes
détenus et la prison de la Roquette.

2. C'était une parente de Scarron. Il en sera question plus loin.

LETTRE XLII

A M. D'AUBIGNÉ, A BELFORT [1].

A Paris, ce 6 septembre 1674.

Je suis venue à Paris pour me guérir de la fièvre tierce dont j'ai eu cinq accès; j'en suis quitte et je m'en retourne à Versailles. Je n'ai pas voulu qu'on vous l'ait mandé, parce que j'ai cru que vous en seriez en peine; voilà une confiance à quoi je ne suis pas fort sujette, mais je crois la devoir à votre amitié.

Je suis bien aise que M. Arnaud vous tienne compte de ce que j'ai fait pour lui. Je vous prie d'épargner quelque somme considérable pour les frais de vos noces que j'espère faire bientôt. Sérieusement je traite un mariage pour vous qui va assez bien, et je fais mon compte que vous ne prendrez pas un sol du bien de la future épouse, car il faut songer à vous établir et non pas à la ruiner.

Le petit duc est malade depuis six semaines, mais il est mieux présentement; les autres sont en bonne santé, et la princesse est belle comme un ange. Tous nos amis me voient ici avec beaucoup de soin, j'y suis seule et par conséquent très-libre; j'ai recommandé les intérêts de M. Arnaud à M. Fremont [2]; enfin je fais tout ce qu'il désire de moi; profitez-en, puisque je n'en profite pas.

1. *Autographe* du cabinet de M. Feuillet de Conches.
2. « Garde du trésor royal, dit Saint-Simon, et qui sous Colbert avait gagné de grands biens. » Sa fille épousa le maréchal de Lorges.

Adieu, mon cher. Matta[1] est mort sans confession; Villandry[2] a été trouvé mort dans son cabinet, un moment après y être monté, voilà ce qui arrive aux libertins. Songez à Dieu, tandis que vous le pouvez, et ne remettez pas votre conversion à la mort, car nous sommes capables de peu de choses en ce temps-là. Pardonnez ce petit sermon à la solidité de mon amitié.

LETTRE XLIII

A M. L'ABBÉ GOBELIN[3].

A Versailles, ce 10 septembre 1674.

Il est vrai que j'ai été dans une extrême tristesse les premiers jours que j'ai été ici, il me semble que je le suis moins présentement; je passe les heures comme des moments quand je laisse aller mon imagination aux châteaux en Espagne, et je me fais des retraites plus ou moins sévères, selon l'état où seront mes affaires. Ne vous alarmez pourtant pas, il n'y a aucun dont vous ne soyez, et je ne songe pas du tout à vous échapper. J'avois dans la tête trois affaires, dont il y a déjà deux de faites; ce sont des avis que

1. Charles de Bourdeille, comte de Matta, en Saintonge, petit-neveu de Brantôme, capitaine au régiment des gardes en 1740, l'un des adorateurs de la duchesse de Longueville, l'un des amis de Scarron. Il s'était rendu fameux par son libertinage et son impiété. C'est le Matta des *Mémoires* du chevalier de Gramont.

2. Balthazar Le Breton, sieur de Villandry. Voir l'*historiette de Souscarrière*, dans Tallemant des Réaux, t. V, p. 321, et les *Mémoires* de mademoiselle de Montpensier.

3. *Manuscrits des Dames de Saint-Cyr.*

j'ai demandés et obtenus, et sur lesquels le roi me donnera quelque somme; je ne sais pas encore ce que ce sera. L'autre est un mariage pour mon frère, qui est en assez bon chemin. Je deviens la plus intéressée créature du monde, et je ne songe plus qu'à augmenter mon bien, mais ce n'est pas sans scrupule du côté de l'honnêteté, et j'ai de la peine à presser des gens de me faire des grâces, quand je pense que ce n'est que pour les quitter. Cependant je m'y trouve plus résolue que jamais et rien ne me paroît si difficile que de demeurer dans l'état où je suis.

Madame de Montespan vous a envoyé mille francs par madame la duchesse de Richelieu, pour la fondation de la lampe [1]; si vous en avez meilleur marché, à la bonne heure. Je ferai mon possible pour aller à la Saint-François, à Paris, faire mes dévotions; c'est une coutume que j'ai depuis longtemps, et où je n'ai garde de manquer; il seroit à désirer que ce ne fût pas l'habitude qui m'y eût fait penser.

Nos princes sont en parfaite santé et s'amusent avec beaucoup de plaisir de ce que vous leur avez envoyé. La belle madame s'en est jouée tout un matin. Monsieur l'aumônier est bien reconnaissant de peu de chose, je voudrois lui pouvoir faire plus de bien que je ne lui en fais, il est très-bon homme.

APPENDICE A LA LETTRE XLIII.

Madame de Maintenon était naturellement très-désintéressée, et elle l'a prouvé surabondamment dans sa haute

1. Voir plus loin la note 1 de la page 222.

fortune; mais nous avons vu dans quelle misère elle avait passé son enfance, dans quelles angoisses elle s'était trouvée à la mort de Scarron. Elle avait donc la plus grande appréhension de retomber dans le dénûment, et elle profitait de sa position pour acquérir un peu de fortune et avec elle l'indépendance. Elle avait déjà obtenu les cent mille francs qui lui avaient été promis ; de plus, elle sollicita et obtint de Colbert des concessions, des priviléges de divers genres, soit pour elle-même, soit pour son frère, et qui lui procuraient de l'argent. Voici une de ces concessions qu'on trouve dans la *Correspondance administrative de Louis XIV*, publiée par M. Depping.

« Aujourd'hui dernier septembre 1674, le roi, étant à Versailles, voulant gratifier et traiter favorablement dame Françoise d'Aubigny, veuve du feu sieur Scarron, S. M. lui accorde et fait don du privilége et faculté de faire des âtres à des fourneaux, fours et cheminées d'une nouvelle invention, sans pouvoir néanmoins obliger les particuliers à s'en servir, et prendre plus grande somme que celle dont il aura été convenu, ni prétendre aucun droit de visite.

« Fait S. M. défense à toutes personnes de faire ni construire lesdites âtres, à peine de quinze cents francs d'amende ; m'ayant S. M. commandé d'expédier à ladite dame veuve Scarron toutes lettres à ce nécessaires, et ce pendant le présent brevet qu'elle a signé de sa main, et fait contresigner par moi. — Colbert. »

LETTRE XLIV

NOTE PRÉLIMINAIRE

Cette lettre est remarquable : elle montre la situation de madame de Maintenon en face de madame de Montespan, et surtout les *oppositions* que celle-ci trouvait en celle-là. Avec la piété et les sentiments d'honneur qu'avait madame de Maintenon, il était impossible qu'elle demeurât auprès de madame de Montespan sans la blâmer et sans la sermonner, et elle en saisissait toutes les occasions. Languet de Gergy raconte sur ce sujet une singulière anecdote.

Madame de Montespan étoit chrétienne à sa manière : elle faisait de nombreuses charités, et, comme nous venons de le voir, des fondations pieuses; elle se soumettait à des pratiques de piété et d'austérité; elle cherchait des confesseurs faciles pour faire ses dévotions dans les grandes solennités. « Un jour qu'elle était accompagnée de madame de Maintenon, elle entre dans une église, et, après quelques prières, va se mettre dans un confessionnal. Madame de Maintenon est toute joyeuse : « Voilà, se disait-elle, la porte de la conversion ouverte. » Au sortir du confessionnal, madame de Montespan entend la messe et communie. Madame de Maintenon ne douta point que la conversion ne fût parfaite et qu'elle n'eût donné au confesseur des assurances bien précises de son changement... Mais quel fut son étonnement quand, de retour à la maison, elle vit madame de Montespan prendre ses mesures pour retourner à la cour; alors son zèle ne put se contenir et elle lui dit : « Quoi! madame, vous venez de communier et vous allez vous jeter de propos délibéré dans un péril certain d'offenser Dieu ? » Madame de Montespan pleura beaucoup, mais ses larmes étaient de foiblesse et non de pénitence [1]. » — « Ai-je tort, racontait-elle aux Dames de Saint-Cyr, de lui avoir donné de bons conseils et d'avoir tâché autant que je l'ai pu de rompre ses commerces [2] ? »

A M. L'ABBÉ GOBELIN [3].

Ce jeudi au soir 13 septembre 1674.

Madame de Montespan et moi avons eu aujourd'hui une conversation fort vive; et comme je suis la partie souffrante, j'ai beaucoup pleuré, et elle en a

1. *Mémoires sur madame de Maintenon*, p. 168.
2. *Lettres hist. et édif.*, t. II, p. 73.
3. *Manuscrits des Dames de Saint-Cyr.*

rendu compte au roi, à sa mode ; je vous avoue que j'ai bien de la peine à demeurer dans un état où j'aurai tous les jours de ces aventures-là, et qu'il me seroit bien doux de me mettre en liberté. J'ai eu mille fois envie d'être religieuse, et la peur de m'en repentir m'a fait passer par-dessus des mouvements, que mille personnes auraient appelés vocation. Je meurs d'envie, il y a sept mois, de me retirer, et la même peur m'empêche de le faire ; c'est une prudence bien timide, et qui me fait consumer ma vie dans d'étranges agitations. Songez-y devant Dieu, je vous en conjure, et considérez un peu mon repos. Je sais bien que je puis faire mon salut ici, mais je crois que je le pourrois encore plus sûrement ailleurs. Je ne saurois comprendre que la volonté de Dieu soit que je souffre de madame de Montespan. Elle est incapable d'amitié, et je ne puis m'en passer ; elle ne sauroit trouver en moi les oppositions qu'elle y trouve sans me haïr ; elle me redonne au roi, comme il lui plaît, et m'en fait perdre l'estime ; je suis donc avec lui sur le pied d'une bizarre qu'il faut ménager[1]. Je n'ose lui parler directement, parce qu'elle ne me le pardonneroit jamais ; et quand je lui parlerois, ce que je dois à madame de Montespan ne me peut permettre de parler contre elle ; ainsi, je ne puis jamais mettre aucun remède à ce que je souffre. Cependant la mort vient, et, vous et moi aurons un grand regret à un tel oubli du temps passé.

1. La Beaumelle ajoute : « Comme une bizarre qu'il faut souffrir, comme un bel-esprit qu'il faut ménager, comme une précieuse prompte à prendre ombrage. »

19.

Madame de Montespan trouve quelque raison à accorder à ces bons Pères qu'ils soient chargés de la fondation, en cas que la maison de Saint-Joseph se détruise[1]; mais elle ne veut pas se rendre sur ce qu'elle pourroit être transférée.

LETTRE XLV

NOTE PRÉLIMINAIRE

A la suite des discussions mentionnées dans la lettre précédente, le roi, d'après la promesse qu'il en avait faite plusieurs fois, donna à madame de Maintenon une deuxième somme de cent mille livres. Il voulait par là apaiser ses ressentiments contre madame de Montespan et conserver à ses enfants une gouvernante qu'il leur croyait nécessaire. Madame de Maintenon eut, dit-on, l'obligation de ce don à une parole du duc du Maine, que nous trouverons dans la note préliminaire de la lettre suivante. Le roi adorait ce prince, enfant charmant, merveilleux, petillant d'esprit, et qui faisait l'admiration de toute la cour, si l'on en croit les lettres de madame de Sévigné. On sait combien ce prodige devint un homme médiocre.

A M. L'ABBÉ GOBELIN [2].

A Versailles, ce 30 septembre 1674.

Il y a longtemps que je ne vous ai écrit, et je puis pourtant vous dire avec vérité que je ne vous oublie

---

1. Madame de Montespan faisait dans le couvent des Dames de Saint-Joseph (aujourd'hui les bâtiments du ministère de la guerre) la fondation d'une lampe perpétuelle devant le saint Sacrement, avec la condition que cette fondation pourrait être transférée aux Jacobins de la rue Saint-Dominique, dans le cas où la maison de Saint-Joseph serait détruite.
2. *Manuscrits des Dames de Saint-Cyr.*

pas; mais je suis peu maîtresse de mon temps et les jours se passent ici dans une inutilité dont il n'est pas permis de se tirer. J'avois une grande impatience de vous apprendre que le roi m'a encore donné cent mille francs; et qu'ainsi en voilà deux cents que j'ai à votre service. Je ne sais si vous êtes content de cet établissement, pour moi je le suis, et je changerois bien de sentiments si jamais je leur demande un sol; il me semble que voilà du bien pour le nécessaire, et tout le reste n'est plus qu'une avidité qui n'a point de bornes. Il ne faut point dire ce nouveau bienfait, j'ai des raisons pour le taire; madame de Richelieu et l'abbé le savent. Je suis résolue à acheter une terre auprès de Paris. J'attends des nouvelles de M. Viette pour en aller visiter, et je voudrois joindre ces petits voyages-là avec la Saint-François.

Je vous remercie de tous vos soins pour nos affaires, et de l'exactitude de vos comptes; il y en a encore un sur Toscan dont j'ai besoin, car j'en veux dresser un de onze mille écus en bonne forme.

Je ne change point sur l'envie de me retirer; je suis inutile ici et pour moi et pour les autres; on nourrit très-mal ces enfants; il faut renoncer à ce pays ici, où il faut agir et parler contre sa conscience; vous savez lequel des deux partis m'est le plus aisé. Recommandez tous mes desseins à Dieu et me croyez autant à vous que j'y suis [1].

---

1. A la place de cette phrase, La Beaumelle met celle-ci qui est de son invention : « On écoute mes conseils; quelquefois on

LETTRE XLVI (LA B.)

NOTE PRÉLIMINAIRE

Voici, en ne tenant pas compte de la lettre XIX (voir page 177), la première des lettres prétendues écrites par madame de Maintenon à madame de Saint-Géran.

Ces lettres ne se trouvent que dans la collection de La Beaumelle, soit dans l'édition de Nancy, soit dans les autres éditions, mais avec des variantes. On n'en trouve aucune trace, ni dans les autographes, ni dans les manuscrits de Saint-Cyr, ni dans les archives de la maison de Noailles; il n'en est fait mention nulle part, et il est impossible de savoir d'où elles ont été tirées. La Beaumelle, dans l'édition de Nancy, les donne comme adressées à *madame de S. G*, et dans les autres éditions à *madame de Saint-Géran*, avec la note suivante qui est déjà suspecte : « On ne donne ici qu'un extrait de ces lettres : on a retranché ce qui se trouve dans les précédentes pour éviter les redites. » Louis Racine apostille toutes ces lettres des notes : *m'est inconnue*, ou *suspecte*; *fausse; très-fausse; inventée; composée par l'éditeur*. Pas une n'échappe à la condamnation. Le savant Walkenaer, qui avait fait des études si approfondies sur les femmes et la société du dix-septième siècle, appelle ces lettres, ainsi que celles adressées, selon La Beaumelle, à madame de Frontenac, « des lettres apocryphes dont le plus faible examen aurait dû démontrer la fausseté. »

« Ceux qui ont écrit ces fragments, dit-il, ont puisé ce qu'ils ont de vrai dans les lettres adressées par madame de Maintenon à l'abbé Gobelin... Quoique très-courts, ils décèlent leur fausseté par le style toujours imité de Coulanges et de Sévigné, mais plus encore par leur objet qui est de donner à l'opinion un vague sur la nature des liaisons de Louis XIV et de madame de Maintenon... A qui persuadera-t-on, d'ailleurs,

m'en sait gré, souvent on s'en fâche, jamais on ne les suit, et toujours on s'en repent. »

que madame de Maintenon, connue dès sa plus tendre jeunesse par sa discrétion et sa circonspection, se soit avisée d'écrire à qui que ce soit ce qui pouvoit se passer entre elle et Louis XIV dans leurs mystérieux tête-à-tête?... Ainsi les fragments de lettres sont nécessairement apocryphes, ou formés à l'aide de phrases habilement tronquées ou rapprochées, de manière à présenter un sens tout opposé à celui qu'elles avoient; ou bien ce sont de véritables lettres écrites par une personne autre que madame de Maintenon et pour d'autres que mesdames de Frontenac et de Saint-Géran [1]. »

Monmerqué, qui avait commencé, sur madame de Maintenon, un travail analogue à celui qu'il a fait sur madame de Sévigné, était du même sentiment : il qualifiait ces lettres *une œuvre de faussaire*, et qui était, à chaque phrase, à chaque mot, en contradiction avec les documents du temps; enfin, en me confiant les matériaux qu'il avait amassés sur ce sujet, il me recommandait de supprimer entièrement de la correspondance de madame de Maintenon les lettres à madame de Saint-Géran et à madame de Frontenac, lettres qui sont impossibles, disait-il.

Venons à quelques preuves. D'abord ces lettres ne peuvent avoir été écrites à madame de Saint-Géran.

Françoise-Madeleine de Warignies de Blainville, née en 1655, morte en 1733, avait épousé en 1667 Bernard de La Guiche, comte de Saint-Géran [2]. « Leur union fut moins que médiocre, dit Saint-Simon, » qui d'ailleurs ne la connut que dans sa vieillesse. « C'était, ajoute-t-il, une femme charmante d'esprit et de corps, d'excellente compagnie, extrêmement aimable et qui fourmilloit d'amis et d'amies. » Les contemporains ne partagent pas complétement cette opi-

---

1. *Mém. sur madame de Sévigné*, t. V, p. 432.
2. Il y a eu une autre madame de Saint-Géran, morte en 1679; c'était la belle-mère de celle dont nous parlons. Elle n'a pu être la correspondante de madame de Maintenon, puisque les prétendues lettres données par La Beaumelle sont presque toutes postérieures à sa mort.

nion et représentent madame de Saint-Géran comme légère, dissipée, fort adonnée à la bonne chère et au jeu, peu estimée des sociétés qu'elle fréquentait. Elle eut presque ouvertement pour amant le marquis de Seignelay. Voici ce qu'en dit madame de Sévigné en 1671 : « La petite Saint-Géran m'écrit des pieds de mouche que je ne saurois lire; je lui réponds des rudesses et des injures qui la divertissent et moi aussi. Cette mauvaise plaisanterie n'est pas encore usée; quand elle le sera, je ne dirai plus rien, car je m'ennuierois fort d'un autre style avec elle. » (T. II, p. 180 de l'édit. Hachette.) Et en 1680 : « Madame de Saint-Géran, en mangeant tous les gratins des poêlons des petits enfants (du roi), n'attrape rien. » (T. VI, p. 209). Cependant elle ne cessa jamais d'entretenir les liaisons qu'elle avait formées « avec madame de Sévigné et avec madame de Maintenon auxquelles elle plaisait, sans inspirer à l'une ni à l'autre ni estime ni confiance. » Mais la légèreté de sa conduite la fit plusieurs fois exiler de la cour, même pendant plusieurs années. Comment donc imaginer que madame de Maintenon, si secrète, si réservée, aurait écrit à cette femme plus jeune qu'elle de vingt ans, frivole, coquette, presque ridicule, les choses les plus intimes, les plus délicates, les plus graves même, ce qui se passait dans ses entretiens avec Louis XIV ? De plus, madame de Saint-Géran, dame du palais de la reine, d'après Saint-Simon, « ne sortoit pas de la cour et n'avoit pas d'autre demeure. » — « Elle en suivait tous les mouvements, elle y assortissait sa vie, ses goûts, ses plaisirs, ses croyances, ses occupations. Successivement et suivant les temps galante, dévote, prodigue et rangée[1]. » Or, toutes les lettres prétendues de madame de Maintenon à madame de Saint-Géran roulent entièrement sur les nouvelles de la cour; c'est madame de Maintenon qui mande à madame de Saint-Géran ce que celle-ci doit savoir aussi bien qu'elle; souvent même c'est d'un lieu éloigné qu'elle lui apprend ce qui se passe là où celle-ci se trouve. Enfin cette prétendue correspondance,

1. Walkenaër, *Mém. sur madame de Sévigné.*

malgré l'habileté très-grande de l'éditeur à composer ces petits romans, fourmille d'absurdités et d'impossibilités évidentes : ainsi, dans une lettre de 1675, il fait dire à madame Scarron : « *Toute la cour est chez madame de Montausier :* » madame de Montausier était morte depuis quatre ans ! — Dans une autre lettre de 1680, on lit : « *Votre fils est très-joli.* » Or, madame de Saint-Géran n'a jamais eu qu'une fille, née en 1688, après vingt et un ans de mariage, et dans laquelle s'éteignit la branche cadette de La Guiche. — Dans une lettre du 23 avril 1680, on lit : *Je vous attends demain à Maintenon.* » Or, madame de Maintenon était alors en voyage avec la cour et se trouvait à Stenay ! etc., etc. Il faut ajouter à tout cela qu'il existe un grand nombre de lettres de madame de Saint-Géran à madame de Maintenon (les autographes sont aux archives du château de Mouchy), et dont La Beaumelle n'a pas eu connaissance. Elles sont toutes postérieures à l'élévation de madame de Maintenon et principalement à 1700. Elles font un étrange contraste avec les lettres prétendues de madame de Maintenon à *son amie* Saint-Géran. On n'y trouve pas trace de familiarité ni d'intimité : elles sont pleines de respect, de crainte, même de bassesse, enfin conformes à ce que nous savons de madame de Saint-Géran, qui voyait continuellement madame de Maintenon et était l'une de ses suivantes les plus flatteuses.

Venons maintenant au sujet de la lettre XLVI.

On lit dans les *Mémoires* de mademoiselle d'Aumale :

« Le roi voulut un jour voir le duc du Maine seul, sans femmes ni gouvernantes, ni qui que ce soit de sa suite. L'enfant ne pleura point, et, sans s'intimider, parla et répondit au roi si à propos sur toutes choses, que S. M. en fut ravie d'admiration. L'enfant lui dit avec esprit : « Comment ne serois-je pas raisonnable, je suis élevé par la raison même ? »

Avec cette anecdote, La Beaumelle a fait la lettre suivante (t. 1, p. 76 de l'édit. de Nancy; t. 1, p. 98 de l'édit. de 1756), que Louis Racine annote ainsi : « *Le mot du jeune prince est vrai, mais la lettre est composée par l'éditeur.* » Le reste de cette lettre est rempli de phrases vagues qui peuvent s'appliquer à tout et dont la fausseté ne peut être démontrée.

A MADAME DE SAINT-GÉRAN.

Septembre 1674.

Les choses commencent à prendre un tour fort agréable. Vous voulez savoir, madame, ce qui m'a attiré un si beau présent : on croit que je le dois à madame de Montespan : je le dois à mon petit prince. Le roi jouant avec lui, et content de la manière dont il répondoit à ses questions, lui dit : « Qu'il étoit bien raisonnable. Il faut bien que je le sois, répondit l'enfant, j'ai une dame auprès de moi qui est la raison même. Allez lui dire, reprit le roi, que vous lui donnerez ce soir cent mille francs pour vos dragées. » La mère me brouille avec le roi : son fils me réconcilie avec lui : je ne suis pas deux jours de suite dans la même situation : je ne m'accoutume point à cette vie, moi qui me croyois capable de m'habituer à tout. On ne m'envieroit pas ma condition, si l'on savoit de combien de peines elle est environnée, et combien de chagrins elle me coûte. C'est un assujettissement qui n'a point d'exemple : je n'ai ni le temps d'écrire, ni de faire mes prières : un véritable esclavage. Tous mes amis s'adressent à moi, et ne voient pas que je ne puis rien, même pour mes parents. On ne m'accordera point le régiment que je demande depuis quinze jours[1]. On ne m'écoute que quand on n'a personne à écouter. J'ai parlé trois fois à M. Colbert : je lui ai représenté la justice de ce que vous prétendez. Il a fait une foule de difficultés, et m'a dit que le roi seul pouvoit les résoudre. J'intéresserai madame de Montespan : mais il faut un moment favorable : et qui sait s'il se

1. Est-ce que madame Scarron pouvait donner des régiments ?

présentera? S'il ne s'offre point, je chargerai notre ami de votre affaire : et il parlera au roi : je compte beaucoup sur lui.

LETTRE XLVII

A M. L'ABBÉ GOBELIN [1].

A Versailles, ce 12 octobre 1674.

Je vous rends mille grâces de votre souvenir et de votre livre, quoique j'aie été un peu surprise de voir que c'est à moi à le remplir. Je ne m'en trouve point du tout capable, et j'avoue à ma confusion que mon esprit me fournit peu sur ces matières-là [2]. J'ai fait de mon mieux à ma fête, et beaucoup moins que ce que vous me prescriviez. Je vous supplie d'envoyer cette lettre à madame de la Vallière [3] aux grandes Car-

---

1. *Manuscrits des Dames de Saint-Cyr.*
2. Il s'agit d'un livre blanc que madame Scarron devait remplir avec ses redditions de conscience, ses réflexions pieuses, etc. Plusieurs de ces livres ont été conservés : M. Feuillet de Conches en possède un dans son cabinet ; M. Henri Bonhomme en a publié un autre, etc.
3. Madame de la Vallière était entrée aux Carmélites le 2 juin 1673 ; elle y fit profession le 4 juin de l'année suivante. « Quand elle fut touchée de Dieu, racontait madame de Maintenon aux demoiselles de Saint-Cyr, et qu'elle fut sur le point d'entrer aux Carmélites, je crus, comme plusieurs autres, lui devoir représenter qu'elle ne devoit pas passer de la vie molle de la cour à une vie austère, et je lui conseillai de s'essayer quelque temps, en se contentant de se retirer de la cour pour entrer comme bienfaitrice dans un couvent, y demeurant d'abord comme séculière jusqu'à ce qu'elle vît par elle-même si elle pouvoit en observer les règles. J'ajoutai : Mais pensez-vous bien que vous voilà toute battante d'or (car elle s'habilloit magnifiquement) et

mélites; je suis pressée et je ne puis vous en dire davantage.

LETTRE XLVIII

A M. L'ABBÉ GOBELIN[1].

Ce mardi au soir, octobre 1674.

L'affaire des Hospitalières a été très-bien conduite, et je vous en remercie de tout mon cœur; vous serez averti quand on voudra y mettre cette fille[2].

Je donnerai le contrat[3], et il ne tiendra pas à moi que vous n'en ayez réponse dès demain; mais la dissipation des dames de la cour est grande, et je ne pourrai presser celle à qui nous avons affaire, parce que je prends médecine demain et que je ne la verrai pas. Le vilain endroit de la fondation sera le poids de la lampe, il n'y en eut jamais une si légère et je crois qu'il sera nécessaire de la remplir de sable pour éviter que l'air ne l'agite.

que dans quelques jours vous serez couverte de bure? Elle me confia qu'il y avoit longtemps que sous ces dehors d'une vie mondaine, elle portoit le cilice, couchoit sur la dure et faisoit toutes les autres austérités des Carmélites. Et quant au conseil que je lui donnois de se retirer comme bienfaitrice dans un couvent, pour y servir Dieu paisiblement en dévote séculière, elle me dit : Seroit-ce là une pénitence? Cette vie seroit trop douce, ce n'est pas là ce que je cherche. » (*Lettres et entretiens sur l'éducation*, t. II, p. 8.)

1. *Manuscrits des Dames de Saint-Cyr.*
2. Mademoiselle de la Harteloire.
3. Le contrat de la fondation de la lampe.

J'ai prié M. Viette d'aller voir une terre dont on me parle, et je suis dans une grande impatience d'en savoir des nouvelles ; c'est par où il faut commencer le plan de notre retraite. Je retombe dans ces vilaines maladies que j'eus cet hiver, et qui sont les effets d'un sang brûlé et de la mélancolie noire.

Priez Dieu pour moi, je vous supplie, et ne lui demandez que mon salut : je me tirerai bien du reste.

LETTRE XLIX

A M. L'ABBÉ GOBELIN [1].

Ce mercredi au soir, octobre 1674.

On a trouvé le contrat fort bien ; il le faut remplir de Françoise de Rochechouart, marquise de Montespan, séparée du mois de juillet ; il faudroit bien feuilleter des papiers pour chercher la date [2], mais celle du contrat sera assurément après ; ainsi la fondation ne se pourroit contester. Elle a été séparée à Paris au Châtelet. Je vous écris avant d'avaler ma médecine. C'est tout de bon qu'il ne faut point peser la lampe, elle vous en prie.

1. *Manuscrits des Dames de Saint-Cyr.*
2. Cette date est de 1670.

LETTRE L

A M. D'AUBIGNÉ, A BELFORT [1].

Versailles, ce 16 octobre 1674.

On m'a écrit de Paris aujourd'hui que votre mariage va assez bien; il ne faut pourtant s'assurer de rien qu'il ne soit fait, mais à tout hasard amassez un peu d'argent pour les frais des noces. Je compte en cette occasion sur M. Arnaud, et que son affaire meublera votre maison; la demoiselle est jolie, à ce qu'on dit. Je me porte à merveille. Le duc du Maine a la fièvre quarte, et la princesse la tierce; il faut y faire de son mieux et se consoler des événements. Je suis en marché d'une terre dont j'offre deux cent quarante mille francs; n'en dites encore rien; il ne faut jamais se vanter, cela porte malheur et est ridicule.

Adieu, mon cher frère, je crois que nous passerons une assez jolie vieillesse, s'il peut y en avoir de jolie.

---

1. *Autographe* du cabinet de M. Feuillet de Conches. — Le cachet de cette lettre porte une devise dont le corps est un miroir ardent et l'âme : *Abbruggio forse non ardo mai*. Les cachets des autres lettres sont tantôt les armes d'Aubigné avec la couronne de comte, tantôt le chiffre F. A. avec une couronne de fantaisie, tantôt le cachet cité plus haut, enfin un cachet favori portant un niveau avec le mot *rectè* : ce mot est le résumé et la traduction de celui-ci qui a été la devise de madame de Maintenon : *Rien n'est plus habile qu'une conduite irréprochable*.

LETTRE LI.

A M. L'ABBÉ GOBELIN [1].

A Saint-Germain, ce 30 octobre 1674.

Je souffre d'être si longtemps sans commerce avec vous, mais quand je veux vous écrire, je ne trouve rien à vous dire, que je ne vous aie écrit cent fois. Je suis accablée de mélancolie; on tue ces pauvres enfants à mes yeux sans que je puisse l'empêcher; la tendresse que j'ai pour eux me rend insupportable à ceux à qui ils sont, et l'impossibilité que j'ai à cacher ce que je pense, me fait haïr des gens avec qui je passe ma vie, et auxquels je voudrois ne pas déplaire, quand ils ne seroient pas ce qu'ils sont [2]. Voici une période un peu longue, c'est que la matière ne s'épuise pas aisément, et vous n'en êtes pas quitte. Je me suis résolue quelquefois à ne pas tant mettre de vivacité à ce que je fais, et à laisser ces enfants à la conduite de leur mère; mais j'entre en scrupule d'offenser Dieu par cet abandonnement et je recommence à prendre des soins qui augmentent mon amitié et qui, en me renfermant avec eux, me fournissent mille occasions de douleur et de chagrin. Voilà l'état où je suis qui est plein de troubles [3]; rien ne peut me

---

1. *Manuscrits des Dames de Saint-Cyr.* — La Beaumelle a presque doublé cette lettre, tant il y ajoute de phrases de son invention.

2. La Beaumelle ajoute : « Et quand ils ne joindroient pas le titre de bienfaiteurs à celui de parents qui leur donne tant de droits. »

3. La Beaumelle ajoute : « Figurez-vous le cœur le plus sen-

mettre en repos que de me voir un établissement, et je n'y puis parvenir.

Voyez quelquefois M. Viette pour le presser, je vous en supplie, et priez Dieu qu'il me donne la force de le servir malgré l'abattement et l'agitation où je suis ; ce sont deux états fort différents qui se partagent ma vie, et qui sont, comme vous savez mieux que moi, fort opposés à la paix et à la vigilance qu'il faut pour le salut. Dieu soit loué de tout ! je n'aurois peut-être jamais pensé à lui, si j'avois été satisfaite des hommes[1]. Je ne pus vous voir à mon dernier voyage.

LETTRE LII (La B.)

NOTE PRÉLIMINAIRE

A peu près vers la date de la lettre précédente se trouve dans la collection de La Beaumelle (édit. d'Amsterdam, t. I, p. 100) une lettre à madame de Saint-Géran, qui est composée de phrases décousues, de noms hasardés, de faits douteux et dont l'ensemble, quoique imité des lettres à l'abbé Gobelin, est peu compréhensible. On en trouve des fragments dans l'édition de Nancy, mais compris dans une lettre vraie à l'abbé Gobelin (p. 73), et ceci suffit pour démontrer que La Beaumelle a fabriqué cette lettre. Louis Racine l'annote : *m'est inconnue et je la crois fausse*. Il faut répéter d'ailleurs que toute la lettre paraît écrite à une personne qui est en province, et que madame de Saint-Géran était à la cour.

sible et le plus outragé, la femme la plus empressée à mériter de la reconnoissance et la plus certaine de n'obtenir que de l'ingratitude. »

1. La Beaumelle ajoute : « Le malheur m'a approchée de lui, la faveur ne m'en éloigneroit pas. Je suis persuadée plus que jamais que Dieu tire le bien du mal. »

A MADAME DE SAINT-GÉRAN.

Octobre 1674.

Madame de Durfort[1] ne vous a pas dit la millième partie des sentiments que j'ai pour vous. Croyez qu'ils ne peuvent être exprimés par la bouche la plus éloquente. Je n'oublierai jamais les suretés que vous m'avez données des vôtres dans un temps où les Villars[2] avoient perfidement alarmé mon amitié. Tout ce que je souhaiterois, ce seroit de voir madame de Montespan un cœur fait comme le vôtre; je serois la plus heureuse personne du monde, dans un pays où, pour peu de grandeur qu'on ait, on en a toujours plus que de bonheur. Mais il est inutile de m'en flatter. Je l'ai prise par tous les endroits imaginables : le fonds n'en vaut rien. Elle n'est bonne que par boutades : et sa vertu même est un caprice[3]. Pas deux jours de suite de même humeur. Je suis aussi fatiguée de tous ces éclaircissements qui m'attachent toujours plus que de toutes ces brouilleries qui me consument. Nous sommes bien aujourd'hui : qui sait comme nous serons demain? J'aimerois mieux un peu de malheur fixe que beaucoup de bonheur sans consistance. J'ai beau renoncer à tous mes goûts, à tous mes sentiments : on m'accuse de choses horribles. On fera la Saint-Hubert à Villers-Cottrets[4]; on m'a donné quatre cent louis pour des habits. Tout ce que la Bretigni m'a envoyé est du meilleur goût. Mais qu'est-ce

1. Est-ce la maréchale de Duras?
2. On ne voit nulle part que madame Scarron ait eu à se plaindre des Villars, mais il est vrai que madame de Saint-Géran leur était parente.
3. *Sa vertu?* Qu'est-ce que cela veut dire?
4. La cour ne bougea pas, pendant l'automne, de Saint-Germain.

que toutes ces vanités, tous ces plaisirs pour qui est dégoûtée du monde et de ses œuvres? J'envie bien votre tranquillité. Il ne tient qu'à vous, madame, de servir Dieu en paix[1]. Ceux qui m'imputent la longue disgrâce de M. de Lauzun[2], me haïssent plus qu'ils ne me connoissent. Si mes conseils avoient été écoutés, il seroit encore en faveur, parce qu'il ne se seroit pas fait les affaires qui la lui ont ôtée. On ne me consulte qu'après avoir pris son parti : on veut que j'approuve, et non que je dise mon avis. Mon crédit n'est que de bienséance et de politique. On ne se sert de moi que pour mieux régner[3]. Vous êtes bien heureuse, madame. Rien ne manqueroit à votre bonheur, si quinze jours passés à ma place pouvoient vous instruire de son prix. Rien n'est comparable à ce que je souffre : et je demande tous les jours à Dieu qu'il me donne une âme moins sensible. L'évêque de Senlis m'a dit des choses très-consolantes. Vous lui direz, je vous prie, combien j'ai de vénération pour sa personne[4].

1. Cela est absurde, puisque madame de Saint-Géran était à la cour.

2. On sait que le duc de Lauzun, sur le point d'épouser Mademoiselle, en fut empêché par le roi, d'après l'avis de madame de Montespan. Les *Mémoires* de La Fare disent que madame Scarron conseilla madame de Montespan; mais ce témoignage est détruit par le silence complet que gardent les *Mémoires* de Mademoiselle et ceux de Saint-Simon. En 1674, Lauzun était en prison à Pignerol.

3. Toutes ces petites phrases hachées n'ont pas de sens.

4. Toute cette partie depuis la phrase : « Ceux qui m'imputent, etc., » avait d'abord été ajoutée à une lettre vraie à l'abbé Gobelin, dans l'édition de Nancy; dans les autres éditions, La Beaumelle l'a mise dans cette prétendue lettre à madame de Saint-Géran, et quoiqu'elle n'ait aucun rapport avec le commencement.

LETTRE LIII

A M. L'ABBÉ GOBELIN [1].

Novembre 1674.

Il est vrai, monsieur, que l'épreuve que le médecin anglais fait sur M. le duc du Maine m'a mise dans d'étranges agitations, et que je ne me remets pas des frayeurs que je crois que l'on peut avoir avec raison pour la suite des remèdes qu'il avale; mais je puis vous assurer avec vérité qu'aucun état ne peut me rendre insensible à la continuation de votre amitié, et que j'ai vu avec beaucoup de joie que vous ne m'avez point oubliée, que vous vous souvenez de ce que je pense, et que vous y prenez intérêt. Je vous dirai toujours là-dessus la même chose, qui est la douleur où je suis de ne pas profiter de la bonté particulière que vous avez pour moi; j'aurois eu lieu d'espérer que jointe à la charité que vous avez pour tous, vous m'auriez menée loin dans le chemin où il est important d'avancer et dans lequel vous croyez bien que je fais peu de progrès. Je suis toujours dans le trouble où vous m'avez vue tant de fois, et vous verrez par les suites que je ne suis pas seule de mon opinion sur ce pays ici. Priez Dieu pour moi, je vous en supplie, et me croyez votre très-humble servante.

[1]. *Manuscrits des Dames de Saint-Cyr.* — La Beaumelle a intercalé cette lettre dans trois autres, dont il a fait une seule.

LETTRE LIV

A M. D'AUBIGNÉ, A BELFORT [1].

A Saint-Germain, ce 10 novembre 1674.

Je ne sais si Des Rolines, qui est très-bien informé de tout ce que je fais, vous aura mandé que j'achète une terre, mais il ne sait peut-être pas encore que c'est Maintenon, et que le marché en est fait à deux cent cinquante mille francs [2]. Elle est à quatorze lieues de Paris, à dix de Versailles et à quatre de Chartres; elle est belle, noble, et vaut dix à onze mille livres de rente. Voilà une retraite qui sera votre pis-aller. Vos affaires ne vont pas si bien que les miennes : votre future épouse est très-opiniâtre, et ne se rend ni à la persuasion de nos amis, ni à l'autorité de ses parents; je ne me suis point encore rebutée, et peut-être en viendrons-nous à bout.

M. de Louvois est toujours malade; mais le roi a entendu parler de ce que vous demandez pour votre compagnie de cavalerie; je crois qu'il en ordonnera ce qui lui plaira, et que l'on ne vous refusera pas ce que l'on pourra vous accorder.

Adieu; j'ai bien envie de savoir votre guerre finie

1. *Autographe* du cabinet de M. Feuillet de Conches.
2. Le contrat d'acquisition est du 27 décembre 1674. La terre de Maintenon appartenait à une branche de l'illustre maison de Rambouillet. Elle fut vendue à madame Scarron par François d'Angennes, marquis de Maintenon, gouverneur de Marie-Galande de 1679 à 1686. Madame de Maintenon y ajouta, en 1679, les terres de Pierres, Theneuse et Boisricheux, ce qui porta le revenu général à 15,000 liv.

pour tenter de demander un congé pour vous[1]; j'espère que l'hiver ne se passera pas sans vous voir. Je me porte fort bien ; mes princes sont toujours malades; le petit duc parle souvent de vous.

APPENDICE A LA LETTRE LIV.

La Beaumelle (édit. de Nancy, t. I, p. 82) place, à la date du 30 novembre 1674, un billet qui démontre une fois de plus ses inventions et falsifications. D'Aubigné est, comme on vient de le voir, en Alsace et fort occupé ; cela n'empêche pas La Beaumelle de lui faire écrire par sa sœur le billet suivant :

« Allez chez M. de Louvois et remerciez-le. Aimez-moi toujours ; soyez honnête homme ; appliquez-vous à votre métier ; ne vous faites pas d'ennemis et tout ira bien. Adieu, je pars pour Maintenon. »

Nous allons voir que le 1er décembre elle était à Saint-Germain.

1. Madame Scarron se trompe en croyant la guerre finie en Alsace. C'est justement à cette époque que Turenne se préparait à la belle campagne d'hiver dans laquelle il chassa les Impériaux de cette province. C'est vers Belfort que se réunirent ses différents corps pour marcher sur l'Ill, et cette place qui, plusieurs fois fut menacée par l'ennemi, joua un rôle important dans toute la campagne, bien qu'elle n'eût pas la force qu'elle a aujourd'hui. D'Aubigné s'y comporta avec intelligence, et il facilita la marche de Turenne en inquiétant l'ennemi par les nombreuses courses qu'il fit dans le pays. « La cavalerie qui est à Belfort, dit la *Gazette*, prend beaucoup de chevaux et de prisonniers sur les ennemis. »

LETTRE LV

A M. L'ABBÉ GOBELIN [1].

A Saint-Germain, ce 1ᵉʳ décembre 1674.

Quoique je ne fasse presque rien depuis le matin jusqu'au soir, je puis pourtant dire que je n'ai pas un moment à moi, et que c'est ce qui m'empêche de vous écrire aussi souvent que je le voudrois. Vous me ferez grand plaisir de me prescrire quelque chose pour cet avent; et, si vous n'en avez pas le temps, envoyez-moi un de vos livres pour la messe où il y a des exercices pour les grandes fêtes [2]. Je sens de grandes envies de servir Dieu, et il me semble que si je m'éloignois du trouble où je suis ici, que je me donnerois tout de bon à lui. Je fis hier mes dévotions et j'entendis M. l'abbé de Clermont qui prêcha fort utilement; mais la mémoire lui manqua. Il ne demeura pas pourtant tout à fait; il passa seulement à son troisième point sans avoir dit la moitié du second.

M. le comte du Vexin se porte un peu mieux et M. le duc du Maine est un objet de pitié : il a la fièvre quarte, un grand rhume et un abcès ouvert au derrière qui lui fait de grandes douleurs quand on le panse, et que je partage en mère très-sensible. Je suis fort chagrine par beaucoup d'endroits, et surtout des difficultés que je trouve pour la conclusion de

---

1. *Manuscrits des Dames de Saint-Cyr.*
2. Voir la note 1 de la page 196.

l'achat de Maintenon; on n'y trouve pas de sûretés et vous savez que c'est ce qu'il faut y trouver.

Adieu, monsieur, ne m'oubliez pas dans le peu de commerce que nous avons présentement et remerciez M. Le Ragois de l'obligeante lettre qu'il m'a écrite. Si je suis maîtresse de Maintenon, il pourra sûrement en faire sa maison de campagne.

LETTRE LVI

A M. L'ABBÉ GOBELIN [1].

Ce 4 décembre 1674.

Madame de Coulanges a un peu exagéré le mal de M. le duc du Maine; mais elle n'a pas pu vous dire toute ma douleur. Je suis troublée ici par toutes sortes d'endroits, et je ne sais comment, étant aussi sensible que je le suis, j'ai la force de le supporter. Je tâche de le prendre en patience, mais je songe aussi au remède qui s'éloigne par les difficultés que l'on trouve à mon affaire. Je vous suis très-obligée de la part que vous prenez à mes déplaisirs; ne vous lassez pas de m'écrire; vos lettres ne me sont pas inutiles, et elles me font un grand plaisir. M. le duc du Maine eut hier la fièvre, quoique ce fût son jour d'intermission; je crois que ce fut par la douleur de sa plaie. Je ne sais ce qu'on en doit espérer, mais le pauvre enfant est entre les mains des médecins et des chirurgiens; la moitié suffiroit pour le faire mourir.

1. *Manuscrits des Dames de Saint-Cyr.*

Adieu. Voyez, je vous prie M. Viette; vous entendez les affaires, et plusieurs voient plus clair qu'un seul. Je vous supplie d'envoyer cette lettre.

LETTRE LVII

A M. L'ABBÉ GOBELIN [1].

A Saint-Germain, ce 8 décembre 1674.

Je ne sais si votre lettre vous a beaucoup coûté; mais j'espère qu'elle me sera utile, du moins suis-je fort touchée présentement des réflexions qui y sont; elles m'ont paru solides et nouvelles. Je suis toujours dans la même situation et je tâche d'en faire le meilleur usage que je puis. Priez Dieu pour moi, je vous en conjure, et me conservez une amitié dont j'espère que je jouirai quelque jour plus tranquillement et plus utilement que je n'ai fait. Il faut payer, s'il vous plaît, la pension de Toscan, et me faire souvenir de vous le rendre.

Il ne tiendra pas à moi que je n'aie Maintenon, je m'en repose sur M. Viette à qui j'ai donné plein pouvoir.

M. le duc du Maine a la fièvre double quarte, M. le comte du Vexin a un vomissement et un dévoiement et mademoiselle de Nantes vient de retomber malade; je me partage entre eux, et les sers comme une femme de chambre, parce que toutes les leurs sont sur les dents [2].

1. *Manuscrits des Dames de Saint-Cyr.*
2. Ces lignes ont sans doute inspiré à La Beaumelle le petit

Mes compliments à M. Le Ragois ; l'état où est le petit duc fait oublier tous les projets que l'on faisoit sur son éducation ; il faut espérer qu'il ne sera pas toujours malade.

LETTRE LVIII

A M. L'ABBÉ GOBELIN [1].

Saint-Germain, 17 décembre 1674.

Je fais le mieux qu'il m'est possible ce que vous m'avez ordonné pour l'Avent, et ne pouvant avoir aucun mérite par mes prières, j'y aurai du moins celui de l'obéissance. Je dis l'office de la Vierge, et quoique ce soit avec de grandes distractions, c'est toujours un temps passé que l'on a destiné à Dieu. Je meurs toujours de langueur ici, et j'attends le printemps avec une extrême impatience. Je n'ai point encore signé le contrat de Maintenon ; les sûretés sont difficiles à trouver ; Dieu veuille qu'à la fin elles soient suffisantes, et que je ne tombe pas à des procès dans un temps que je voudrois mieux employer.

Le roi juge à l'heure qu'il est l'affaire dont vous m'avez parlé ; j'ai fait mon devoir là-dessus ; vous

---

tableau suivant qu'on trouve dans les *Mémoires*, t. I, p. 302 :
« Le roi étant entré chez madame Scarron, la trouva seule avec le duc du Maine qui avoit la fièvre et qu'elle soutenoit d'une main, mademoiselle de Nantes qu'elle berçoit de l'autre, et le comte du Vexin qui dormoit sur ses genoux. Les femmes de service avoient succombé sous la fatigue. »

1. *Manuscrits des Dames de Saint-Cyr*.

croyez bien que toute la cour est pour madame de Verneuil[1], et que l'on croit juste de prendre sur le bourgeois en faveur de la qualité; je trouve qu'une chose de si grande conséquence sera jugée par un bien petit nombre; il n'y a que six juges et le roi qui assurément a les intentions droites, mais qui n'est pas fort bien instruit[2].

M. le duc du Maine est entre les mains de M. Sanguin[3], mais ce n'est que depuis deux jours; le petit comte est fort languissant. Je vous donne le bonjour, et je vous supplie de compter que vous ne serez pas toujours quitte avec moi pour si peu de chose et qu'il ne faut pas vous accoutumer à m'oublier.

ANNÉE 1675.

Cette année renferme dix-sept lettres authentiques de madame de Maintenon et deux apocryphes. Elle est fort remarquable : c'est celle de la première rupture de Louis XIV avec madame de Montespan ; celle où l'on voit des témoignages de son affection pour la gouvernante de ses enfants; enfin dans cette année, madame Scarron change de nom : elle prend celui de la terre qu'elle vient d'acquérir, le marquisat de Maintenon. En même temps ses démêlés avec madame de Montespan deviennent plus fréquents, plus *terribles;* elle témoigne de plus en plus son dégoût pour la cour à l'abbé Gobelin, mais

---

1. La duchesse de Verneuil, fille du chancelier Seguier, deuxième femme du duc de Verneuil, fils naturel de Henri IV.
2. La Beaumelle ajoute de son invention : « Madame de Montespan ne s'est pas décidée; au moins a-t-elle voulu me le persuader. »
3. Médecin de Paris dont il est question dans les lettres de madame de Sévigné. Voir t. VIII, p. 178.

celui-ci persiste à lui conseiller, à lui ordonner d'y demeurer. « Il falloit que Dieu, racontait-elle aux Dames de Saint-Louis, eût donné pour moi de grandes lumières à l'abbé Gobelin, pour que ce saint prêtre prît sur lui de me décider avec toute l'autorité qu'il fît que je devois y demeurer, malgré toute l'opposition que j'y avois, les fortes envies qu'il me sembloit que Dieu me donnoit de m'en retirer et les périls que je pouvois y courir. J'admire qu'exposant tout cela à ce saint homme avec les couleurs les plus vives qu'il m'étoit possible, il persista néanmoins toujours à m'ordonner de demeurer à la cour, lui qui avoit en toutes autres choses une morale si serrée et même si sévère. »

LETTRE LIX

A M. L'ABBÉ GOBELIN [1].

Ce 17 janvier 1675.

Il y a bien longtemps que je n'ai reçu de vos nouvelles, et quoique l'on fasse ici une vie très-dissipée, je sens toujours avec chagrin la rareté de notre commerce ; je meurs de peur d'en perdre tout le fruit que j'en espérois, dans le temps que je puis l'avoir, et de vous perdre quand je me serai mise en état de vous voir plus souvent. Voilà vous faire envisager votre mort assez franchement ; mais je crois que vous n'en avez pas peur.

Je ne puis vous dire de mes nouvelles sans tomber dans des redites continuelles ; car je suis toujours dans les mêmes sentiments, et dans les mêmes résolutions. Il faut attendre le temps du voyage de

1. *Manuscrits des Dames de Saint-Cyr.*

Baréges, et le faire si le petit duc le fait[1]. Il se porte mieux et le comte aussi ; la princesse est malade sans que toute la faculté puisse dire si elle a la petite vérole, ou si elle ne l'a pas. Tout le reste va son chemin : l'affaire de Maintenon est conclue, et on paye journellement les créanciers ; j'ai grande envie d'y aller ; mais les maux de ces enfants me retiennent. Je me recommande à vos prières.

LETTRE LX

A M. L'ABBÉ GOBELIN [2].

Ce 24 janvier 1675.

Je suis très-fâchée de votre mal, et parce que vous en souffrez et par mon intérêt ; vous savez la peur que j'ai de vous perdre, quand je serai en état de profiter de votre amitié, et de vos soins. J'ai déjà nommé un chanoine [3], et j'écrivis hier à M. le curé de Maintenon pour un vicaire ; j'écris à M. Viette pour avoir réponse du chanoine qui ne réside point ; je remplirai sa place, s'il ne la reprend. Je prie M. Viette de vous

---

1. Le voyage se fit, comme on le verra plus loin. Il fut ordonné à Foucault, intendant de Montauban, de préparer les chemins qui étaient fort mauvais. « Au mois de janvier 1675, dit-il dans ses *Mémoires*, j'ai fait faire, par ordre du roi, des réparations aux bains et chemins de Baréges. La dépense a monté à 1,200 liv. Ces réparations ont été faites à l'occasion du voyage que M. le duc du Maine, conduit par madame de Maintenon, y a fait, pour l'allongement des nerfs d'une jambe dont il est boiteux. »
2. *Manuscrits des Dames de Saint-Cyr.*
3. Au château de Maintenon était attachée une collégiale dont les chanoines étaient nommés par le seigneur.

donner mille francs pour les appointements de M. Le Ragois. J'ai fait vos remercîments à madame de Montespan. Demandez bien à Dieu qu'il rompe mes chaînes, si ma liberté doit être utile à mon salut; c'est ce que je lui demande tous les jours; et ce que je vais lui demander tout à l'heure.

LETTRE LXI

A M. L'ABBÉ GOBELIN [1].

A Saint-Germain, ce 25 janvier 1675.

Monsieur l'aumônier vient de me donner votre lettre qui me fait un grand plaisir; elle est pleine de dévotion et d'amitié : c'est ce que je voudrois présentement qui partageât ma vie; et je suis dans un milieu où l'on ne connoit ni l'un ni l'autre. Plût à Dieu que le soin de mon salut me donnât l'extrême impatience que j'ai de le quitter, et que ce ne fût pas le dégoût de la personne que vous savez. Cependant il faut se servir de tout et espérer que je ferai un bon usage de la vie que je projette. Vous êtes le maître du temps, mais j'attendrai le retour de Baréges; ce n'est pas que je sache si j'irai ou non, et je suis moins avertie que Ponta [2] de ce que l'on veut faire de ces messieurs; ils sont nourris aussi mal qu'ils puissent l'être, et je ne puis les quitter trop tôt pour la décharge de ma conscience, car j'y agis toujours avec quelque dépit.

1. *Manuscrits des Dames de Saint-Cyr.*
2. Valet de la maison du duc du Maine.

Je ferai tout mon possible pour aller à Paris ayant la Notre-Dame, j'en passerai le jour à Chartres[1]. Ne doutez pas que nous ne fassions ici tout ce qu'il faut pour vous mettre en repos ; vous ne demandez rien que de juste, et le roi vous l'accordera sans peine ; instruisez-nous seulement de ce que nous aurons à faire[2].

Adieu, monsieur, demandez à Dieu ce qui m'est nécessaire[3].

LETTRE LXII

A M. L'ABBÉ GOBELIN[4].

A Saint-Germain, ce 6 février 1675.

J'avois plus d'impatience de vous dire des nouvelles de Maintenon que vous n'en sauriez avoir d'en apprendre. J'y ai été deux jours qui sans exagération m'ont paru un moment[5] ; c'est une assez belle mai-

---

1. Elle allait partir pour Maintenon et se proposait de passer la fête de la Purification à Chartres.
2. J'ignore de quelle affaire il est ici question ; l'abbé Gobelin usait souvent du crédit de madame de Maintenon, mais c'était d'ordinaire pour le succès d'œuvres pieuses et charitables.
3. Au lieu de cette dernière phrase, La Beaumelle invente ceci : « Si pour vous servir il falloit me réconcilier avec madame de Montespan, je me réconcilierois avec elle. Le plaisir de vous obliger est d'un prix à qui tout cède. »
4. *Manuscrits des Dames de Saint-Cyr.*
5. « La première fois que j'y allai (à Maintenon), dès que j'entrai dans la cour, je regardai avec un extrême plaisir la fenêtre de la chambre que je croyois la principale, pensant en moi-même : ce sera là que je finirai mes jours. Je n'avois pas d'autre dessein que de vivre en paix avec mes paysans ; mais pendant que je comptois

son, un peu trop grande pour le train que j'y destine, dans une agréable situation et qui a de fort beaux droits ; enfin j'en suis très-satisfaite et je voudrois y être. Il est vrai que le roi m'a nommée *madame de Maintenon*, et que j'aurois de plus grandes complaisances pour lui que celle de porter le nom d'une terre qu'il m'a donnée[1].

Vos doreurs sont bien reconnoissants ; leur présent ira dans mon château dont je suis présentement tout occupée. Je vous prie de songer à me prescrire quelque chose pour le carême ; je me trouvois mieux de l'Avent que je n'ai fait depuis, et la fidélité que j'avois à ne pas manquer à ce que vous m'aviez ordonné, me faisoit prier Dieu plusieurs fois par jour.

Je verrai assurément madame de la Paillerie et fort aisément si elle vient le matin. Nos princes ne sont ni fort bien ni fort mal. Si vous venez ici, je serai fort aise de vous y voir. J'irai demain à Paris pour un moment, mais j'y retournerai dans peu de jours.

APPENDICE A LA LETTRE LXII.

Cette lettre est singulièrement transformée dans la collection de La Beaumelle (édit. de Nancy, t. I, p. 85). Celui-ci

ainsi, Dieu en disposoit autrement. » (*Conseils aux demoiselles* t. I, p. 11.)

1. On sait quelle influence ce changement de nom a eu sur la vie de madame de Maintenon. Il n'y eut pourtant dans ce changement aucun calcul, ni de la part de Louis XIV qui le donna comme en riant, ni de la part de madame de Maintenon qui le prit en suivant les usages de son temps.

la donne comme écrite à madame de Coulanges et substitue à toute la fin une partie de lettre qu'il invente ; aussi Louis Racine l'apostille : *composée par l'éditeur.* Voici la lettre falsifiée que donne La Beaumelle et qui a été souvent citée à cause de la phrase : *des bois où madame de Sévigné rêveroit à madame de Grignan.* Cette phrase ainsi que tout le reste est un roman.

5 février 1675.

J'ai plus d'impatience de vous dire des nouvelles de Maintenon, que vous n'en avez d'en apprendre. J'y ai été deux jours qui m'ont paru un moment : *mon cœur y est attaché. N'admirez-vous pas qu'à mon âge je m'attache à ces choses-là comme un enfant?* C'est une assez belle maison : un peu trop grande pour le train que j'y destine. Elle a de fort beaux dehors, *des bois où madame de Sévigné rêveroit à madame de Grignan fort à son aise.* Je voudrois pouvoir y demeurer : mais le temps n'est pas encore venu. Il est vrai que le roi m'a nommée madame de Maintenon, *que j'ai eu l'imbécillité d'en rougir* : et tout aussi vrai, que j'aurois de plus grandes complaisances pour lui que celle de porter le nom d'une terre qu'il m'a donnée. *Je dirai bien à madame de Montespan qu'il y a de faux frères, et que du soir au lendemain la ville est fort exactement informée de tout ce qui se fait ici.* Les amis de mon mari ont tort de m'accuser d'avoir concerté avec le roi ce changement de nom : ce ne sont pas ses amis qui le disent : ce sont ou mes ennemis ou mes envieux : peu de bonheur en attire beaucoup. *Le voyage de Baréges n'est pas encore fixé ; au retour je serai plus libre, et j'aurai le plaisir de vous écrire moins souvent.* M. de Coulanges est ici : on s'en aperçoit bien, on s'ennuyoit.

LETTRE LXIII

A M. D'AUBIGNÉ, A BELFORT [1].

A Saint-Germain, ce 6 février 1675.

Je reçois votre dernière lettre qui m'afflige par me faire voir que vous ne vous portez pas bien; conservez-vous autant que vous le pourrez dans le vilain séjour que vous me dépeignez, et prenez patience dans l'espérance d'une heureuse vieillesse. Je fais tout mon possible pour vous marier, et peut-être en viendrai-je à bout. Ce sera un bon prétexte pour un congé. Comptez que je songe toujours à vous, et que vos intérêts ne sont plus chers que les miens. J'ai été à Maintenon dont je suis très-contente : c'est un gros château au bout d'un grand bourg; une situation selon mon goût, et à peu près comme Mursay; des prairies tout autour, et la rivière qui passe par les fossés; il vaut dix mille livres de rente et en vaudra douze dans deux ans. J'y ai mené notre fidèle ami M. de Montchevreuil.

Nos princes sont en bonne santé; je crois que j'irai cet été mener l'aîné à Baréges. La princesse n'a eu que vingt grains de petite vérole.

Madame de Boury veut vous épouser; mandez-moi, à tout hasard, si vous pourriez vous accorder de sa personne, et je m'informerai du reste.

Adieu, mon cher frère. Nous ferons grande chère à Maintenon, si Dieu nous conserve. Songez à votre

1. *Autographe* du cabinet de M. Feuillet de Conches.

salut cependant, et comptez combien il est de mauvais sens de ne se pas mettre dans l'état où l'on voudra être à l'heure de sa mort. Vivez sobrement, et si la poitrine est votre mal, prenez le matin du lait de vache qu'il faut faire bouillir un moment et jeter l'écume qui s'élève; mettez-y autant d'eau d'orge que de lait, et y délayez une cuillerée de miel de Narbonne; prenez-en la valeur d'un bouillon et qui ne soit pas même trop grand; j'ai vu des effets admirables de cette recette.

LETTRE LXIV

A M. L'ABBÉ GOBELIN [1].

A Saint-Germain, ce 9 février 1675.

Nous avons encore une chanoinie à remplir. Un grand gentilhomme, frère d'un chanoine mort depuis peu, me la demande. Son extérieur me déplaît fort; son frère étoit libertin : celui-ci n'est point prêtre. Il me répondit fort cavalièrement : « Je le serai, ma- « dame, quand il vous plaira m'ordonner. » Là-dessus, je lui fis des difficultés. Enfin je vous le renvoie pour en décharger ma conscience. Écoutez-le donc, et choisissez ensuite ou lui ou le prêtre de l'abbé Testu. J'attends la réponse du curé de Maintenon pour prendre un vicaire; mais il me paroît un peu lent. J'attends le carême avec impatience, parce que j'espère vous voir. Vous me trouverez toujours dans

1. *Manuscrits des Dames de Saint-Cyr.*

les mêmes sentiments sur tout, et je vous rendrai compte de ce qui se passe ici entre le curé et moi : dans cette espérance je ne veux point traiter ici de pareilles matières.

LETTRE LXV

A M. L'ABBÉ GOBELIN [1].

18 février 1675.

Je ne vous soupçonnerai jamais que vous ayez de la négligence pour moi, ayant reçu trop de marques de votre amitié pour en pouvoir douter légèrement. Gardez s'il vous plaît, mon papier. J'irai à Paris le plus tôt que je pourrai. Je crois que nous n'irons point à Baréges, dont je suis au désespoir; j'avois espéré à ce voyage plus de repos pour mon corps et de paix pour mon esprit que je n'en trouve ici... On m'interrompt, il faut que je finisse.

LETTRE LXVI

A M. L'ABBÉ GOBELIN [2].

Ce jour des cendres (27 février) 1675.

Madame de Coulanges m'a dit que vous aviez pensé mourir; et quoi que je ne l'ai su qu'après que votre mal a été passé, je ne laisse pas d'en être affligée, et d'appréhender les sujets de vos maux qui de-

1. *Manuscrits des Dames de Saint-Cyr.*
2. *Manuscrits des Dames de Saint-Cyr.*

viennent, ce me semble, bien fréquents. Je suis fort intéressée à votre conservation, et j'envisage avec autant de plaisir de me retrouver dans quelque temps entre vos mains, que je serois inconsolable, si vous me manquiez.

Il se passe ici des choses terribles entre madame de Montespan et moi; le roi en fut hier témoin, et ces démêlés-là, joints aux maux continuels de ces enfants, me mettent dans un état que je ne pourrois soutenir longtemps. Dieu soit loué de tout! ne m'abandonnez pas, écrivez-moi quelquefois, je vous en supplie.

APPENDICE A LA LETTRE LXVI.

Madame de Caylus cite cette fin de lettre et ajoute :

« C'est apparemment à cette lettre qu'il faut rapporter ce que j'ai ouï raconter à madame de Maintenon : Qu'étant un jour avec madame de Montespan dans une crise la plus violente du monde, le roi les surprit, et les voyant toutes deux fort échauffées, il demanda ce qu'il y avoit. Madame de Maintenon prit la parole d'un grand sang-froid et dit au roi : Si Votre Majesté veut passer dans cette autre chambre, j'aurai l'honneur de le lui apprendre. Le roi y alla ; madame de Maintenon le suivit et madame de Montespan demeura seule. Sa tranquillité en cette occasion paroît très-surprenante, et j'avoue que je ne le pourrois croire s'il m'étoit possible d'en douter.

« Quand madame de Maintenon se vit tête à tête avec le roi, elle ne dissimula rien ; elle peignit l'injustice et la dureté de madame de Montespan d'une manière vive, et fit voir combien elle avoit lieu d'en appréhender les effets. Les choses qu'elle citoit n'étoient point inconnues du roi, mais comme il aimoit encore madame de Montespan, il chercha à la justifier et, pour faire voir qu'elle n'avoit pas l'âme si dure, il dit à madame de Maintenon : « Ne vous-êtes vous pas aperçue que ses beaux yeux se remplissent de larmes lorsqu'on lui raconte quelque action généreuse et touchante?... » Cette conversation de madame de Maintenon fut suivie de plusieurs autres [1]... »

Cette anecdote est racontée avec des variantes dans les *Notes des Dames de Saint-Cyr* qui ajoutent : « De sorte que madame de Montespan, voyant que le roi lui échappoit, se lia étroitement avec M. le duc de la Rochefoucault, qui étoit en grande faveur auprès du roi, et à M. de Louvois. Madame de Maintenon savoit fort bien qu'ils avoient résolu de la perdre et qu'il ne tint pas à eux s'ils n'en vinrent pas à bout... »

LETTRE LXVII

A M. L'ABBÉ GOBELIN [2].

Ce dimanche 3 mars 1675.

Ce n'est point moi qui ai chargé monsieur l'aumônier de vous convier à venir ici ; mais je ne puis point m'y opposer, et quoique je songe plus à votre commodité qu'à mon plaisir, ce seroit outrer la discrétion si j'exigeois de vous que vous n'y vinssiez pas. L'aumônier qui vous aime et qui ne hait pas à se faire voir dans le cabinet de madame de Montespan, lui dit l'autre jour que vous aviez envie de venir, et que je vous en empêchois ; vous savez ce qu'il en est, mais il est vrai que je trouverois fort injuste de vous le demander, n'étant pas maîtresse ni d'un lieu ni d'un autre pour vous recevoir ; et il pourra fort bien arriver que vous ferez dix lieues pour nous voir tous

1. *Souvenirs*, p. 114, édit. de 1806.
2. *Manuscrits des Dames de Saint-Cyr.*

un moment. Si après vous en avoir montré les incommodités, vous voulez vous y exposer, je serai certainement très-aise d'avoir l'honneur de vous voir.

Je voudrois bien obéir à ce que vous me prescrivez pour ce carême, mais je ne pourrai éviter d'y faire quelque transposition, car je n'ai pas un moment le matin, et je ne puis qu'entendre la messe. Ce que vous me demandez sur mes habillements, n'est pas non plus trop facile : je ne porte point de couleur; mais je suis pleine d'or, et il faudroit que je me fisse faire des habits tout exprès. Mandez-moi si les trente sous par jour que vous m'ordonnez doivent être distribués ici; car le curé prétend que mes premières obligations sont maintenant à Maintenon.

J'ai fait mes dévotions aujourd'hui et j'ai entendu une belle déclamation du P. Mascaron : il divertit l'esprit et ne touche pas le cœur, et son éloquence même choque les gens de bon goût, parce qu'elle est hors de sa place. Il a parlé un peu trop fortement sur les conquérants[1], et nous a dit qu'un héros étoit un voleur qui faisoit à la tête d'une armée, ce que les larrons font tout seuls. Notre maître n'en a pas été content; mais jusqu'à cette heure, c'est un secret[2].

1. Mascaron avait aussi déplu en 1669 par un sermon sur l'adultère qui allait droit à Louis XIV.
2. La Beaumelle prend cette dernière phrase sur Mascaron et la mêle à quelques autres phrases prises dans d'autres lettres, il en fait une lettre à part et il ajoute : « En tout il déplaît au roi et aux gens d'esprit. »

Rendez-moi le plaisir que j'ai à vous entretenir par m'écrire quand vous le pourrez.

LETTRE LXVIII

A M. L'ABBÉ GOBELIN [1].

Saint-Germain, ce 6 mars 1675.

Votre lettre m'a fait un grand plaisir. Je ne sais ce que je trouverai, mais il est certain que je cherche mon salut, en m'éloignant d'un trouble qui y est fort opposé; si je me trompe, ce sera avec le conseil de gens de bien et de bon esprit, vous le savez. Demandez à Dieu, je vous en supplie, qu'il conduise mon projet pour sa gloire et mon salut. Je lui fais cette prière tous les jours, et ce qui me met l'esprit en repos, c'est que si quelqu'un de piété et de bon sens me conseilloit de demeurer où je suis, je le ferois malgré ce qu'il m'en coûteroit, et si de ce côté ici on me traitoit à ma mode, et tout comme je le pourrois désirer, je le quitterois encore si on le vouloit. Cette indifférence me fait espérer que Dieu me bénira, et ne m'abandonnera pas.

Bonjour. Payez s'il vous plaît à Toscan, je vous le rendrai.

1. *Manuscrits des Dames de Saint-Cyr.*

LETTRE LXIX

A M. L'ABBÉ GOBELIN [1].

Mars 1674.

J'ai reçu le livre de l'*Imitation*, que vous avez eu la bonté de m'envoyer, qui est tel que je le désirois et dont je vous remercie très-humblement; mais ce compliment-là ne m'empêchera pas de vous quereller de m'avoir abandonnée depuis la consultation que je vous fis sur mon salut; elle vous marquoit du moins quelques bonnes intentions et le besoin que j'avois de vous pour me consoler dans mes troubles et m'exciter dans mes faibles résolutions. Cependant je n'ai point entendu parler de vous, dont mon amitié a été très-scandalisée; j'en suis réduite à relire une conduite que vous me donnâtes il y a deux ans; il est vrai que vous ne pourriez me rien marquer de meilleur, et que si j'en avois profité je serois dans un autre état que celui où je suis [2].

Le roi garde un silence sur M. de Cartigny, dont je ne devine point la cause; vous n'avez rien à me dire là-dessus, je souhaite comme vous et plus vivement que lui; sa discrétion n'est point outrée; il y a des gens dont on tourne tout à mal, ou du moins que l'on soupçonne d'intrigue parce qu'ils ont de l'esprit. Dieu sait mieux que nous-mêmes ce qu'il nous

---

1. *Manuscrits des Dames de Saint-Cyr.*
2. La Beaumelle a retranché tout ce commencement.

faut, et quand on a fait voir son mérite et ses desseins, il faut se tenir en repos [1].

Adieu. Si vous étiez libre, je vous convierois à dîner vendredi, c'est dans huit jours; mais j'ai du monde mercredi, et vous veux un jour que je mange maigre.

A la suite de cette lettre on trouve la pièce suivante :

Projet de la conduite que je voudrois tenir si j'étois hors de la cour [2].

Je voudrois me lever à sept heures en été et à huit en hiver; être une heure en prières avant d'appeler mes femmes, ensuite m'habiller et voir pendant ce temps-là les marchands, ouvriers, ou les gens à qui on peut avoir affaire; après être habillée, aller à l'église, et n'en revenir que pour dîner.

Je compterois de sortir environ deux jours par semaine, soit pour mon plaisir, soit pour des visites nécessaires; souper chez quelques amies ces jours-là et en revenir à dix heures.

Garder la chambre deux fois la semaine; donner ces jours-là à dîner et à souper à quelques amis ou amies particuliers; se retirer toujours à dix heures, faire la prière avec mes domestiques, me déshabiller et me coucher à onze heures.

Je destinerois les trois autres jours de la semaine : un pour visiter les pauvres de ma paroisse, l'autre

1. Toute cette phrase sur M. de Cartigny est fort obscure, et je n'ai aucun moyen de l'éclaircir.
2. La Beaumelle abrége en six lignes ce projet de conduite.

pour aller à l'Hôtel-Dieu, et l'autre pour les prisonniers, et passer mes soirées seule à travailler ou à lire.

Ne voir jamais personne la veille des grandes fêtes, ni la veille, ni le jour des communions ; ne manquer jamais aux dévotions particulières de certains temps ; être habillée modestement et ne porter jamais ni or, ni argent ; donner la dixième partie de mon revenu aux pauvres.

Voilà comme je voudrois commencer, en attendant que le zèle m'en fît faire davantage ; je n'ai point parlé de la sanctification des dimanches et des fêtes, car je suppose que c'est une des premières obligations.

Voyez ce que vous trouvez à dire sur ce plan ; j'ai laissé une marge pour voir ce que vous voudrez ajouter ou retrancher ; en attendant ce temps de repos et de calme que je me figure si délicieux, je ne fais rien qui vaille, et m'abandonne à une paresse et à un découragement qui me fait craindre souvent que la dévotion que je projette ne soit par le même esprit d'arrangement que j'ai pour les meubles de Maintenon.

LETTRE LXX

A M. L'ABBÉ GOBELIN [1].

Ce 29 mars 1675.

On ne peut pas mieux répondre que vous avez répondu à madame de Montgeron ; il est vrai que notre

1. *Manuscrits des Dames de Saint-Cyr.*

postulant ne me plaît pas, mais nous ne pouvons, je crois, nous dispenser d'attendre des nouvelles du séminaire, où nous l'avons envoyé. On me fait des propositions à Maintenon qui feront pourtant trouver place au sacristain du calvaire; j'en écris à M. l'archidiacre de Chartres, qui est homme de bien et instruit de ce qui se passe en ces lieux-là.

M. le duc du Maine a la fièvre; mais je crois que ce sera peu de chose. Je vous enverrai le projet que vous m'avez demandé, il faut le faire à loisir et ne se pas trop embarquer.

Bonsoir, monsieur. Priez Dieu qu'il conduise mes desseins.

APPENDICE A LA LETTRE LXX.

« *Priez Dieu qu'il conduise mes desseins!* » — « *Demandez à Dieu qu'il conduise mon projet pour sa gloire,* » dit-elle dans dans une lettre précédente. On ne saurait douter, d'après ce qui suivit, que madame de Maintenon n'entende par ces mots ses projets sur Louis XIV et ses exhortations pour rompre ses commerces avec madame de Montespan. « Quand je me vis, racontait-elle à mademoiselle d'Aumale, assez bien avec le roi pour lui parler librement, un jour qu'on tenoit appartement, j'avois l'honneur de me promener avec lui, pendant que chacun jouoit ou fesoit autre chose, je m'arrêtai quand je fus à portée de n'être point entendue et je lui dis : Sire, vous aimez fort vos mousquetaires; c'est ce qui vous occupe et vous amuse fort aujourd'hui. Que feriez-vous si on venoit dire à Votre Majesté qu'un de ces mousquetaires que vous aimez fort a pris la femme d'un homme vivant et qu'il vit actuellement avec elle. Je suis sûre que dès ce soir il sortiroit de l'hôtel des mousquetaires et n'y coucheroit pas, quelque tard qu'il fût. » — « Le roi, ajoute mademoiselle d'Aumale, ne le trouva pas mauvais; il rit un peu, dit qu'elle avoit raison; mais il n'en fut pas autre chose. » De son côté, le parti pieux, celui que dirigeait Bossuet et Montausier, travaillait au même but; le carême de 1675 fut prêché par Bourdaloue, qui rappela sévèrement à Louis XIV les devoirs qui lui étaient imposés par la religion et les exemples qu'il devait à ses peuples. Le roi commença à être ébranlé.

LETTRE LXXI

A M. D'AUBIGNÉ, A PARIS [1].

Avril 1675.

Je vais demain à Paris et y arriverai à dix heures; je vous prie d'envoyer votre carrosse à la porte Saint-Honoré; si vous voulez me donner à dîner, vous me ferez plaisir. Nous verrons la veuve [2], si vous le jugez à propos. Il faudroit aussi voir M. de Barillon. Enfin vous m'aurez pour six heures à faire tout ce que vous voudrez, et si vous ne le voulez pas, je trouverai à quoi employer mon temps; mais donnez-moi à dîner, si vous le pouvez.

LETTRE LXXII

A M. D'AUBIGNÉ, A PARIS [3].

Paris, avril 1675.

Je suis arrivé en même temps que vous, mais quelque envie que j'aie de vous voir, il faut remettre

---

1. *Autographe* du cabinet de M. Feuillet de Conches. — D'Aubigné venait d'arriver à Paris avec des projets de mariage.
2. Madame de Boury, dont il est question dans la lettre LXII.
3. *Autographe* du cabinet de M. Feuillet de Conches.

à demain au matin. Venez un moment, vous n'y trouverez personne, et vous irez ensuite songer à votre bonne mine, car il faut vous montrer au plus tôt à cette femme : elle en a de l'impatience, et il ne faut pas la négliger. Je ne sais encore rien d'elle; j'en attends des nouvelles demain au matin ; et je suis ici pour n'en point partir que l'affaire ne soit faite ou rompue : elle est de conséquence pour vous et pour moi. Bonsoir, faites-vous beau; il faut donner de l'amour à la vieille qui me paraît une bonne femme [1].

LETTRE LXXIII (La B.)

NOTE PRÉLIMINAIRE.

« J'espère que l'agitation de madame de Montespan se calmera, » écrit madame de Maintenon à son frère, dans une lettre qui suivra la lettre apocryphe que nous allons donner. Quelle était la cause de cette agitation ? Pendant que madame de Maintenon semble tout occupée de projets de mariage pour son frère, elle voyait ses exhortations à Louis XIV et ses démêlés avec madame de Montespan suivis d'une rupture du roi avec la favorite.

Dans la semaine sainte « une des femmes de madame de Montespan alla à confesse à la paroisse (Notre-Dame de Versailles) et s'adressa à un des missionnaires qui la desservent, nommé Lécuyer ; la femme de chambre, qui étoit pieuse, fut fort contente des instructions que le confesseur lui donna, et au retour elle le témoigna par occasion à ma-

---

1. On aimerait à voir madame de Maintenon traiter avec plus de cœur les projets de mariage pour son frère. Elle n'y voit qu'une affaire d'argent, qu'un moyen de tirer M. d'Aubigné de ses dettes et de sa vie désordonnée.

dame de Montespan. Celle-ci espéra que ce confesseur lui seroit facile et elle se résolut d'aller à ce même missionnaire à confesse ; mais elle fut bien étonnée quand elle entendit ce saint prêtre lui dire : « Est-ce là cette madame de Montespan qui scandalise toute la France ? Allez, allez, madame, cessez vos scandales, et puis vous viendrez vous jeter aux pieds des ministres de Jésus-Christ. » Ces paroles foudroyantes, dites sans ménagement à la pécheresse, déconcertèrent sa fausse dévotion ; elle sortit en fureur et alla au roi porter sa plainte et lui demander vengeance de l'insulte qu'elle disoit avoir reçue [1]. » Le roi en parla à Bossuet, et celui-ci non-seulement approuva la conduite du prêtre, mais déclara « que dans des circonstances semblables une séparation entière et absolue étoit une disposition indispensable pour être admis à la participation des sacrements. » Et il prit de là occasion de l'exciter à changer de vie. Le roi, incertain depuis longtemps, en prit la résolution et le chargea de l'annoncer à madame de Montespan et de l'engager à s'éloigner de la cour. Celle-ci fut désolée, quitta Saint-Germain et s'en alla avec madame de Maintenon dans sa maison de Vaugirard. Elle y reçut les visites de Bossuet, qui parvint difficilement à l'apaiser ; puis elle se retira à Clagny. « Mes paroles, écrivoit Bossuet au roi, ont fait verser à madame de Montespan beaucoup de larmes, et certainement, Sire, il n'y a point de plus juste sujet de pleurer que de sentir qu'on a engagé à la créature un cœur que Dieu veut avoir. Qu'il est malaisé de se retirer d'un funeste engagement ! Mais cependant, Sire, il le faut, ou il n'y a point de salut à espérer [2]. »

Le roi fit ses dévotions à Pâques (14 avril) et partit pour l'armée le 10 mai. Madame de Montespan resta à Clagny et alla ensuite à Maintenon. Quant à madame de Maintenon, nous allons voir qu'elle partit le 28 avril pour Baréges. Voici ce que mademoiselle Scudéry écrivait à Bussy-Rabutin sur cette rupture (16 avril) : « Le roi et madame de Montespan se sont

1. *Mémoires* de Languet de Gergy, p. 168.
2. *OEuvres* de Bossuet, t. XXXVII, p. 83 de l'édit. de Versailles.

quittés, s'aimant, dit-on, plus que la vie, purement par un principe de religion. On dit qu'elle retournera à la cour, sans être logée au château et sans voir jamais le roi que chez la reine. Je doute que cela puisse durer ainsi, car il y auroit grand danger que l'amour ne reprît le dessus. »

Les lettres de madame de Maintenon sont très-réservées sur tous ces événements ; elle y fait à peine allusion. Cela n'a pas empêché La Beaumelle de donner une lettre écrite, dit-il, à madame de Saint-Géran, et qui entre là-dessus dans de grands détails. « *Les faits sont vrais*, dit la note de Louis Racine, *mais la lettre ne l'est pas.* » Dans l'édition de Nancy, t. I, p. 55, le texte est plus complet que dans les autres éditions ; toutes portent également un mot qui démontre seul la fausseté de la lettre : « Toute la cour est chez madame de Montausier. » Madame de Montausier était morte en 1671, c'est-à-dire plus de quatre ans auparavant !

A MADAME DE SAINT-GÉRAN [1].

Ce que vous me demandez n'est plus un mystère qu'en province ; je vous dirai le fait tel que je le tiens de madame de Noailles [2]. La belle madame s'est plainte au roi de ce qu'un prêtre lui a refusé l'absolution [3]. Le roi n'a pas voulu le condamner sans savoir ce que M. de Montausier, dont il respecte la probité, et M. Bossuet, dont il estime la doctrine, en pensoient. M. Bos-

1. Il n'y a pas de date à cette lettre apocryphe ; mais les faits suffisent pour en donner une.
2. Comment madame de Maintenon tient-elle de madame de Noailles des faits qui se passent sous ses propres yeux, et comment peut-elle raconter cela à madame de Saint-Géran qui est à la cour ?
3. L'édition de Nancy porte : « La belle dame a été à confesse à un prêtre qui lui a refusé l'absolution, elle en a été extrêmement surprise et s'en est plainte au roi qui, très-surpris lui-même, n'a pas voulu condamner ce prêtre, etc. »

suet n'a pas balancé à dire que le prêtre avoit fait son devoir; M. le duc de Montausier a parlé plus fortement[1]. M. Bossuet a repris la parole, et a parlé avec tant de force, a fait venir si à propos la gloire et la religion, que le roi, à qui il ne faut que dire la vérité, s'est levé fort ému et serrant la main au duc, lui a dit : « Je vous promets de ne la plus revoir. » Jusqu'ici il a tenu parole. La petite me mande que sa maîtresse est dans des rages inexprimables[2]. Elle n'a vu personne depuis deux jours; elle écrit du matin au soir, en se couchant, elle déchire tout; son état me fait pitié; personne ne la plaint, quoique elle ait fait du bien à beaucoup de gens. La reine envoya hier savoir des nouvelles de sa santé. « Vous voyez, répondit-elle au gentilhomme; remerciez bien Sa Majesté; dites-lui que, quoique aux portes de la mort, je ne me porte encore que trop bien. » Toute la cour est chez madame de Montausier. Nous verrons si le roi partira pour la Flandre sans lui dire adieu : on attend ce jour avec autant d'impatience que j'attends vos lettres qui me disent que votre santé est rétablie.

LETTRE LXXIV

A M. D'AUBIGNÉ, A PARIS[3].

Versailles, ce 19 avril.

Je trouve toutes vos raisons fort solides, et le ma-

---

1. « Il n'était point dans le caractère de Louis XIV de consulter le duc de Montausier sur les affaires ecclésiastiques. » Walkenaër, *Mémoires* sur madame de Sévigné, t. V, p. 433.

2. Comment *la petite* peut-elle mander... à madame de Maintenon, qui ne quitte point madame de Montespan?

3. *Autographe* du cabinet de M. Feuillet de Conches.

riage que cette femme vous propose seroit plus avantageux pour elle que pour vous ; elle ne vous veut assurer aucun fonds et je lui en assurerois ; vous avez autant de revenu qu'elle, et si vous étiez d'âge et d'une condition égale, ce seroit encore vous qui perdriez à cette affaire. Consultez M. de Barillon, il est notre ami ; et après cela, faites comme vous le jugerez à propos. J'arrivai hier à deux heures du soir, si lasse que je ne pus vous écrire. Madame de Montespan est charmée de Maintenon ; il est vrai qu'il y fait fort joli présentement.

Je vous prie de mander à M. de Groisy, gendre de M. Viette, que mon ordonnance est au trésor royal et que je le prie de recevoir mon argent.

Vous me viendrez dire adieu quand il vous plaira[1] ; j'espère que vous me trouverez un peu tranquille, et que l'agitation de madame de Montespan se calmera ; si elle duroit telle qu'elle est depuis quinze jours, je n'y résisterois pas.

LETTRE LXXV

A M. L'ABBÉ GOBELIN [2].

23 avril 1675.

Je n'ai jamais eu tant d'envie de vous voir que dans cette affaire ici, mais nous faisons une vie qui

1. D'Aubigné retournait à Belfort, son projet de mariage ayant échoué.
2. *Manuscrits des Dames de Saint-Cyr.*

m'ôte toute espérance de pouvoir vous donner un rendez-vous sûr, car madame de Montespan sort depuis le matin jusqu'au soir, et n'a gardé la chambre qu'un seul jour que je n'en étois pas avertie. Cependant je vous verrai avant de partir et je ne sais encore le jour ni de l'un et de l'autre[1]. Vous entendrez dire que je vis hier le roi : ne craignez rien; il me semble que je lui parlai en chrétienne et en véritable amie de madame de Montespan.

APPENDICE A LA LETTRE LXXV.

Aux paroles de froid triomphe qui terminent cette lettre, à cette tranquillité sévère et superbe, on voit quel était le sentiment vrai et profond qui animait madame de Maintenon à l'égard de madame de Montespan. Ce n'était ni de la haine, ni de l'envie, comme on l'a dit tant de fois, c'était le sentiment d'un devoir qui est devenu, nous le verrons, la vraie et unique passion de sa vie, c'était le dessein, le désir, la volonté de *faire le salut du roi*. Elle croyait sincèrement n'agir « qu'en chrétienne et en véritable amie de madame de Montespan; » elle voulait lui rendre le plus important des services; elle ne sentait pas, elle ne comprenait pas son amour, ses douleurs, ses tortures; elle parlait, comme le disait plus tard mademoiselle de Fontanges, « elle parlait de se défaire d'une passion comme de quitter une chemise. » Ce n'était pas de la perfidie, de la trahison ; c'était le procédé naturel d'un cœur naïvement froid et d'une âme rigoureusement chrétienne. Voici, d'ailleurs, comment madame de Maintenon expliquait elle-même sa conduite aux Dames de Saint-Cyr : « Madame de Montespan et moi nous avons été les plus grandes amies du monde; elle me goûtoit fort, et moi, simple comme j'étois, je donnois dans cette amitié. C'étoit une femme de beaucoup

---

1. Pour Baréges. Elle partit le 28 avril.

d'esprit et pleine de charmes ; elle me parloit avec une grande confiance et me disoit tout ce qu'elle pensoit. Nous voilà cependant brouillées sans que nous ayons eu dessein de rompre. Il n'y a pas eu assùrément de ma faute de mon côté, et si cependant quelqu'un a sujet de se plaindre, c'est elle ; car elle peut dire avec vérité : c'est moi qui suis cause de son élévation ; c'est moi qui l'ai fait connoitre et goûter au roi ; puis elle devient la favorite et je suis chassée. D'un autre côté, ai-je tort d'avoir accepté l'amitié du roi, aux *conditions* que je l'ai acceptée ? Ai-je tort de lui avoir donné de bons conseils et d'avoir tâché, autant que je l'ai pu, de rompre ses commerces ?.... Si, en aimant madame de Montespan comme je l'aimois, j'étois entrée d'une mauvaise manière dans ses intrigues ; si je lui avois donné de mauvais conseils, ou selon Dieu ou selon le monde ; si, au lieu de la porter tant que je pouvois à rompre ses liens, je lui avois enseigné le moyen de se conserver l'amitié du roi ; n'auroit-elle pas à présent entre les mains de quoi me perdre si elle vouloit se venger ? Et ne pourroit-elle pas dire au roi : Cette personne que vous estimez tant, me disoit telle ou telle chose, elle me portoit à cela ; elle me conseilloit de faire ainsi, etc. N'ai-je pas raison de dire : Qu'il n'y a rien de si habile que de n'avoir point tort et de se conduire toujours et avec toutes sortes de personnes d'une manière irréprochable [1] ? »

La rupture étant faite, les amants séparés, madame de Maintenon partit pour les Pyrénées, se croyant assurée de sa victoire, heureuse d'avoir, comme elle dit elle-même, *la clef des champs*. Nous allons voir qu'elle n'était pas sans anxiété sur ce qui se passait à la cour, et que cette rupture, loin d'être définitive, fut suivie d'une réconciliation qui dura plus de trois ans.

[1]. *Lettres historiques et édifiantes*, t. II, p. 73.

LETTRE LXXVI

A M. L'ABBÉ GOBELIN [1].

A Mantelan [2], le 8 mai 1675.

Nous avons marché jusqu'à hier, sans chagrin, du moins, de ma part. M. le duc du Maine eut un accès de fièvre, dont je crains quelque suite, quoiqu'il ait été aujourd'hui dans une très-parfaite santé. Comme la mienne est un peu dépendante de la sienne, je me suis trouvée mal en même temps que lui. Je compte pour rien tout ce qui ne me trouble pas le cœur, et j'ai présentement des douleurs assez vives, dont je m'accommode mieux que des sécheresses d'une dame, dont je souhaite que M. Le Ragois soit content [3]. J'ai une grande impatience d'apprendre son entrée à Clagny; et, outre l'intérêt particulier que je prendrai toujours à ce qui le regarde, je me trouve déjà l'avidité des provinciaux sur les nouvelles. Il me semble qu'il y a mille ans que je n'ai ouï parler ni de la cour, ni de Paris. Cependant, je vous proteste avec la sincérité que vous me connoissez, que je ne me suis pas ennuyée un moment. M. le duc du Maine est d'une très-délicieuse compagnie; il a besoin de soins continuels, et la tendresse que j'ai pour lui me les rend agréables. Je fais ce que

1. *Manuscrits des Dames de Saint-Cyr.*
2. Mantelan, village de la Touraine, à quatre lieues de Loches.
3. M. Le Ragois avait été nommé précepteur du duc du Maine; mais l'enfant étant malade et âgé seulement de cinq ans, il ne l'avait pas suivi dans le voyage et était resté à Clagny.

vous m'avez ordonné pour mon salut. Enfin les jours me paroissent trop courts, et je n'ai encore écrit qu'à très-peu de gens pour n'en pas trouver le temps.

L'aumônier ne me voit pas souvent, parce qu'il est dans le second carrosse ; mais il n'en est que meilleur, et j'ai beaucoup plus de plaisir à le voir triste selon la bonne ou mauvaise hôtellerie, que je n'en aurois à approfondir ses chagrins. Il s'admire de ne pas succomber à la fatigue d'un voyage qu'il fait dans le fond d'un carrosse, marchant trois heures le matin et autant l'après-dîner, et trouvant partout des repas préparés. J'entends la messe avant de partir, afin de lui faciliter le déjeuner, car il se pique d'avoir le sang chaud et l'estomac dévorant. Je ne sais ce que fait son estomac, mais je sais bien qu'il dévore. Il lui a pris tantôt un saignement de nez, pendant son oraison mentale, qui l'a bien effrayé. Jugez par la longueur de ma lettre si je suis de belle humeur[1].

Je vous prie de dire à M. l'abbé Testu de m'écrire promptement, car je ne veux pas commencer, et je meurs d'envie d'entrer en commerce avec lui. Dites-lui encore, s'il vous plait, qu'il est menacé du second tome des quarante lettres de madame d'Heudicourt. Bonsoir, monsieur.

1. Madame de Maintenon avait naturellement un esprit agréable et enjoué ; mais elle ne le manifestait que rarement : elle avait eu dans sa vie agitée et si longtemps misérable plus d'occasions de s'attrister que de se réjouir. On trouve rarement de ses lettres gaies, quoiqu'elle sût railler et plaisanter aussi bien que madame de Sévigné.

A Poitiers, ce 12 mai.

Je croyois vous envoyer ma lettre de Mantelan, mais la poste se trouva partie, et monsieur le duc a eu deux accès de fièvre-tierce qui m'avoient donné beaucoup d'inquiétude ; il a eu cette nuit le quatrième, c'est-à-dire, il a marqué un moment, et rien de plus. Il est si bien que nous partons d'ici aujourd'hui pour gagner Pons où nous ferons encore quelque séjour. Ne nous oubliez pas dans vos prières, et écrivez-moi. Je ne reçois de nouvelles de qui que ce soit, et j'éprouve déjà l'abandon des absents ; mais il faut se consoler de tout quand on a la clef des champs.

LETTRE LXXVII

NOTE PRÉLIMINAIRE

Cette lettre est remarquable surtout à cause de cette phrase : « Je ne reçois de lettre que d'un seul homme, et, si on continue, on me persuadera qu'il ne faut faire fonds que sur des gens dont l'amitié est plus vive que vous ne le voulez. » C'est la première fois que madame de Maintenon avoue l'affection secrète que le roi lui témoignait probablement depuis deux ans (Voir la note de la page 176), et cet aveu jette un grand jour sur la disgrâce de madame de Montespan. Cette affection augmenta encore pendant le voyage des Pyrénées. Madame de Maintenon eut alors une longue et fréquente correspondance avec le roi, qui apprécia de plus en plus son esprit, sa raison, sa piété[1]. Cependant, et comme

---

1. « Ces lettres, si on les possédait, dit Walkenaer, pourraient servir de pièces de comparaison avec celles de madame de Sévigné. Tout ce qui nous reste de cette dame est uniquement relatif aux

nous le verrons, sa passion pour madame de Montespan se
ranima après quelques mois de rupture.

A M. L'ABBÉ GOBELIN[1].

Le 20 mai 1675, au Petit-Niort[2].

J'ai dîné aujourd'hui à Pons et je suis venu coucher ici. Nous coucherons demain à Blaye. Monsieur et madame la maréchale[3] nous ont reçus avec tous les honneurs et toute l'amitié que monsieur le duc et moi pouvions espérer. Enfin les présents nous traitent fort bien, mais il n'en est pas de même des ab-

personnes à qui elle écrit ou à elle-même, et, par cette raison, offre peu de variété dans le fond, comme dans la forme. Mais madame de Maintenon savait que Louis XIV aimait à trouver dans la lecture de lettres bien écrites une distraction agréable. Elle dut donc, pendant son voyage à Baréges, chercher, comme madame de Sévigné, à plaire autant qu'à informer ; mais ces lettres, moins riches de ces expressions heureuses qui jaillissent d'une vive imagination, devaient être mieux rédigées et surtout plus correctes. Madame de Maintenon est pour le style épistolaire un modèle plus achevé que madame de Sévigné. Presque toujours celle-ci n'écrit que par le besoin qu'elle éprouve de s'entretenir avec sa fille, avec les personnes qu'elle aime, enfin de tout dire, de tout raconter. Madame de Maintenon, au contraire, a toujours en écrivant un objet distinct et déterminé. La clarté, la mesure, l'élégance, la justesse des pensées, la finesse des réflexions, lui font agréablement atteindre le but où elle vise. Sa marche est droite et soutenue ; elle suit sa route sans battre les buissons, sans s'écarter ni à droite ni à gauche. En un mot, madame de Maintenon était en garde contre le danger de commettre des indiscrétions qui donnent tant d'esprit aux lettres de madame de Sévigné, etc. » (*Mémoires sur la vie et les écrits de madame de Sévigné*, t. V, p. 446.)

1. *Manuscrits des Dames de Saint-Cyr.*
2. Village entre Jonsac et Blaye.
3. D'Albret. Ils étaient venus au devant d'eux jusqu'à Pons.

sents. Et vous aussi, vous m'abandonnez, je ne reçois de lettres que d'un seul homme, et si on continue, on me persuadera qu'il ne faut faire fond que sur des gens dont l'amitié est plus vive que vous ne le voulez[1]. Ne me fâchez donc pas plus longtemps, car les montagnards ne sont peut-être pas difficiles et s'accommoderoient encore de ma décrépitude[2]. Vous jugerez bien à mon style que notre prince est en parfaite santé ; je n'entends pas parler des autres ni de madame de Montespan. Dieu soit loué de tout ! Je me prépare à faire mes dévotions à Bordeaux, si je puis trouver un confesseur qui m'entende[3]. Je me persuade tous les jours, de plus en plus, que la solitude est nécessaire pour servir Dieu, et que la dissipation est trop dangereuse. Je croyois que j'aurois du temps de reste, et je ne trouve pas une demi-heure par jour. Nanon a été malade, mais elle est guérie ; Marotte et La Couture le sont souvent ; M. Duvaché à la fièvre tierce, et monsieur l'aumônier croit qu'il l'aura bientôt[4]. Je suis la seule qui ne me plains point, et la liberté et le repos d'esprit me tiennent lieu de tout ; il n'y a que votre oubli qui me touche ;

1. La Beaumelle passe cette phrase ; mais après : Ne me fâchez pas plus longtemps ; il ajoute ce vers :

Ou craignez le courroux de ma gloire irritée...

2. La Beaumelle ajoute : « Je leur serai fidèle autant que vous me l'êtes peu. »

3. La Beaumelle ajoute : « Cela est aussi rare en province qu'à la cour. »

4. Ce sont tous les personnages de la maison du duc du Maine : Nanon, femme de chambre de madame de Maintenon ; Marotte et La Couture, servantes, etc.

je vous prie de m'écrire quelquefois, et de croire que j'ai pour vous tous les sentiments que je dois avoir.

A Bordeaux, ce 25 mai.

Monsieur l'aumônier vous mande de nos nouvelles, ainsi je n'ajouterai rien à ma vieille lettre.

LETTRE LXXVIII

NOTE PRÉLIMINAIRE

Cette lettre est curieuse à cause des détails qu'elle donne sur les honneurs rendus au duc du Maine et qui nous semblent si étranges; mais les idées du xviie siècle à cet égard ne sont pas les nôtres et nous en verrons plus d'un témoignage. Le roi n'aurait jamais déclaré ni légitimé ses enfants naturels, il ne les aurait pas mariés avec des princes du sang, il ne leur aurait pas donné des droits à la couronne par son testament, s'il avait cru blesser le sentiment public. L'opinion générale distinguait à peine les enfants légitimes du roi de ses enfants naturels, et les honneurs spontanés rendus à un bâtard de cinq ans sont un des mille faits qui le prouvent.

A M. D'AUBIGNÉ, A BELFORT[1].

A Bazas, ce 28 mai 1675.

Je crois que le fidèle Des Rolines vous aura déjà mandé de mes nouvelles, et que pour vous en faire savoir, il s'en sera informé à tous ceux qui lui en peuvent apprendre; mais après avoir écrit aux plus pressés, je veux vous en dire moi-même et vous demander des vôtres; je ne crois pas que nous en puissions recevoir de bien fraîches, et c'est en cette occa-

---

1. *Autographe* du cabinet de M. Feuillet de Conches.

sion qu'il faudra dire : Il vaut mieux tard que jamais. Venons à notre voyage. Il se passe très-heureusement, excepté trois accès de fièvre tierce que notre prince a eus. Je n'ai pas senti un mouvement de chagrin. Je me repose plus qu'en aucun lieu du monde; nous avons un très-beau temps, toutes nos commodités, et, s'il ne nous arrive rien de nouveau, ce voyage ici ne me paroîtra pas si fatigant que d'aller de Paris à Versailles. On nous reçoit partout comme le roi, mais il faut avouer que la Guienne se distingue et que l'on ne peut rien ajouter aux démonstrations de joie qu'ils nous donnent. Madame la maréchale d'Albret me paroît fort aise de nous voir. On nous avoit pensé étouffer à Poitiers, à force de caresses. M. le duc de Saint-Simon[1] nous traita magnifiquement à Blaye, et les jurats de Bordeaux nous y vinrent amener un bateau magnifique; il en périt un de notre train dans le moment que nous nous embarquâmes, et l'aumônier trouva une grande imprudence de ne pas profiter de cet exemple. Nous voguâmes très-heureusement avec quarante rameurs, et, à la vue de la ville, il se détacha des vaisseaux pour nous venir saluer, les uns pleins de violons, et les autres de trompettes; mais quand nous fûmes plus près, rien effectivement ne peut être plus beau que tout le canon du Château-Trompette, celui des vaisseaux qui nous suivoient et les cris de *Vive le roi*, d'une infinité de peuple qui étoit sur le bord de l'eau. M. le maréchal d'Albret

---

[1]. C'est le père de l'auteur des *Mémoires*, alors âgé de 69 ans. Il était gouverneur de Blaye. Son fils était né le 15 janvier de cette même année.

qui étoit venu au-devant de nous, jusqu'à Pons, conduisoit notre prince, qui fut reçu par M. de Montégu et tous les jurats qui le haranguèrent. Nous montâmes ensuite en carrosse avec une centaine d'autres qui nous suivoient; nous fûmes plus d'une heure à aller du pont à la maison[1].....

LETTRE LXXIX (LA B.)

NOTE PRÉLIMINAIRE

Madame de Maintenon n'arriva à Baréges que le 20 juin. Elle l'écrivit sans doute à madame de Montespan, mais comme il n'existe aucune lettre à ce sujet, La Beaumelle en a composé une qu'on ne trouve que dans sa collection (t. I, p. 98 de l'édition de Nancy), et que Louis Racine annote : *inventée*. Cette lettre porte en effet des preuves évidentes de fabrication. Ainsi, on y lit : « M. Le Ragois s'est chargé de vous

---

1. « La suite de cette lettre est perdue. » (*Note des Dames de Saint-Cyr.*) Une lettre de Pellisson (3 juin 1675) ajoute quelques détails et confirme le fait de la correspondance de madame de Maintenon avec le roi. Pellisson avait suivi Louis XIV en Flandre et écrivait du camp de Lessines ou Latines : « Le roi dit hier au soir au petit coucher, avec plaisir, le grand accueil qui avoit été fait à Bordeaux à M. le duc du Maine, et la joie que le peuple témoigna de le voir, bien différente des mouvements où il étoit naguère, comme marquant son repentir [*]. C'est madame de Maintenon qui lui a écrit une lettre de huit à dix pages. Elle marque qu'en son absence, le petit prince répondit de son chef aux harangues, et qu'au retour l'ayant trouvé fort échauffé de la foule qui avoit été auprès de lui, elle lui demanda s'il n'aimeroit pas mieux n'être point fils du roi que de n'avoir point cette fatigue : à quoi il répondit que non, et qu'il aimoit mieux être fils du roi. » (*Lettres de Pellisson*, t. II, p. 278.)

[*] Au mois d'avril il y avait eu une sédition à Bordeaux que le maréchal d'Albret avait apaisée par des rigueurs.

mander ces particularités. » Comme on l'a vu dans la lettre du 8 mai, M. Le Ragois n'était pas du voyage; il était resté à Clagny.

A MADAME DE MONTESPAN.

Baréges, 10 juin 1675 [1].

Le mignon se porte bien; nous arrivons dans le moment. Ce voyage n'en est pas un : c'est une agréable promenade. La Guienne a fait des merveilles : et j'ai bien promis à MM. d'Albret et de Saint-Simon de vous l'écrire. Le roi n'auroit pas été mieux reçu; partout des honneurs et des acclamations infinies. Vous auriez été enchantée, madame, et vous n'imaginerez point jusqu'où va l'amour de ce peuple pour le roi et pour tout ce qui lui appartient. Le mignon a répondu à la harangue des jurats de Bordeaux. M. Le Ragois s'est chargé de vous mander ces particularités. Dans quatre ou cinq jours, nous commencerons les bains. On en raconte ici des prodiges. Mais il faut de là patience. Il y a ici beaucoup de monde [2]. Nous y serons pourtant aussi libres que si nous étions seuls, quoique nous nous soyons déjà aperçus que nous sommes trop respectés pour n'être pas un peu contraints. Voilà un barbouillage du mignon [3].

1. Cette date n'est pas exacte. On n'arriva à Baréges que le 20 juin; madame de Maintenon le dit dans la lettre suivante.
2. Ceci est encore de l'invention de La Beaumelle. Les bains de Baréges étaient à peine visités : on n'y pouvait arriver que par des sentiers affreux; ce fut le voyage du duc du Maine qui les fit connaître. On va voir ce qu'en dit madame de Maintenon dans la lettre suivante.
3. La Beaumelle place ici une lettre du duc du Maine, qu'il tire des *Œuvres d'un auteur de sept ans*, et qui n'a été écrite qu'en 1677. On la trouvera à cette année.

LETTRE LXXX

A M. DE VILLETTE, A TOULON [1].

De Baréges, ce 23 juin 1675.

Je vous rends mille grâces du soin que vous prenez de m'écrire ; vos lettres passent par Clagny et puis on me les renvoie ; ainsi elles instruisent deux personnes des nouvelles de Messine [2].

Je suis arrivée ici le 20 de ce mois ; et j'étois partie de Paris le 28 d'avril ; je fus moins longtemps à aller à l'Amérique ; mais aussi ce voyage est-il fort long. Nous baignons notre prince qui ne s'en trouve encore ni bien ni mal ; il n'est pas temps d'en juger. J'ai vu M. de Fontmort à Poitiers et M. de Lalaigne à Varaize [3] ; mais partout si accablée des honneurs que l'on faisoit à M. le duc du Maine que je n'avois pas la force de parler aux gens pour qui je ne me contraignois pas. Je crois passer à Niort au retour, au moins c'est mon intention.

J'embrasse Philippe et je l'aime fort tendrement ; j'ai une tendresse pour vous qui me fait souhaiter

---

1. *Autographe* du cabinet de M. le duc de Noailles.
2. Vers la fin de 1674, Messine s'était révoltée contre la domination espagnole et mise sous la protection de la France. On y envoya une flotte commandée par Duquesne, et un corps d'armée commandé par le duc de Vivonne, qui fut nommé vice-roi de Sicile. Villette, alors capitaine de vaisseau, se trouvait à Toulon, et y recevait des nouvelles de Messine qu'il envoyait, à Clagny, à madame de Maintenon, laquelle les faisait lire auparavant à madame de Montespan, sœur du duc de Vivonne.
3. Bourg voisin de Saint-Jean-d'Angély.

d'avoir quelqu'un de vos enfants avec moi, mais je n'aime pas que l'on me refuse ; et vous avez un grand travers là-dessus [1]. Adieu, mon cher cousin, je me porte assez bien.

LETTRE LXXXI

A M. D'AUBIGNÉ, A BELFORT [2].

A Baréges, ce 8 juillet 1675.

Je vous ai écrit une grande lettre sur la route de Bordeaux ici, et je ne doute point que vous ne l'ayez reçue, car je l'ai adressée à M. Viette que je tiens infaillible comme le pape. Nous sommes ici depuis le 20 juin, et nous ne faisons pas grand'chose. Le petit duc a la fièvre quarte, peu considérable à la vérité, mais c'est toujours un trouble dans ses bains qui nous embarrasse : nous n'en voyons encore aucun fruit. Il faut prendre patience, vous sur votre roche, moi dans les Pyrénées ; nous nous rejoindrons encore s'il plaît à Dieu ; songez à lui, afin d'être toujours prêt à mourir, et du reste tenons-nous gaillards.

Je n'écris point à M. de Louvois sans le faire souvenir de vous, et il me répond qu'il fera ce que je demande. Il faut vous marier cet hiver, et le pis-aller est Maintenon où nous ne mourrons pas de faim. Vous voyez que je prends courage dans un lieu plus affreux que je ne puis vous le dire ; pour

---

1. Ces lignes font pressentir l'enlèvement de la jeune fille qui fut madame de Caylus.
2. *Autographe* du cabinet de M. Feuillet de Conches.

comble de misère nous y gelons. La compagnie y est mauvaise, et avec tout cela je m'y porte fort bien, parce que j'y ai moins de peine et moins de chagrin qu'ailleurs.

Vous ne sauriez faire trop de liaison avec Vauban ; un bon office de cet homme-là est plus utile que de tous les courtisans [1]. Toutes nos femmes sont toujours malades ; ce sont des badaudes de Paris qui ont trouvé le monde grand dès qu'elles ont été à Étampes.

Adieu, mon cher frère, vous savez si je vous aime.

LETTRE LXXXII

A MADAME DE VILLETTE, A NIORT [2].

A Baréges, ce 4 août 1675.

Je viens de recevoir une lettre de vous du 29 juin ; vous m'avez fait un fort grand plaisir de m'écrire et vous savez bien, ma chère cousine, que je vous parle sincèrement quand je vous fais des amitiés. M. de

---

1. D'Aubigné avait, à cette époque, de fréquents rapports avec Vauban, à cause de la fortification de Belfort dont il était chargé et dont il s'acquitta honorablement. Vers cette époque, il perdit un protecteur qui appréciait sa valeur et tenait peu de compte de ses bizarreries : c'est Turenne, tué le 27 juillet. Il en fut très-affligé. On lit dans la *Gazette*, à la date de Belfort, 7 août : « Le corps du vicomte de Turenne est arrivé en cette ville. Tous les peuples d'Alsace témoignent une extrême douleur de sa mort. Le sieur d'Aubigné, notre gouverneur, lui a fait rendre tous les honneurs possibles. »

2. *Manuscrits de mademoiselle d'Aumale.*

Villette m'a écrit de Toulon, et je lui ai répondu ; j'ai reçu aussi une lettre de mon neveu, c'est le plus joli enfant que j'aie jamais vu, et vous ne devez point avoir de regret à le voir sur mer, puisqu'il ne peut être mieux qu'avec son père [1]. Je ne manquerai pas de demander à M. de Seignelay ce que vous désirez ; vous me devez la justice d'être persuadée que je ne vous refuserai jamais rien de tout ce qui me sera possible. J'ai beaucoup d'envie de vous voir en repassant et, entre vous et moi, de ne point aller à Niort où je serois accablée ; si vous pouviez venir à Poitiers, ce me seroit un grand plaisir ; nous y séjournerons, et je ne vous quitterois pas. Je vous avertirai du temps. N'avez-vous nulle connoissance là où vous pussiez demeurer quelques jours ? Mais je voudrois voir vos enfants, s'il étoit possible. Voyez ce que vous pouvez là-dessus et me le mandez ; je vous répondrai fort ponctuellement ; n'en faites point de finesse, si vous venez, de peur de vous brouiller dans votre famille ; j'espère que peu y pourront venir.

Adieu, ma chère cousine ; je vous aime très-fort, croyez-le, et ne m'écrivez pas avec autant de cérémonie à l'avenir.

[1]. Sur le vaisseau de M. de Villette se trouvait son fils aîné, Philippe de Mursay, âgé de douze ans, qui servait comme volontaire, et ses deux neveux de Sainte-Hermine, qui étaient, l'aîné, lieutenant de vaisseau, le cadet, enseigne.

LETTRE LXXXIII

A M. D'AUBIGNÉ, A BELFORT [1].

A Brion, entre la Villedieu-d'Aulnay et Saint-Léger de Mesle [2].
Ce 16 octobre.

Je crois que la date de ma lettre vous sera connue; on y parle fort poitevin, et ce seul mérite-là me fait trouver tout ce que je vois de fort bonne compagnie. La joie où je suis depuis quelque temps y peut contribuer : M. le duc du Maine marche et, quoique ce ne soit pas bien vigoureusement, il y a lieu d'espérer qu'il marchera comme nous. Vous ne savez pas toute la tendresse que j'ai pour lui ; mais vous en connoissez assez pour ne pas douter que cet heureux succès de mon voyage ne me fasse un grand plaisir. Les nouvelles qui me viennent de la cour me font espérer que j'y passerai mon temps agréablement [3], et qu'on trouvera bon que je m'y conserve plus que je n'ai fait par le passé. J'y suis fort résolue, et de me servir de tout le crédit que j'y aurai pour vous tirer d'où vous êtes. Je me prépare aussi à m'occuper de Maintenon, qui est, je crois, à moi présentement sans que l'on ne puisse plus me l'ôter ; le décret doit être fait ce mois-ci.

Adieu, mon cher frère, il ne me reste plus qu'à vous marier ; et il faut y travailler cet hiver. Je vous

---

1. *Autographe* du cabinet de M. Feuillet de Conches.
2. Madame de Maintenon était en route pour revenir à la cour.
3. Elle se faisait illusion. C'est ce que nous allons voir dans l'appendice à cette lettre.

aime avec une extrême tendresse. Réjouissez-vous, pensez à votre salut ; c'est tout ce qu'il y a d'utile et d'agréable [1].

APPENDICE A LA LETTRE LXXXIII.

Pendant que madame de Maintenon est en route pour revenir à la cour, il est nécessaire de voir ce qui s'y était passé pendant son absence, et nous l'extrairons des lettres de madame de Sévigné.

Cette dame écrivait le 7 juin : « Le roi (il était à l'armée) a fait ses dévotions à la Pentecôte. Madame de Montespan les a faites de son côté ; sa vie est exemplaire. » — Le 14 juin : « La reine fut voir madame de Montespan à Clagny. Elle monta dans sa chambre ; elle y fut une demi-heure ; elle alla dans celle de M. du Vexin, qui est malade, et puis emmena madame de Montespan à Trianon... » — Le 28 juin : « Vous jugez très-bien de *Quantova* : si elle peut ne point reprendre ses vieilles brisées, elle poussera son autorité et sa grandeur au delà des nues ; mais il faudroit qu'elle se mît en état d'être aimée toute l'année sans scrupule. En attendant, sa maison est pleine de toute la cour ; les visites se font alternativement, et la considération est sans bornes. » — Le 3 juillet : « Que l'autorité et la considération seront poussées loin si la conduite du retour est habile ! Cela est plaisant que tous les intérêts de *Quanto* et toute sa politique s'accordent avec le christianisme, et que le conseil de ses amis ne soit que la même chose avec celui de M. de Condom. Vous ne sauriez vous représenter le triomphe où elle est au milieu de ses ouvriers, qui sont au nombre de douze cents : le palais d'Apollidon et les jardins d'Armide en sont une légère description. La femme de son *ami solide* lui fait des visites, et toute la famille tour à

---

1. La Beaumelle transforme cette dernière phrase : « Pensez à votre salut : il n'est rien de plus doux que le plaisir et la piété. Madame de Montespan m'écrit des lettres fort cordiales. »

tour; elle passe nettement devant toutes les duchesses, et celle qu'elle a placée (la duchesse de Richelieu) témoigne tous les jours sa reconnoissance pour les pas qu'elle fait faire. » (T. III, p. 473, 480, 499, 504, de l'édit. Hachette.)

Mais la passion du roi pour madame de Montespan n'était point éteinte; il avait quitté son armée et revenait à Versailles, résolu à reprendre « ses commerces. » Pendant la route il donna des ordres pour que madame de Montespan se trouvât au château quand il arriverait. « Bossuet, raconte le cardinal Beausset, averti d'un changement si imprévu, crut devoir tenter un dernier effort : il se rendit au-devant du roi à huit lieues de Versailles, et parut devant lui. Il n'eut pas besoin de parler : la tristesse religieuse empreinte sur son visage révéloit toute la douleur de son âme. Aussitôt que Louis XIV l'aperçut, il lui adressa ces paroles accablantes : « Ne me dites rien : j'ai donné mes ordres pour qu'on prépare au château un logement pour madame de Montespan. »

Cependant le scandale fut moins public qu'auparavant. « *Quantova*, écrit madame de Sévigné, le 26 juillet, est une amie déclarée sans soupçon : l'ami le dit ainsi au curé de la paroisse, qui de son côté dit ce qu'il faut et fait un très-honnête personnage, et ne laisse aucune vérité étouffée. »

— « L'attachement est toujours extrême, ajoute-t-elle le 31 juillet ; on en fait assez pour fâcher le curé et tout le monde et peut-être pas assez pour elle, car dans ce triomphe extérieur il y a un fonds de tristesse. »

Le 7 août, elle nous apprend que les querelles de madame de Montespan et de madame de Maintenon, qui étaient restées secrètes entre ces deux dames, sont maintenant connues de la cour. « Je veux vous faire voir un petit dessous de cartes qui vous surprendra; c'est que cette belle amitié de madame de Montespan et de son amie qui voyage est une véritable aversion depuis près de deux ans : c'est une aigreur, c'est une antipathie, c'est du blanc, c'est du noir; vous demandez d'où vient cela? C'est que l'amie est d'un orgueil qui la rend révoltée contre les ordres de l'autre. Elle n'aime pas à obéir; elle veut bien être au père, mais non pas à la mère; elle fait le voyage à cause de lui et non pas pour l'amour d'elle; elle lui rend compte et point à elle. On gronde l'*ami* d'avoir trop d'amitié pour cette glorieuse; mois on ne croit pas que cela dure, à moins que l'aversion ne se change ou que le bon succès du voyage ne fît changer les cœurs. Ce secret roule sous terre depuis plus de six mois; il se répand un peu; je crois que vous en serez surprise. Les amis de l'*amie* en sont assez affligés, et on croit qu'il y en a deux qui ont senti cet hiver le contre-coup de cette mésintelligence. N'admirez-vous point comme on raisonne quelquefois et que l'on ne comprend pas les choses? Il y a une grande femme (madame d'Heudicourt) qui pourroit bien vous en mander si elle vouloit. » (T. IV, p. 23.)

Cependant les amis de madame de Maintenon commençaient à parler de son retour et voyaient avec embarras le nouveau triomphe de madame de Montespan. Madame de Sévigné écrit le 21 août :

« Les amis de la voyageuse voyant que le dessous de cartes se voit, affectent fort d'en rire et de tourner cela en ridicule, ou bien conviennent qu'il y a eu quelque chose, mais que tout est raccommodé. Je ne réponds ni du présent ni de l'avenir dans un tel pays; mais du passé, je vous en assure, et qu'il n'y avoit rien de si aigre dans la mortification des petits. Pour la souveraineté, elle est établie comme depuis Pharamond. *Quanto* joue en robe de chambre avec les dames du château, qui se trouvent trop heureuses d'être reçues, et qui souvent sont chassées par un clin d'œil qu'on fait à la femme de chambre. » (T. 4, p. 78.)

Enfin, le 11 septembre :

« Il est certain que l'*ami* et *Quanto* se sont véritablement séparés; mais la douleur de la *demoiselle* est fréquente et même jusques aux larmes de voir à quel point l'*ami* s'en passe bien : il ne pleuroit que sa liberté et ce lieu de sûreté contre la dame du château [1]; le reste, par quelque raison

1. C'est-à-dire la liberté qu'il avait dans la chambre de la

que ce puisse être, ne lui tenoit plus au cœur. Il a retrouvé cette société qui lui plaît ; il est gai et content de n'être plus dans le trouble, et l'on tremble que cela ne veuille dire une diminution [1], et l'on pleure ; et si le contraire étoit, on pleureroit et on trembleroit encore. Ainsi le repos est chassé de cette place. » (Édit. Hachette, t. 4, p. 128.)

LETTRE LXXXIV

M. DE MÉRÉ A M. DE MARILLAC, INTENDANT DU POITOU [2].

Octobre 1675.

« ... Je me prépare donc à vous aller rendre mes respects et je suis bien aise que vous ayez à gouverner trois ou quatre jours madame de Maintenon ; mais je la crains presque autant que je la souhaite. Elle m'a fait passer de fâcheuses nuits et, si je la voyois souvent, cela pourroit bien encore arriver [3]. J'ai été le premier à l'instruire ; et, quand elle devroit rougir d'avoir eu un si mauvais maître, je n'ai pas peu contribué à ces manières si délicates et à ces grâces si piquantes que vous admirez en elle. J'espère de lui faire avouer en votre présence qu'elle

maîtresse et un lieu où il échappait à l'ennui de la société de la reine.
1. Une diminution d'attachement.
2. *Œuvres de Méré*, t. II, p. 179. — M. de Méré demeurait dans le Poitou. Sachant le passage de madame de Maintenon, son ancienne élève, son ancienne passion, il vint au devant d'elle à Poitiers, et en écrivit à l'intendant de la province.
3. Voir la note 2 de la page 38.

m'en est obligée, et vous jugez bien, monsieur, que ce ne sera pas tant par reproche que par vanité... »

LETTRE LXXXV

NOTE PRÉLIMINAIRE

Cette lettre est très-curieuse pour l'histoire de madame de Maintenon et de sa famille. Il est nécessaire, pour la comprendre, de lire l'ouvrage : *La famille d'Aubigné et l'enfance de madame de Maintenon*, ou bien l'abrégé que j'ai donné de cet ouvrage dans l'*Introduction à la Correspondance générale*. Madame de Maintenon avait oublié les malheurs de sa famille, les persécutions faites à sa mère, les misères de son enfance, et elle consentit à aller à Surimeau, ce domaine dont on avait iniquement dépouillé son père, dont son frère portait encore le nom, qui était en la possession de Sansas de Nesmond! Elle consentit à y dîner, à y demeurer, à caresser les filles de Sansas (celui-ci avait eu soin de s'absenter), à voir la deuxième fille de sa tante Marie d'Aubigné, à voir les fils du deuxième mariage de Caumont d'Adde! Il est vrai qu'en revoyant tous ces lieux témoins de l'opulence de son grand-père, de la ruine de son père et de sa mère, qu'en relisant des papiers qui lui faisaient voir, disait-elle à son frère, « la légitimité de nos prétentions sur Surimeau, » elle eut la pensée de faire quelques pas contre les spoliateurs, mais elle hésita ; et quand elle fut au comble de la faveur, le président de Harlay lui ayant offert de faire reviser les procès qu'avait soutenus sa mère, elle refusa.

Rappelons ici les parents dont il va être question dans cette lettre : Madame de Fontmort est la fille aînée de M. et madame de Villette, oncle et tante chéris de madame de Maintenon ; c'est la sœur de Villette le marin. Sansas de Nesmond est l'époux veuf d'Arthémise de Caumont d'Adde, première fille de Marie d'Aubigné ; il a plusieurs filles, entre autres Arthémise de Nesmond, mariée à Avice de Mougon.

Madame de Launay ou Launé, est la deuxième fille de
Marie d'Aubigné, mariée à Guilloteaux de Launay. Madame
de La Laigne ou de Saint-Hermine est la fille aînée de
madame de Villette (tante) ; donc c'est une sœur de Villette
le marin.

A M. D'AUBIGNÉ A BELFORT [1].

Ce 28 octobre, à Richelieu.

Il y a bien longtemps que je ne vous ai écrit ; mais
je serai plus soigneuse quand je serai à Paris ; j'ai
reçu la lettre que vous avez adressée pour moi à
M. le maréchal d'Albret, par laquelle vous me faites
une proposition qui me paroît très-raisonnable, et
qu'il a jugée telle. Il me mande qu'il y faudra travailler
dès que je serai de retour, et je vous promets d'y
faire tout ce qui me sera possible. Nous partons d'ici
le lendemain de la Saint-Martin ; et nous arriverons
le 18 ou le 20 novembre ; après cela vous aurez de mes
nouvelles. J'en ai beaucoup à vous dire du Poitou
où j'ai été quinze jours : j'ai logé aux Ursulines [2] ;
mais je n'ai pu me dispenser de coucher souvent chez
M. de Villette [3] dont je suis fort contente et de sa
femme pareillement qui est plus raisonnable que
tout ce que j'ai vu de mes parentes ; il n'y a sorte de
considération ni d'amitié que je n'aie reçue d'eux.
J'ai fait beaucoup de jaloux, et M. et madame de
Fonmort en sont tout malcontents. J'ai été trois
jours à Mursay ; j'ai été dîner à Surimeau où l'on m'a

1. *Autographe* du cabinet de M. Feuillet de Conches.
2. De Niort, où elle avait été élevée. (Voir page 31.)
3. Il faut croire que M. de Villette était en congé, car nous
allons le retrouver en Sicile au mois de janvier suivant.

régalée, et où je n'aurois pas été si M. de Sansas n'eût été absent. Madame de Launé a très-bien vécu avec moi; mesdemoiselles de Sansas ne m'ont pas quittée; mais par une conformité de votre goût et du mien, j'ai pris en amitié la pauvre Arthémise : elle est très-changée, et si malade de sa grossesse qu'à peine peut-elle se soutenir. Cependant au travers de cette langueur et d'une très-grande tristesse où elle est, elle m'a plu et par sa personne et par un procédé plein de douceur et de franchise dont je m'accommodois admirablement. Elle passoit les journées avec moi; il est vrai que ce n'étoit pas tête à tête et que j'ai été accablée de visites à n'avoir pas un moment à moi. Il n'y a sorte d'honneurs que l'on ne m'ait fait à Niort, et M. l'intendant me régala en passant par Poitiers. M. et madame de Lalaigne me sont venus voir. J'ai apporté l'histoire de mon grand-père, c'est-à-dire sa vie, et plusieurs papiers qui prouveront notre noblesse s'il en est jamais besoin. Parmi ces papiers, j'en ai vu quelques-uns qui m'ont fait voir nos prétentions sur Surimeau, et je pourrois bien faire quelques pas contre eux; mais je vous assure que, si je prends ce parti-là, je commencerai par des propositions très-douces et très-raisonnables pour des créatures que je ne voudrois point ruiner. Je vous avertirai de tout; cependant faites de votre mieux et conduisez-vous partout comme si vous y deviez passer votre vie.

LETTRE LXXXVI

A M. DE VILLETTE[1].

Ce jour de la Saint-Martin 1675.

J'ai reçu toutes les lettres que vous m'avez écrites depuis que je suis de retour ici[2]; je ferai tout ce que que vous désirez de moi ; je corrigerai le placet de M. de la Rochallard et je le donnerai à M. de Louvois. Je ne vous dis rien sur la députation que l'on vous propose[3]; si vous m'en donnez le temps, je consulterai des gens habiles en pareille matière et je vous manderai leur avis dès que je serai à Paris. Je crains bien que M. de Caumont n'ait point de réponse de M. de Créqui ; il partoit quand on lui porta sa lettre. J'ai envoyé le placet du petit de Launé à M. de Saint-Pouanges et je lui ai écrit pour le présenter à M. de Louvois. Je vous rendrai compte du succès que j'espère qui sera bon. J'ai trouvé le tombeau de Savary d'Aubigné dans l'église de Chinon, comme il est dit dans la vie de mon grand-père[4] ; et on me fait espérer que je trouverai de grands éclaircissements sur ma maison dans le trésor d'une autre église du

---

1. *Manuscrits de mademoiselle d'Aumale.*
2. Madame de Maintenon écrit sur la route de Poitiers à Paris, mais elle n'indique pas le lieu.
3. C'est-à-dire de l'office de député des églises protestantes du Poitou.
4. Ce Savary d'Aubigné commandait pour le roi d'Angleterre à Chinon en 1329 ; sa postérité s'éteignit à la fin du quinzième siècle. Voir les *Mémoires* d'Agrippa d'Aubigné, p. 66 (édition de Lalanne).

même lieu. On a trouvé dans celui de Richelieu un titre de trois cents ans d'un Jacquelin d'Aubigné, et on m'assure que l'on y en trouvera d'autres. Un gentilhomme de M. de Richelieu, curieux de généalogies, prétend avoir la nôtre et pouvoir faire la filiation jusqu'à nous ; cela seroit bien opposé à la fable de notre maison. J'ai trouvé aussi dans un livre d'armoiries mes armes où le lion est herminé, comme mon grand-père dit qu'on fait aux de la Jousselinière[1] ; mais il a mis d'*Aubigni*, soit qu'il ne sache pas le nom, ou que ce soit une autre maison, à quoi il n'y a guère d'apparence puisque c'est les mêmes armes ; quant aux autres titres que j'ai trouvés, il y a partout d'*Aubigné*. Vous voyez que l'engouement de ma maison me dure encore ; celui de madame de Villette me dure pareillement et je me sens une tendresse pour elle dont je lui donnerai toutes les marques qui me seront possibles. Dites à madame de La Pannerie, que j'ai reçu ses lettres et que je ferai ce qu'elle désire dès que je serai à Paris, car je ne passe point à Tours. Faites mille compliments pour moi à M. et à madame de Fonmort et à mes cousines et nièces. Je ne puis écrire à personne, il est minuit, et je donne ma lettre à un gentilhomme qui part pour Poitiers à la pointe du jour. Nous serons à Paris le 20 de ce mois.

Adieu, mon enfant, j'embrasse le petit ange.

1. Branche de la famille d'Aubigné qui finit en 1672. Voir les *Mémoires* d'Agrippa d'Aubigné, p. 66.

A M. L'ABBÉ TESTU (1675).

APPENDICE À LA LETTRE LXXXVI.

Madame de Maintenon rencontra entre Blois et Paris madame de Montespan, qui venait au-devant d'elle avec l'abbesse de Fontevrault. « ... Je crois qu'un si heureux voyage réchauffera le cœur des deux amies, » dit madame de Sévigné le 3 novembre. Elle arriva à Versailles le 5 novembre. « ... Rien ne fut plus agréable que la surprise qu'on fit au roi. Il n'attendoit M. du Maine que le lendemain. Il le vit entrer dans sa chambre et mené seulement par la main de madame de Maintenon ; ce fut un transport de joie. M. de Louvois alla voir cette gouvernante ; elle soupa chez madame de Richelieu, les uns lui baisant la main, les autres la robe, et elle se moquant d'eux tous, si elle n'est bien changée ; mais on dit qu'elle l'est. » (Édit. Hachette, t. IV, p. 223).

Le 18 décembre, madame de Sévigné écrit :

« Je suis étonnée de ce qu'on m'apprend de madame de Maintenon ; on dit qu'elle n'est plus si fort l'admiration de tout le monde et que le proverbe a fait son effet en elle ; une amie de Lyon (madame de Coulanges) m'en paroît moins coiffée ; la dame d'honneur même n'a plus les mêmes empressements, et cela fait faire des réflexions morales et chrétiennes à ma petite amie[1]. » (T. IV, p. 286.)

LETTRE LXXXVII (LA B.)

NOTE PRÉLIMINAIRE

Cette lettre ne se trouve que dans la collection de La Beaumelle (édit. de Nancy, t. 1, p. 131). Louis Racine l'annote : *M'est inconnue et je la crois fausse.* Elle est imitée des lettres à l'abbé Gobelin, mais La Beaumelle les prend en badinant au lieu de les prendre au sérieux : on a pu voir

1. Madame de Vins ; belle-sœur de M. de Pompone.

que madame de Maintenon a rarement ce ton. Il n'y a pas de date.

A M. L'ABBÉ TESTU.

Et voilà comme les curieux sont toujours les plus mal informés ! Mon éloignement de la cour est si peu décidé que j'y tiens par des liens plus forts que jamais. Je n'ai aucun sujet de mécontentement, et l'on vous a sans doute mal instruit à dessein. L'idée d'entrer en religion ne m'est jamais venue dans l'esprit. Rassurez donc madame de la Fayette. Nous avons beaucoup ri du soupçon dont vous m'honorez de m'être mis en tête d'accréditer les vapeurs ; il est vrai qu'elles sont ici beaucoup plus communes qu'autrefois ; mais vous savez qu'il faut monter plus haut pour trouver la source de cette mode. Tout le monde est ici entre la crainte et l'espérance : on nous promet de grands évènements : vous verrez à la manière dont j'y prendrai part, que je ne pense guère à quitter ce pays ; non, je ne le quitterai que quand vous serez digne d'avoir une abbaye. Le roi dit expressément, qu'il ne vouloit désormais que de pieux ecclésiastiques. Que d'abbayes vaqueront, allez-vous dire ! Adieu, mon pauvre abbé, ne m'écrivez point quand vous aurez votre accès ; vous voyez, vous peignez tout si noir, que si j'aimois la solitude, vous me la feriez haïr.

ANNÉE 1676.

Cette année renferme vingt lettres authentiques de madame de Maintenon et deux apocryphes. Ces lettres contiennent peu de détails sur les événements de la cour, les relations du roi avec madame de Montespan, les faits de guerre, etc. Elles n'y touchent que par des allusions. Madame de Maintenon y montre généralement un grand dégoût, beaucoup de découragement, un état languissant et maladif.

LETTRE LXXXVIII.

A M. L'ABBÉ GOBELIN [1].

A Saint-Germain, 2 janvier 1676.

Tous vos présents ont été très-bien reçus ; je les portai au roi et à madame de Montespan qui s'en joua fort ; elle me donna une grande alarme sur mon tableau ; mais enfin il m'est demeuré, et sera un des beaux ornements de mon oratoire de Maintenon ; je vous en rends mille grâces et de la continuation de vos soins ; j'accepte avec beaucoup de joie la proposition que vous me faites de me venir voir une fois tous les mois pour parler de quelque chose de bon.

Je suis très-convaincue des vérités que vous m'écrivez, et je voudrois de tout mon cœur mener une vie moins dissipée que n'est la mienne ; j'en passerai bientôt une bonne partie à l'opéra où je fais quelquefois de bonnes réflexions [2] ; mais où il est, ce me semble, honteux d'être quand on a près de quarante ans [3] et que l'on est chrétienne.

Priez Dieu qu'il me conduise et vous inspire ce

1. *Manuscrits des Dames de Saint-Cyr.*
2. C'est à cette époque (janvier 1676) que Louis XIV ayant demandé à madame de Maintenon quel opéra elle préférait, elle répondit *Atys*. *Atys est trop heureux*, répondit le roi en citant un vers de cet opéra.
3. Madame de Maintenon étant née en novembre 1635, elle avait alors un peu plus de 40 ans.

que je dois faire[1]. Je ne sais si M. Le Ragois est content de moi ; nous n'avons pas grand commerce ensemble, parce que je crois qu'il ne me seroit pas avantageux ici ; du reste, on ne peut l'estimer plus que je fais. Si le mérite étoit aimé ici, je ne douterois pas du succès du sien qui m'y paroît connu ; nous verrons ce qui en arrivera. C'est toujours un grand bonheur de mériter tout quand même on ne l'obtient pas.

Adieu, j'ai grande envie d'avoir l'honneur de vous voir.

LETTRE LXXXIX

A MADAME DE VILLETTE [2].

A Saint-Germain, ce 24 février 1676.

Il faut vous faire compliment sur les merveilles que M. de Villette a faites[3]. J'en reçus la première nouvelle par le roi qui m'a fait l'honneur de me

---

1. La lutte contre madame de Montespan était à recommencer. On voit par cette phrase que madame de Maintenon était l'instrument de l'abbé Gobelin, ou plus exactement du parti dévot.
2. *Autographe* du cabinet de M. de Noailles.
3. A la bataille navale des îles Lipari, gagnée sur la flotte hollandaise commandée par Ruyter, le 8 janvier 1676. M. de Villette commandait un vaisseau de 3ᵉ rang, *l'Assuré*, et faisait partie de l'avant-garde sous les ordres du chef d'escadre de Preuilly-d'Humières. Il avait à son bord, comme volontaire, son fils âgé de douze ans, et deux de ses neveux Sainte-Hermine. Les détails que donne ici madame de Maintenon sont très-exacts : ils furent rapportés par le chevalier de Chaumont, envoyé par le duc de Vivonne au roi pour rendre compte de la bataille.

dire que mon cousin s'étoit signalé ; ce témoignage-là n'est pas à dédaigner, aussi me fit-il un sensible plaisir. Je n'oserois vous dire que votre fils étoit sur le tillac, essuyant le feu de quarante mille coups de canon et criant au major, qui nous l'a dit : Voilà les coquins qui fuient. Je ne doute point que ce récit ne vous coûte quelques larmes, mais elles seront de joie ; pour moi, j'en ai une bien grande qu'il se soit fait nommer et j'espère que le roi s'en souviendra en temps et en lieu.

Les Sainte-Hermine ont aussi très-bien fait ; j'en écris à madame de Lalaigne [1].

Adieu, ma chère cousine, conservez-moi votre amitié dont je voudrois bien pouvoir jouir.

LETTRE XC

A M. DE VILLETTE, A MESSINE [2].

Saint-Germain, ce 26 février 1676.

Il est vrai que j'ai senti une extrême joie d'apprendre par le roi même que vous aviez fait des merveilles, et que j'ai connu en cette occasion la tendresse que j'ai pour vous depuis si longtemps. M. de Seignelay m'a promis de faire souvenir Sa Majesté, dans toutes les occasions, de ce que vous venez de faire et de vos neveux aussi. M. le chevalier de Chaumont n'en a oublié aucun ; je n'ai plus rien à désirer de vous pour fonder mes bons offices ; je

1. C'est-à-dire à leur mère.
2. *Autographe* du cabinet de M. de Noailles.

ferai assurément de mon mieux, mais continuez à vous aider, car mon crédit est médiocre, et ce que vous avez fait sera auprès du roi et aura plus de succès[1] que les offices de tout ce qu'il a de dames en France.

J'ai écrit à madame votre femme ; je crois qu'elle sera bien aise de ce que je lui mande et qu'elle pleurera bien de joie sur ce que je lui dis de son fils : on en conte des choses étonnantes. J'ai montré la lettre à madame de Montespan qui m'a dit qu'elle parleroit au roi.

Vous ne me dites plus rien sur des étoffes ; vos échantillons ont été à Barèges et revinrent ici dans le temps que le roi se trouva mal ; ainsi on les jeta au feu sans y penser. Madame de Montespan vouloit des portières et moi cent aunes de damas vert ou cramoisi. Je crois pourtant le vert à meilleur marché.

Adieu, mon cher cousin, j'attends mon frère et on me fait espérer un mariage pour lui. Adieu, je vous embrasse de tout mon cœur ; vous savez que les femmes aiment les braves.

LETTRE XCI
A M. L'ABBÉ GOBELIN [2].

Mars 1676.

Je ne saurois être fâchée de ce que vous souffrez

---

1. Cette phrase incorrecte est ainsi dans l'autographe. Cela prouve que madame de Maintenon écrit au courant de la plume.
2. *Manuscrits des Dames de Saint-Cyr.*

pour moi, puisque c'est une marque de votre amitié qui m'est assurément très-chère et que je meurs d'envie de mettre à l'usage que vous désirez.

Madame de Montespan m'écrivit hier que les parents de mademoiselle Carellier [1] ne me demandoient plus que de m'engager après ma mort; mes amis trouvent que c'est encore trop et que je ne dois pas me lier les mains; quelques-uns prétendent que je pourrois me réserver la disposition d'une somme et leur laisser le reste. Comme vous êtes propre à tout, je voudrois bien avoir votre avis. Je vous rends mille grâces de votre tableau et j'espère avec beaucoup de joie que vous placerez à Maintenon tous les présents que vous m'avez faits.

LETTRE XCII

A M. D'AUBIGNÉ, A PARIS [2].

A Saint-Germain, avril 1676.

Comme je ne sais si je vous verrai bientôt après que vous serez arrivé [3], je vous écris avant que vous puissiez l'être afin de vous apprendre l'état de vos affaires. Votre mariage est conclu avec mademoiselle Carellier, et M. de Louvois en doit voir les articles au premier jour. Elle a, je crois, cent mille écus et est très-jolie. Je ne vous dirai rien de l'obligation que

---

1. Il s'agit ici d'un projet de mariage pour d'Aubigné.
2. *Autographe* du cabinet de M. Feuillet de Conches.
3. D'Aubigné arrivait à Paris pour le projet de mariage avec la demoiselle Carellier. Ce projet ne réussit pas.

nous avons à M. de Louvois ; car, si j'entrois en matière, je ne pourrois vous parler d'autre chose. Venons à vous ; il faut songer à vous bien porter, à avoir de l'argent, à ne pas déplaire à la demoiselle. Pour le premier, j'espère que l'air de Paris vous aura guéri au moins à moitié ; pour le second, il faudroit que M. Arnaud fît un effort pour vous en cette occasion, soit pour quelque avance, si vous êtes en quelque convention, soit pour en prêter, s'il ne vous en doit pas, car vous ne pouvez éviter plusieurs dépenses. Quant au dernier, brodez-vous bien, mettez moins de cheveux à vos perruques, tenez-vous droit, soyez gai, et le reste ira fort bien. Je vous avoue que je suis ravie si cette affaire-là se conclut à votre satisfaction et que je serai plus aise assurément que si je me mariois. Ne faites rien sur tout cela que par mes avis, parce que je les attends de M. de Louvois. Voyez-le et témoignez-lui que vous n'êtes pas ingrat.

Adieu, mon cher frère.

LETTRE XCIII

A M. D'AUBIGNÉ [1].

Ce jeudi matin, avril 1676.

Votre lettre a bien plus de l'air d'un homme qui rend compte d'une galanterie que d'un mariage. Voyez ce qui en arrivera et m'en instruisez, afin que je prenne mes mesures là-dessus. Je meurs d'envie d'aller à

1. *Autographe* du cabinet de M. Feuillet de Conches.

Maintenon, mais je ne veux pourtant pas m'éloigner tant que j'espérerai quelque chose. Pressez-la le plus que vous pourrez puisque le temps vous presse. Ne vous inquiétez point pour ce pays ici, vous ne sauriez rien faire de meilleur que ce que vous faites à Paris. On sait que vous y êtes et ce qui vous y retient.

LETTRE XCIV

A M. D'AUBIGNÉ [1].

15 avril 1676.

Madame de Montespan, qui n'est pas de mauvais sens et à qui j'ai lu votre lettre, prétend que vous devez passer outre et qu'il n'y a nulle apparence que vous ne tiriez pas beaucoup d'utilité de ce mariage. J'en entretiendrai encore aujourd'hui M. de Barillon. Consultez-vous vous-même et tâchez de lui ôter de l'esprit [2] que je lui assure un douaire pendant ma vie ; pour après ma mort, ne m'en faites point compliment, car je n'y ai aucune peine. J'aimerois mieux encore donner une somme à votre premier enfant ; mais si elle s'opiniâtre au douaire, il en faudra passer par là. Pressez votre affaire à tout hasard ; vous en serez toujours le maître ; et si elle doit se faire, on ne sauroit trop tôt [3].

1. *Autographe* du cabinet de M. Feuillet de Conches.
2. C'est-à-dire de l'esprit de la demoiselle Carellier.
3. Le projet de mariage avec mademoiselle Carellier n'eut pas de suite. D'Aubigné retourna à Belfort vers le mois de mai ; mais ses amis entamèrent un nouveau projet d'alliance avec une veuve assez riche, madame de Boudon.

LETTRE XCV.

NOTE PRÉLIMINAIRE

La lettre suivante faisant une allusion obscure aux relations du roi avec madame de Montespan, il est nécessaire de dire que ces relations étaient redevenues froides et embarrassées. Le roi était parti pour l'armée le 15 avril, madame de Montespan était restée à la cour. Voici ce qu'en dit madame de Sévigné, le 17 avril :

« Vous savez peut-être bien que madame de Montespan partit hier à six heures du matin pour aller à Clagny ou à Maintenon, car c'est un mystère ; mais ce n'en est pas un qu'elle reviendra samedi à Saint-Germain pour en partir vers la fin du mois pour Nevers, en attendant les eaux. » — Et le 22 : « *Quantova* devait aller à Bourbon, mais elle n'ira pas, et cela persuade le retour de son ami solide encore plus tôt qu'on ne l'a cru. Son amie (madame de Maintenon) l'a menée dans son château passer deux ou trois jours : nous verrons quels lieux elle voudra honorer de sa présence. »

Enfin, au retour de Maintenon, elle partit pour Bourbon. Quant à madame de Maintenon, son crédit augmentait même en l'absence du roi, pendant que celui de madame de Montespan diminuait. Voici ce qu'en dit madame de Sévigné le 6 mai :

« Mais parlons de l'*amie* : elle est encore plus triomphante que celle-ci : tout est comme soumis à son empire. Toutes les femmes de chambre de sa voisine sont à elle. L'une lui tient le pot à pâte à genoux devant elle, l'autre lui apporte ses gants, l'autre l'endort. Elle ne salue personne, et je crois que dans son cœur elle rit bien de cette servitude. On ne peut rien juger présentement de ce qui se passe entre son amie et elle. » (T. IV, p. 435).

A M. L'ABBÉ GOBELIN [1].

A Saint-Germain, 2 mai 1676.

M. Le Ragois vous rendra compte de notre voyage de Maintenon qui n'a pas été bien long. Si on étoit sage, on ne se troubleroit de rien, et nous voyons par des expériences continuelles que les choses se tournent bien différemment de ce que nous avons cru [2]. Après cette petite réflexion, je commencerai par vous assurer que je suis très-fâchée de votre mal et que je voudrois de tout mon cœur le pouvoir diminuer. Je vous supplie, autant qu'il vous le pourra permettre, de me mander des nouvelles de Saint-Bazile [3]. Je la crois résolue de sortir de Port-Royal ; mais je ne sais si les Hospitalières le sont à la recevoir. Je suis toute prête à l'y ramener, si vous le jugez à propos. Songez à cette pauvre fille ; je vous en supplie, et ayez pitié d'elle ; vous autres saints, vous êtes inhumains sur les maux de cette vie ; cependant ils font quelquefois tourner la tête ; et il faut aider notre foiblesse chacun tour à tour. J'attendrai de vos nouvelles là-dessus avec impatience par la pitié que j'ai de l'état où est cette pauvre fille.

1. *Manuscrits des Dames de Saint-Cyr.*
2. Cette phrase obscure est sans doute relative à la froideur du roi pour madame de Montespan.
3. La sœur Saint-Bazile était aimée de madame de Maintenon qui l'avait connue aux Hospitalières de la Place Royale ; de là elle alla à Port-Royal, puis elle retourna aux Hospitalières ; elle mourut en 1715 et vit madame de Maintenon dans sa plus humble comme dans sa plus haute fortune.

LETTRE XCVI

A MADAME DE VILLETTE, A NIORT [1].

Saint-Germain, ce 7 juin 1676.

Je ne sais si M. de Villette vous a mandé que son fils a été blessé légèrement à cette dernière occasion [2]; mais je sais bien que vous ne vous attendez pas au compliment que je vais vous en faire, qui est que j'en ai été ravie. Je l'ai fait savoir au roi et à madame de Montespan ; et quand le premier mouvement de tendresse sera passé, je suis sûre que vous penserez comme moi et que vous vous saurez bon gré d'avoir mis un petit héros au monde. Réjouissez-vous-en donc, ma chère cousine, puisqu'il est vrai sans flatterie que vous avez le plus joli et le plus surprenant enfant que l'on ait vu. Mes amitiés et mes compliments à la famille et n'oubliez pas madame de Mougon [3] que j'aime et que j'estime fort. Vous me ferez plaisir de me mander de leurs nouvelles, car, malgré l'oubli qui vous paraît souvent, je conserve

---

1. *Manuscrits de mademoiselle d'Aumale.*
2. A la bataille d'Agosta, livrée le 22 avril 1676, et où Ruyter fut tué. Villette faisait partie de l'arrière-garde et eut affaire au vice-amiral hollandais Haën. « Cela se passa heureusement, raconte-t-il dans ses modestes Mémoires, car, encore qu'il eût vingt-quatre canons et deux ou trois cents hommes de plus que moi et qu'il m'eût tué bien du monde, il me laissa après une heure et demie d'un feu fort vif. » (*Mémoires* du marquis de Villette, publiés par M. Monmerqué, p. 37.)
3. Arthémise Sansas de Nesmond, mariée au sieur de Mougon. Voir la page 288.

beaucoup de tendresse pour mes proches. Vous savez que là-dessus vous n'êtes pas traitée en alliée.

LETTRE XCVII

A M. D'AUBIGNÉ, A BELFORT[1].

A Saint-Germain, ce 16 juin 1676.

Vous m'avez écrit en partant[2] et je ne me souviens plus si je vous ai fait réponse ; mais ce qui est bien vrai, c'est que je n'ai pas entendu parler de vous depuis que vous êtes à Belfort. Il ne faut pas se régler sur moi, car je ne suis pas maîtresse de mon temps. Vous avez vu quelques échantillons de ma servitude, et vous n'avez pas tout vu ; il y a deux mois[3] que je demande à aller à Maintenon pour un jour et je ne l'ai pû obtenir ; j'en suis dans une colère dont je ne puis revenir ; j'y fais travailler, sans qu'il me soit possible d'y donner aucun ordre ; c'est une passion que j'ai pour ce lieu-là et une nouvelle passion, jugez de ce que je souffre d'y être contrariée.

M. Rosteau m'a écrit et m'a envoyé une lettre qu'il a reçue de vous, où vous lui dépeignez fort bien le tort que vous a fait l'empressement de nos amis ; il me mande que madame de Boudon a voulu le voir et croit que cette affaire dépendra de vous ; je lui ai

---
1. *Autographe* du cabinet de M. Feuillet de Conches.
2. De Paris où il était venu pour ses projets de mariage.
3. Madame de Maintenon exagère un peu ces deux mois, car elle y était allée à la fin d'avril avec madame de Montespan, mais elle n'y était restée que deux ou trois jours.

écrit que cette femme-là me plairoit fort, pourvu qu'elle vous assurât du bien ; que je croyois que vous en aimeriez mieux une plus jeune dans la fantaisie d'avoir des enfants, mais que l'on ne pouvoit pas trouver tout ensemble ; que je le prie d'y penser et de travailler sourdement à votre mariage, soit pour celle-là, soit pour une autre, que je lui en aurai une extrême obligation et que je suis hors d'état de ménager ces occasions-là, étant aussi séquestrée que je le suis ; voilà le sens de ma lettre. L'âge de madame de Boudon me fait peine à cause des enfants ; mais son habileté à conduire votre maison, et cette terre à quatre lieues de Paris, me font envie.

J'ai été bien fâchée du maréchal de Rochefort [1] ; madame sa femme ne se console point. Madame de Montespan est présentement à Fontevrault [2] et en reviendra à la fin de ce mois ; son absence me donne un peu de repos et je m'en porte mieux. Les princes et princesses sont en parfaite santé. Je n'écris pas un

---

1. Henri-Louis d'Alvigny, maréchal de France en 1675, mourut le 23 mai, à Nancy, après une maladie de douze jours. Il était gouverneur de la Lorraine. Madame de Sévigné écrit à ce sujet : « C'est un beau sujet de méditation : un ambitieux dont l'ambition était satisfaite, mourir à quarante ans ! »

2. Madame de Montespan avait quitté Bourbon où elle s'était donné des airs de reine : « M. de La Vallière, écrit madame de Sévigné, avoit donné ordre qu'on la vînt haranguer de toutes les villes de son gouvernement ; elle ne l'a point voulu... » — « Elle partit de Moulins dans un bateau peint et doré que lui avoit fait préparer M. l'intendant, avec mille chiffres, mille banderoles de France et de Navarre... Elle attendra à Fontevrault le retour du roi, qui est différé par le plaisir qu'il prend au métier de la guerre. » (IV, 483.)

mot à M. de Louvois sans parler de vous. Je ne sais ce que mes lettres opéreront.

Adieu, mon cher frère, jouissez du repos en attendant mieux; et pour vous consoler dans votre ennui, songez que je ne me couche ni ne me lève, selon ma volonté, et que je n'aspire qu'à être seule, et à n'avoir rien à faire; songez à Dieu qui est encore une meilleure consolation.

LETTRE XCVIII

A M. L'ABBÉ GOBELIN [1].

A Saint-Germain, ce 17 juin 1676.

J'ai donné la chanoinie à M. Duplessis, dès que vous m'avez assuré que je le pouvois en conscience, et il s'en est allé quérir les provisions à Maintenon; je lui ai fait une très-belle exhortation.

Ne doutez pas que je ne fusse ravie d'avoir l'honneur de vous voir; mais ma discrétion m'empêche de vous en presser, et d'autant plus que n'y venant que pour vous en retourner le même jour, je n'ai pas le temps d'en profiter. Je ne suis pas destinée au repos. J'aurois cru que demeurant ici sans madame de Montespan j'en aurois eu de reste; cependant j'ai presqu'autant d'embarras que quand elle y est. Nous aurons bientôt M. Le Ragois qui me fera un plaisir et un soulagement. Je désire plus ardemment que jamais d'être hors d'ici, et je me confirme de plus

1. *Manuscrits des Dames de Saint-Cyr.*

en plus dans l'opinion que je n'y puis servir Dieu; mais je vous en parle moins, parce qu'on m'a dit que vous dites tout à l'abbé Testu.

Voici un trait de ma sincérité naturelle, et je crois que vous vous en accommoderez bien mieux que d'un changement sur la confiance que j'avois en vous; je vous conjure donc qu'il ne sache plus de mes nouvelles par vous; il s'y intéresse peu présentement, et il a en tout ce qui regarde la cour des vues fort éloignées des miennes.

Je suis à merveille avec madame de Montespan, et je me sers de ce temps-là pour lui faire entendre que je veux me retirer; elle répond peu à ces propositions-là; il faudra voir ce que nous ferons à son retour.

Demandez à Dieu, je vous en conjure, qu'il conduise et rectifie mes desseins pour sa gloire et pour mon salut [1].

LETTRE XCIX

A M. L'ABBÉ GOBELIN [2].

A Saint-Germain, ce 19 juin 1676.

Vous traitez ce que je vous ai mandé trop solidement et je ne vous soupçonne point du tout d'avoir révélé ma confession à l'abbé Testu; mais comme il est très-curieux, j'ai cru qu'il tiroit plus de vous que je n'aurois envie qu'il sçut, et il m'est revenu

1. Voir les pages 194 et 261.
2. *Manuscrits des Dames de Saint Cyr.*

qu'il avoit appris par vous le dessein formé que j'ai de sortir d'ici, que je ne lui avois jamais dit, et dont il ne savoit que des projets en l'air; voilà tout ce que je puis vous dire; ne vous en inquiètez pas davantage, je vous en supplie. Je ne changerai rien à ma confiance avec vous et je vous prie seulement d'être sur vos gardes avec lui qui est curieux et adroit. Quand tout ce qu'on m'a dit là-dessus seroit vrai, il n'y auroit pas grand inconvénient, et vous croyez bien que je ne doute pas de ce que vous me dites. Je serai très-aise de vous voir avec M. Le Ragois. Ayez la bonté de faire donner cette lettre à madame de Richelieu, et cette boëte à madame de Coulanges, et soyez bien persuadé, je vous en supplie, que rien ne peut diminuer l'estime que j'ai pour vous.

LETTRE C

A MADAME DE VILLETTE, A NIORT [1].

A Saint-Germain, ce 2 juillet 1676.

Le chevalier de Chaumont qui a porté au roi la nouvelle de la plus grande action qui se soit jamais faite sur la mer [2], a repassé par ici [3], et m'a conté des

---

1. *Autographe* du cabinet de M. de Noailles.
2. La bataille de Palerme, gagnée par Duquesne et Vivonne, le 2 juin, sur la flotte hispano-hollandaise. C'est en effet, comme le dit madame de Maintenon, la victoire navale la plus complète que la France ait jamais gagnée. Villette, son fils et ses neveux s'y distinguèrent. Villette était *matelot* de l'arrière-garde commandée par Gabaret.
3. Le chevalier de Chaumont était allé en porter la nouvelle au

merveilles de M. de Villette, de son fils et de nos neveux ; il m'a appris aussi que mon cousin a demandé son congé et qu'il l'aura au premier jour ; ainsi vous pouvez compter que vous le verrez bientôt ; je voudrois vous l'apprendre, et ce me seroit un très-grand plaisir d'être la première à vous annoncer une nouvelle qui vous sera très-agréable ; du moins sachez-moi gré de mon intention et comptez sur mon amitié, comme sur la chose du monde qui vous est la plus assurée. Sainte-Hermine doit porter une nouvelle au roi. Mille amitiés à mes trois cousines et à Poignette aussi ; vous savez que la passion que j'ai pour elle ne finit point.

LETTRE CI

A M. L'ABBÉ GOBELIN [1].

Ce 9 juillet 1676.

Voilà ce que vous m'avez ordonné de faire pour madame de Saint-André, et une lettre qui ne gâtera rien, surtout dans la province.

Adieu, j'eus hier une violente migraine et j'en suis encore toute abattue, mais non pas moins vivement votre très-humble servante.

roi qui était en Flandre, et il repassait par Saint-Germain avant de retourner à Toulon.

1. *Manuscrits des Dames de Saint-Cyr.*

APPENDICE A LA LETTRE CI.

A la date de cette lettre si laconique, on était à la veille du retour de Louis XIV, et toute la cour était pleine d'anxiété sur la conduite qu'il tiendrait avec madame de Montespan. Il est assez étonnant que madame de Maintenon n'en dise rien à son intime confident; aussi La Beaumelle y a remédié en inventant une lettre écrite, dit-il, à madame de Saint-Géran, où Bossuet et le P. Lachaise se trouvent traités avec une irritation brutale, qui étaient loin des habitudes et du caractère de madame de Maintenon. D'ailleurs la religion n'était nullement intervenue dans la rupture de 1676; cette rupture s'était faite par lassitude, et la réconciliation se fit sans éclat.

Comme le fait de cette réconciliation est vrai, nous allons donner là-dessus quelques extraits de madame de Sévigné; puis nous donnerons sans commentaire la lettre fabriquée par La Beaumelle, et que Louis Racine annote ainsi : *inventée par l'éditeur.*

Le roi quitta l'armée le 4 juillet pour revenir à Saint-Germain. Il y arriva le 11. « Le *bon ami de Quanto*, dit madame de Sévigné, avoit résolu de n'arriver que lorsqu'elle arriveroit de son côté; de sorte que si cela n'étoit arrivé juste le même jour, il auroit couché à trente lieues d'ici : mais, Dieu merci ! tout alla à souhait. La famille de l'*ami* alla au-devant de lui : on donna du temps aux bienséances, mais beaucoup plus à la pure et simple *amitié* qui occupa tout le soir. Hier on alla ensemble à Versailles, accompagnés de quelques dames; on fut bien aise de le visiter avant que la cour y vienne. » (T. IV, p. 525.)

Puis elle ajoute :

« L'*ami* de *Quanto* arriva un quart d'heure avant *Quanto*; et comme il causait en famille, on le vint avertir de l'arrivée : il courut avec un grand empressement et fut longtemps avec elle. Hier il fut à la promenade que je vous ai dit, mais en tiers avec *Quanto* et son amie : nulle autre personne n'y fut admise, et la sœur en a été très-affligée. La *femme de l'ami* a fort pleuré. »

Elle écrit encore le 22 juillet :

« L'*amie* de madame de Montespan est mieux qu'elle n'a jamais été : c'est une faveur dont elle n'avoit jamais approché : ainsi va le monde. »

Mais si la faveur de madame de Maintenon augmente, il ne semble pas que celle de madame de Montespan diminue, car madame de Sévigné écrit le 29 juillet :

« Je fus samedi à Versailles... A trois heures, le roi, la reine, Monsieur, Madame, Mademoiselle, tout ce qu'il y a de princes et de princesses, madame de Montespan, toute sa suite, tous les courtisans, toutes les dames, enfin ce qui s'appelle la cour de France se trouva dans le bel appartement que vous connoissez... Sérieusement c'est une chose charmante que sa beauté ; et sa taille, qui n'est pas de la moitié si grosse qu'elle étoit, sans que son teint, ni ses yeux, ni ses lèvres en soient moins bien. Elle étoit toute habillée de points de France, coiffée de mille boucles, les deux des tempes lui tomboient fort bas sur les deux joues ; des rubans noirs sur la tête, des perles de la maréchale de Lhospital, embellies de boucles et de pendeloques de diamants de la dernière beauté, trois ou quatre poinçons, une boîte, point de coiffe, en un mot une triomphante beauté à faire admirer à tous nos ambassadeurs. Elle a su qu'on se plaignoit qu'elle empêchoit toute la France de voir le roi ; elle l'a redonné, comme vous voyez, et vous ne sauriez croire la joie que tout le monde en a, ni de quelle beauté cela rend la cour. » (T. IV, p. 543.)

A la suite de tout cela, madame de Montespan devint enceinte pour la sixième fois.

Voici maintenant la lettre que La Beaumelle a inventée sur cette réconciliation : il confond celle de 1676 avec celle de 1675 ; il fait intervenir M. de Condom et le P. Lachaise dans une affaire où ils ne furent pour rien ; il fait citer à madame de Maintenon les *Lettres provinciales*, etc. C'est tout un roman.

LETTRE CII (LA B.)

A MADAME DE SAINT-GÉRAN.

Juillet 1676, à Versailles, lundi.

Je vous l'avois bien dit, madame, que M. de C... joueroit dans toute cette affaire un personnage de dupe! Il a beaucoup d'esprit, mais il n'a pas celui de la cour. Avec tout son zèle il a précisément fait ce que Lauzun auroit eu honte de faire. Il vouloit les convertir; et il les a raccommodés. C'est une chose inutile, madame, que tous ces projets; il n'y a que le père de La Chaise qui puisse les faire réussir; il a déploré vingt fois avec moi les égarements du roi; mais pourquoi ne lui interdit-il pas absolument l'usage des sacrements? Il se contente d'une demi conversion. Vous voyez bien qu'il y a du vrai dans les *petites lettres*. Le père de La Chaise est un honnête homme; mais l'air de la cour gâte la vertu la plus pure, et adoucit la plus sévère. Je vous envoie deux exemplaires des vers qui seront au bas du portrait du prince: ils sont pourtant de Boileau. J'ai dans la tête que Racine et Coulanges même auroient mieux fait.

LETTRE CIII

A M. L'ABBÉ GOBELIN [1].

Ce 2 août 1676.

Je vous supplie de songer à écrire au séminaire d'Évreux, afin de savoir des nouvelles de M. Duples-

1. *Manuscrits des Dames de Saint-Cyr.*

sis, et s'il faut demander le démissoire qu'il désire. Mandez-moi aussi comment on fait chez les nouveaux convertis et s'ils prendroient un homme qui ne l'est pas encore, mais qui a grande envie de se faire instruire.

Je ne sais rien sur mon voyage[1]. Le baptême de M. de Chartres[2] recule, et je ne puis partir qu'il ne soit fait.

LETTRE CIV

A M. L'ABBÉ GOBELIN [3]

A Versailles, ce 7 août 1676.

Je crois partir après-demain pour Maintenon, mais j'y serai trop longtemps pour vous y mener, et j'ai un carrosse si plein de femmes que je vous dis fort librement que je ne pourrois vous y avoir. Si vous étiez homme à venir m'y faire visite, vous pourriez aisément vous joindre à quelques illustres qui doivent me venir marquer le jardinage[4]. J'instruirai M. Le Ragois à tout hasard, afin que si vous en aviez le courage, vous soyez averti du jour qu'ils partiront.

Vous faites deux articles du peintre et de l'homme qui veut entrer aux nouveaux convertis, c'est pour-

1. Un voyage à Maintenon où elle devait rester trois semaines.
2. Fils aîné de Monsieur. Il était né le 2 août 1674, et fut baptisé à Saint-Cloud le 10 octobre 1676.
3. *Manuscrits des Dames de Saint-Cyr.*
4. L'un de ces *illustres* était Le Nôtre.

tant la même chose; il me mande qu'il a des affaires
pour douze ou quinze jours et qu'après il viendra
songer à se convertir.

Il y a déjà bien longtemps que je demande un petit bénéfice au roi pour un fils de madame de Montchevreuil qui a quinze ans, qui est tonsuré, qui étudie et dont toutes les inclinations vont à l'état ecclésiastique; cependant par une délicatesse de conscience madame de Montespan en fait scrupule, et sur ce que je l'ai extrêmement pressée, elle m'a dit de vous consulter. Je le fais donc et vous supplie de me répondre.

Nous irons le lendemain de la Toussaint à Saint-Germain, où nous serons treize jours sans la cour; j'espère que vous nous y viendrez faire quelques visites; je suis ravie d'aller chez moi essayer un peu de la solitude et de la vie dont vous avez le projet.

LETTRE CV

A M. D'AUBIGNÉ, A BELFORT [1].

A Versailles, ce 9 août 1676.

L'état de votre santé m'afflige; Des Rolines vous enverra l'avis de MM. les médecins; mais en essayant de leurs remèdes, soyez sage et sobre : c'est là ce qui vous sera le meilleur; ne faites point d'excès et ne vous chagrinez point, mettez-vous bien dans l'esprit qu'il y a du bon et du mauvais partout. Je sollicite

1. *Autographe* du cabinet de M. Feuillet de Conches.

toujours M. de Louvois : Dieu veuille qu'il ne vous donne pas pis que ce que vous avez[1] ; il arrive souvent que nous nous trouvons mal des changements ; ce n'est pas que je ne sache très-bien que vous êtes fort tristement établi. Adieu, je m'en vais me baigner à Maintenon[2] ; plût à Dieu que vous y fussiez ! Nous y serons quelques jours ; songez à Dieu, c'est tout ce qu'il y a de nécessaire.

LETTRE CVI

NOTE PRÉLIMINAIRE

Cette lettre, empreinte de tristesse, marque la situation d'esprit de madame de Maintenon à cette époque, situation qui avait pour cause non-seulement la mort du maréchal d'Albret, son ancien ami, mais la conduite scandaleuse du roi. Pendant qu'on le croyait tout à madame de Montespan, il avait des relations avec madame de Louvigny, mademoiselle de Théobon, madame de Soubise, « comme si, dit madame de Sévigné, les duels étant défendus, les rencontres étaient permises. » Madame de Montespan s'efforçait de regagner son empire, et quelquefois elle avait des retours éclatants. Comme madame de Maintenon ne précise rien, même dans ses lettres à l'abbé Gobelin, il est nécessaire d'éclairer ces intrigues par quelques fragments de madame de Sévigné. Elle écrit le 7 août :

« J'ai vu des gens qui sont revenus de la cour et qui sont persuadés que la vision de Théobon est entièrement ridicule, et que jamais la souveraine puissance de *Quanto* n'a été si bien établie. Elle se sent au-dessus de toutes choses et ne craint non plus ses petites morveuses de nièces que si

---

1. D'Aubigné demandait un autre gouvernement.
2. Elle y resta trois semaines. Voir la lettre suivante.

elles étoient charbonnées. Comme elle a bien de l'esprit, elle paroît entièrement délivrée de la crainte d'enfermer le loup dans la bergerie : sa beauté est extrême, sa parure comme sa beauté et sa gaieté comme sa parure. » (T. IV, p. 9, de l'édit. Hachette).

Elle ajoute le 21 août :

« Madame de Maintenon est allée à Maintenon pour trois semaines. Le roi lui a envoyé Le Nôtre pour ajuster cette belle et laide terre. »

Le 26 août :

« On écrit que *Quanto* est toute rétablie dans sa félicité : madame de Maintenon est toujours à Maintenon avec Barillon et La Tourte (mademoiselle de Montgeron). Elle a prié d'autres gens d'y aller ; mais celui que vous disiez autrefois qu'il vouloit faire trotter votre esprit, et qui est déserteur de cette cour, a répondu fort plaisamment qu'il n'y avoit pas présentement de logement pour les amis, qu'il n'y en avoit que pour les valets. Vous voyez de quoi on accuse cette bonne tête. A qui se fier désormais? Il est vrai que sa faveur est extrême, et que l'ami de *Quanto* en parle comme de sa première ou de sa seconde amie. Il lui a envoyé un illustre pour rendre sa maison admirablement belle. On dit que Monsieur doit y aller ; je pense même que ce fut hier avec madame de Montespan. » (T. V, p. 38.)

Le 2 septembre :

« La vision de madame de Soubise a passé plus vite qu'un éclair ; tout est raccommodé. *Quanto*, l'autre jour au jeu, avoit la tête tout appuyée familièrement sur l'épaule de son ami ; on croit que cette affectation étoit pour dire : je suis mieux que jamais. Madame de Maintenon est revenue de chez elle : sa faveur est extrême. » (T. V, p. 49.)

Le 8 septembre :

« Tout le monde croit que l'étoile de *Quanto* pâlit. Il y a des larmes, des chagrins naturels, des gaietés affectées, des bouderies ; enfin, ma bonne, tout finit. On regarde, on observe, on imagine, on croit voir des rayons de lumière sur des visages que l'on trouvoit indignes, il y a un mois, d'être comparés aux autres ; on joue fort gaiement, quoiqu'on garde la chambre. Les uns tremblent, les autres se réjouissent ; les uns souhaitent l'immutabilité, la plupart un changement de théâtre ; enfin l'on est dans le temps d'une crise d'attention, à ce que disent les plus clairvoyants. » (T. V, p. 56.)

Le 30 septembre :

« Tout le monde croit que *l'ami* n'a plus d'amour et que *Quanto* est embarrassée entre les conséquences qui suivroient le retour des faveurs et le danger de n'en plus faire, crainte qu'on n'en cherche ailleurs. Outre cela, le parti de l'amitié n'est pas pris nettement : tant de beauté encore et tant d'orgueil se réduisent difficilement à la seconde place... » (T. V, p. 82.)

Enfin le 15 octobre :

« Si *Quanto* avoit bridé sa coiffe à Pâques de l'année qu'elle revint à Paris, elle ne seroit pas dans l'agitation où elle est : il y avoit du bon esprit à prendre ce parti ; mais la foiblesse humaine est grande : on veut ménager des restes de beauté, et cette économie ruine plus qu'elle n'enrichit. » (T. V, p. 102).

A M. D'AUBIGNÉ, A BELFORT [1].

A Versailles, ce 7 septembre 1676.

Je ne devrois point vous écrire en l'humeur où je suis ; vous avez assez de chagrin, et vous prenez assez de part aux miens pour que je ne dusse pas vous les montrer ; cependant à qui me plaindrois-je plus à propos qu'à vous dans la perte commune que nous venons de faire ? M. le maréchal d'Albret est mort [2], et m'a écrit une heure avant d'expirer d'un style qui marque l'estime et l'amitié qu'il avoit pour moi ;

1. *Autographe* du cabinet de M. Feuillet de Conches.
2. Le 3 septembre 1676.

c'est une perte irréparable, et qui me donne une tristesse mortelle; il est mort comme un saint; mais que savons-nous s'il a eu assez de temps pour réparer tout le mal qu'il avoit fait[1]? Songeons à nous, mon cher frère, nous avançons en âge et devenons malsains. Aplanissons-nous par une bonne vie les horreurs de la mort qui sont terribles à ceux qui ont mal vécu. L'état de votre santé me fait trembler, et la paresse que je me trouve pour le service de Dieu me fait craindre que vous ne me ressembliez en cela comme en autre chose.

Je presse M. de Louvois, et on me promet toujours; tout viendra avec le temps, et nous serons assez bien ici-bas; il faut penser à l'avenir. J'ai été trois semaines à Maintenon[2], vous ne le reconnoîtrez pas; j'y avois M. de Barillon, mademoiselle de Montgeron, M. de Montchevreuil et mademoiselle de la Harteloire. M. de Guise m'y vint voir; le roi m'y envoya M. Le Nôtre, et madame de Montespan m'y faisoit tous les jours quelque présent. Je m'y suis baignée dont je me trouve très-bien; écrivez-moi quelquefois, et prenez patience. Vous mourez de langueur pour venir dans le monde, et moi je n'aspire qu'à en sortir. Voilà comme chacun a des peines dans son état; il faut les offrir à Dieu et le prier de

1. La Beaumelle ajoute de son invention : « J'écarte cette idée : je n'aime pas à douter du salut de mes amis. »
2. La Beaumelle, avec quelques mots pris à la fin de cette lettre, en fait une seconde, et après ces mots : J'ai été à Maintenon, il ajoute : « En entrant dans la galerie, la première chose que j'ai vue, c'est le portrait du maréchal : j'ai pleuré. »

nous conduire, il sait mieux que nous ce qui nous est bon.

Adieu, mon cher frère, j'espère que vous passerez l'hiver avec nous et qu'un peu de plaisir vous remettra mieux que les remèdes qu'on vous ordonne.

LETTRE CVII

A M. D'AUBIGNÉ, A BELFORT[1].

A Versailles, ce 8 novembre 1676.

On ne m'a pas conseillé de demander votre congé que l'armée des ennemis ne fût séparée; on m'assure que ce retardement n'ira qu'à sept ou huit jours; je prierai seulement M. de Louvois de ne pas accorder de congé à M. de la Potterie, en cas qu'il le demandât.

J'arrivai il y a deux jours de Maintenon[2], où j'ai été trois semaines toujours au lit; je suis dans une langueur éternelle, et j'ai des maux dont je ne guérirai point. Il faut prendre patience, mon cher frère; tout est mêlé ici-bas pour nous porter à désirer ce qui seul sera bon : pensez-y, vous en serez plus consolé. Dites ou faites savoir à M. de Caumont[3] qu'il n'a qu'à demander son congé à M. de Monclar; j'ai entretenu M. de Saint-Pouanges sur ses intérêts; il m'a dit que l'on ne songeoit pas présentement à faire

1. *Autographe* du cabinet de M. Feuillet de Conches.
2. Elle y était retournée dans le mois d'octobre. Elle se trouvait dans la même situation d'esprit que le mois précédent.
3. L'un des fils de Caumont d'Adde.

des régiments; mais que l'on songera à lui quand il s'en présentera quelque occasion.

Bonsoir, mon cher frère; je suis plus touchée de vos chagrins que des miens, quoique j'en aie peut-être ici autant que vous en avez à Belfort.

LETTRE CVIII

A M. L'ABBÉ-GOBELIN [1].

20 décembre 1676.

J'arrivai hier de Maintenon, où j'ai passé huit jours [2] dans une douceur et un repos d'esprit qui me fait trouver ceci pis que jamais, et si je suivois autant mes inclinations que j'ai toujours fait, il n'y a pas de moment dans la journée que je ne demandasse à me retirer. Il est impossible que je soutienne longtemps la vie que je mène, je prends trop sur moi pour que le corps ou l'esprit n'y succombe pas, et peut-être tous les deux; il en arrivera ce qu'il plaira à Dieu, et quand il en ordonnera. Je lui offre souvent mes souffrances bien ou mal fondées, et si sa volonté m'étoit connue, je la suivrois dans ce qu'il y a de plus opposé à mon humeur.

Quand vous pourrez venir ici, je serai fort aise de vous voir, et vous le pourrez commodément avec mille gens de votre connoissance qui y viennent, comme M. Viette, M. Lefèvre, Des Rolines, et mille autres gens, qui ne vous contraindroient pas et qui retour-

1. *Manuscrits des Dames de Saint-Cyr.*
2. C'est un troisième voyage.

nent le même jour. J'ai trois places à donner à des prêtres qui véritablement ne sont pas trop bonnes; mais qui sont pourtant assez briguées : il y a deux canonicats, et l'autre est pour être vicaire. Je voudrois de tout mon cœur avoir là des gens de bien qui trouveront un peuple très-bien disposé. M. l'abbé Testu, madame de Montespan et moi avons autrefois mis à Saint-Nicolas du Chardonnet un jeune ecclésiastique, nommé Mongras, qui est gentilhomme et dont on m'a dit depuis beaucoup de bien. Si vous vouliez vous informer de lui et de quelques autres, je serois fort en repos de les prendre de votre main. M. l'archidiacre de Chartres qui fait merveilles dans tout le diocèse m'en a écrit et je lui ai répondu que je vous consulterois là-dessus; pensez-y, s'il vous plait, et me conservez une amitié dont je voudrois jouir un peu plus souvent que je ne fais.

LETTRE CIX

A M. D'AUBIGNÉ, A BELFORT [1].

A Saint-Germain, ce 22 décembre 1676.

Quand je demandai votre congé à M. de Louvois, il me dit qu'il n'y avoit aucun commandant où vous étiez et qu'aussitôt que le lieutenant de roi seroit de retour, que vous n'aviez qu'à le mander et que l'on vous enverra votre congé. J'avois chargé Des Rolines de vous le faire savoir et c'est ce qui m'a empêchée de

1. *Autographe* du cabinet de M. Feuillet de Conches.

vous l'écrire. J'ai passé huit jours à Maintenon avec bien du plaisir; on y a fait des réparations qui l'ont fort embelli, mais qui me coûteront beaucoup; j'y avois mené M. et madame de Montchevreuil avec le bonhomme Vielle. J'y retournerai au mois de mars et peut-être serez-vous de ce voyage-là. Je fais mon compte d'y être quinze jours. Je fais mes efforts pour vous tirer du lieu où vous êtes, et M. de Louvois me le promit encore hier au soir. Madame de Montespan en parla aussi au roi ; je leur ai dit la même chose que vous me mandez qui est que vous ne prétendez point de grandes choses; mais que vous désirez seulement une condition sûre dans un lieu un peu moins désagréable. M. de Louvois me dit qu'il n'y avoit rien à faire pour les maladreries que dans deux ans. Il faut prendre patience, mon cher frère, et penser que tandis que vous vous plaignez de n'avoir point de plaisir, il y a des gens au monde qui n'ont pas un moment de repos, qui sont dans une servitude sans relâche, et font toute leur vie la volonté des autres. Que cette peinture ne vous afflige point et serve seulement à vous faire durer où vous êtes; surtout servez Dieu et songez que nous pouvons mourir à tout moment.

LETTRE CX (La B.)

NOTE PRÉLIMINAIRE

Cette lettre ne se trouve que dans la collection de La Beaumelle (édit. de Nancy, t. 1, p. 94). Il est possible qu'elle soit vraie; Louis Racine n'y met aucune note; mais elle a été certainement arrangée, et c'est ce que prouvent les phrases courtes et hachées dont elle se compose, ainsi que les maximes et les lieux communs dont elle est remplie.

A M. D'AUBIGNÉ.

1676.

On n'est malheureux que par sa faute. Ce sera toujours mon texte et ma réponse à vos lamentations. Songez, mon cher frère, au voyage d'Amérique, aux malheurs de notre enfance, à ceux de notre jeunesse : et vous bénirez la providence au lieu de murmurer contre la fortune. Il y a dix ans que nous étions bien éloignés l'un et l'autre du point où nous en sommes aujourd'hui. Nos espérances étoient si peu de chose, que nous bornions nos vœux à trois mille livres de rente. Nous en avons à présent quatre fois plus ; et nos souhaits ne seroient pas encore remplis ! Nous jouissons de cette heureuse médiocrité que vous vantez si fort. Soyons contents. Si les biens nous viennent, recevons-les de la main de Dieu, mais n'ayons pas des vues trop vastes. Nous avons le nécessaire et le commode : tout le reste n'est que cupidité. Tous ces désirs de grandeur partent du vide d'un cœur inquiet. Toutes vos dettes sont payées ; vous pouvez vivre délicieusement sans en faire de nouvelles. Que désirez-vous de plus ? Faut-il que des projets de richesse et d'ambition vous coûtent la perte de votre repos et de votre santé ? Lisez la vie de saint Louis : vous verrez combien les grandeurs de ce monde sont au-dessous des désirs du cœur de l'homme. Il n'y a que Dieu qui puisse le rassasier. Je vous le répète : vous n'êtes malheureux que par votre faute. Vos inquiétudes détruisent votre santé, que vous devriez conserver, quand ce ne seroit que parce que je vous aime.

Travaillez sur votre humeur; si vous pouvez la rendre moins bilieuse et moins sombre, ce sera un grand point de gagné. Ce n'est point l'ouvrage des réflexions seules; il y faut de l'exercice, de la dissipation, une vie unie et réglée. Vous ne penserez pas bien tant que vous vous porterez mal ; dès que le corps est dans l'abattement, l'âme est sans vigueur. Adieu. Écrivez-moi plus souvent et sur un ton moins lugubre.

ANNÉE 1677.

Cette année renferme trente-six lettres authentiques de madame de Maintenon et du duc du Maine, avec deux lettres apocryphes. Elle contient pour principaux événements, outre les projets de mariage de d'Aubigné, le deuxième voyage de madame de Maintenon aux eaux des Pyrénées, la continuation des amours du roi et de madame de Montespan, etc.

LETTRE CXI[1]

A M. D'AUBIGNÉ, A PARIS[2].

A Saint-Germain, ce 25 février 1677.

Madame de Saint-Bazile m'écrit et me fait une proposition pour vous, qui ne me déplairoit pas, si

---

1. *Autographe* du cabinet de M. Feuillet de Conches.— La Beaumelle fait avec cette lettre et trois autres du 12, du 14 et du 27 mai une seule lettre tout à fait méconnaissable.

2. D'Aubigné était revenu à Paris. On avait négocié pour lui un mariage avec une demoiselle de Floigny qui fut en projet pendant un an et à la fin ne réussit pas. En même temps, il venait d'être nommé, par le crédit de sa sœur, au gouvernement de Coignac; mais il n'en était pas complétement satisfait, à cause de quelques empiétements faits par la maison de Guise sur les droits de ce gouvernement.

les choses sont comme on me les dit. Une demoiselle avec cent mille francs, et dont l'humeur vous plaît, est à préférer à une bourgeoise avec cent mille écus ; voyez donc avec nos amis ce qu'il y auroit à faire ; si le bien de cette fille est effectif, qu'il n'y ait point de tache à sa conduite et qu'elle vous plaise, j'y donnerai mon consentement de tout mon cœur. M. de Montchevreuil et M. de Barillon sont de bon conseil ; au moins, je ne ferois rien sans eux. N'ayez nul démêlé avec les gens de madame de Guise. Voyez tout doucement s'ils se sont emparés de ce qui est du gouvernement de Coignac et me le mandez ; nous ferons ce qu'il faudra là-dessus.

Adieu, je suis lasse à mourir et accablée de petites affaires.

LETTRE CXII

A M. D'AUBIGNÉ, A PARIS [1].

Février ou mars 1677.

Il est désagréable de négocier pour les gens absents, car ne sachant pas leurs véritables sentiments, on craint toujours d'en faire trop ou trop peu. Je n'ai pourtant agi que sur ce que vous m'avez mandé ; vous m'avez chargé d'examiner si cette fille avoit cent mille francs, et quand je vous ai envoyé un état de son bien qui ne se montoit qu'à vingt-cinq mille écus, vous l'avez bien voulu ; ce procédé m'a fait croire

---

1. *Autographe* du cabinet de M. Feuillet de Conches.

que vous la vouliez et que vous étiez amoureux, et j'ai songé à votre bonheur. Elle est demoiselle, elle est bien faite et je doute que vous trouviez mieux ; elle montre un peu de légèreté[1], mais sa famille lui tourne la tête. Enfin j'ai donné jusqu'à dimanche pour voir si elle reviendroit, et j'ai protesté que ce jour-là passé je ne la recevrois plus. Voyez si vous consentez à ce plan-là. Je mande à M. l'abbé Testu de vous voir : il se mêle de cette affaire ; portez-lui mon paquet si vous m'en croyez et convenez du reste ; c'est votre affaire. Venez ici quand il vous plaira et amenez mon cousin. Dites à M. de Lagny qu'il ne faut point se faire une affaire de refuser cette fille et que, si le mariage demeure rompu, les rieurs ne seront point pour elle.

Adieu. Voilà l'ordonnance de vos appointements, envoyez-la à M. Viette. Faites donner ma lettre chez M. de Barillon en main sûre et priez mon cousin de faire tenir celle de M. de Roquelaure.

LETTRE CXIII

NOTE PRÉLIMINAIRE

En 1677, le roi alla commander l'armée du 28 février au 31 mai. Madame de Maintenon passa tout ce temps, moins une semaine, à Maintenon, d'où elle ne partit que pour aller aux Pyrénées. Elle avait à Maintenon madame de Montespan, qui était enceinte de sept mois et cachait avec le plus

---

1. La Beaumelle ajoute : « Mais elle n'a de bourgeois que sa vanité sur la noblesse. »

grand soin sa grossesse. Elle s'était rapprochée d'elle avec beaucoup d'affection, parce que celle-ci était dévorée de chagrins, le roi l'ayant à peu près abandonnée pour madame de Ludres, qui fut presque ouvertement sa maîtresse pendant plus d'un an. Madame de Montespan accoucha à Maintenon, le 4 mai, d'un sixième enfant, mademoiselle de Blois, qui devint la femme du Régent. Mais madame de Maintenon, qui ne lui ménageait pas les exhortations et les remontrances, refusa de se charger de cette enfant, qui fut élevée secrètement par les soins de Louvois dans la maison de la rue de Vaugirard.

De Maintenon, elle écrivit plusieurs fois à son frère qui se disposait à partir pour Coignac.

A M. D'AUBIGNÉ, A PARIS[1].

Maintenon, ce 17 mars 1677.

Je reçus hier au soir deux lettres de vous qui me donnent tant d'impatience d'y répondre que je ne puis remettre à demain, quoique j'aie la migraine; je me sers donc d'un secrétaire[2] en qui je me fie pour vous dire que je voudrois avoir tous les défauts que je vous ai reprochés et être capable d'en recevoir la réprimande de la manière dont vous avez reçu la mienne. Croyez, mon cher frère, que de l'humeur dont je suis, c'est la plus grande marque de tendresse que je vous aie jamais donnée. Ne vous affligez point, je vous en prie, jouissez du présent sans vous inquiéter de l'avenir; vous allez dans le plus beau lieu du monde, dans votre pays et où l'on vit presque

---

1. *Autographe* du cabinet de M. Feuillet de Conches.
2. L'écriture de ce secrétaire est très-mauvaise et sans orthographe.

pour rien; ne songez qu'à vous y réjouir, à vous y faire aimer et à tâcher de vous y marier, afin que vous n'ayez plus d'opposition à votre salut. Je vous verrai au commencement de juin et, si vous voulez, nous vous ramenerons quand nous reviendrons [1].

J'ai reçu une lettre d'un gentilhomme d'auprès de Coignac; si j'avois pu lire le nom, j'y ferois réponse, je vous l'envoie.

LETTRE CXIV

A MADAME DE VILLETTE, A NIORT [2].

A Maintenon, ce 7 avril 1677.

Je ne sais si c'est vous ou moi qui faisons finir notre commerce; mais je sais bien que je pense souvent à vous et que je m'ennuie quand je suis longtemps sans apprendre de vos nouvelles. J'ai M. du Maine et madame de Montespan ici, il y a six semaines; ce qui me donne comme vous pouvez croire assez d'occupation. Nous nous en allons à Paris pour le jubilé, mais, selon toutes les apparences, nous reviendrons à Maintenon pour jusqu'au temps qu'il faudra partir pour Baréges; ce sera au commencement de juin; il ne tiendra pas à moi que notre rendez-vous ne soit plus juste que celui d'il y a deux ans; et j'espère que le gouverneur de Coignac nous aidera à nous joindre.

Je voudrois bien savoir au vrai l'état des affaires

---

1. En allant aux bains des Pyrénées avec le duc du Maine.
2. *Manuscrits de mademoiselle d'Aumale.*

que nous avons ensemble sur le damas de Messine : il y en a 95 aunes du beau et 88 aunes du petit; il vaut mieux vous dire encore, qu'il y en a quatre-vingt-quinze aunes du beau, que de se fier aux chiffres; le lit que je vous ai envoyé m'a coûté neuf cents francs; je voudrois savoir si vous en êtes contenté, et après cela ce que je vous dois de reste et à quoi vous voulez que je l'emploie.

Adieu, ma chère cousine, je vous recommande madame de Mougon[1]. Vous êtes très-sage de ne vous pas commettre avec votre mari sur la religion; mais du moins devez-vous adoucir le plus qu'il vous est possible les persécutions que l'on lui fait[2]; j'espère que je ne lui serai pas inutile. Adieu.

LETTRE CXV

A M. D'AUBIGNÉ, GOUVERNEUR DE COIGNAC[3].

A Paris, ce 16 avril 1677.

Il y aura demain huit jours que nous sommes ici pour faire le jubilé, j'ai été bien fâchée de ne vous y plus trouver[4]. Votre favori Des Rolines m'a dit que

1. Arthémise de Nesmond.
2. Il est difficile de comprendre ce passage. M. de Villette était alors en Sicile, commandant un vaisseau sous les ordres de Duquesne.
3. *Autographe* du cabinet de M. Feuillet de Conches.
4. D'Aubigné était parti pour Coignac au commencement d'avril et sans faire d'adieux à sa sœur, parce qu'elle était à Maintenon. Il n'était pas marié, mais le projet d'union avec mademoiselle de Floigny n'était pas entièrement rompu.

vous étiez parti en très-bonne santé; j'espère que l'air de Saintonge vous en donnera pour longtemps; j'ai bien de l'impatience de savoir comment vous vous y trouvez, et quelque irrégulière que je sois pour les réponses, vous me ferez un extrême plaisir de m'écrire souvent. J'ai envoyé une lettre de cachet à M. de Marillac[1] pour les affaires de madame de Mougon; je serois bien aise d'en savoir le succès.

Adieu, mon cher frère, rendez-moi compte bien exactement de votre établissement, et si vous aviez besoin de quelque chose, je vous le porterois en passant[2].

Voyez souvent madame de Miossens[3], je vous prie, c'est la plus honnête personne du monde; je ne sais si vous avez encore mademoiselle Martel; si cela est, vous n'êtes pas en mauvaise compagnie.

LETTRE CXVI

A M. D'AUBIGNÉ, A COIGNAC[4].

A Maintenon, ce 8 mai 1677.

Je suis bien surprise de ce que vous ne m'écrivez point votre arrivée à Coignac, et comment vous vous trouvez de ce nouvel établissement; je vous en avois prié, et j'y prends assez d'intérêt pour mériter d'en

1. Intendant du Poitou.
2. C'est-à-dire en allant aux Pyrénées.
3. C'était la sœur de madame d'Heudicourt, qui était mariée au frère cadet du maréchal d'Albret.
4. *Autographe* du cabinet de M. Feuillet de Conches.

être instruite. Mandez-moi aussi, je vous prie, ce que c'est que l'aventure de madame de ***[1]. Je l'apprends par tant d'endroits que je ne puis presque plus en douter, et j'en attends la confirmation par vous; si cela est vrai, je suis bien trompée à cette femme-là. Sa vertu m'avoit donné beaucoup d'amitié pour elle, et vous en pouvez juger par les soins que j'en prenois; apaisez tout le plus que vous pourrez; c'est toujours le parti le plus honnête et le plus sage, mais je ne veux point la voir. Je ne l'affecterois pas si je passois par Niort, de peur de la scandaliser; il ne faut pas aussi affecter de la faire trouver à Coignac et il vaut mieux que vous preniez cette peine pour celles qui le méritent mieux. Si vous voyez madame de Miossens, faites-lui, je vous prie, mes compliments, et à mademoiselle Martel aussi. Voilà une lettre pour votre maire.

J'ai toujours ici madame de Montespan[2] et M. du Maine; je m'en vais au premier jour quérir mademoiselle de Tours, et toute cette bonne compagnie y sera jusqu'à ce que nous partions pour Baréges, qui sera au commencement de juin.

---

1. Le nom est raturé complétement dans l'autographe.
2. Elle était accouchée depuis trois jours. Madame de Maintenon n'en parle pas à son frère, parce que la grossesse avait été tenue très-secrète. On trouve dans les *Souvenirs de madame de Caylus* (p. 98), sur la naissance de mademoiselle de Blois, une anecdote fort jolie, mais qui a été arrangée à plaisir par Voltaire: es dates sont tout à fait fausses.

LETTRE CXVII

A M. D'AUBIGNÉ, A COIGNAC¹.

A Maintenon, ce 12 mai 1677.

J'écrirai à M. Colbert pour vos appointements; et je n'ai pas de peine à croire que vous en ayez besoin. Je vous ai mandé de ne vous faire aucune affaire avec madame de Guise, mais si ses gens vous en veulent faire, écrivez-moi et vous serez soutenu dans les droits du gouvernement avec tout le respect que l'on doit à ces gens-là. Vous ne me parlez point assez de votre établissement, et de la manière dont vous vous y trouvez; j'aimerois à en savoir jusqu'aux moindres choses.

Nous partirons pour Baréges le 4 ou 5 juin; nous séjournerons à Fontevrault, et ainsi nous vous verrons, le 18 ou le 20, selon les apparences. Je suis ravie de ce que vous avez fait amitié avec M. de Courpeteau, c'est un très-honnête homme. Ayez des amis, vivez bien avec ceux qui vivront bien avec vous, et ne vous plaignez point des autres; laissez ceux qui ne vous voient point. Enfin, mon cher frère, soyez sage sans bassesse : il n'est pas besoin de vous le recommander, car vous n'êtes que trop glorieux.

Adieu, je vous embrasse de tout mon cœur; mais je voudrois savoir de vos nouvelles en détail.

1. *Autographe* du cabinet de M. Feuillet de Conches.

LETTRE CXVIII

A M. D'AUBIGNÉ, A COIGNAC [1].

A Maintenon, ce 14 mai 1677.

Je viens d'écrire à M. de Louvois et je lui ai envoyé la lettre de M. du Gros; vous saurez la réponse qu'il me fera; cependant je mets les autres papiers entre les mains de M. Viette qui les discutera, si le roi trouve bon que l'on soutienne son droit. Il faudra aussi que vous vous adressiez à lui pour la sollicitation de vos appointements; je lui laisserai des lettres les plus pressantes que je pourrai; c'est tout ce que je puis, étant prête à partir et ne devant point retourner ni à Paris ni à Saint-Germain. Mon cher frère, vivez le plus gaiement que vous pourrez : vous êtes dans le plus beau lieu du monde, vous êtes maître de vous; il y en a de plus misérables; mes chagrins me sont moins sensibles que les vôtres. Ne vous croyez point mal à la cour; nous y soutiendrons tout ce qui sera raisonnable; jouissez donc de ce que vous avez en philosophe. Je passerai sûrement par Coignac; vous nous manderez de bonne heure ce que nous aurons à faire; je ne crois pas que vous deviez songer à nous recevoir; mais mandez si vous avez de quoi nous coucher : nous avons nos lits, ainsi il ne nous faut que la place de les mettre.

1. *Autographe* du cabinet de M. Feuillet de Conches.

LETTRE CXIX

NOTE PRÉLIMINAIRE

Madame de Montespan, depuis qu'elle était à Maintenon et surtout depuis qu'elle était accouchée, avait eu avec le roi une très-active correspondance, et celui-ci revenait en apparence aussi amoureux que jamais, ayant abandonné madame de Ludres et ses autres amours passagères. Il arriva à Versailles le 31 mai. Madame de Montespan était venue dès la veille. Elle aurait voulu que madame de Maintenon fût déjà partie pour les Pyrénées, mais celle-ci ne voulut s'en aller qu'après que le duc du Maine aurait vu le roi. Elle était très-mécontente de ce renouvellement de passion et le témoignait ouvertement. Le roi fit un tel accueil à madame de Montespan que madame de Sévigné écrivait le 11 juin :

« Ah! ma fille, quel triomphe à Versailles! quel orgueil redoublé! quel solide établissement! quelle duchesse de Valentinois! quel ragoût, même par les distractions et par l'absence! quelle reprise de possession! Je fus une heure dans cette chambre; elle étoit au lit parée, coiffée; elle se reposoit pour la *media noche*. Je fis vos compliments; elle répondit des douceurs, des louanges; sa sœur en haut se trouvant en elle-même toute la *gloire de Niquée*, donna des traits de haut en bas sur la pauvre Io (madame de Ludres) et rioit de ce qu'elle avoit l'audace de se plaindre d'elle. Représentez-vous tout ce qu'un orgueil peu généreux peut faire dire dans le triomphe, et vous en approcherez. » (T. V, p. 17).

A M. D'AUBIGNÉ, A COIGNAC[1].

Maintenon, ce 27 mai 1677.

Le roi arrive lundi à Versailles, et nous y allons

---

1. *Autographe* du cabinet de M. Feuillet de Conches.

dimanche, quoique l'on crût être défait de nous[1].
Vous croirez bien, vous qui nous connaissez, que
l'on ne s'en défait pas si aisément[2]. Faites tenir mes
lettres. Rien n'est si pitoyable que l'aventure de M. de
Courpeteau. Quand nous aurons vu le roi, je vous
manderai le jour que M. le duc du Maine partira et
celui à peu près que je vous verrai.

LETTRE CXX

A M. D'AUBIGNÉ, A COIGNAC [3].

A Fontevrault [4], ce 12 juin 1677.

Nous partirons d'ici lundi, nous irons à Poitiers,
et tout droit à Coignac, je ne me souviens plus com-

---

1. Madame de Maintenon avait cru au repentir et aux promesses de madame de Montespan, et elle se voyait jouée. C'est ce qui explique le dépit qu'elle témoigne dans cette lettre laconique. Cependant elle quitta madame de Montespan dans les meilleurs termes d'amitié, et elle lui écrivit souvent pendant son absence; mais on ne trouve aucun témoignage qu'elle ait été en correspondance avec le roi, encore bien qu'on sache que celui-ci lui écrivit au moins une lettre d'amitié.

2. La Beaumelle ajoute :

> « Et Maintenon ne fera pas
> Ce que le gros duc n'a pu faire.

Jugez combien ce pays-ci m'inspire de gaieté, puisqu'il m'inspire des vers. »

3. *Autographe* du cabinet de M. Feuillet de Conches.

4. Madame de Maintenon était partie de Versailles le 8 juin. Elle s'arrêta à Fontevrault pour visiter l'abbesse, sœur de madame de Montespan. C'était une femme très-distinguée et très-savante, qui lisait Homère, traduisait Platon, et avec laquelle elle avait commerce de lettres. Nous pourrons en donner quelques-unes qui sont inédites.

bien il y a de journées; mandez-moi par avance comment vous voulez nous recevoir. Je vous conseille de ne vous en guère embarrasser. Nous avons un grand nombre de domestiques difficiles à contenter; mandez-moi si vous comptez que nous logions au château, c'est-à-dire le prince et moi; si l'hôtellerie est proche pour tout le train; ou s'il ne vaudroit pas mieux que nous y logeassions tous, et vous nous donneriez seulement à dîner le lendemain que je compte d'y séjourner. Enfin instruisez-moi bien de vos intentions; je vous écrirai de tous nos gîtes, afin que vous sachiez le jour et l'heure que nous arriverons; car il ne faut pas manquer de venir au-devant du prince, à une ou deux lieues de Coignac. Le prince et moi avons nos lits; ainsi ne vous embarrassez point sur les meubles. Il y a M. Fagon avec lui, M. Le Ragois qui est son précepteur, un aumônier, six valets de chambre, toutes sortes d'officiers et j'ai trois femmes; je vous conte ces détails pour que vous preniez vos mesures; le prince et moi couchons dans la même chambre. Je crois qu'en voilà assez sur ce sujet; j'ai une grande envie de vous voir.

LETTRE CXXI

LE DUC DU MAINE A MADAME DE MONTESPAN[1].

Juin 1677.

Je suis bien fâché, madame, d'avoir quitté le roi et vous; je crois que je pleurerai de joie à mon re-

1. Cette lettre est tirée des *OEuvres d'un auteur de sept ans*. Ce

tour. Madame de Fontevrault a été bien aise de me voir; en entrant dans le couvent, je me suis dédit, car je l'ai trouvé fort grand. Ma belle madame, le commencement de ma lettre tiendra lieu de la fin.

LETTRE CXXII (La B.)

NOTE PRÉLIMINAIRE

Cette lettre ne se trouve que dans la collection de La Beaumelle (édit. de Nancy, t. I, p. 119; édit. d'Amsterdam, t. I, p. 65.) Racine le fils l'annote : *m'est très-inconnue*. Je la crois entièrement fausse à cause de la phrase mystérieuse : *Je m'étois toujours bien doutée*, etc., qui se rapporte sans doute à Louis XIV, et que madame de Maintenon n'a pas écrite. D'ailleurs la date n'est pas exacte : le duc du Maine n'arriva à Coignac que le 20 juin.

A MADAME DE COULANGES.

Coignac, 16 juin 1677.

Je n'ai que le temps de vous dire deux mots : je suis aussi charmée d'avoir reçu cette lettre, que fâchée de n'y pouvoir répondre. Je vous remercie de l'avis, j'en profiterai : je m'étois toujours bien doutée de ses sentiments, et je voudrois m'être trompée. Mes compliments

---

livre a été imprimé par les soins de madame de Maintenon et de Racine. Il a été tiré à sept exemplaires, dont trois ou quatre existent encore : M. le duc de Noailles en possède un dans sa bibliothèque de Maintenon. Il ne porte ni date, ni nom d'imprimeur, et renferme une dédicace à madame de Montespan, quelques fragments des *devoirs* du duc du Maine, plusieurs lettres de lui, etc. Nous donnerons quelques-unes de ces lettres d'enfant pour qu'on ait une idée de l'esprit du duc du Maine et de l'éducation qu'il recevait de madame de Maintenon.

à M. de Coulanges, et puis à l'abbé, et puis à l'abbesse. Je serai toujours, etc.

LETTRE CXXIII

NOTE PRÉLIMINAIRE

Cette lettre, pleine de tristesse vague, témoigne que madame de Maintenon savait ce qui se passait à la cour. Or, voici où en étaient « les gens qui la retenaient avec douceur et amitié : »

« *Quanto* et son ami, écrit madame de Sévigné (2 juillet 1677) sont plus longtemps et plus vivement ensemble qu'ils n'ont jamais été : l'empressement des premières années s'y retrouve, et toutes les contraintes sont bannies, pour mettre une bride sur le cou qui persuade qu'on n'a jamais vu d'empire si bien établi. » — Et le 30 juillet : « Madame de Montespan étoit l'autre jour toute couverte de diamants : on ne pouvoit soutenir l'éclat d'une si brillante divinité. L'attachement paraît plus fort qu'il n'a jamais été : ils en sont aux regards. Il ne s'est jamais vu d'amour reprendre terre comme celui-là. »

Madame de Maintenon en fut découragée. Elle sembla abandonner ses projets de conversion sur Louis XIV, et elle reprit ses projets de retraite.

A M. L'ABBÉ GOBELIN [1].

A Baréges, ce 30 juillet 1677.

Nous avons reçu votre solide et agréable livre; je crois que vous êtes l'homme du monde qui avez fait les plus jolis présents à M. le duc du Maine, et Dieu veuille qu'il profite du dernier et qu'il n'aille pas à

---

1. *Manuscrits des Dames de Saint-Cyr.*

la messe par grandeur et par coutume qui sont les raisons qui les y fait mener tous les jours si régulièrement. J'ai bien de l'impatience d'apprendre que vous fassiez votre voyage heureusement; car il est long pour un homme comme vous, et quelque éloignée que soit la fin de mes projets, je ne puis m'empêcher de vous regarder avec un grand intérêt.

Quand j'ai été mal à la cour, on me conseilloit de ne m'en point séparer en cet état-là, et à cette heure que j'y suis bien, je ne sais par où me prendre pour m'arracher des gens qui me retiennent avec douceur et amitié. Ces chaînes-là sont pour moi plus difficiles à rompre que si on l'exigeoit par violence. Mes affaires sont dans un état très-incommode, et il ne me paroît pas que l'on songe à les accommoder; toutes ces considérations m'agitent, mais elles ne me font point changer, et il m'est impossible de sacrifier pour toute ma vie, ma liberté, ma santé et mon salut; je vous parle sincèrement; cependant il n'en est pas temps présentement.

Je crois que M. Le Ragois vous mande des nouvelles de notre prince; pour moi je veux vous en dire des siennes; plus je le vois, plus je suis satisfaite du présent que vous nous avez fait : c'est le plus honnête et le meilleur homme du monde. Je ne crois rien de meilleur pour cet enfant que de l'avoir auprès de lui, et il est impossible qu'il ne profite pas de ses bonnes et droites maximes; je ne l'avois jamais tant vu que je l'ai fait dans le voyage et je l'en estime beaucoup plus.

Adieu, jusqu'à la fin d'octobre.

LETTRE CXXIV (La B.)

NOTE PRÉLIMINAIRE

La lettre précédente est la seule que nous ayons datée de Baréges. La Beaumelle y ajoute (édit. de Nancy, t. 1, p. 120; édit. d'Amsterdam, t. 1, p. 65), une lettre qu'il prétend écrite à madame de Montespan et qu'il a fabriquée avec une anecdote trouvée dans les *Notes des Dames de Saint-Cyr*. Aussi Racine le fils l'annote ainsi : *Le mot du prince est vrai, mais la lettre est fausse.* Voici d'abord l'anecdote des Dames de Saint-Cyr :

« Madame de Maintenon le reprenant un jour d'être haut et fier, elle lui dit : « Voyez le roi, personne à la cour n'est si poli que lui; il n'est point pointilleux comme vous. »
« Ah ! dit le jeune prince, c'est qu'il est sûr de son rang, et je ne le suis pas du mien. » Voici maintenant la lettre que La Beaumelle a composée avec cette anecdote :

A MADAME DE MONTESPAN.

Baréges, samedi 1677.

Madame, je n'ai rien à ajouter au détail de M. Fagon. Le prince mérite bien que vous lui écriviez un billet : il assure que vos lettres sont aussi belles que vos yeux. Que je vous conte une réponse qui m'a fait plaisir, parce qu'elle m'a paru au-dessus de son âge : je le reprenois hier de quelques manières hautes : et je lui dis que le roi avoit plus de politesse que lui : « Cela lui est bien aisé, me répondit-il; il est si sûr de son rang ! et moi, j'ignore le mien. » Voilà comme il parle quand il parle de lui-même[1]. Madame Dufresnoy m'écrit les choses les plus gracieuses. Je vous en re-

---

1. Dans l'édit. de Nancy, il y a : « Il dit cela d'un ton si ferme et si affligé que je ne pus retenir un soupir. »

mercie très-humblement[1], madame; et l'on ne peut être avec plus de reconnaissance et de respect, etc.[2].

LETTRE CXXV

A M. D'AUBIGNÉ, A COIGNAC[3].

A Bagnères,[4] ce 22 août 1677.

Le prince est en bonne santé et moi aussi, il a fait plus de la moitié de ses remèdes, et j'espère qu'il s'en trouvera bien. Il n'a pas moins d'envie que vous de repasser à Coignac, et je crois que je me brouillerois avec lui et toute sa maison, si je donnois la préférence à Pons; je crois que je ne puis prendre une meilleure route que d'aller coucher de Blaye à Jonsac, si M. de Miossens veut bien nous y venir recevoir. Je suis bien aise que vous soyez content de ce que le roi a fait sur l'affaire que vous aviez avec madame de Guise. Je vous ai répondu sur mademoiselle de Floigny. Ayez les parentes que je vous ai demandées, madame de Miossens et rien de

1. Madame Dufresnoy était la femme du premier commis de Louvois et la maîtresse de ce ministre. Comment madame de Maintenon pouvait-elle remercier *humblement* madame de Montespan des choses gracieuses dites par cette dame? Il ne paraît pas qu'elle ait jamais eu la moindre relation avec elle, et pourtant nous verrons souvent son nom dans les lettres apocryphes de La Beaumelle.

2. Madame de Maintenon n'avait pas ces manières humbles et respectueuses avec madame de Montespan; on pourrait même dire: au contraire.

3. *Autographe* du cabinet de M. Feuillet de Conches.

4. Les eaux de Baréges étant nuisibles au duc du Maine, on le mena à Bagnères.

plus; ne nous faites nulle cérémonie; faites semblant d'ignorer notre arrivée, nous serons avec vous le même temps que l'autre fois.

Je vous prie de faire tenir les lettres que je vous adresse. J'ai écrit à M. Viette de solliciter vos appointements, et de s'adresser à madame Colbert afin qu'elle lui facilite des audiences de son mari[1].

Je parlerai des affaires de Saint-Lazare dès que je serai à la cour.

Ce 28...

Depuis que j'ai écrit cette lettre que j'avois faite par provision, je me suis trouvé mal : ce ne sera rien, n'en soyez point en peine.

LETTRE CXXVI

A M. D'AUBIGNÉ, A COIGNAC[2].

De Bagnères, ce 4 septembre 1677.

Je vous réponds par un secrétaire comme vous m'avez écrit, et quoique je croie être bien moins malade que vous, j'ai la tête si foible que M. Fagon me défend d'écrire. Il n'importe de quelle façon M. Colbert vous paye, pourvu que vous soyez payé[3], et ce qu'il a répondu à M. Viette me paroît fort rai-

---

1. Voici comment La Beaumelle transforme cette phrase : « Pour avoir les audiences de M. Colbert, il faut s'adresser à sa femme : c'est elle qui les accorde; mais c'est bien lui qui les donne. »

2. *Autographe* du cabinet de M. Feuillet de Conches.

3. La Beaumelle ajoute : « On n'y regarde pas de si près avec un contrôleur général des finances. »

sonnable. Quand je serai à la cour, je tâcherai de faire ce que vous désirez. On doit vous adresser une caisse pour moi que je vous prie de garder sans que personne y touche. Je serai fort aise de trouver à Coignac toutes les personnes que je vous ai nommées, et surtout n'oubliez pas Poignette. Vous êtes plus gascon que tout ce que nous voyons ici de nous dire que vous fûtes surpris quand nous passâmes chez vous; je ne vous prie point de n'en point faire davantage, car je vous en défie; il m'est impossible d'y être plus d'un jour. Le prince meurt d'envie de vous voir, et toute sa suite se prépare avec un grand plaisir à boire de votre vin.

Adieu, mon très-cher frère, je suis fort en peine de votre santé; il me semble que tous les maux ne sont rien quand on n'a pas la fièvre.

Nous serons, je crois chez vous, le 24 de ce mois, vous serez averti des changements qui peuvent arriver [1].

LETTRE CXXVII

A M. L'ABBÉ GOBELIN [2].

A Bagnères, ce 7 septembre 1677.

J'ai appris par l'abbé Testu que vous étiez de retour de votre voyage; il me semble que j'aurois dû l'apprendre par vous et savoir des nouvelles de votre

---

1. Cela ne fut pas exécuté à cause de la mauvaise santé du duc du Maine. — La dernière phrase est de la main de madame de Maintenon.
2. *Manuscrits des Dames de Saint-Cyr.*

santé à laquelle je prends toujours le même intérêt.
Nous voici sur le point de repartir, si M. le duc du
Maine ne nous donne pas de nouvelles frayeurs.
Vous savez qu'il tomba malade dès Amboise; il le fut
encore ici et dès qu'il eut commencé à se baigner à
Baréges, la fièvre quarte le prit dont il a eu quatorze
accès; cela joint au peu d'effet des bains et à l'ennui
du lieu ne me donnoit pas peu de chagrin. Nous
sommes revenus ici où nous l'avons baigné longtemps sans en avoir de succès; enfin mes douleurs
ont fini et je l'ai vu considérablement fortifié. J'en
ai senti la joie deux jours, le troisième la fièvre quarte
l'a repris, il n'en eut que deux accès; c'était le jour
du troisième; et comme je goûtois le plaisir de le
voir passé sans fièvre, nous nous aperçûmes que son
mal au derrière se renouveloit. Me voici donc à envisager sa mort; car s'il est dans l'état où l'on le
croit, il est presque impossible de le sauver; pour
comble de désespoir, c'est la plus jolie créature du
monde, et qui surprend vingt fois le jour par son
esprit. Ces agitations ne sont pas les seules que je
souffre : on me tourmente du côté de la cour par des
éclaircissements continuels; notre duchesse[1] me
persécute pour y demeurer; je meurs d'envie d'en
sortir; mais je voudrois n'y être point brouillée;
cela est difficile à accommoder, et je passe ma vie
dans des troubles qui m'ôtent tous les plaisirs du
monde, et la paix qu'il faudroit pour servir Dieu.

Voilà à peu près l'état où je suis, assez indifférente

1. La duchesse de Richelieu.

sur les événements ; je crois que notre duchesse vous en entretiendra ; je voudrois que vous puissiez tomber d'accord de quelque chose de positif.

Pour nouvelles du domestique, l'aumônier est fort malade, Ponta fait beaucoup de sottises et Marotte est fort malade. Ma conscience est au même état que vous l'avez toujours connue ; mais je me sens souvent de grandes envies de servir Dieu, et de me préparer à bien mourir.

LETTRE CXXVIII

LE DUC DU MAINE A MADAME DE MONTESPAN [1].

Baréges, 1677.

Je vous aime passionnément ; je m'en vais vous dire des nouvelles de la maison. Je suis fort content de Ferrarois, et de même de M. Le Ragois ; de madame de Maintenon au superlatif ; nous sommes tous deux inquiets de votre retour.

LETTRE CXXIX

LE DUC DU MAINE A MADAME DE MONTESPAN [2].

Baréges, 1677.

J'ai été fort aise, ma belle madame, quand j'ai vu que vous vous souveniez de votre petit mignon.

---

1. On trouve dans les *OEuvres d'un auteur de sept ans* des lettres du duc du Maine pendant son séjour à Baréges. Je vais en donner quelques-unes. Elles ne portent pas d'autre date que : *Baréges*, 1677.
2. *OEuvres d'un auteur de sept ans.*

Vous savez le goût que j'ai pour avoir des lettres, et je suis ravi d'en avoir une de votre belle main et toute pleine de caresses. Je m'en vais écrire au petit de Rochefort[1], mais j'ai commencé par vous, parce que mon cœur me dit beaucoup de choses pour vous. Je vous prie, madame, d'empêcher que le roi n'oublie le mignon.

LETTRE CXXX

LE DUC DU MAINE AU ROI[2].

Baréges, 1677.

J'ai été jaloux, Sire, de la lettre que vous avez fait l'honneur d'écrire à madame de Maintenon[3], car je suis si tendre aux marques de votre amitié, que je ne puis souffrir que vous en donniez à d'autres. Ce que la belle madame me mande m'excitera encore à soutenir la réputation que je me flatte d'avoir, n'ayant rien de plus précieux au monde que de plaire à Votre Majesté.

LETTRE CXXXI

LE DUC DU MAINE A MADAME DE MONTESPAN[4].

Baréges, 1677.

J'ai reçu une lettre du roi dont j'ai été transporté de joie, elle est la plus obligeante du monde. Je ne

1. Fils de la maréchale de Rochefort.
2. OEuvres d'un auteur de sept ans.
3. Il est douteux qu'il y ait eu une correspondance aussi active entre le roi et madame de Maintenon que pendant le voyage de 1675.
4. OEuvres d'un auteur de sept ans.

ferai pas comme vous, quand à Maintenon, vous en brûlâtes une de lui [1]; bien éloigné de cela, je la garderai toute ma vie, et je me trouve bien glorieux d'avoir une lettre de Sa Majesté dans ma cassette. Adieu, madame, je vous aime passionnément.

LETTRE CXXXII

LE DUC DU MAINE A MADAME DE MONTESPAN [2].

Baréges, 1677.

Quoique le roi m'ait fait l'honneur de m'écrire, madame, je n'aurois pas laissé de lire votre lettre avec un fort grand plaisir. Je tâcherai d'augmenter la joie que vous avez sur ce qu'on vous mande de moi; et ce que vous m'écrivez m'encourage à bien faire, ne désirant rien si ardemment, madame, que d'être dans vos bonnes grâces. Au reste, je vous remercie très-humblement, ma belle madame, de la bonté que vous avez pour ma nourrice, je vous prie de la continuer; c'est une femme que j'aime fort. Madame de Maintenon m'a dit que vous l'avez menée à Fontainebleau, j'en suis bien aise, et je vous prie de ne la pas abandonner. J'ai encore une prière à vous faire, qui est qu'on ne me mette plus de jupes, j'en marche mieux, et je vous le demande, ma belle madame.

1. Voir la page 335.
2. *OEuvres d'un auteur de sept ans.*

LETTRE CXXXIII.

LE DUC DU MAINE A MADAME DE MONTESPAN[1].

Baréges, 1677.

Je m'en vais écrire toutes les nouvelles du logis pour vous divertir, madame, et j'écrirai bien mieux quand je penserai que c'est pour vous. Madame de Maintenon passe tous les jours à filer, et si on la laissoit faire, elle y passeroit les nuits, ou à écrire. Elle travaille tous les jours pour mon esprit, elle espère bien d'en venir à bout, et le mignon aussi, qui fera ce qu'il pourra pour en avoir, mourant d'envie de plaire au roi et à vous. J'ai lu en venant la vie de César, celle d'Alexandre à Baréges, et je commençai hier celle de Pompée. Madame de Maintenon eut hier la migraine, et ne se leva que pour la messe. M. Le Ragois prend des eaux, elles ne passoient pas bien le premier jour, il en est content présentement. M. Fagon m'échauda hier au petit bain, j'espère qu'il sera plus modéré une autre fois, et que je n'y crierai pas tant. Je me baigne dans le bain les jours qu'il fait frais, et dans ma chambre, quand il fait chaud. La tartuferie de l'aumônier continue, et il vous divertira à son retour. Lutin est fort paresseux, et mal avec madame de Maintenon. Je suis fort content de Maraine; Valentin et des Aubiers sont fort assidus. J'ai donné mon amitié à Ancé, parce qu'il a l'honneur d'avoir la vôtre. Clément est bien avec moi. Marotte

---

1. *OEuvres d'un auteur de sept ans.*

est une bonne fille et sert fort bien. Henaut est complaisante pour toutes les bagatelles que je veux. La Couture n'aime pas à me prêter les hardes de madame de Maintenon, quand je veux me déguiser en fille. J'ai reçu la lettre que vous écrivez au cher petit mignon, j'en ai été ravi, madame, et je ferai de mon mieux pour vous obéir.

LETTRE CXXXIV

LE DUC DU MAINE A MADAME DE MONTESPAN [1].

Baréges, 1677.

Ma belle madame, je suis transporté de joie, de ce que vous m'avez mandé dans la lettre que vous m'avez fait l'honneur de m'écrire sur le voyage ; je vous supplie très-humblement de me mander quel jour il faut que je parte pour aller trouver la cour ; je ne vous parlerai que de cela aujourd'hui, parce que cela me tient si fort au cœur que je trouve assez de pensées pour m'étendre.

LETTRE CXXXV

LE DUC DU MAINE A MADAME DE MONTESPAN [2].

Baréges, 1677.

Ma belle madame, je ne cesse pas de penser au voyage ; si vous saviez l'envie que j'ai de vous aller

1. OEuvres d'un auteur de sept ans.
2. Œuvres d'un auteur de sept ans.

trouver, vous ne pourriez vous empêcher d'envoyer chercher votre petit mignon; car vous avez tant de complaisance pour moi, que je m'adresse à vous pour tout ce que je veux. Adieu, ma belle madame, je vous aime de tout mon cœur.

LETTRE CXXXVI

LE DUC DU MAINE A MADAME DE MONTESPAN [1].

Baréges, 1677.

Vous croyez bien, madame, que je serai dans une joie inconcevable en vous revoyant. Je vous demande pardon, madame, de vous écrire une lettre si courte, mais le chaud m'a tellement épuisé, que je n'en puis plus; il me reste pourtant encore assez de force pour vous supplier très-humblement, madame, de dire au roi que je suis le plus soumis de tous ses serviteurs.

LETTRE CXXXVII

MADAME DE MAINTENON A M. D'AUBIGNÉ, A COIGNAC [2].

Baréges, 12 septembre 1677.

Nous allons mardi coucher à Tarbes, mercredi à Vic, jeudi à Aire, vendredi à Roquefort, samédi à Captioux, dimanche à Langon, et lundi 20 de ce mois à Bordeaux; nous y demeurerons le 21; nous

1. *Œuvres d'un auteur de sept ans.*
2. *Autographe* du cabinet de M. Feuillet de Conches.

irons coucher à Blaye le 22, à Jonsac le 23, et à Coignac le 24; nous y séjournerons le 25 et en partirons le 26, ce seront des jours maigres; il faudra que le prince mange à sa petite table tout seul en viande; avertissez madame de Miossens pour qu'elle ne nous abandonne pas à Jonsac. Vous ne devriez pas venir plus loin au-devant de nous qu'à Jonsac; car je ne puis vous voir à Bordeaux, où vous mourriez d'ennui.

Adieu, préparez-vous à nous donner quatre repas, trois maigres et un gras, et avertissez mes cousines; je me porte fort bien, je vous en souhaite autant[1].

LETTRE CXXXVIII

LE DUC DU MAINE A MADAME DE MONTESPAN[2].

A Risque, ce 16 de septembre 1677.

Je partis de Baréges mardi, madame, pour aller coucher à Tarbes, et je vais aujourd'hui à Aire. Ma joie sera accomplie en vous voyant, madame; mais j'en ai déjà un commencement. Je suis l'homme du monde qui vous aime le plus.

1. On ne trouve plus de lettres de madame de Maintenon jusqu'à son retour à Paris, le 10 ou le 12 octobre. D'ailleurs le voyage n'avait pas réussi; car madame de Sévigné écrit le 15 octobre : « La santé de M. le duc du Maine apparemment n'est pas bonne; il est à Versailles où personne du monde ne l'a vu : on dit qu'il est plus boiteux qu'il n'était. » (T. V, p. 362 de l'édit. Hachette.)
2. OEuvres d'un auteur de sept ans.

LETTRE CXXXIX[1]

LE DUC DU MAINE A MADEMOISELLE DE VILLETTE [2].

A Coignac, ce 27 décembre [3] 1677.

Je n'oublierai jamais, mademoiselle, la marque d'amitié que vous m'avez donnée en partant de Coignac, et je vous pardonne le mal que m'a fait votre modestie. Je vous enverrai mon portrait, afin que vous ayez toujours votre amant devant les yeux.

LETTRE CXL

MADAME DE MAINTENON A M. D'AUBIGNÉ,
A COIGNAC [4].

Ce 18 octobre 1677.

Je me suis presque toujours trouvée mal depuis que je suis ici, ce qui m'a empêché d'aller voir mademoiselle de Floigny qui m'a envoyé faire des compliments; il m'en revient beaucoup de bien. Je m'informe si les cent mille francs sont effectifs; j'ai mis M. de Mesmes dans l'affaire Viette : nous verrons leurs réponses. J'ai bien envie de faire faire les noces à Maintenon si vous ne venez point cet hiver à Paris,

1. *OEuvres d'un auteur de sept ans.*
2. Elle avait six ans. C'est la charmante enfant qui devint madame de Caylus. Le duc du Maine l'avait vue à Coignac.
3. L'enfant a mis décembre par erreur, c'est septembre.
4. *Autographe* du cabinet de M. Feuillet de Conches. — Cette lettre, dans la collection de La Beaumelle, est presque entièrement méconnaissable. Elle commence ainsi :
« Point de santé depuis que je suis arrivée à l'inique cour. Je n'ai pu voir mademoiselle de Floigny, etc. »

30.

vous épargneriez les dix mille francs que l'on veut vous prêter et ce seroit quelque chose.

Je donnerai votre mémoire à M. de Louvois.

Je parlerai à M. Colbert pour que vos appointements vous soient payés à Coignac.

J'ai reçu la lettre et le mémoire de M. de Courpeteau; j'en ferai le meilleur usage qu'il me sera possible.

Je vous prie de dire à madame la comtesse de Miossens que rien n'approche de son honnêteté de m'écrire sur la mort de feue madame la maréchale d'Albret[1], pouvant en cette occasion attendre ma lettre que je lui devois; il est vrai que j'en ai été fort surprise et fort touchée.

J'écris à M. de Meuns, jugez par là de l'intérêt que je prends à l'affaire de M. de Lalaigne; je me sens toute rattendrie pour mes parents, et si vous vous mariez, je me vais abandonner au plaisir de la famille. J'ai déjà fait porter des berceaux à Maintenon à votre intention.

Adieu, mon cher frère.

LETTRE CXLI

A M. L'ABBÉ GOBELIN[2].

A Versailles, ce 25 octobre 1677.

Vous m'avez fait un grand plaisir de me conserver ce que vous m'aviez donné le jour de Saint-François;

1. Madame la maréchale d'Albret survécut à peine un an à son mari.
2. *Manuscrits des Dames de Saint-Cyr.*

A M. L'ABBÉ GOBELIN (1677).

je m'étois flattée que je n'y perdrois rien, et je suis ravie de ne m'être pas trompée. Je ne l'ai pas été non plus sur la douleur que vous me témoignez de madame la maréchale d'Albret; j'avois bien cru que vous y seriez sensible, et quoiqu'à mon grand regret je ne connoisse pas les liaisons que fait la charité, j'en ai une idée qui me persuade qu'elles ne sont jamais moins tendres que les autres, quoiqu'elles soient plus soumises à l'ordre de Dieu. J'ai eu bien du déplaisir de la mort de cette femme-là; vous savez qu'elle avait pour moi ce qu'elle était capable d'avoir de meilleur[1]; je l'avais vue à Coignac dans une parfaite santé et bien pleine de longs projets : Dieu lui fasse miséricorde!

Je serai ravie de vous voir, et il me semble que vous nous devez au moins une visite, quand nous arrivons et quand nous partons; ne perdez pas cette bonne coutume et venez de façon que vous arriviez de bonne heure afin que j'aie le temps de causer avec vous. Je suis dans une assez grande langueur, je me repose souvent, et je suis si peu dissipée en desseins, et en visites, que me renfermant entre le roi et madame de Montespan et M. le duc du Maine[2], j'ai du

1. « Madame la maréchale d'Albret était une femme de mérite sans esprit; mais madame de Maintenon, dont le bon sens ne s'égara jamais, crut qu'il valoit mieux s'ennuyer avec de telles femmes que se divertir avec d'autres. » (*Souvenirs* de madame de Caylus, p. 61.)

2. Madame de Sévigné écrit le 15 octobre :

« Madame de Montespan alla l'autre jour coucher à Maintenon, croyant n'aller, ce dit-on, qu'à la moitié du chemin au-devant de madame de Maintenon. Le roi monta en carrosse à minuit pour

temps pour mon repos. Dieu connaît le fond de mon âme, et j'espère qu'il rompra mes chaînes, s'il est nécessaire pour mon salut[1]; je vous supplie de le lui demander pour moi et de croire que je ne change point sur l'estime et l'amitié que j'ai pour vous.

LETTRE CXLII

A M. D'AUBIGNÉ, A COIGNAC[2].

A Versailles, ce 26 octobre 1677.

Je viens de recevoir une lettre de vous du 13 de ce mois; il faut que l'on me l'ait gardée longtemps. Je suis bien aise que M. de Meuns serve M. de Lalaigne; je lui en ai écrit. Vous ne paraissez avoir aucun naturel pour tous vos parents, je vous avoue que je ne suis pas de même, et que j'ai beaucoup de tendresse pour eux. Ils ont leurs défauts comme chacun a les siens; mais ils ont de l'esprit et de l'honnêteté. Vous auriez grand tort de rompre avec eux; outre qu'il ne faut jamais rompre avec personne, il y a des temps où il est nécessaire de vivre en famille. Pour moi, je m'accommoderois bien de tous ceux qui nous sont les plus proches.

---

aller au-devant d'elle; il reçut un courrier qui lui apprit qu'elle était à Maintenon; le lendemain elle revint; on a pris tout cela pour une bouderie comme il en arrive souvent. » (T. V, p. 363.)

1. Madame de Maintenon était revenue des Pyrénées avec les mêmes pensées qu'avant son départ, c'est-à-dire avec du découragement et l'envie de la retraite. L'abbé Gobelin continuait à lui conseiller de demeurer à la cour.

2. *Autographe* du cabinet de M. Feuillet de Conches.

M. de Louvois a répondu aux trois articles de votre lettre : qu'il fera payer ce que vous demandez, qu'il y a encore un an pour attendre l'affaire de Saint-Lazare, et que celle des ports de lettres ne vaut pas la peine de faire crier tous les commis. Je presserai M. Colbert pour vos appointements et tâcherai d'obtenir que vous soyez payé à l'avenir dans la province. Voilà vos commissions expédiées; venons à une plus importante.

Vous m'avez surpris fort agréablement en me parlant modestement de mademoiselle de Floigny; je l'ai trouvé fort belle et fort aimable; mais je ne sais pas pourquoi vous me traitez cette négociation comme une chose à faire quand j'apprends que vous vous aimez tous deux; que vous êtes content sur toutes les conditions, et qu'il n'y a plus qu'à signer le contrat et aller à l'église. Vous lui parlez de vos enfants, vous lui faites le plan de vos noces; et il me paroît qu'elle veut tout ce que l'on voudra [1]; c'est donc à vous à prendre votre résolution et voir si vous la voulez. Il est constant que son bien vaut cent mille francs et plusieurs m'ont dit quarante mille écus; on m'assure qu'il n'y a rien à redire à sa conduite; vous devez connoître son humeur; ordonnez donc ce que vous voulez. Je vous ai offert de faire la noce à Maintenon, cela dépendra de vous. Elle s'en va mardi à Floigny avec

---

1. La Beaumelle transforme tout cela ainsi : « Vous lui parlez de vos amours, des enfants que vous aurez d'elle, vous lui faites voir le plan de vos noces. Elle répond à tout : Que votre volonté soit faite ! etc. »

M. Quelin; ils y seront quinze jours; je comptois
d'aller le 15 de décembre à Maintenon ou plus tôt,
si vous le voulez; que vous y arriveriez le 17; que
M. et madame Quelin et mademoiselle de Floigny
y viendroient le 19 ou le 20; que l'on vous fianceroit
le 21; marié le 22 à Chartres; remercier Dieu le 23;
que M. et madame Quelin s'en retourneroient à Paris
le 24, que nous demeurerions en famille les 25, 26
et 27, que vous partiriez le 28 pour Coignac, et moi
le même jour pour revenir à Saint-Germain. Voilà
mon projet, voyez s'il vous accommode; il vous sau-
veroit de la dépense; vous viendriez avec votre carrosse et vos laquais, un valet de chambre à cheval, et
vous mettriez madame votre femme avec vous pour
vous en retourner. Il ne vous faudroit de magnificence ni à l'un ni à l'autre, et l'hiver qui vient,
nous prendrions une maison ensemble, et vous la
meubleriez selon vos facultés. Tout cela en cas de
noces; c'est à vous à les conclure, c'est pour
vous; je ne la connois pas, vous la connoissez;
ainsi par toutes sortes d'endroits, c'est à vous à décider. Je m'en suis fort informée, on ne m'en dit que
du bien; elle a les manières bourgeoises, mais sa
personne est aimable, et si elle a de la vertu et de la
bonté, je vous trouverai heureux. Ou elle se croit
un mauvais parti, ou elle vous aime passionnément,
car elle souhaite ardemment cette noce-là, et ne s'en
cache pas. Si vous la voulez, écrivez-lui tous vos
desseins sincèrement. Je crois qu'il vous sera très-
utile de la transporter à Coignac, non-seulement
pour la dépense, mais pour lui ôter le goût et l'air

de l'Isle[1]; elle deviendra grosse et, l'hiver qui vient, aura oublié la moitié de ses connoissances. Cela me paroît bon à tout; si d'ailleurs vous la voulez, c'est une affaire à conclure promptement, elle est publique, et ainsi si on la veut, il faut la prendre plus tôt que plus tard. Ne vous tenez pas à votre style laconique, il faut s'expliquer nettement et amplement, car il y a loin d'ici à Coignac, et il vaut mieux écrire quelque chose d'inutile que de manquer à ce qui seroit nécessaire. Elle m'a dit que vous aviez perdu au jeu l'hiver passé douze ou quatorze mille francs; j'espère que vous ne jouerez plus si vous l'épousez, et je vous crois trop honnête homme pour vouloir vous marier dans le dessein de mettre une femme et des enfants à l'hôpital. Vous avez de l'argent comptant, et je le sais, quelque soin que vous ayez pris de me le cacher; mais il ne peut durer à la vie que vous faites, et pour moi, je ne me trouve pas d'humeur à m'incommoder pour vous faire au bout de l'an un présent de deux cents pistoles pour vous aider à vivre, quand je me souviendrai que, tandis que je m'épargnois le nécessaire pour meubler ma maison, vous jouiez mille pistoles, et dépensiez en un mois plus que je ne fais en un an. Au nom de Dieu, réglez-vous, et établissez de quoi passer votre vieillesse tranquillement; je vous le dis sans autre intérêt que le vôtre. Répondez-moi bien positivement sur ce mariage; il faudroit avoir la justice que, ne pouvant assurer le douaire, que vous la laissassiez maîtresse de son

---

1. De l'île Saint-Louis, c'est-à-dire, l'air parisien ou bourgeois.

bien. Il est vraisemblable que vous serez son maître, mais ainsi vous feriez une honnêteté qui ne vous coûteroit guère. C'est mon avis; si vous ne le suivez pas, nous n'en serons pas plus mal ensemble.

Adieu. Après tous ces discours de mère, croyez que j'en ai la tendresse, et que vous le verrez par toutes les actions de ma vie.

Je compte d'avoir à vos noces M. et madame Quelin, M. de Mongayac, si vous le voulez, madame de Saint-Bazile, mademoiselle Gommeau, M. et madame de Montchevreuil et Des Rolines; voilà de quoi emplir Maintenon.

Adieu, mon cher frère; je serai trop heureuse si votre famille se tourne agréablement pour moi, car je deviens si malsaine que je ne puis plus espérer d'autres plaisirs.

J'ai eu bien de la joie de ce que M. Le Tellier est chancelier[1], écrivez un compliment à M. de Louvois.

Si vous vous mariez, faites cette action-là si importante pour de bons motifs : ayez une forte résolution de faire votre salut et ne résistez pas aux mouvements que Dieu vous en donne : il vous bénira dans toute la suite, si vous commencez bien.

1. Michel Le Tellier, né en 1603, ministre et secrétaire d'État au département de la guerre; il avait cédé en 1666 la survivance de sa charge à son fils, Louvois. Il fut nommé chancelier et garde des sceaux le 25 octobre 1677 et mourut en 1685.

LETTRE CXLIII

A M. D'AUBIGNÉ, A COIGNAC[1].

A Versailles, ce 29 octobre 1677.

Je vous ai écrit une si grande lettre sur votre mariage, que je ne crois pas avoir à vous rien dire de nouveau, quoique je sois dans un très-grand embarras de le voir fait du côté de mademoiselle de Floigny, et que vous m'en écriviez avec une froideur et une indifférence qui me fasse craindre que vous ne refusiez cette fille à la vue de tout le monde; car c'est une chose publique. Je l'ai vue, elle m'a pressée de voir M. Quelin; je le dois voir demain; madame de Montespan veut la voir; et il n'y a plus qu'à conclure ou à rompre; on m'assure de tous les côtés que les cent mille francs sont réels et il ne me revient que du bien de sa personne. Madame de Montespan dit que votre froideur est affectée, que vous me craignez si fort que vous n'osez m'avouer les pas que vous avez faits avec elle, mais que vous serez ravi quand vous verrez l'affaire assurée. Je ne sais, en cas que cela soit vrai, par où je m'attire cette crainte : car je ne désire là-dessus que votre satisfaction[2], et si j'avois une créature avec cent mille écus que vous refusassiez, croyant être plus heureux avec mademoiselle de Floigny, j'y donnerois mon

---

1. *Autographe* du cabinet de M. Feuillet de Conches.

2. La Beaumelle ajoute : « Je vous destine mon bien. Et je vous laisse le maître. On n'est point terrible avec ces procédés-là Si j'avois dans ma manche une fille, etc. »

consentement sans peine, ne voulant que votre bonheur et votre salut que je crois plus facile à faire avec une femme aimable qu'avec une qui vous réduiroit à en chercher d'autres.

Quand cette amie[1] voudroit vous prêter dix mille francs, il seroit de mauvais sens de les accepter, et je crois pour plus d'une raison que vous ne sauriez mieux faire que de vous marier à Maintenon, et vous en aller ensuite à Coignac. Je suis ravie que M. de Saint-Eugène soit de vos amis ; je l'estime au dernier point et madame sa femme aussi ; M. de Roquelaure m'a mandé qu'il lui avoit fait un plaisir à ma considération, je l'en ai remercié et recommandé de continuer. J'ai tant de gens à pousser dans la marine que je n'ose parler pour leurs enfants à M. de Seignelay ; mais votre M. de Meuns peut faire ce que vous désirez, et s'il répond à la lettre que je lui ai écrite pour M. de Lalaigne, je lui écrirai pour le prier de servir ces deux enfants-là. Je m'en vais écrire à M. de Saint-Eugène, et je souhaite de tout mon cœur que tout ce que ces gens-là ont pour moi se répande sur vous.

Adieu, expliquez-moi vos intentions sur tout, et croyez que je ne négligerai jamais aucune occasion de vous faire plaisir.

---

1. Je ne sais de quelle amie madame de Maintenon veut parler.

LETTRE CXLIV

A M. D'AUBIGNÉ, A COIGNAC [1].

Ce 3 novembre 1677.

M. Quelin est allé à la campagne, et mademoiselle de Floigny est demeurée; j'ai fait entrer M. Viette dans ses affaires. Voilà le mémoire qu'il m'en a apporté ce matin; il prétend que son bien ne vaut que ce que vous y verrez; elle prétend qu'il vaut davantage; c'est à vous à voir ce que vous voulez, et à quel point vous plaît la personne. Pour moi, je voudrai toujours tout ce qui vous sera agréable, ne désirant rien là-dessus que votre bonheur; voyez et décidez promptement, car cette affaire est si publique que l'on ne sauroit trop tôt la rompre, ou la conclure; ne me demandez pas mon avis, car je ne vous le donnerai pas. La demoiselle me paroît vous aimer; on ne m'en dit que du bien; son procédé est franc et honnête; elle n'est pas riche; c'est à vous à prendre votre résolution.

LETTRE CXLV

A M. D'AUBIGNÉ, A COIGNAC [2].

Ce mardi au soir 3 novembre 1677.

Vous ne m'avez point écrit aujourd'hui comme vous me l'aviez promis, et comme il auroit été néces-

---

1. *Autographe* du cabinet de M. Feuillet de Conches.
2. *Autographe* du cabinet de M. Feuillet de Conches.

saire; mademoiselle de Floigny me mande que vous rompez votre mariage, sur ce que vous voulez qu'elle vous donne tout son bien; cela seroit très-injuste; prenez un autre prétexte, et surtout finissez cette affaire avec honnêteté. Rien n'est si aisé, et M. Quelin vous en fournira tous les moyens; cette fille peut[1]... vous déplaire, mais son procédé a été si obligeant pour moi que je serois au désespoir de lui nuire[2].

LETTRE CXLVI

A M. D'AUBIGNÉ, A COIGNAC[3].

A Versailles, ce 24 novembre.

La manière dont vous m'écrivez sur les intérêts de MM. de Cognac est si pressante que je n'ai pas cessé d'importuner M. de Louvois jusqu'à ce qu'il m'ait promis d'ôter la compagnie de cavalerie; j'espère que l'on en sera bientôt défait. Faites mes compliments, je vous prie, à M. le maire, et assurez-les tous que je serai toujours leur solliciteuse.

Adieu, je suis toute à vous.

1. Trois mots rayés et illisibles.
2. Le projet de mariage avec mademoiselle de Floigny traîna encore pendant deux mois, et à la fin fut rompu. Madame de Sévigné écrit le 22 décembre : « Voici les mariages : mademoiselle Hocquard se marie avec M. le frère de madame de Maintenon. » — Était-ce un nouveau projet pour d'Aubigné?
3. *Autographe* du cabinet de M. Feuillet de Conches.

LETTRE CXLVII

A M. L'ABBÉ GOBELIN [1].

Ce 9 décembre 1677.

Je croyois depuis huit jours le mariage de mon frère tout à tout assuré, mais je viens d'apprendre que M. Quelin a plus d'une proposition à me faire que je suis très-résolue de ne pas accepter ; ainsi je ne sais quel en sera le succès ; cependant j'ai peine à croire que l'affaire se rompe, car ils me paroissent avoir grande envie l'un de l'autre ; il en arrivera ce qu'il plaira à Dieu. Je voudrois avoir une aussi profonde indifférence sur tout le reste des choses du monde que je l'ai sur celle-là. Notre prince recevra fort agréablement les étrennes que vous lui destinez ; je vous conseille d'y mettre peu d'argent : car c'est le perdre que d'en envoyer ici. Priez Dieu pour moi, puisqu'il ne permet pas que vous fassiez davantage, et croyez, s'il vous plaît, que je conserve toute l'estime que vous méritez et toute la reconnaissance de la sincère et solide amitié que vous me témoignez.

1. *Manuscrits des Dames de Saint-Cyr.*

FIN DU PREMIER VOLUME.

TABLE

DU TOME PREMIER

Des Lettres de Mme de Maintenon publiées par La Beaumelle, étude littéraire servant de préface. 1

CORRESPONDANCE GÉNÉRALE DE Mme DE MAINTENON

PREMIÈRE PARTIE

(1635-1669)

Depuis la naissance de Françoise d'Aubigné jusqu'à l'époque où elle élève les enfants naturels de Louis XIV.

Introduction. 4
LETTRE PREMIÈRE (*Autographe*). Mme D'AUBIGNÉ A
  M. DE VILLETTE. — 18 juin 1641. 11
LETTRE II (*Autographe*). Note préliminaire. 12
  Mme D'AUBIGNÉ A M. DE VILLETTE. — 26 janvier 1642. 13
LETTRE III (*Autographe*). Note préliminaire. 15
  Mme D'AUBIGNÉ A Mme DE VILLETTE. — 14 juillet 1642. 17
LETTRE IV (*Autographe*). Note préliminaire. 18
  Mme D'AUBIGNÉ A Mme DE VILLETTE. — 22 juillet 1642. 19
LETTRE V (*Autographe*). Note préliminaire. 22
  Mme D'AUBIGNÉ A Mme DE VILLETTE. — 2 juin 1646. . 26
LETTRE VI (*Autographe*). Note préliminaire. 29
  FRANÇOISE D'AUBIGNÉ A Mme DE VILLETTE. — 12 octobre 1648. 33
LETTRE VII (*Apocryphe de La Beaumelle*). Note préliminaire. 34
  A Mlle DE SAINT-HERMANT. — 1650. 38
LETTRE VIII (*OEuvres de Scarron*). Note préliminaire. . . 39
  SCARRON A Mlle D'AUBIGNÉ. 39
LETTRE IX (*OEuvres de Scarron*). Note préliminaire. . . 40
  SCARRON A Mlle D'AUBIGNÉ. 41
  Appendice à la lettre IX. 43

TABLE. 367

LETTRE X (*OEuvres de Méré*). M. DE MÉRÉ A Mlle D'AU-
BIGNÉ. 45
LETTRE XI (*Apocr. de La B.*). Note préliminaire. 47
Mme SCARRON A Mlle DE L'ENCLOS. — Janvier 1653. . . . 53
Appendice à la lettre XI. 54
LETTRE XII (*Apocr. de La B.*). Note préliminaire. 55
Mme SCARRON A Mlle DE PALAISEAU. — 1654. 57
LETTRE XIII (*Apocr. de La B.*). Note préliminaire. . . . 58
Mme SCARRON A Mme DE POMMEREUIL. 60
LETTRE XIV (*Manuscrits de Mlle d'Aumale*). Note prélimi-
naire. 60
A Mme DE VILLETTE. — 1654 ou 1655. 61
LETTRE XV (*OEuvres de Méré*). Note préliminaire. 62
LE CHEVALIER DE MÉRÉ A LA DUCHESSE DE LESDI-
GUIÈRES. — 1656. 65
LETTRE XVI (*Apocr. de La B.*). Note préliminaire. . . . 66
A Mme FOUQUET. — 25 mars 1658. 67
LETTRE XVII (*Apocr. de La B.*). Note préliminaire. . . 68
A Mme FOUQUET. — 4 septembre 1658. 68
LETTRE XVIII (*Apocr. de La B.*). Note préliminaire. . . 69
A Mme FOUQUET. — 18 janvier 1660. 69
LETTRE XIX (*Man. de Mlle d'Aumale*). Note préliminaire. 70
A Mme DE VILLARCEAUX. — 27 août 1660. 71
Appendice à la lettre XIX. 80
LETTRE XX (*Autographe*). Note préliminaire. 87
A Mme DE VILLETTE, A NIORT. — Octobre 1660. . . . 88
LETTRE XXI (*Autographe*). Mlle SCARRON A M. NUBLÉ. —
Octobre 1660. 89
LETTRE XXII (*Autographe*). Mme SCARRON A M. DE VIL-
LETTE. — Octobre ou novembre 1660. 91
LETTRE XXIII (*Autographe*). Mme SCARRON A M. NUBLÉ.
— Octobre ou novembre 1660. 92
LETTRE XXIV (*Man. de Mlle d'Aumale*). Note préliminaire. 93
A M. DE VILLETTE. — 7 décembre 1660. 95
LETTRE XXV (*Apocr. de La B.*). Note préliminaire. . . 97
A Mme LA MARÉCHALE D'ALBRET. 98
LETTRE XXVI (*Autographe*). A M. DE VILLETTE. — 2 jan-
vier 1661. 99
LETTRE XXVII (*Apocr. de La B.*). Note préliminaire. . . 100
A M. D'AUBIGNÉ. — 3 janvier 1661. 100
LETTRE XXVIII (*Autographe*). A M. DE VILLETTE. —
6 février 1661. 101
LETTRE XXIX (*Apocr. de La B.*). Note préliminaire. . . 102

A M. D'HERMILLY. 405
XXX (*Man. de Mlle d'Aumale*). LA GÉOLIÈRE. 407
LETTRE XXXI (*Autographe*). A M. D'AUBIGNÉ. — Janvier 1666. 408
    Appendice à la lettre XXXI. 409
LETTRE XXXII (*Apocr. de La B.*). Note préliminaire. . . 411
    A Mme LA DUCHESSE DE RICHELIEU. — 10 février 1666. 413
LETTRE XXXIII (*Apocr. de La B.*). Note préliminaire. . . 414
    A Mme LA DUCHESSE DE RICHELIEU. — 3 mars 1666. . 415
LETTRE XXXIV (*Apocr. de La B.*). Note préliminaire. . . 416
    A Mlle DE L'ENCLOS. — 8 mars 1666. 416
LETTRE XXXV (*Apocr. de La B.*). Note préliminaire. . . 418
    A Mme DE CHANTELOU. — 28 avril 1666. 419
LETTRE XXXVI (*Apocr. de La B.*). Note préliminaire. . . 419
    A Mlle D'ARTIGNY. — 30 juin 1666. 421
    Appendice. 422
LETTRE XXXVII (*Apocr. de La B.*). Note préliminaire. . 423
    A Mme DE CHANTELOU. — 14 juillet 1666. 424
LETTRE XXXVIII (*Apocr. de La B*). Note préliminaire. . 425
    A Mlle DE L'ENCLOS. — 18 juillet 1666. 427
LETTRE XXXIX (*Autographe*). LE MARÉCHAL D'ALBRET A M. D'AUBIGNÉ. — 15 août 1666. 428
LETTRE XL (*Man. de Mlle d'Aumale*). Note préliminaire. . 429
    A M. DE VILLETTE. — 22 mars 1668. 430
LETTRE XLI (*Apocr. de La B.*). Note préliminaire. . . . 433
    A M. L'ABBÉ TESTU. — 15 novembre 1668? 435
LETTRE XLII (*Man. de Mlle d'Aumale*). A Mme DE VILLETTE, A NIORT. — Décembre 1668. 436

DEUXIÈME PARTIE

(1669-1684)

Depuis l'époque où Mme de Maintenon élève les enfants naturels du roi jusqu'à son mariage avec Louis XIV.

ANNÉE 1669. 439
LETTRE PREMIÈRE (*Man. de Mlle d'Aumale*). A Mme DE VILLETTE, A NIORT. — 28 février 1669. 440
LETTRE II (*Man. de Mlle d'Aumale*). A Mme DE VILLETTE, A NIORT. — 5 juillet 1669. 441
LETTRE III (*Apocr. de La B.*) Note préliminaire. 442
    A Mme D'HEUDICOURT. — 24 mars 1669. 444
    Appendice à la lettre III. 445

ANNÉE 1670. 148
LETTRE IV (*Man. de Mlle d'Aumale*). A M. DE VILLETTE,
   A NIORT. — 14 juin 1670. 148
LETTRE V (*Man. de Mlle d'Aumale*). A Mme DE VILLETTE,
   A NIORT. — 25 juin 1670. 150
LETTRE VI (*Apocr. de La B.*). Note préliminaire. 151
   A Mme D'HEUDICOURT. — 24 décembre 1670. 152
ANNÉE 1671. 153
LETTRE VII (*Autographe*). A M. DE VILLETTE, A NIORT.
   — Jour de Pâques 1671. 153
   Appendice à la lettre VII. 154
LETTRE VIII (*Autographe*). A M. DE VILLETTE, A NIORT.
   — Avril 1671. 155
LETTRE IX (*Autographe*). Note préliminaire. 156
   A M. D'AUBIGNÉ. 156
LETTRE X (*Autographe*). A M. D'AUBIGNÉ. — 27 décem-
   bre 1671. 158
ANNÉE 1672. 159
LETTRE XI (*Man. de Mlle d'Aumale*). A M. DE VILLETTE,
   A NIORT. — Janvier 1672. 160
LETTRE XII (*Autographe*). A M. DE VILLETTE, A NIORT.
   — Mars 1672. 161
LETTRE XIII (*Autographe*). Note préliminaire. 162
   A M. D'AUBIGNÉ, A AMERSFORT. — 2 septembre 1672. 163
LETTRE XIV (*Autographe*). A M. D'AUBIGNÉ, A AMERS-
   FORT. — 19 septembre 1672. 164
LETTRE XV (*Autographe*). A M. D'AUBIGNÉ, A AMERS-
   FORT. — 27 septembre 1672. 166
   Appendice à la lettre XV. 167
LETTRE XVI (*Autographe*). A M. D'AUBIGNÉ, A AMERS-
   FORT. — 16 octobre 1672. 169
LETTRE XVII (*Autographe*). Note préliminaire. 170
   LOUVOIS A D'AUBIGNÉ. — 10 décembre 1672. . . . 171
LETTRE XVIII (*Man. des Dames de Saint-Cyr*). Note préli-
   minaire. 171
   A M. L'ABBÉ GOBELIN. — 1672. 172
LETTRE XIX (*OEuvres de Méré*). M. DE MÉRÉ A Mme SCAR-
   RON. — 1672. 173
ANNÉE 1673.
LETTRE XIX (*Apocr. de La B.*). Note préliminaire. . . . 175
   A Mme DE SAINT-GÉRAN. — 1673. 177
LETTRE XX (*Apocr. de La B.*). Note préliminaire. . . . 178
   A Mme DE COULANGES. — Mars 1673. 179

LETTRE XXI (*Man. de Mlle d'Aumale*). A M. DE VIL-
LETTE, A NIORT. — 3 avril 1673. 180
LETTRE XXII (*Man. des Dames de Saint-Cyr*). A M. L'ABBÉ
GOBELIN. 181
LETTRE XXIII (*Man. des Dames de Saint-Cyr*). Note préli-
minaire. 182
A M. D'AUBIGNÉ. — 16 juin 1673. 183
LETTRE XXIV (*Man. de Mlle d'Aumale*). A M. DE VIL-
LETTE. — 9 octobre 1673. 184
LETTRE XXV. (*Man. des Dames de Saint-Cyr*). A M. D'AU-
BIGNÉ, A ELBOURG. — 31 octobre 1673. 186
Appendice à la lettre XXV. 188
LETTRE XXVI (*Lettres de Mme de Sévigné*). Note prélimi-
naire. 189
BUSSY-RABUTIN A Mme DE SÉVIGNÉ. 189
LETTRE XXVII (*Man. des Dames de Saint-Cyr*). A M. L'ABBÉ
GOBELIN. — 17 décembre 1673. 191
Appendice à la lettre XXVII. 192
ANNÉE 1674. 193
LETTRE XXVIII (*Man. des Dames de Saint-Cyr*). A M. L'ABBÉ
GOBELIN. — 2 mars 1674. 195
LETTRE XXIX (*Apocr. de La B.*) Note préliminaire. . . . 197
A Mme DE MONTESPAN. — 18 avril 1674. 198
LETTRE XXX (*Apocr. de La B.*). A Mme DE MONTESPAN.
— 20 avril 1674. 198
LETTRE XXXI (*Autographe*). A M. D'AUBIGNÉ, GOUVER-
NEUR DE BELFORT. — 24 mai 1674. 200
LETTRE XXXII (*Man. des Dames de Saint-Cyr*). A M. L'ABBÉ
GOBELIN. — 10 juillet 1674. 201
LETTRE XXXIII (*Man. des Dames de Saint-Cyr*). A M. L'ABBÉ
GOBELIN. — 12 juillet 1674. 202
LETTRE XXXIV (*Autographe*). A M. D'AUBIGNÉ, A BEL-
FORT. — 17 juillet 1674. 203
LETTRE XXXV (*Man. des Dames de Saint-Cyr*). A M. L'ABBÉ
GOBELIN. — 24 juillet 1674. 205
LETTRE XXXVI (*Apocr. de La B.*). Note préliminaire. . . 208
A Mme D'HEUDICOURT. 208
LETTRE XXXVII (*Man. des Dames de Saint-Cyr*). A
M. L'ABBÉ GOBELIN. — 29 juillet 1674. 209
LETTRE XXXVIII (*Man. des Dames de Saint-Cyr*). A
M. L'ABBÉ GOBELIN. — 6 août 1674. 211
LETTRE XXXIX (*Autographe*). A M. D'AUBIGNÉ, A BEL-
FORT. — 10 août 1674. 212

LETTRE XL (*Man. des Dames de Saint-Cyr*). A M. L'ABBÉ
GOBELIN. — 15 août 1674.. 213
LETTRE XLI (*Man. des Dames de Saint-Cyr*). A M. L'ABBÉ
GOBELIN. — 2 septembre 1674. 214
LETTRE XLII (*Autographe*). A M. D'AUBIGNÉ, A BEL-
FORT. — 6 septembre 1674. 216
LETTRE XLIII (*Man. des Dames de Saint-Cyr*). A M. L'ABBÉ
GOBELIN. — 10 septembre 1674. 217
Appendice à la lettre XLIII. 218
LETTRE XLIV (*Man. des Dames de Saint-Cyr*). Note préli-
minaire. 219
A M. L'ABBÉ GOBELIN. — 13 septembre 1674. 220
LETTRE XLV (*Man. des Dames de Saint-Cyr*). Note préli-
minaire. 222
A M. L'ABBÉ GOBELIN. — 30 septembre 1674. 222
LETTRE XLVI (*Apocr. de La B.*). Note préliminaire. . . . 224
A Mme DE SAINT-GÉRAN. — Septembre 1674. 228
LETTRE XLVII (*Man. des Dames de Saint-Cyr*). A M. L'ABBÉ
GOBELIN. — 12 octobre 1674. 229
LETTRE XLVIII (*Man. des Dames de Saint-Cyr*). A M. L'ABBÉ
GOBELIN. — Octobre 1674. 230
LETTRE XLIX (*Man. des Dames de Saint-Cyr*). A M. L'ABBÉ
GOBELIN. — Octobre 1674. 231
LETTRE L (*Autographe*). A M. D'AUBIGNÉ, A BELFORT. —
16 octobre 1674. 232
LETTRE LI (*Man. des Dames de Saint-Cyr*). A M. L'ABBÉ
GOBELIN. — 30 octobre 1674. 333
LETTRE LII (*Apocr. de La B.*). Note préliminaire. 234
A Mme DE SAINT-GÉRAN. — Octobre 1674. 235
LETTRE LIII (*Man. des Dames de Saint-Cyr*). A M. L'ABBÉ
GOBELIN. — Novembre 1674. 237
LETTRE LIV (*Autographe*). A M. D'AUBIGNÉ, A BELFORT.
— 10 novembre 1674. 238
Appendice à la lettre LIV.. 239
LETTRE LV (*Man. des Dames de Saint-Cyr*). A M. L'ABBÉ
GOBELIN. — 1er décembre 1674. 240
LETTRE LVI (*Man. des Dames de Saint-Cyr*). A M. L'ABBÉ
GOBELIN. — 4 décembre 1674.. 241
LETTRE LVII (*Man. des Dames de Saint-Cyr*). A M. L'ABBÉ
GOBELIN. — 8 décembre 1674. 242
LETTRE LVIII (*Man. des Dames de Saint-Cyr*). A M. L'ABBÉ
GOBELIN. — 17 décembre 1674. 243
ANNÉE 1675.. 244

LETTRE LIX (*Man. des Dames de Saint-Cyr*). A M. L'ABBÉ
  GOBELIN. — 17 janvier 1675. 245
LETTRE LX (*Man. des Dames de Saint-Cyr*). A M. L'ABBÉ
  GOBELIN. — 24 janvier 1675. 246
LETTRE LXI (*Man. des Dames de Saint-Cyr*). A M. L'ABBÉ
  GOBELIN. — 25 janvier 1675. 247
LETTRE LXII (*Man. des Dames de Saint-Cyr*). A M. L'ABBÉ
  GOBELIN. — 6 février 1675. 248
  Appendice à la lettre LXII. 249
LETTRE LXIII (*Autographe*). A M. D'AUBIGNÉ, A BEL-
  FORT. — 6 février 1675. 251
LETTRE LXIV (*Man. des Dames de Saint-Cyr*). A M. L'ABBÉ
  GOBELIN. — 9 février 1675. 252
LETTRE LXV (*Man. des Dames de Saint-Cyr*). A M. L'ABBÉ
  GOBELIN. — 18 février 1675. 253
LETTRE LXVI (*Man. des Dames de Saint-Cyr*). A M. L'ABBÉ
  GOBELIN. — 27 février 1675. 253
  Appendice à la lettre LXVI. 254
LETTRE LXVII (*Man. des Dames de Saint-Cyr*). A M. L'ABBÉ
  GOBELIN. — 3 mars 1675. 255
LETTRE LXVIII (*Man. des Dames de Saint-Cyr*). A M. L'ABBÉ
  GOBELIN. — 6 mars 1675. 257
LETTRE LXIX (*Man. des Dames de Saint-Cyr*). A M. L'ABBÉ
  GOBELIN. — Mars 1675. 258
  *Projet de la conduite que je voudrois tenir si j'étois hors de
  la cour*. 259
LETTRE LXX (*Man. des Dames de Saint-Cyr*). A M. L'ABBÉ
  GOBELIN. — 11 mars. 260
  Appendice à la lettre LXX. 261
LETTRE LXXI (*Man. des Dames de Saint-Cyr*). A M. D'AU-
  BIGNÉ, A PARIS. — Avril 1675. 262
LETTRE LXXII (*Man. des Dames de Saint-Cyr*). A M. D'AU-
  BIGNÉ, A PARIS. — Avril 1675. 261
LETTRE LXXIII (*Apocr. de La B.*). Note préliminaire. . . 263
  A Mme DE SAINT-GÉRAN. 265
LETTRE LXXIV (*Autographe*). A M. D'AUBIGNÉ, A PARIS.
  — 19 avril 1675. 266
LETTRE LXXV (*Man. des Dames de Saint-Cyr*). A M. L'ABBÉ
  GOBELIN. — 23 avril 1675. 267
  Appendice à la lettre LXXV. 268
LETTRE LXXVI (*Man. des Dames de Saint-Cyr*). A M. L'ABBÉ
  GOBELIN. — 8 mai 1675. 270

TABLE. 373

LETTRE LXXVII (*Man. des Dames de Saint-Cyr*). Note préliminaire. 272
A M. l'abbé Gobelin. — 20 mai 1675. 273
LETTRE LXXVIII (*Autographe*). Note préliminaire. . . . 275
A M. d'Aubigné, a Belfort. — 28 mai 1675. 275
LETTRE LXXIX (*Apocr. de La B.*). Note préliminaire. . . 277
A Mme de Montespan. — 10 juin 1675. 278
LETTRE LXXX (*Autographe*). A M. de Villette, a Toulon. — 23 juin 1675. 279
LETTRE LXXXI (*Autographe*). A M. d'Aubigné, a Belfort. — 8 juillet 1675. 280
LETTRE LXXXII (*Man. de Mlle d'Aumale*). A Mme de Villette, a Niort. — 4 août 1675. 281
LETTRE LXXXIII (*Autographe*). A M. d'Aubigné, a Belfort. — 16 octobre 1675. 283
Appendice à la lettre LXXXIII. 284
LETTRE LXXXIV (*Œuvres de Méré*). M. de Méré a M. de Marillac. — Octobre 1675. 287
LETTRE LXXXV (*Autographe*). Note préliminaire. 288
A M. d'Aubigné, a Belfort. — 28 octobre 1675. . . 289
LETTRE LXXXVI (*Man. de Mlle d'Aumale*). A M. de Villette. — 11 novembre 1675. 294
Appendice à la lettre LXXXVI. 293
LETTRE LXXXVII (*Apocr. de La B.*). Note préliminaire. 293
A M. l'abbé Testu. 294
ANNÉE 1676. . . . .
LETTRE LXXXVIII (*Man. des Dames de Saint-Cyr*). A M. l'abbé Gobelin. — 2 janvier 1676. 295
LETTRE LXXXIX (*Autographe*). A Mme de Villette. — 24 février 1676. 296
LETTRE XC (*Autographe*). A M. de Villette, a Messine. — 26 février 1676. 297
LETTRE XCI (*Man. des Dames de Saint-Cyr*). A M. l'abbé Gobelin. — Mars 1676. 298
LETTRE XCII (*Autographe*). A M. d'Aubigné, a Paris. — Avril 1676. 299
LETTRE XCIII (*Autographe*). A M. d'Aubigné. — Avril 1676. 300
LETTRE XCIV (*Autographe*). A M. d'Aubigné. — 15 avril 1676. 301
LETTRE XCV. (*Man. des Dames de Saint-Cyr*). Note préliminaire. 302
A M. l'abbé Gobelin. — 2 mai 1676. 303

LETTRE XCVI (*Man. de Mlle d'Aumale*). A Mme DE VIL-
LETTE, A NIORT. — 7 juin 1676 304
LETTRE XCVII (*Autographe*). A M. D'AUBIGNÉ, A BEL-
FORT. — 16 juin 1676 305
LETTRE XCVIII (*Man. des Dames de Saint-Cyr*). A M. L'ABBÉ
GOBELIN. — 17 juin 1676 307
LETTRE XCIX (*Man. des Dames de Saint Cyr*). A M. L'ABBÉ
GOBELIN. — 19 juin 1676 308
LETTRE C (*Autographe*). A Mme DE VILLETTE, A NIORT. —
2 juillet 1676 309
LETTRE CI (*Man. des Dames de Saint-Cyr*). A M. L'ABBÉ
GOBELIN. — 9 juillet 1676 310
Appendice à la lettre CI. 311
LETTRE CII (*Apocr. de La B.*). A Mme DE SAINT-GÉRAN. —
Juillet. 343
LETTRE CIII (*Man. des Dames de Saint-Cyr*). A M. L'ABBÉ
GOBELIN. — 2 août 1676 343
LETTRE CIV (*Man. des Dames de Saint-Cyr*). A M. L'ABBÉ
GOBELIN. — 7 août 1676 314
LETTRE CV (*Autographe*). A M. D'AUBIGNÉ, A BELFORT.
— 9 août 1676 315
LETTRE CVI (*Autographe*). Note préliminaire. 316
A M. D'AUBIGNÉ. — 7 septembre 1676 318
LETTRE CVII (*Autographe*). A M. D'AUBIGNÉ, A BEL-
FORT. — 8 novembre 1676 320
LETTRE CVIII (*Man. des Dames de Saint-Cyr*). A M. L'ABBÉ
GOBELIN. — 20 décembre 1676 321
LETTRE CIX (*Autographe*). A M. D'AUBIGNÉ, A BEL-
FORT. — 22 décembre 1676 322
LETTRE CX (*Apocr. de La B.*). Note préliminaire. . . . 323
A M. D'AUBIGNÉ. — 1676 324
ANNÉE 1677 325
LETTRE CXI (*Autographe*). A M. D'AUBIGNÉ, A PARIS. —
25 février 1677 325
LETTRE CXII (*Autographe*). A M. D'AUBIGNÉ, A PARIS. —
Février ou mars 1677 326
LETTRE CXIII (*Autographe*). Note préliminaire. 327
A M. D'AUBIGNÉ, A PARIS. — 17 mars 1677 328
LETTRE CXIV (*Man. de Mlle d'Aumale*). A Mme DE VIL-
LETTE, A NIORT. — 7 avril 1677 329
LETTRE CXV (*Autographe*). A M. D'AUBIGNÉ, GOUVER-
NEUR DE COIGNAC. — 16 avril 1677 330
LETTRE CXVI (*Autographe*). A M. D'AUBIGNÉ, A COIGNAC.

TABLE. 375

— 8 mai 1677. 331
LETTRE CXVII (*Autographe*). A M. D'AUBIGNÉ, A COI-
GNAC. — 12 mai 1677. 333
LETTRE CXVIII (*Autographe*). A M. D'AUBIGNÉ, A COI-
GNAC. — 14 mai 1677. 334
LETTRE CXIX (*Autographe*). Note préliminaire. 335
    A M. D'AUBIGNÉ, A COIGNAC. — 27 mai 1677. 335
LETTRE CXX (*Autographe*). A M. D'AUBIGNÉ, A COIGNAC.
    — 12 juin 1677. 336
LETTRE CXXI (*OEuvres d'un auteur de sept ans*). LE DUC
    DU MAINE A Mme DE MONTESPAN. — Juin 1677. . . . 337
LETTRE CXXII (*Apocr. de La B.*). Note préliminaire. . . 338
    A Mme DE COULANGES. — 16 juin 1677. 338
LETTRE CXXIII (*Man. des Dames de Saint-Cyr*). Note pré-
liminaire. 339
    A M. L'ABBÉ GOBELIN. — 30 juillet 1677. 339
LETTRE CXXIV (*Apocr. de La B.*). Note préliminaire. . . . 341
    A Mme DE MONTESPAN. — 1677. 341
LETTRE CXXV (*Autographe*). A M. D'AUBIGNÉ, A COI-
GNAC. — 22 août 1677. 342
LETTRE CXXVI (*Autographe*). A M. D'AUBIGNÉ, A COI-
GNAC. — 4 septembre 1677. 343
LETTRE CXXVII (*Man. des Dames de Saint-Cyr*). A M. L'ABBÉ
GOBELIN. — 7 septembre 1677. 344
LETTRE CXXVIII (*OEuvres d'un auteur de sept ans*). LE DUC
    DU MAINE A Mme DE MONTESPAN. — 1677. 346
LETTRE CXXIX (*OEuvres d'un auteur de sept ans*). LE DUC
    DU MAINE A Mme DE MONTESPAN. — 1677. 346
LETTRE CXXX (*OEuvres d'un auteur de sept ans*). LE DUC
    DU MAINE AU ROI. — 1677. 347
LETTRE CXXXI (*OEuvres d'un auteur de sept ans*). LE DUC
    DU MAINE A Mme DE MONTESPAN. — 1677. 347
LETTRE CXXXII (*OEuvres d'un auteur de sept ans*). LE DUC
    DU MAINE A Mme DE MONTESPAN. — 1677. 348
LETTRE CXXXIII (*OEuvres d'un auteur de sept ans*). LE
    DUC DU MAINE A Mme DE MONTESPAN. — 1677. . . . 349
LETTRE CXXXIV (*OEuvres d'un auteur de sept ans*). LE
    DUC DU MAINE A Mme DE MONTESPAN. — 1677. . . . 350
LETTRE CXXXV (*OEuvres d'un auteur de sept ans*). LE
    DUC DU MAINE A Mme DE MONTESPAN. — 1677. . . . 350
LETTRE CXXXVI (*OEuvres d'un auteur de sept ans*). LE
    DUC DU MAINE A Mme DE MONTESPAN. — 1677. . . . 351
LETTRE CXXXVII (*Autographe*). Mme DE MAINTENON A

M. D'AUBIGNÉ, A COIGNAC. — 12 septembre 1677. . 351
LETTRE CXXXVIII (*OEuvres d'un auteur de sept ans*). LE
   DUC DU MAINE A Mme DE MONTESPAN.—16 sept. 1677. 352
LETTRE CXXXIX (*OEuvres d'un auteur de sept ans*). LE
   DUC DU MAINE A Mlle DE VILLETTE. — 27 déc. 1677. 353
LETTRE CXL (*Autographe*). Mme DE MAINTENON A M. D'AU-
   BIGNÉ, A COIGNAC. — 18 octobre 1677. 353
LETTRE CXLI (*Man. des Dames de Saint-Cyr*). A M. L'ABBÉ
   GOBELIN. — 25 octobre 1677. 354
LETTRE CXLII (*Autographe*). A M. D'AUBIGNÉ, A COI-
   GNAC. — 26 octobre 1677. 356
LETTRE CXLIII (*Autographe*). A M. D'AUBIGNÉ, A COI-
   GNAC. — 29 octobre 1677. 361
LETTRE CXLIV (*Autographe*). A M. D'AUBIGNÉ, A COI-
   GNAC. — 3 novembre 1677. 363
LETTRE CXLV (*Autographe*). A M. D'AUBIGNÉ, A COI-
   GNAC. — 3 novembre 1677. 363
LETTRE CXLVI (*Autographe*). A M. D'AUBIGNÉ, A COI-
   GNAC. — 24 novembre 1677. 364
LETTRE CXLVII (*Man. des Dames de Saint-Cyr*). A M. L'ABBÉ
   GOBELIN. — 9 décembre 1677. 365

FIN DE LA TABLE DU TOME PREMIER.

Paris. — Imprimerie de P.-A. BOURDIER et Cie, rue des Poitevins, 6.

www.ingramcontent.com/pod-product-compliance
Lightning Source LLC
Chambersburg PA
CBHW050916230426
43666CB00010B/2186